"十四五"期间广东高职院校高质量发展方略研究

主编／陶　红　马仁听

北方妇女儿童出版社

图书在版编目（CIP）数据

"十四五"期间广东高职院校高质量发展方略研究 /
陶红，马仁听主编． -- 长春：北方妇女儿童出
版社，2021.10
　　ISBN 978-7-5585-6070-5

　　Ⅰ．①十… Ⅱ．①陶… ②马… Ⅲ．①高等职
业教育－发展－研究－广东 Ⅳ．① G718.5

中国版本图书馆 CIP 数据核字（2021）第 200005 号

"十四五"期间广东高职院校高质量发展方略研究

SHISIWU QIJIAN GUANGDONG GAOZHI YUANXIAO GAOZHILIANG FAZHAN FANGLUE YANJIU

主　　　编　陶　红　马仁听
责 任 编 辑　王天明
装 帧 设 计　一阔文化
开　　　本　720mm×1000mm1/16
印　　　张　27
字　　　数　560千字
版　　　次　2021年10月第1版
印　　　次　2021年10月第1次印刷
印　　　刷　长春市吉鑫印务有限公司
出　　　版　北方妇女儿童出版社
发　　　行　北方妇女儿童出版社
地　　　址　长春市龙腾国际出版大厦
总编办电话　0431-81629600

定　　　价　95.00元

目　录

第一章
"十四五"期间广东高职院校高质量人才培养研究

第二章
"十四五"期间广东高职院校高水平专业群建设研究

第三章
"十四五"期间广东高职院校高水平课程研究

第四章
"十四五"期间广东高职院校高素质师资队伍建设研究

第五章
"十四五"期间广东高职院校高质量产教深度融合研究

第六章
"十四五"期间广东高职院校高质量发展的治理机制研究

第七章
"十四五"期间广东高职院校职业教育精准扶贫研究

第八章
"十四五"期间广东高职院校高水平国际化办学能力研究

第一章
"十四五"期间广东高职院校高质量人才培养研究

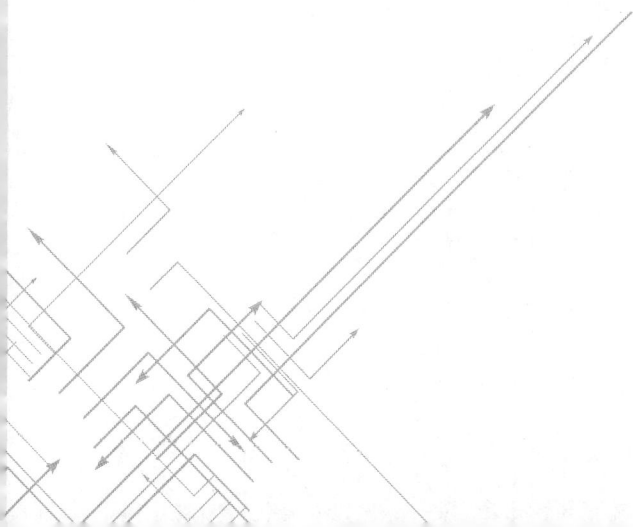

粤港澳大湾区高职商科通用能力研究

包映蕾　唐世君　林葵生 [①]

（广东农工商职业技术学院国际交流学院　广东　广州　510507）

摘要： 阐述了粤港澳大湾区建设背景下高职商科通用能力构建的必要性，解读了粤港澳大湾区高职院校商科人才培养现存的问题，基于有效问卷，分析了粤港澳大湾区高职商科通用能力指标，构建完整的粤港澳大湾区高职商科通用能力架构和实施原则，为湾区建设提供高标准技能型人才保障，为我国高职教育改革提供借鉴，提升我国劳动力培养质量。

关键词： 粤港澳大湾区；高职；商科；通用能力

一、构建粤港澳大湾区高职商科通用能力的必要性

1. 建设"国际教育示范区"的时代使命

2019 年，《粤港澳大湾区发展规划纲要》提出"充分发挥粤港澳高校联盟的作用，鼓励三地高校探索开展相互承认特定课程学分、实施更灵活的交换生安排、科研成果分享转化等方面的合作交流。支持大湾区建设国际教育示范区，引进世界知名大学和特色学院，推进世界一流大学和一流学科建设。"2020 年 6 月出台的《教育部等八部门关于加快和扩大新时代教育对外开放的意见》（以下简称《意见》），更是明确提出将着力打造粤港澳大湾区国际教育示范区与海南国际教育创新岛等一批教育对外开放新高地。立足于高职教育的责任和使命，探索建构国际通用、简单可行的高职商科教育的通用能力和培养模式，是对粤港澳大湾区高职商科学生人才培养统一化、标准化、国际化的一次尝试。

2. 构建国内高职教育示范的战略使命

建设"国际教育示范区"是为了在全球教育竞争、人才培养中扮演更加重要的角色，此外，还承担了引领国内高职教育，对其他区域的高职教育的人才培养、

---

① 作者简介：包映蕾（1972—），女，辽宁丹东人，副教授，广东农工商职业技术学院国际交流学院副院长，BTEC 教育中心副主任，工商管理硕士，研究方向为工商管理、英国 BTEC HND 课程双语教学及管理。

唐世君（1985—），女，安徽马鞍山人，助教，广东农工商职业技术学院国际交流学院专任教师，工商管理硕士，研究方向为战略管理、组织变革等。

基金项目：本文系广东省教育厅 2020 年度广东省普通高校特色创新类项目"粤港澳大湾区高职商科通用能力建构与评价研究"（2020WTSCX212）研究成果之一。

产教融合、国际对接等方面起到示范和样板作用。粤港澳大湾区商科人才培养具有多方面的辐射作用。对外，站在国家的高度，粤港澳大湾区意味着中国国际化的窗口，因此，人才培养标准必须与国际接轨，既能服务湾区建设，实现民族复兴，又能对接国际人才培养标准，实现人才的国际自由流动，贡献中国智慧。产教融合方面一直是高职教育的短板，双方的脱节造成了人才培养和就业的脱钩，企业再培训成本的增加，造成社会资源的浪费。通过粤港澳大湾区高职教育与产业的深度融合，密切配合，解决上述问题，也是当下急需破解的问题。粤港澳大湾区高职院校对国际交流职能有着更高的定位，在执行国际人才培养标准中摸索、制定、推出国际人才培养标准是湾区高职院校的历史使命。

二、粤港澳大湾区高职商科人才培养现存问题分析

关于高职商科，因为内容涵盖多，范围广，设计专业多，根据粤港澳大湾区的实际情况，本文将高职商科专业限定为工商管理、市场营销、会计、人力资源、（国际）商务、物流六大商科专业。其中，（国际）商务既包括国际商务人才，也包括电子商务等商务类人才，对于广泛意义上的金融、经济学等专业因为在高职教育中应用较少，不作研究。

1. 三地高职商科人才尚未协同培养

粤港澳大湾区城市分布范围较广，城市间产业结构差异较大，经济发展状况参差不齐，职业教育发展方式差异明显。的高职院校尚未形成一体化教育发展机制。长期以来，由于政治、经济制度的不同，粤港澳三地的高职教育目的和导向也截然不同。广东地区的职业教育主要面向劳动密集型产业，努力提高高职人才的专业技术水平，而香港和澳门主要面向服务业。三地之间隔成体系。三地的区域性高职教育合作依然是自发的、以联盟的形式推进的，并且靠政府主导和推进。

2. 三地商科人才培养标准各有侧重

根据李梓嫣、李丰盈、许力和黄智的调研显示，粤港澳大湾区高校商科人才培养现阶段存在以下问题：（1）粤港澳本地学生均重视全球化视野这项素质，对基础专业知识和人际交往能力，广东学生明显高于港澳学生，香港学生偏重管理、领导能力的培养。（2）商科专业的国际化程度港澳较成熟，广东地区国际化水平尚有很大改善空间。（3）三地高职商科课程体系和侧重点不一致：广东地区更加重视知识体系的完善和结构的完善；澳门地区更加重视教学过程的信息技术化，导致课程评价的方法和重点也不一致。

3. 三地高职国际化教学程度不一致

香港地区高职教育一直以来受英国影响，普遍采用 BTEC 课程，同时因为英语程度普遍较好，对国际人才培养标准熟悉。广东地区虽然国际化程度在不断提升，但是相较港澳地区，双语教师数量不够多；双语课程的比例不够高；课程标准各校自行制定，与国际接轨的不多。

三、粤港澳大湾区高职商科通用能力研究设计

本研究旨在分析粤港澳大湾区高职商科学生通用能力的构成。采用网络问卷调查形式。在独立设计的基础上，专门邀请了部分高职教育专家和企业专家对问卷设计质量进行了评估和论证，并在小范围内进行了小样本预测，经检验，问卷可信度良好，并根据测试结果对问卷题目进行了修订调整，最后确定问卷内容为："公民品格、职业技能、认知能力、内省能力和人际能力"五个部分。第一部分公民品格信息包括职业道德、敬业耐劳、诚实守信、抗压抗挫折、职业自信和乐观开朗，共6个题项，专家和学者们认为公民品格是职场多维竞争力和职业成长最重要的内驱动力，并在此基础上通过职业技能的培养和训练，成为优质商科人才，因此，第二部分研究职业技能为主，共8个题项，包括：具备学科和专业领域的基本知识；能够胜任公司某个职能部门的工作并在某种程度上成为专家；书面写作能力；口头演讲能力、处理复杂数据和模型的能力；普通话水平；粤语水平和英语水平。第三部分通过认知能力，即处理问题，提出解决方案的能力、批判性思考的能力、独立决策的能力、运用电脑及网络资源的能力、数字运算能力和创造力来分析粤港澳大湾区企业对高职商科学生认知能力的具体要求。第四部分为内省能力，包括：计划和管理时间的能力；自我管理和自我调节的能力、独立学习的能力、终身学习的能力、自我反思的能力和自我规划的能力，这部分聚焦于自我探索和管理的能力。第五部分的人际技能是人向外探索、与人合作的能力，包括：有效沟通的能力、团队协作的能力、领导力、对不同文化、不同价值观包容及理解的能力，共4个题项。这五个维度满足了高职商科人才发展的完整性和科学性的要求，各部分采用李克特5级量表，从"非常同意（5分）、同意（4分）、不确定（3分）、不同意（2分）和非常不同意（1分）"五个程度来表达对项目描述的态度。

通用能力是现代职业人必备的各种职业能力。所谓通用能力是一种可迁移的能力，是指那些能够从一份工作中转移运用到另一份工作中的、可以用来完成许多类型工作的技能。通用能力的本质，实质上是学习之间在知识结构、认知规律上相同要素间的影响与同化。这意味着传统高职在只注重技能培训是不够的。基于以上分析，粤港澳大湾区高职商科类学生的通用能力培养，以参与粤港澳大湾区商业创业、企业运营管理等综合性通用能力为本位为培养目标，既传授商业理论知识以发展学生智力，又注重技能训练以增强学生就业技能。因此，要求学生具备以下方面的通用能力，即：职业素养；认知能力；内省能力和人际交往能力。

四、粤港澳大湾区高职商科通用能力构建的意义

习近平总书记强调，"发展是第一要务，创新是第一动力，人才是第一资源"；"牢固确立人才引领发展的战略地位，全面聚集人才，着力夯实创新发展人才基础"。只有把创新人才放在粤港澳大湾区建设的突出位置，才能充分发挥粤港澳综合优势，打造富有活力和国际竞争力的一流湾区和世界级城市群。

根据湾区建设特点和区内高职商科人才培养标准统一性的客观要求，通过构

建粤港澳大湾区高职商科人才通用能力，实现人才的自由流动和节省企业再培训成本，提高人才使用效率将为湾区的高职商科教育协作提供一个范本，进一步加快湾区的教育融合，为国内经济发展服务，为中国高职教育对接国际教育提供支持。

后续的研究还将通过专业课的设置构建更加完整的通用能力评价体系和评价体系的等级划分，形成完整的通用能力框架和使用规范，制定国际标准的人才培养方案，实施教学改革，加强专业建设，培养师资队伍，保证粤港澳大湾区商科毕业生达到统一的、符合雇主要求的毕业和就业标准，为国内高职教育改革提供可借鉴的经验。

创新校企合作模式　培养高技能人才

胡佳宗　文依依[①]

（广州东华职业学院　广东　广州　510540）

摘要：我国制造业技能人才存在结构失衡，高技能人才严重不足的状况，而目前校企合作方式还不能有效完成将高职院校毕业的准高技能人才进一步培养成为高技能人才的任务。本文在深入分析高职院校、企业在高技能人才培养中所饰演的角色，目前校企合作培养人才存在的弊端的基础上，提出高等职业学校与企业合作的新模式，实践表明，这种模式对培养企业所需的高技能人才是可行并有效的。

关键词：校企合作；高技能人才培养；协同创新

一、现有校企合作存在短板，制造业高技能人才依然缺乏

经过十几年的迅速发展，我国已经具有了足够的职业教育规模，培养了大量的装备制造业技能人才，促进了装备制造业的发展，但从人才结构，高技能人才依然十分缺乏。按《粤港澳发展纲要》及珠三角地区各城市的十四五发展规划，均提到了装备制造业的产业升级和技术升级，装备制造业迫切需要高技能人才，

---

① 作者简介：胡佳宗（1959—），男，高级工程师，籍贯广东揭阳，东华智能机电学院院长。主要研究方向：控制与检测、职业教育（广州市白云区广州东华职业学院智能机电学院，510540）。

文依依（1993—），女，讲师，籍贯广东梅州。主要研究方向：单片机应用、教学方法研究（广州市白云区广州东华职业学院智能机电学院，510540）。

高技能人才的短缺，已成为制约装备制造业产业发展的瓶颈。

虽然制造行业早已意识到此问题，特别是在十三五期间及各地在制订十四五规划的过程中，各界都在呼吁加强高技能人才的培养，但高技能人才的成长环境还没有根本转变。校企合作还在较低的层次，高职院校与社会资本合作共建职业教育实训基地还没有开展起来，学校主导的校企合作多数呈现临时化、形式化和功利化的特征，如果高技能人才培养的体制机制等深层次问题没有得到解决，校企合作培养还是停留在最后一个学期学生到企业顶岗实习这种方式，则高技能人才缺乏的现状还将长期存在下去。

二、装备制造业高技能人才培养存在的问题

1. 高技能人才成长的两个阶段

通过对来自珠三角多家制造企业的访谈，企业高管和人力资源经理在谈到成长为高技能人才的最佳学历排序时，几乎都认同高职、本科、中技的顺序，这也非常明确地肯定了我国高等职业教育的人才培养定位是准确的。同时访谈也表明，高职院校学生毕业后成长为高技能人才需要3年或更长的企业一线工作历练。离开了较长时间的生产一线的实践，准高技能人才不可能成长为制造业的高技能人才，最后访谈的企业几乎一致的结论是：学生在学校学习技术技能的同时，更要培养学生的职业素质，如爱岗敬业，忠诚于企业等。

在理论层面，东北大学高岩博士在其博士论文中总结提炼了高技能人才成长的三条规律：即基于知识获得的累积效应规律；基于技巧习得的师承效应规律；基于创造力提升的年龄效应规律。无论是知识、技巧和创造力，都依赖于从业时间和实践经历的积累，都不能脱离从量变到质变的过程，即高技能人才的成才离不开具体生产实践时间的效应累积。

高职教育的人才培养目标是培养适应生产、建设、管理、服务第一线的技术应用型人才，但不等于说所有的高职毕业生就是高技能人才。准确地说，除极少部分毕业生具备高技能人才的基础特征外，大部分的毕业生是中级技能人才，也称准高技能人才，他们具有成长为高技能人才的潜质，但还远不是高技能人才。高职毕业生能否成长为高技能人才，不仅取决于在职业学校学习阶段的基础职业训练，更取决于毕业后的企业工作阶段的成长。高职毕业生只有在毕业后，经过数年的岗位实践和培养，才可能成长为适应产业发展的高技能人才。由于岗位实践只能在企业完成，很显然，高技能人才培养的关键在企业，企业既是高技能人才的使用主体，也是高技能人才培养的主体。

按目前的教育体制，高技能人才的成长分为两个阶段，职业学校教育是第一阶段，学校是培养主体，培养准高技能人才；企业实践是第二阶段，企业是培养主体，完成准高技能人才向高技能人才的转变。

2. 企业对应届高职毕业生培养动力不足

既然多数企业认为，需要3年或更长的企业一线工作才可能培养出高技能人

才，那么企业培养高技能人才的现状如何呢？现实情况不容乐观，由于从高职毕业新进到企业后流动性较大，多数企业不愿意对新进高职毕业生进行系统培养。

3. 目前的校企合作方式存在的弊端

目前，校企合作的方式，主要是学生在学校完成二年半左右的学习之后，然后到企业顶岗实习，由于顶岗实习还是处于学习的阶段，还没有正式毕业，他们毕业后是否能留在企业普遍还存在着不确定性，故企业不愿意对这些顶岗实习的学生开始第二阶段，即由第一阶段的中级技能人才转化为高级技能人才的培养。此外，顶岗实习的学生企业认为不是已经具有相当职业经历和技能的中级技能人才，无论从人才成长规律来看，还是从时间跨度层面来看，顶岗实习解决的是高技能人才后备力量的储备问题，即解决的是准高技能人才的培养问题，而非直接解决技能人才第二阶段由中级技能人才转化为高技能人才培养的问题。现实的校企合作，由于无法满足企业的直接利益，往往是学校热而企业冷，企业参与度不高，多数是利用一下实习学生的廉价劳动，这种校企合作表现为功利化、表面化、形式化特征。学校为了各种评估也或多或少夸大了这种合作的效果。

以德国为代表的"双元制"是以企业为主体的职业教育，职业学校的学生具有企业员工和学生的双重身份，企业主导的培养方式自然而成，德国职业学校不需要刻意去追求校企合作。由于国情不同，职教体制不同，事实上对我们只有借鉴作用，但难以全面推行。

订单式培养虽然较接近德国的"双元制"职业教育，在学校的学生也具备企业员工和学生的双重身份，但由于培养周期较长，存在较多的不确定因素，这种方式还没有大面积的推广开来；在部分实施订单式培养的学校，也存在企业重视不够，没有真正履行企业的主导作用。

师徒制是在企业完成学习，企业的主导作用明显，但学校的主体作用又弱化了，还有，由于生源的原因，能实行师徒制培养的企业也不多。

三、创新校企合作模式，突破目前高技能人才培养困局

在技能人才培养上，学校与企业缺一不可，企业和学校是双主体。近几年来，中国的装备制造业面临的产业升级和技术升级，迫切需要高端技能人才。上述表明，由于绝大多数企业由于人才流失的担心，目前企业现有技能人才普遍存在知识老化、技能单一、学习、创新能力欠缺的问题。迫切需要创新校企合作模式，能更加有效的培养高技能技术人才。

本文提出的校企合作创新，是将对技能人才的培养前移，是整合高职院校和企业的资源，实现资源共建共享，针对企业高技能人才的现实需求，不是在毕业后，而是在第五学期，即在到企业顶岗实习前，学校与企业就开始联合培养，通过企业的提前介入，使学生认同企业，并有到企业长期工作的意愿，从而实现企业提前第二阶段培养的条件。

1. 校企合作前移，协同创新

高职院校吸纳行业龙头企业，企业选定一个专业群或一个专业，在第五学期，在顶岗实习前，与学校联合培养，协同创新。企业将部分有代表性的生产设备搬到学校，校企共建共享，企业派出工程技术人员到学校授课，按企业所需的规格要求，按企业的实际生产过程组织教学，讲解企业行业的最新发展趋势、讲解技术攻关项目及工艺难点，从技能、从素质，按企业所期望的进行教学，并将企业的文化渗透到教学的过程中，让学生了解并认同企业；企业了解学生的技能情况与要求，即在学校的第一阶段，企业就开始进入第二阶段培养的准备，这时再接着到企业顶岗实习，双方已有充分的了解，学生也能够稳定下来，并能很快地进入角色，企业进一步的高技能的培养就可以提前了。

尤其是，在企业到学校教学的这个阶段，若以奖学金或其他方式，对愿意到企业就业的学生发放一定的补贴，并以某种契约的形式将顶岗实习及随后的就业固定下来，实践表明，效果十分显著。

本文提出的校企合作培养人才的模式，企业更有条件参与人才培养方案的制定、专业规划、课程设置、教材开发、教学设计、合作共建新专业、开发新课程等等，更能体现国家最新发展职业教育的政策要求。

2. 校企合作前移，人才培养目标明确，成本低，效率高

校企合作前移，学生还在学校中，在第五学期设置4—6周左右的企业教学课时，企业可以集中教学，也可以与学校教学交替穿插进行。校企合作前移，相当于企业提前开始第二阶段的培养，满足了企业的现实需求，是提前解决技能人才的第二阶段成长、培养企业急需的高技能人才有效和可行的途径。这种新的校企合作模式，成本低，效率高，已基本体现了德国"双元制"的特征，也类同于订单式培养，但订单式培养周期长，影响因素多，推广性难度较大，成本也比较高。

三、校企合作培养高技能人才的建议

如前所述，装备制造业目前面临着严重的技能人才结构失衡，表现为初级技能人才过剩，中级技能人才基本均衡，高级技能人才严重缺乏的局面，而高级人才的培养，往往要在企业进行，但由于学生在顶岗实习阶段才到企业，缺乏对企业的了解及认同，或者技术技能上的不适应而频繁地换企业，影响了企业对学生进行第二阶段高级技能人才培养的积极性。如何发挥企业的积极性，为高技能人才的成长创造条件已成为国家有关发展高职教育政策的指向。

建议政府设立专项基金，扶持高职院校与企业的合作，提前开展高技能人才的教育；对于企业，建议通过税收减免抵扣，促进企业在高技能人才培养方面进行设备等的投入，积极与高职学校合作，加速培养高级技术技能型人才，逐步改善我国技能人才结构失衡的现状，为我国从制造大国向制造强国转变提供人才保障。

德智体美劳"五位一体"评价体系的构建及耦合效能的实证研究

姚彦欣①

（清远职业技术学院）

摘要： 本文构建以思想成长素质、职业成长素质、健康成长素质、人文成长素质、实践成长素质的德智体美劳"五位一体"的评价体系。抽取92名同学开展实证研究，结果显示：思想成长素质平均成绩最高且标准差最小，说明"课程思政"改革已初见成效；学生个体之间的德智体美劳五育成绩差异性显著，但德智体美劳成绩的差异对学生全面发展敏感度低；德智体美劳五个变量显著相关，因此把德智体美劳作为学生全面发展的依据可信度高。

关键词： 德智体美劳；评价体系；全面发展；实证研究

一、引言

2018年9月10日，习近平总书记在全国教育大会上强调：要把立德树人融入思想道德教育、文化知识教育、社会实践教育各环节，学科体系、教学体系、教材体系、管理体系要围绕这个目标来设计，教师要围绕这个目标来教，学生要围绕这个目标来学。教育部长陈宝生在2021年全国教育工作会议上提出：持续完善德智体美劳全面培养的育人体系，为落实落细立德树人根本任务提供更加科学的导向、更为多样的资源、更加灵活的方式。教育部等九部门印发的《职业教育提质培优行动计划（2020—2023年）》（教职成〔2020〕7号）中指出：推动信息技术和智能技术深度融入学校管理全过程，大幅提高决策和管理的精准化科学化水平，推动职业学校"课堂革命"适应生源多样化特点，将课程教学改革推向纵深。2020年10月中共中央国务院印发的《深化新时代教育评价改革总体方案》中表明：坚持科学有效，改进结果评价，强化过程评价，探索增值评价，健全综合评价。由此可见，构建五育并举全方位的评价方式迫在眉睫，提升高职院校治理能力现代化水平，促进学生德智体美劳全面发展，培养区域经济发展需要的技

---

① 作者简介：姚彦欣（1982—），女，河北石家庄人，清远职业技术学院，高职教育专职研究人员，讲师，硕士研究生，主要研究方向为职业教育、水利工程、建筑材料等。
课题来源：清远市第十九批基础教育科研课题"'互联网+'背景下高职学生学习监控和过程评价方式探索与研究"。清远职业技术学院2020年教育教学改革项目"面向高职扩招生源的教学运行改革探索与实践"。

术技能人才。

二、过程性评价存在的问题

国内外过程性评价的研究主要关心三个方面，即教学评价的依据是什么、教学评价如何实施、教学评价的对象是谁。由此可见教学评价关注的重点依旧是课程的教学评价，是学生对知识目标、技能目标的掌握程度，仍然是以考试成绩为主的结果性评价和以学习参与度为辅的过程性评价，忽视了学生德智体美劳全面发展需求。破解目前重知识传授轻价值引领、重外在形式轻内在协同、重教书轻育人等评价方式单一的困境，需要探索五育并举的全过程、全方位、全时空的评价方式。然而学生德智体美劳全面发展的评价方式国内外的研究较少，本文以人本主义理论为基础，探索学生德智体美劳"五位一体"评价体系。在新发展阶段，全面提高学校的治理体系；在新发展格局下，实现学校的治理能力现代化；在新发展理念下，提升学校的人才培养质量。

三、德智体美劳"五位一体"过程性评价的构建

本研究是以德育引领价值、以智育获取知识、以体育锻炼意志、以美育净化心灵、以劳育塑造品格等五方面构建"五位一体"的过程性评价体系。德智体美劳五育分别对应学生的思想成长素质、职业成长素质、健康成长素质、人文成长素质、实践成长素质，各部分的所占比重按照 15%、60%、10%、5%、10% 来进行分配。

1. 将德育融入思想成长素质的宽领域

学生的思想成长素质主要体现在过硬的思想素质、坚定的政治素质和高尚的道德素质，其中最核心的是过硬的思想素质。根据"到梦空间"共青团第二课堂成绩单网络管理系统，记录学生参加各类思想品德教育活动、党支部确定的入党积极分子、学雷锋做好事、见义勇为等积分作为思想素质的依据。

2. 将智育贯穿职业成长素质的多层次

学生职业成长素质包括端正的学习态度、优异的学业成绩、熟练的专业技能、敏锐的创新创业能力。采取"线上＋线下"混合式教学组织形式，线上学习记录课外的预习、课前作业、课后作业的完成情况，体现了学习的态度；线下教学通过课堂考勤、课堂纪律、期末考试、实验情况等方式，能够显而易见的体现学生的学业成绩等。专业技能主要包括参加各类专业技能比赛、"挑战杯"大赛、英语四六级考试、计算机等级考试、发表学术论文、专利授权等。创新创业能力主要包括参加各类各级的职业生涯规划、创业大赛、创新创业培训活动等。

3. 将体育映射健康成长素质的全时段

健康成长素质包括身体健康和心理健康。身体健康的分数主要体育分数、通过参加各级各类的体育竞技比赛获取的分数等；心理健康主要包括参加各级各类的心理健康比赛、关注心理健康的社会服务、学生自创心理剧表演等。

4. 将美育折射人文成长素质的全过程

人文成长素素质包括人文修养和审美情趣。人文修养包括选修课的平均分、班级文化设计、图书借阅量加分等；审美情趣包括各类各级的校园文化演出比赛活动、学校重大庆祝活动的演出等。

5. 将劳育渗透到实践成长素质的全角度

实践成长素质的内容包括社会实践和志愿公益。社会实践包括暑期"三下乡"社会实践活动、社会调查活动、企业走访调研、教学外社会实践、参加班级组织的促进就业创业活动等；志愿公益包括参加各类各级的志愿公益活动等。

四、耦合效能实证分析

1. 研究对象

本研究的对象是 2019 年建筑材料工程技术专业 1 班和 2 班大三年级的 92 名学生的成长发展为例，主要分析思想成长素质成绩、职业成长素质成绩、健康成长素质成绩、人文成长素质成绩、实践成长素质成绩对学生的全面发展成绩的影响。

2. 德智体美劳对学生全面发展影响的差异分析

本次研究样本共计 92 人，其中女生 32 人，男生 60 人，分别占比 34.78%、65.22%。通过构建的德智体美劳评价方式，采用 SPSS21.0 计算全面发展成绩、思想成长素质成绩、职业成长素质成绩、健康成长素质成绩、人文成长素质成绩、人文成长素质成绩的平均值和标准差，比较学生德智体美劳成绩可以发现：

（1）平均成绩体现了学生成绩的集中程度，学生全面发展的平均成绩是 74.74 分，思想成长素质平均成绩最高为 78.76 分，职业成长素质平均成绩最低为 72.78 分。由此可以看出，"课程思政"进校园、进课堂、进头脑的改革已经初见成效，然而知识和技能提升仍然是制约学生全面发展的最主要因素。

（2）标准差则体现了学生成绩的个体差异，六种学生成绩的标准差均存在较大的差异，说明全面发展、思想成长、职业成长、健康成长、人文成长、实践成长等方面存在较大的差异。通过比较发现，思想成长素质成绩的标准差最小，职业成长素质成绩的标准差最大，也说明职业成长素质是提升学生全面发展的最核心的因素。

3. 德智体美劳五育对学生全面发展影响的显著性分析

本次研究有效样本数量为 92 个，研究德智体美劳五育对学生全面发展效果的差异性，从样本数据得出：

（1）学生德智体美劳成绩的标准差均超过 10 分，表明学生德智体美劳五育个体差异性较大。进而分析五育成绩对学生全面发展存在的差异：职业成长素质成绩与全面发展成绩、健康成长素质成绩与全面发展成绩、人文成长素质成绩与全面发展成绩、实践成长素质成绩与全面发展成绩的标准差均无显著性差别；然而思想成长素质成绩与全面发展成绩的标准差有显著差别。

（2）思想成长素质成绩差异最小，而职业成长素质成绩差异最大。但与德智体美劳对学生全面发展影响结果不同，只有思想成长素质成绩与全面发展成绩两者存在显著差异，表明学生个体间的德智体美劳成绩的差异对学生全面发展的敏感度低。

4. 德智体美劳五育对学生全面发展影响的相关性分析

设定五个数值变量分别为思想成长素质成绩、职业成长素质成绩、健康成长素质成绩、人文成长素质成绩、实践成长素质成绩。对这五个变量进行双变量分析。

四、研究结论和建议对策

1. 研究结论

习近平总书记围绕"培养德智体美劳全面发展的社会主义建设者和接班人"作出一系列重要论述，深刻回答了"培养什么人"的根本性问题。德智体美劳全面发展的评价方式受到广泛关注，但是国内高职院校关于德智体美劳全面发展的过程性评价和实证研究较少。因此，依据构建的德智体美劳全面发展的过程性评价，并在此基础上进行实证研究，主要研究结论如下：（1）"课程思政"进校园、进课堂、进头脑的改革已经初见成效，然而知识和技能提升仍然是制约学生全面发展的最核心因素。（2）仅有思想成长素质成绩与全面发展成绩两者存在显著差异，表明学生个体间的德智体美劳成绩的差异对学生全面发展的敏感度低。（3）学生全面发展与思想成长素质成绩、职业成长素质成绩、健康成长素质成绩、人文成长素质成绩、实践成长素质成绩五个因素变量显著相关，同时五个因素变量间显著相关。因此，构成学生全面发展成绩的五个因素在权值分配上是适当的。

2. 建议对策

如何在新发展阶段、新发展理念和新发展格局下提升职业院校的现代化治理水平，首先应从人才培养质量作为切入点，把培养德智体美劳全面发展的社会主义建设者和接班人作为高职院校内涵建设的中心，提出以下建议：

（1）构建全员、全程、全课程、全时空的网格化德育新格局。形成各类课程与思想课协同效应，盘活"立德树人"的要素。

（2）发挥"课堂革命"的优势。撬动教学方法的改革，逐步实现因材施教，畅通知识和技能传授的渠道，提升学生职业竞争力。

（3）探索多元体育锻炼计划。规定锻炼时间，增强锻炼意识，鼓励体育竞赛，形成体育锻炼习惯。

（4）创建班级—院系—学院—区域四级文化体系。传承区域民族文化，发扬校园文化，领悟院系文化，发展班级文化，让文化浸透每位同学方方面面。

（5）建立知行合一的劳动观念。树立劳动光荣的理念，参加课程实验，投身志愿服务，尝试社会实践，让劳动深入每个同学的心中。

高职院校现代学徒制试点
人才培养质量评价研究

万 磊①

（广东农工商职业技术学院管理学院　广东　广州　510507）

摘要：高职扩招百万背景下，现代学徒制试点教育不失为一条有效的人才培养途径，但各大高职院校在开展现代学徒制试点时较为注重数量上的达标，而忽视了质量上的保障。通过构建"三全育人"视角下高职院校现代学徒制试点教育质量评价体系，运用模糊综合评价法对高职院校的现代学徒制试点教育开展质量评价，并提出评价后的反思和建议，让现代学徒制试点教育能够更好地解决产业转型升级中出现的人才供给侧结构性矛盾。

关键词：现代学徒制；模糊综合评价法；质量评价；对策建议

一、高职院校现代学徒制试点人才培养质量评价现状及意义

为全面贯彻落实高职扩招百万任务，各大高职院校在教育主管部门的指导下，陆续开展现代学徒制试点，即针对符合报考条件的企业在职员工，按照"标准不降、模式多元、学制灵活"的原则，采取全日制学习形式，进行技术和学历双提升，缓解产业转型升级中出现的人才供给侧结构性矛盾。现代学徒制是在产教深度融合背景下校企紧密合作衍生的一种人才培育模式，充分发挥校企的育人优势将企业在职员工培育成行业未来迫切需要的人才，表现出精准度高、见效性快的特点，同时也对校企联合管理的水平、师资力量、教法及考核等方面提出了非常高的要求。由于试点申报时间紧、指标达成任务重，很多高职院校都是重视现代学徒制试点的立项数量。随着《职业教育提质培优行动计划（2020—2023年）》（教职成〔2020〕7号）的出台，高职院校要努力提质培优、增值赋能，进而以质图强。现代学徒制试点的办学质量事关深化校企合作协同育人模式改革和职业教育供给侧结构性改革的整体成效。

目前，针对正在实施的高职现代学徒制试点的质量评价，都是沿用高职传统的质量评价体系。然而，高职现代学徒制是校企联合办学，学员拥有学生和学徒双重身份，且以在岗培育为主，这些教育特殊性，使得传统的教育质量评价体系

---

① 万磊（1982—），男，湖北松滋，硕士研究生，讲师，研究方向为高职教育。
课题项目：广东农工商职业技术学院校级课题"扩招百万背景下高职物业管理专业现代学徒制人才培养模式构建及实施策略研究"（项目编号：XYYB1906）。

无法全面客观地评价出现代学徒制试点的教育质量。

二、"三全育人"视角下现代学徒制试点教育质量评价体系构建

1. 评价主体

根据"三全育人"理念，现代学徒制试点教育质量评价必须做到全员参与，其参与评价的主体不仅仅包含现代学徒制试点学校、企业及学员。还包括能给予第三方评价的社会机构和行业协会。学员对现代学徒制试点的教学质量、实训条件、教学管理服务等都有切身的感受，可以从反应层角度做出较为客观的满意度评价。学校主要从学习层角度对学员的学习效果进行评价，如课堂表现、模块测试、业务考试及职业资格鉴定。企业主要从行为层角度对学员的技能掌握情况进行检验与评价，如工作考勤、关键技术掌握程度、工作失误率及工作业绩。行业协会及第三方评价机构主要从结果层角度对现代学徒制试点的综合效益实施评价。

2. 评价指标体系的建立

高职院校现代学徒制试点质量评价指标体系的构建，是通过整合已经开设现代学徒制试点教育的高校及企业，以及行业协会相关人员意见的基础上，经过深入论证最终形成的。上述的高职现代学徒制试点教育全过程质量评价体系共包含目标层、准则层、指标层三个层次，每个层次里面各自包含多个指标。按照高职现代学徒制试点教育质量评价的指标体系，对指标体系中各个层次中的因子进行相互间的重要性比较，最后赋予每个因子相应的权重系数。

三、高职现代学徒制试点教育质量评价研究过程与分析——以 AIB 学院物业管理专业现代学徒制试点为例

1. AIB 学院物业管理专业现代学徒制试点教育情况介绍

AIB 学院是"广东省一流高职院校建设计划"立项建设单位，2019 年，该校与 GDNK 集团联合申报物业管理专业现代学徒制试点，并招满 64 人，于 2020 年秋季开班，在人才培养实施过程中严格按照"标准不降、模式多元、学制灵活"的原则，做到以企业在岗培养为主，并采取灵活多变的教学模式以及多元的考核评价方式。

2. 问卷发放与回收

根据高职院校现代学徒制试点教育质量评价体系，本次对该学院物业管理现代学徒制试点的质量评价包括反应层学员满意度评价、学习层学习考核评价、行为层工作达标评价以及结果层综合效益评价等四个方面，共涉及十六项内容。为了获取最真实可靠的资料，课题组调研团队先后对该现代学徒制试点的学员、教师、师傅、企业管理人员以及行业协会发放问卷。问卷中每个项目的评价分为五个等级，被调查者根据自己的判断合理选择相应等级。

3. 问卷的信度和效度检验

（1）调查问卷的信度分析

信度 Cronbach Alpha 系数

问卷	Cronbach's Alpha	基于标准化项的 Cronbachs Alpha	项数
学员满意度	0.836	0.843	4
学习考核	0.918	0.925	4
工作达标	0.811	0.812	4
综合效益	0.943	0.945	4

上述问卷的信度系数为 0.843、0.925、0.812 以及 0.945，全部大于 0.8，说明内部一致性较好。所以，本问卷的内部信度较好。

（2）调查问卷的效度分析

KMO 和 Bartlett 检验

检验指标		学员满意度	学习考核	工作达标	综合效益
取样足够度的 Kaiser—Meyer—Olkin 度量		0.738	0.857	0.732	0.725
Bartlett 的球形度检验	近似卡方	149.963	588.406	125.495	131.024
	df	14	16	8	11
	Sig.	0.000	0.000	0.000	0.000

上述问卷的 KMO 统计量分别为 0.738、0.857、0.732 以及 0.725，一般来说，KMO 度量只要大于 0.7，是满足因子分析条件的。另外，上述问卷的 Bartlett 球形度检验 P 值小于 0.0001，说明数据具有相关性。总体来说，本问卷的结构效度较好。

4. 结果分析

根据综合评价结果的隶属度界定，75.12 这个分值相对更接近 80。所以，综合评价 AIB 物业管理专业的现代学徒制试点教育质量为较好，但仍然还有较大的完善空间。

（1）反应层学员满意度评价的分析

反应层学员满意度评价的结果是，根据评价结果的隶属度界定，N1*I 即为学员满意度评价的评分，分值为 66.13，评价等级为一般。说明总体来说，学员对校内教学管理服务及教师的教学、对企业实训条件及企业师傅的满意度持一般态度。仔细观察，学员们对教学管理服务及企业师傅的指导评分不高，说明未来在现代学徒制试点的教学管理服务及师资团队建设的完善空间非常大。

（2）学习层学员学习考核评价的分析

学生学习效果的评价结果是，根据评价结果的隶属度界定，N2*I 即为学生学习效果的评分，分值为 73.41，评价等级为一般，说明教师及企业师傅对学员的学习考核评价结果的打分也不高。值得注意的是，从学生学习效果来看，课堂表现及模块测试的效果相对较差，学生大多对理论学习不太重视，作为高职院校的学生，理论够用即可，接下来该专业的现代学徒制试点教育仍要解决理论和实践课程的融合问题，采取更好的教学方式去提升课堂教学效果。

（3）行动层工作达标评价的分析

学员工作达标评价的结果是，根据评价结果的隶属度界定，N3*I 即为学员工作达标评价的评分，分值为 77.06，评价等级为较好，说明学员在工作上的整体表现是不错的。现代学徒制试点的学员都是企业在职职工，且都拥有一定年限的工作经验，学习运用及知识转化能力普遍较强。但关键技术掌握程度还不够，说明现代学徒制试点今后在这方面还应该重点加强。

5. 物业管理现代学徒制试点人才培养质量提升的相关建议

（1）教学管理柔性化

本次试点的学员来自 GDNK 集团下属农场，农场主营业务是橡胶，同时种植了大面积的蔬菜瓜果，在割胶季节和蔬菜瓜果收获季节，学员都比较忙，没时间进行专业理论课程的学习。因此，要根据企业的生产运行周期建立较为灵活的排课制度，即在农忙时以实践教学为主，并将实践课程植入到企业生产活动中。在农闲时以理论课程为主。此外，要建立企业实践课程学分认定制度，校企双方应共同制定课程考核标准和学分认定流程，认定学生在企业的实践课程应取得的学分。例如，把社区运营主管培训项目、物业工程主管培训项目、物业资产管理主管培训项目、物业客服主管培训项目、顶岗实习等企业实践课程植入到企业生产实际工作中，设置相应的课程考核标准，既能提升学员工作的积极性，又有助于企业对员工的管理。最后，要构建以企业为中心的教学管理，充分调动企业人事部门参与学员的教学管理，把学员的工作表现和学业表现结合起来，激发学员工作和学习上的积极性。

（2）教师队伍专业化

一方面，鼓励试点专业的教师到合作企业开展挂职锻炼，提升自身的业务能力，然后为现代学徒制试点的学员进行课程面授。教师在挂职期间可通过企业培训的方式，帮助企业师傅掌握信息化的教学手段和规范化的专业术语，将企业师傅丰富的一线经验以微课或慕课的方式更好地展示给学员。另一方面，学校对合作企业中经验丰富的师傅进行教学能力培训，到达授课条件即颁发聘用证书，并指导企业师傅开展对现代学徒制学员的日常实践教学，按企业高层次技能型兼职教师标准支付相应的报酬。

（3）教学方法多元化

首先，充分发挥学校网络化教学的优势，鼓励授课教师将其中一些课程制作成微课或慕课等形式的网络视频课程发布在学校网络课程平台，供学生在空余时间学习。同时也引导学生通过网络教学平台上传资料与教师互动，必要时可通过视频连线获取教育支持。其次，尽可能采用翻转课堂，引导学生学习，课前，教师布置学习任务，通过设置任务情景，引导学生在课前充分利用教材和网络资源，自主学习工作情境中所需的理论知识。对于一些不易理解的知识点，则通过面授进行讲解。最后，要充分利用企业资源，就地取材。对于物业管理专业来说，只要合理设计，企业的办公用房、职工生活区等都可以作为实训场所安排实践教学。

四、结语

高职院校现代学徒制试点教育质量评价是一项系统工程，从最初质量评价指标的建立，到教学实践中的评价实施，以及评价后的反思，每个环节都要求操作非常细致。本文通过构建高职院校的现代学徒制教育质量评价，对 AIB 学院物业管理现代学徒制试点开展评价，旨在更好地去发现该专业现代学徒制教育中存在的问题，让现代学徒制试点更好地发挥精准育人的功能。

广东高职院校高质量
艺术设计人才培养研究

曲慧敏

（广州科技职业技术大学）

摘要： 随着我国经济文化的发展，"十四五"规划和 2035 年远景目标建议，提出了"打造世界顶尖先进制造业集群""建设具有国际竞争力的数字产业集群"等发展目标，视觉设计类人才需求也会更多，广东作为我国南部沿海省份中经济文化发展都处于前列的省份，艺术设计人才的缺口较大，同时其对教育领域的发展也更加重视，因此广东高职院校也普遍开设了艺术设计专业。然而，当前在对广东高职院校艺术设计专业的教学调查中发现，很多高职院校在艺术设计人才培养模式上仍然存在一些问题，因此，未来如何推进广东高职院校艺术设计人才培养模式的创新改革，提高艺术设计人才的培养质量，是当前所有高职教育工作者都需要共同思考的问题。

关键词： 广东高职院校；高质量艺术设计人才；培养策略研究

广东作为我国南部沿海省份中经济发展和开放程度最高的省份，各行各业的创新意识以及在美术设计方面都有较高的需求，因此艺术设计行业在广东省也有很大的发展前景，而学校在某种程度上是对社会期望的具象化，因此高职院校作为向社会输送具有操作技能的应用型人才的场所，其在艺术设计专业方面人才培养质量的提升在很大程度上也影响着广东省艺术设计领域的发展，因此，提高艺术设计专业的人才培养质量不仅是广东省经济发展的需求，也是广东高职院校提高自身核心竞争力的重要途径。

一、当前高职院校艺术设计人才培养现状

1. 生源质量存在差距

高职院校作为我国培养应用型人才的主要场所，其办学宗旨和普通高等院校之间存在一定的差别，高职院校更加强调对学生实践能力的教学，并且其教学方向更偏向于生产实践的一线，因此高职院校在学年设置上也只有短短的三年，其中学生只有两年在校学习的时间，往往在最后一年都是在企业实习中度过，因此在这一背景下，高职院校所招收的学生和普通高等院校之间也存在着客观差距。在对我国高职院校生源质量的调查中，发现高职院校的新生往往在文化课基础上表现较差，并且普遍缺乏良好的学习习惯，甚至在学习态度上也存在或多或少的问题。而对于艺术设计类专业而言，由于该专业在招生时属于艺体类，对于学生的文化课要求比其他专业更低，因此，高职院校在艺术设计类专业的生源素质上相比其他专业乃至其他院校都存在一定差距。

2. 教学模式和教学理念较为陈旧

前文提到，高职院校的学生由于缺乏正确的学习态度和学习习惯，因此要提高教学质量，就必须首先加强对学生的引导，然而，高职院校在艺术设计专业的教学中仍然沿用传统的教学模式，在课堂中以教师的讲解为主，并且由于高职院校的学生在纪律性上较差，因此为了维护课堂纪律以确保教学管理工作的展开，教师在教学中往往采取高压手段对课堂进行管理，在这种管理模式下，虽然教师牢牢把握住了课堂节奏，但是学生的自主性也受到了很大程度上的限制，并且这种教学管理模式的长期运行导致课堂教学逐渐演变成教师向学生的单向灌输。而艺术设计工作依赖于学生的想象力和创造力，这种单一化的教学模式显然无法达到这一目标。

3. 教师队伍的建设有待提升

在对高职院校教师队伍的结构调查分析中发现，当前广东省很多高职院校的教师队伍在年龄结构上逐渐趋向于年轻化，这说明越来越多的年轻教师进入高职院校艺术设计类的教学岗位，这一情况虽然为高职院校在艺术设计领域的教学中带来了更多活力，但是由于年轻教师往往刚从学校毕业就直接进入教学岗位开展教学，由于缺乏时间的沉淀和工作经验的积累，导致该部分教师往往在专业知识的教学上不够扎实，并且由于缺乏实践经验，其理论和实践脱节的情况也经常出现，这些问题最终都导致教学流于形式，学生缺乏深入的探究。

4. 实践教学环节缺乏完善 技能培训和市场需求脱节

由于高职院校的教学目标旨在提高学生的实践能力，因此在高职教育体系中，实践教学板块也是相当重要的环节。然而，实践教学的教学质量往往依赖于教师的实践经验，而高职院校的教师由于长期处在校园环境中，对于行业发展变化的了解不够及时，尤其是对于艺术设计领域而言，行业的更新换代速度很快，在很多企业已经对艺术设计的标准做出改革和更新的前提下，高职院校的教师仍然秉

持着过去的理论知识对学生进行教学，导致高职院校在艺术设计专业的教学中和市场需求脱节，很多毕业生习得的专业技能已经并非企业的主流技能。并且很多教师虽然在专业理论上有较强的储备，但是却缺乏在企业工作的经验，因此在实践方面的教学缺乏实效性，难以提升学生的综合能力。

二、未来高职院校高质量艺术设计人才培养策略

1. 加强课程体系的综合性

高职院校艺术设计专业人才的培养，最终目的是推进经济发展，因此在教学规划上要加强课程体系的针对性，结合对市场需求的调研才是提高教学实效性的关键，高职教育作为面向生产实践的职业教育，应该从工作岗位的实际需求以及企业的具体情况出发安排各项教学任务，例如，在高职院校的艺术设计专业课程中，通常包括专业核心课程、专业基础课程以及公共基础课程和拓展课程等等，其涵盖的范围较广，综合性较强。并且艺术设计作为一个大类，学生在未来从事相关工作或者继续深造的过程中都需要深厚的理论知识作为基础，因此高职院校在规划课程体系时，不能只把目光局限在专业课程的教学上，要以专业需求为核心，辅以大学语文、大学英语以及计算机基础等公共基础类课程，以提高学生的综合素质。同时，在选修课程体系的建设上，也要贯彻以人为本的教学理念，以学分制的形式引导学生根据自己的兴趣爱好和个人需求来选择课程进行学习，而教师也要根据教学的实际情况，对于选修课程进行适当的调整，以提高选修课的教学质量，发挥选修教学在人才培养体系中的价值。另外，教师还要积极利用学校在资源储备上的优势，加强对学生的职业规划以及和就业相关的法律常识等课程的教学，为学生的发展提供更多可能。

2. 明确人才培养方向

随着我国教育领域的发展，高等教育逐渐分化成了多个层次，其中不仅包括普通高等教育，还包括高职高专等职业教育，教育的本质也从精英教育逐渐转变为大众教育。而高职院校作为高等教育体系中的一部分，其既包含高等教育的本质，又带有职业教育的特色，并且我国的高职院校还具有鲜明的区域性和职业性等特征，因此高职院校在开展教学前，首先要明确其人才培养的方向，以广东省高职院校为例，该省份的高职院校在打造艺术设计专业的人才培养体系时，要结合对广东省经济发展需求的调研，对于该省份在艺术设计领域的行业特征和产业结构等方面做好深入了解，根据艺术设计行业的发展方向制定教学方向，以提高学生在就业过程中的核心竞争力为基本导向，建立人才培养目标。同时打造集理论教学和实践操作为一体的综合教学体系，不仅做到对学生在通识知识方面的教学，还要加强实践锻炼，以培养具有创新设计能力、团队合作能力、沟通和执行能力的高质量艺术设计人才。

3. 强化实践环节的设计

根据前文对高职院校在艺术设计教学中的现状分析中，我们能够发现，对于

实践环节上的忽视是制约高职院校艺术设计专业人才培养质量的重要因素，而究其原因，往往是由于高职院校在经费上的不足，或者在资源分配上缺乏合理性，导致高职院校在实训室或者实训基地的建设上缺乏力度。因此，未来高职院校要加强对实践环节的重视，在资源分配上向实践教学环节倾斜，要明确学生的实践操作能力是高职院校的核心竞争力。并且在实践环节的设计上也要加强和市场需求的结合，艺术设计领域作为紧贴时代潮流的行业，其对于时代变化和市场发展较为敏感，因此，高职院校要想提高实践教学的实效性，就必须在实践内容的设计上做好对市场需求的调研，从而缩短学生的实际能力与企业需求之间的距离，使得实训课程能够切实提高学生的就业竞争力。另外，高职院校还要加强和企业之间的合作，通过和企业展开联合培养的教学模式，利用企业提供的场所开展实践锻炼，以此来缓解高职院校由于经费不足而缺乏实践基地的问题，同时还要尽可能增加学生的实践机会，因为短短三年的学年设置如果更多时间被放在理论学习上，那么对于学生的提升程度实在有限，而更多的实践机会不仅能巩固学生的理论知识，也能加快学生将理论知识内化成自己的实践能力。

4. 打造双师型的教师队伍

教师作为开展教学活动的主导者，是决定教学走向的关键人物，因此，要想提升高职院校艺术设计专业的人才培养质量，打造一支高水平、高素质的教师队伍是实现这一目标的前提。然而，正如前文分析所提到的，当前高职院校在教师的结构上存在年轻化的特点，这一特点虽然表示当前高职院校的艺术设计教师缺乏足够的实践经验，同时也意味着教师队伍的可塑性较强，因此年轻教师虽然经验不足，但是在学习能力上更强，因此高职院校要加强后期的培训，通过和企业合作的形式，打造一支双师型的教师队伍，定期组织教师前往企业生产一线进行考察，邀请企业的资深员工来校开办讲座，同时高职院校也可以通过聘请艺术设计行业的专家参与到课程体系的构建中，通过接受专业人士的指导加强课程体系的针对性，通过提高教师队伍的专业素养来确保艺术设计专业人才的培养质量。

5. 完善教学考核机制

教学考核评价方式是教师了解学生学习情况，进而反思自身教学模式的关键途径，科学高效的教学考核评价机制是实现教学良性发展的重要工具，以往教师在课堂教学结束后都会通过安排一些测试来考查学生对课堂知识的掌握程度，然而这种考核方式会促使学生把精力更多放在对理论知识的背诵和记忆上，使得学生的学习停留在表面，缺乏运用理论知识去解决实际问题的能力。并且艺术设计专业重在培养学生的开放性思维和创新意识，刻板的考核机制只会促使学生形成单一化的思维模式，因此未来教师要注重对考核机制的创新。通过结合学生的实际情况，设置开放性的思考问题，在考核中贯彻因材施教的教学理念，把过程性考核纳入考核机制中来，合理分配学生的课堂得分和测试得分，实现个性化培养的教学目标。

三、结语

综上所述，随着互联网新兴设计诞生，当前社会对于艺术设计类人才的需求量逐渐增加，这点尤其在广东省的产业发展中尤其显著，设计产业延伸出了品牌推广、服务运营等岗位，价值形式也从过去的静态图形图像、实物三维造型，到无形抽象的交互过程、体验感受、服务内容、品牌概念等转化，那我们的专业发展也要根据行业发展动态调整，而高职院校作为输送艺术设计人才的重点场所，更应该创新教学模式，提高艺术设计人才的培养质量，为广东省的区域经济发展作出贡献。

大数据平台助力大学生
身体素质提升的有效路径研究

黄群玲　尹洁　薛燕丽　张立　叶园园 [①]

（中山火炬职业技术学院　广东　中山　　广州番禺职业技术学院　广东　广州
中山市实验中学　广东　中山）

摘要： 2021 年 9 月 3 日，教育部公布了第八次全国学生体质与健康调研结果：我国学生体质健康达标优良率逐渐上升，但大学生体质下滑的问题，仍然没有得到有效遏制。提高大学生身体素质，有助于我国青少年身体素质整体水平的提高。本文从大数据平台助力高校体育教学管理、课外体育运动管理、体质健康数据管理等 7 个方面阐述大数据平台助力大学生身体素质提升的有效路径。

关键词： 体质健康；大学生；身体素质提升；大数据

2019 年 7 月，国务院印发《国务院关于实施健康中国行动的意见》，成立健康中国行动推进委员会，出台《健康中国行动组织实施和考核方案》明确工作目标，到 2022 年 "国家学生体质健康标准达标优良率 ≥ 50%"。2021 年 9 月 3 日，教育部公布了第八次全国学生体质与健康调研结果：学生体质健康达标优良率逐渐

①　作者简介：黄群玲（1968—），女，教授，北京人。研究方向：体育人文社会学。
中国职业技术教育学会职业院校体育工作委员会 2020—2021 年度职业院校体育科研
课题：大数据平台助力青少年身体素质提升的有效路径研究，课题编号：20TY026，
本文为该课题研究成果。

上升，2019 年全国 6—22 岁学生体质健康达标优良率为 23.8%。"大学生体质下滑的问题，仍然没有得到有效遏制"。2019 年广东省大学生体质健康优良率还不到 2%，与国家要求达到的 2022 年"国家学生体质健康标准达标优良率≥50%"有很大差距。大学生是包括大、中、小学生在内的学生体质健康水平最薄弱的环节，提高大学生身体素质，可以补短板，有助于我国青少年身体素质整体水平的提高。

教育部 2018 年印发的《教育信息化 2.0 行动计划》要求到 2022 年基本实现"三全两高一大"的发展目标，即教学应用覆盖全体教师、学习应用覆盖全体适龄学生、数字校园建设覆盖全体学校，信息化应用水平和师生信息素养普遍提高，建成"互联网 + 教育"大平台。在教育信息化的大背景下加速了"互联网 +"、大数据、新一代人工智能等高科技信息技术与体育的结合，概括为数字体育、智慧体育。如何让 5G、大数据、人工智能等高科技信息技术走进课堂，通过引进数字体育、智慧体育促进高校体育改革，提高大学生体质健康水平，提高高校体育信息化应用和管理水平是本文研究的目的。大数据平台助力大学生身体素质提升有以下路径：

一、大数据平台助力高校体育教学管理

体育教学管理系统包括课堂教学管理和体育课成绩管理。

1. 课堂教学管理

课堂教学管理，实现运动实时监测。运动实时监测是通过臂带采集数据实现的。臂带类似于特制手环，能够实时监测个人或团队的心电、心率、呼吸、能耗三轴加速度、体位和运动状态等参数并实时显示详细的运动数据。学生全程佩戴能够实现自动采集课堂中所产生的多项运动数据的臂带，获取实时监测反馈用以分析学生的运动情况及体能消耗情况，并记录每节课，每一个学生的运动强度与密度，防止运动过量带来的损伤，也可以记录全学期（学年）某年级学生的课堂活动量、平均消耗，帮助学生养成定期回顾训练、反思训练方法的好习惯。

老师利用系统分析学生所有课堂运动数据，全面了解学生运动水平，有效评估教学质量，有助于提高教学水平。课堂运动状态实时监控，帮助授课老师发现学生心率异常项，及时降低运动难度，防止发生运动意外。特殊学生健康信息课前提醒，老师上课多注意；课中运动状态实时监控，防止学生运动不足或过量。

2. 体育课成绩管理

体育课成绩分为几个部分包括，平时成绩 + 素质锻炼成绩 + 专项技能成绩。学生上体育课的学期，高校可以制定不同的身体素质锻炼内容，比如可以规定，必须达到不低于 63 公里课外体育锻炼并达到相应要求，未达要求的，体育课成绩记 0 分。在学生不上体育课的学期也可以规定相应的运动量，完成之后才可以参加体质测试等内容。

二、大数据平台助高校课外体育运动管理

我国现在有很多跑步 App 软件，学校可以选择合作。学生可以扫码下载跑步

App，或打开手机系统自带的应用商店，搜索跑步下载并安装，输入学号登录 App 跑步系统，如果带手机锻炼，学生的运动负荷（心率）、锻炼时间、步数等相关数据会在 App 跑步系统体现。如果觉得带手机不方便可以带运动手环，通过蓝牙传到手机，一样可以在 App 跑步系统体现，实现体育课内和课外活动运动负荷实时跟踪。

课外锻炼是体育课程的一部分，高校学生上体育课的学期，比如，必须参加 63 公里，课外体育锻炼并达到相应要求。未达要求的，体育课成绩记 0 分。课外锻炼要求，累计里程，不低于 63 公里（1.5 个马拉松，男女里程一样）。每次锻炼的平均配速为：4—10 分钟／千米（时速 6—15 千米／小时）。最少跑步距离：1 公里／每次；最长跑步距离：10 公里／每次；最少有效跑步次数：10 次（若一天内跑多次，只记距离最长一次有效记录），未完成规定里程的同学，本学期体育课不及格（0 分）。各高校可根据本校实际情况发布场地开放地点、时间和考核纪律要求。

三、大数据平台助力高校学生体质健康数据管理

将学生体质健康数据实时上传平台，给学生开运动处方，提供针对性科学的锻炼方法。跑步软件平台，有体质测评和运动处方系统，如果学校使用的是与跑步 App 品牌相同的体测仪器，通过无线数据采集器，学生体测的数据可以实时动态上传到跑步体质测试系统中，学生输入自己的学号就可以查询自己的体测数据，体测等级（优秀、良好、及格、不及格等），运用大数据分析，系统会根据学生的体测成绩，制定相应的运动处方，指导学生科学锻炼。如果体测仪器与跑步 App 品牌不兼容，需要测试人员在体测仪器中导出体测数据，把全校学生体测数据上传到跑步 App。如果没有体测仪器，是用皮尺，秒表等手动测试，需要测试人员把全校的体测数据用 Excel 格式上传到跑步 App，学生在跑步 App，输入学号就可以查询自己的体测成绩、运动处方等相关内容。

四、大数据平台助力高校学生体质测试前管理

学生参加测试前，体育教师要给学生布置体育锻炼作业，完成作业才能测试。为了提高体测成绩，也为了预防运动猝死，教师可以通过跑步跑步 App 给要参加测试的同学布置体育锻炼作业，例如：大学体测前两周，男同学，每周要完成 7 个两公里的运动量，每个两公里男同学不能少于 15 分钟。女同学，每周要完成 10 个 1 公里的运动量，每个 1 公里女同学不能少于 7 分钟。如果完不成此任务就不能参加体质测试，跑步 App 会自动提醒。

五、高校要开展丰富多彩有组织的课外体育活动

各高校除了开展每年 1 次的秋季运动会、还可以开展 1 次春季运动会，1 次冬季越野跑，还应充分利用学生体育社团（协会）开展课外体育活动，项目可以有篮球、乒乓球、羽毛球、足球、排球、游泳、体育舞蹈、健身健美（男）、形体（女）、瑜伽、攀岩、武术、体能、跆拳道、散打、拳击、地板球、棒垒球、

中华健、拓展、定向、徒步运动、太极、养生、骑行等等。大数据平台可以根据高校要求定制上述内容，如项目、成绩汇总等。

六、高校要完善体质健康工作制度，严格执行体测不达标不毕业的规定

高校要完善学生体质健康工作制度，建立以提升学生体质健康水平为中心的高校体育工作委员会。根据广东省 2019 年体质测试抽测工作专项调研结果显示，至今仍有近 35.3% 的高校没有学生体质测试专门工作机构，40% 的高校未设专项经费，很多高校的学生体质健康管理工作制度不完善，管理效率低，人力、财力、物力落实不到位情况比较普遍。缺乏完善的学生体质健康工作制度，缺乏有效的干预和约束手段，学生参加测试积极性不高。高校学生体质健康状况堪忧。

根据《教育部关于印发〈高等学校体育工作基本标准〉的通知》（教体艺〔2014〕4 号）文件要求，"学生测试成绩达不到 50 分者按结业处理，毕业年级学生测试成绩及格率须达 95% 以上"，2019 年 10 月教育部《关于深化本科教育教学改革全面提高人才培养质量的意见》，"加强学生体育课程考核，不能达到《国家学生体质健康标准》合格要求者不能毕业。"各高校应在体测前召开全校《国家学生体质健康标准》动员大会，大力宣传并严格执行体测不达标不毕业的规定，介绍测试内容、标准、注意事项等，只有切实做到体测不达标不毕业，大学生的体质健康水平才有望得到提高。大数据平台对学生测试成绩达不到 50 分者可以自动统计，汇总，学生和教师端都可以看到。

七、高校要将学生体质健康测试成绩作为学生评优、评先的重要依据

《国家学生体质健康标准》要求："学生测试成绩评定达到良好及以上者，方可参加评优与评奖；成绩达到优秀者，方可获体育奖学分"。高校要把学生体质健康测试成绩优秀或良好作为学生评优评先依据，以此作为提高学生体质健康测试成绩优良率的激励措施。不然，学生及格就可以拿到毕业证，提升学生体质健康测试优良率没有任何激励措施，想提高优良率很难。此外，建议各高校公布每年学生体质健康测试成绩优秀学生名单，表扬并给予一定的奖励，包括物质奖励、奖状、纪念章等，榜样的力量是无穷的，相信通过以上措施，大学生体质健康测试成绩会有所提高。大数据平台对学生测试成绩达良好和优秀等级者可以自动统计，汇总，学生和教师端都可以看到。

基于学生个性化发展的
高职院校导师制模式探讨

汪 洋①

（广州番禺职业技术学院）

摘要： 分析导师制实施过程中出现的问题，根据高职学生所处阶段不同、学生的特点不同、个性化发展的要求不同构建基于学生个性化发展的高职院校导师制人才培养模式，通过完善导师评价制度、建立激励制度、导师制制度建设等措施推动导师工作的发展。

关键词： 阶段；个性化发展；导师制

导师制是一种教育制度，与学分制、班建制同为三大教育模式。导师制由来已久，早在十四世纪，牛津大学就实行了导师制，其最大特点是师生关系密切。导师不仅要指导他们的学习，还要指导他们的生活。长期以来，导师制仅在我国研究生教育阶段实施，2001年起逐步在一些高职院校试行。本文以广州番禺职业技术学院为例，通过向在校生发放问卷，统计和分析当前导师制在广州番禺职业技术学院的实施现状、实施效果及存在问题，从而进行基于学生个性化发展的高职院校导师制模式探讨。

一、导师制实施过程中出现的问题

1. 师资不足

实行导师制要求一定的师生比，一般认为一名导师带三名学生这个比例最利于导师和学生们之间的交流，师生之间才能比较容易形成亲切、平等、自由的关系，从而有利于导师对学生进行个性化引导。广州番禺职业技术学院实施导师制，一个班级配备一名导师，导师主要由专任教师来兼任，每个班级30多人，由于管理人数众多，师资不足，指导效果不明显，同时采用的教育方式往往还是集体式，对学生个体的思想、生活、学业进行的指导较少，管理效果不明显。因为师生比例失衡使教育教学质量明显下降，没有真正起到全方位育人的效果，这种导师运行模式受到师生比例问题的困扰，直接影响了高职院校导师制实施的效果。

① 作者简介：汪洋，女，1980年9月生，民族汉，籍贯河南信阳，单位广州番禺职业技术学院现代物流学院，职称讲师，学历研究生，研究方向：企业管理、市场营销。
基金项目：广州番禺职业技术学院十三五教育教学改革项目重点项目：《基于学生个性化发展的高职导师制模式探讨》。

2. 导师工作缺乏积极性

尽管许多教师对实行导师制度的目的、意义非常明确，但由于目前高职导师多为专任教师兼职，多数的高职专职教师一般都承担着繁重的教学工作，再加上专业建设、课程建设、科研、对外服务等，导师工作难免会力不从心。此外，难免存在着个别导师对导师工作的认识和态度参差不齐的状况，甚至有的导师对导师的工作性质和目标并没有非常清楚的认识和把握，这些都导致了其工作状态不尽如人意。除此之外，学校对导师奖罚措施力度不够也导致部分导师工作缺乏积极性。

3. 学生与导师缺乏有效沟通

根据统计数据，广州番禺职业技术学院学生与导师的沟通多为每个月一次，这种沟通多数在课堂上，导师采用集中式说教的方式，导师讲，学生听。这种沟通更多的是一种单向的信息的传达、学习内容的指导，同时学生对导师还有传统意义上的害怕，不能很好地与老师沟通。沟通频率较少、沟通形式的单一、缺乏通畅的双向沟通这些都决定了导师无法了解学生的真实想法、无法关注到学生的个体，更谈不上针对性的指导。

4. 指导内容较泛

根据统计数据，导师对学生的指导多为选课指导、专业认识、大学生活适应和生活困难的解决。尽管部分高职院校已经开始实施导师制，但导师的教育方法依然是传统的"灌输式"教育方法，更由于时间和精力的限制，不能根据学生的个性特点、兴趣爱好有针对性地培养学生的自主意识、学习能力、创新精神。同时指导内容过泛，教育效果不佳，导致高职学生对学习和未来的选择茫然，不利于高职学生综合素质的提高和全面可持续发展。

二、构建基于学生个性化发展的高职院校导师制人才培养模式

导师制，要更好地贯彻三全育人的现代教育理念，更好地适应人才培养目标的转变和素质教育的要求。这种制度要求导师不仅要指导学生的思想、学习与生活，还要针对学生的个性差异，因材施教。

由于高职学生所处阶段不同、学生的特点不同、个性化发展的要求不同构建基于学生个性化发展的高职院校导师制人才培养模式。

1. 大一的上半学期

大一的上半学期，学生刚踏入大学校门，对大学生活充满懵懂，对大学生涯规划一无所知。构建以综合导师＋辅导员＋学生班主任的导师团，开展新生专业教育、给予学生专业方面认识和了解，开展思想教育定期开展班会、集中座谈会，并通过一对一的入学辅导，帮助学生尽快地适应大学生活、解决生活的困难，掌握学习方法及技能,进行选课指导，为今后三年的学习和社会实践做好充分的准备。

大一学生采取以班级为单位，为每个班配备 1 名"综合导师"，"综合导师"

由专任教师担任，他们具有丰富的专业知识和良好的道德品质，侧重对学生在学习方面进行引导，并进行心理的疏导和生活上的指导，使学生能够顺利地从一名高中生向大学生转变。

为新生班级配备一名辅导员，主要开展学生的入学教育、日常事务管理、思想教育与价值引领、心理健康与咨询以及学生党团建设等方面的工作。

为每个班级配备 2 名由高年级中选拔出来的学生担任新生班级的班主任的工作，作为新生的学长，更有经验的帮助新生解决一些实际的学习、生活上的问题。在班主任的选拔过程中要秉持"择优录取""竞聘"的原则，并在入党、申请奖学金、推优等方面给予相应的政策倾斜。

2. 大一的下半学期至大三的上半学期

第二阶段为大一的下半学期至大三的上半学期，学生经过几个阶段的学习，已经掌握了一定的专业知识和技能，学生学习的空间已经不仅仅局限于课堂。与此同时，学校及院系开展了学生职业技能竞赛项目、挑战杯、创新创业项目、工作室项目、课程教学项目、毕业设计项目、教师科研项目等，这一阶段采取综合导师+各项目导师的模式，综合导师职责不变，各项目导师成立项目团队。

以广州番禺职业技术学院为例，不同的专业都有各自的专业技能大赛，比赛一般配备 1—3 名指导教师，比赛的团队通常由对比赛感兴趣的学生组成，通过比赛可以使学生获得更为丰富的专业技能，增长和开阔学生的见识。对创新创业感兴趣的同学可以选择创新创业方面有经验的导师，在导师的指导下，开展创业活动实践，并通过比赛得到创业项目的指导甚至创业的经费。还有一些教师成立了工作室，工作室承接了不少来自企业或其他部门的项目，有兴趣进入工作室的学生在工作室导师的指导下，通过完成项目提高自己的实践技能，学生在校学习期间即可熟悉工作环境接触到企业真实项目并在项目参与过程完成综合专业技术的训练逐步具备专业能力和团队合作能力。有些课程是基于企业的真实项目，学生在课程导师指导下分小组进行项目的实操，在实操的过程中锻炼了学生分析问题和解决问题的能力，从而提高人才的培养质量。有些学生还可以参与导师教科研课题，在配合完成科研课题的过程中提高自己的专业水平。在这一阶段，让学生有更多的自主选择权，鼓励学生基于个人发展需要及兴趣爱好选择进入不同的团队，由负责各项目的导师指导，学生分工协作，在完成项目的过程中实现个人所长的与个人能力的培养和锻炼。

3. 大三的下半学期

大三的下半学期一般为顶岗实习 阶段，学生面临着实习和就业等问题。学生由于刚刚踏出大学校门，存在着是否适应社会、人际关系、工作能力等多方面的考验，综合导师和企业导师组成的双导师模式将对学生顶岗实习阶段面临的一系列问题进行一对一的就业指导，指导学生能够尽快适应工作岗位、胜任工作岗位。综合导师一般由本校教学实践经验丰富的专任教师担任，主要是跟踪学生实习阶段的思想动态、工作动态，对学生的毕业论文加以指导，校外企业导师一般由企业技术经验丰富的师傅担任,主要负责学生在技能、技术和职业道德等方面的培养。两位导师侧重点不同,通过各自的指导,发挥各自的优势和专长,实现学生从学校走向社会的顺利转变。综合导师通过定期到企业走访,查看学生实习情况,和企业导师进行交流,保证学生的实习效果和岗位知识经验能力的获得。

三、导师制实施效果的保障

1. 完善导师评价制度

首先,建立一个全方位、既能定性又能定量的导师评价制度有利于提高导师工作效率,推进导师工作成效。以广州番禺职业技术学院为例,导师的工作评价依据主要包括定性和定量两个方面,定性为学生代表座谈会的反馈意见以及所指导班级学生的评价,定量方面为导师指导学生活动的次数、导师工作记录材料的完整程度,以及指导任务的完成情况等。

2. 建立激励机制

为例提高导师工作的积极性,给予导师一定的工作补贴或学时上的减免,对表现较好的导师,给予一定的物质激励和精神支持。例如,可以实行导师工作与年度考核、绩效工资、评奖评优、职称评聘相挂钩。例如,广州番禺职业技术学院把导师工作作为教师职称评聘的重要指标。

3. 推动导师制制度建设

通过相关制度的建立,明确实施学生导师制的意义和目的、选聘条件、导师的责任和义务、考核标准以及对导师的工作要求等。并经过校内导师制度的培训,让聘任为导师的教师们对导师职责把握明确,对文件的内容完整的理解,要求通过导师培训的教职工方可担任导师岗位。例如,广州番禺职业技术学院出台的《广州番禺职业技术学院学生导师制实施办法》,通过制度让导师们更加了解导师的相关要求。

扩招背景下高职学生学习动力探究与提升

符气叶 李法春 廖中文[①]

（广东农工商职业技术学院 广东 广州 510507）

摘要： 百万扩招，鼓励更多应届高中毕业生和退役军人、下岗职工、农民工等报考就读高职院校，使得高职院校生源更加复杂的背景下。通过关键词检索相关文献，获取国内外学者对学习动机的研究情况，通过问卷调查的方式了解和掌握影响高职生学习动机的信息特征，探讨影响高等职业院校大学生学习动机的因素。采取有效措施，解决高等职业院校大学生学习动力不足的问题，从而推动高等职业院校大学生学习的自主性。

关键词： 高职学生；学习动力；专业教育；课程学习；职业规划

2019 年《国家职业教育改革实施方案》出台，为新时代职业教育发展规划了路线图。《政府工作报告》又提出"改革完善高职院校考试招生办法，鼓励更多应届高中毕业生和退役军人、下岗职工、农民工等报考，2019 年大规模扩招 100 万人"，首次将农民工群体纳入高职院校扩招范畴，也是解决现阶段我国复合型技术技能人才供给短缺的重要步骤，经过各层各级的不懈努力，最终完成招生 116 万人。2020 年《政府工作报告》明确提出 2020—2021 年高职扩招 200 万，将使高职院校的生源变得更加复杂了。

高等职业教育越来越受到社会各界的关注，相应高职院校学生的学习状况，也会是社会各界特别是教育界的学者们关注的问题之一。高职院校教育对象特殊性、教育目标的指向性、教育过程的独特性而被越来越多的职业教育研究者所重视。

---

① 作者信息：符气叶（1980—），男，海南文昌人，广东农工商职业技术学院物联网应用技术专业负责人，高级工程师，主要从事高等职业教育研究。

李法春（1969—），男，湖南临澧人，广东农工商职业技术学院智能工程学院院长，教授，主要从事高等职业教育研究。

廖中文（1984—），男，湖北武穴人，广东农工商职业技术学院智能工程学院办公室主任，副教授，主要从事汽车专业研究。

基金：广东省教育厅特色创新类项目（教育科研）——《协同学习模式的应用研究及其平台的设计与开发》（2017GGXJK033）；广东省教育厅质量工程教育教学改革研究与实践项目（GDJG2019148）；广东省高等职业技术教育研究会重点课题（GDGZ17Z005）；广东农工商职业技术学院校级科研项目——《高职院校学生学习动力不足原因的分析研究》（xyyb1408）。

一、国内外学习动力研究综述

学习动力问题是传统又有典范作用的研究课题。随着对学习动力的深入研究，越来越多的教育学家和心理学家意识到一切与学习有关的行为都是由学习动力引起的。由于学习动力的产生是有诸多因素共同作用的结果，既有来自外在力量的影响也有来自内部力量的驱使，正因如此，才有百家争鸣的景象，各流派都试图从各自的角度来解释学生为什么有进行某种活动或者不愿意进行某种活动的动机。

1. 国外学习动力的研究综述

有记载的国外对于学习动力的研究始于 1930 年。在 1930—1960 年这一时段对学习动力的研究，主要是针对引发个体行为的外部原因（如成功、失败、表扬、责备、奖励、惩罚等）的研究，是行为主义理论学者的研究重点。1960 年代以后，人的行为动机研究开始转向对人类社会、利益、立场、情绪和本能等认知因素的研究，认知理论成为研究的主流，相继提出自我效能、归因、价值观、成就目标等学习动力理论。

从美国第一代新行为主义代表人物赫尔，到美国著名的认知学派心理学家韦纳，再到社会学习理论的创始人阿尔伯特·班杜拉（Albert Bandura），都对人类的学习动力做了相应的而研究，得出人类的"自我效能"是自我系统中起关键作用的动力因素。

2. 国内学习动力研究综述

国内对学习动力研究也一直在进行着，在学习动力的结构研究方面，有黄希庭在 1999 年提出的影响学习动力有：生理、安全、交往、尊敬、发展和贡献等 6 个方面。张建玲（2004）提出的：求知、报答、就业与生活、社会奉献、成绩目标和消极回避等 6 种主要成分。池丽萍等人（2006）提出的 6 个维度：内部动机由挑战性和热衷性两个维度组成，外部动机由依赖他人评价、选择简单任务、关注人际竞争和追求回报四个维度组成。在学习动力影响因素的研究中有沈国强（2007）得出的客观原因和主观原因两大类 4 种因素：家庭和社会的影响；教师、同伴和班风的影响；目标的设置和认定；成功和兴趣的作用。陈剑敏（2010）认为学习动力的影响因素有 5 种：目标与价值的定位；非智力因素的影响；社会因素的影响；评价标准的影响；教育体制的影响。

总之，国内外对"学生学习动力"的研究很多，但是都过于笼统，基本上忽视了专业性和学科性的具体问题，所以导致问题的解决也只是在理论层面上，在实际中还是基本没有办法解决具体的问题。

二、学生学习动力不足原因详析

高职院校的学生学习动力影响因素具有相当的多样性、复杂性、时变性、地域性、专业性、非规律性。特别是对于我国扩招背景下的高等职业教育的学生，生源相当复杂，不同的地域、不同的专业、不同的生源，不同的年级，他们的学习动力影响因素是不同的。

1. 在应试教育中为了考上大学，经历了枯燥乏味且紧张艰辛的过度学习的高中之后，对学习产生的疲劳感和厌倦感

在应试教育中学阶段为了升学率，对学生的管教是保姆式的，导致大学生也基本上习惯了保姆式的管教。而大学阶段，学校和老师对学生的管教却是自由宽松的，对学生的自律性要求很高，有些学生自律性不足，容易沉溺网络和游戏，导致专注力不够，学习动力不足。

2. 对所学专业了解不足

在广东农工商职业技术学院，新生入学时会进行专业教育，每个专业都将人才培养目标、人才培养规格、专业核心能力指标、课程体系以及职业面向的行业主要职业类别和职业岗位类别等，对所有新生进行介绍和公开。

3. 职业生涯规划和学习目标不明确

在应试教育体系，中小学阶段，很少注意培养自己的兴趣爱好，对自己的兴趣爱好不明确，又对所学专业不了解，导致对未来目标的缺失。不知道自己喜欢什么样的工作，不了解自己喜欢的工作岗位需要什么样的能力，就不知道自己该学什么知识，该掌握什么能力。那么在专业学习的过程中，就不懂得利用 PDCA 闭合循环，确定目标岗位能力，制订学习计划、学习目标，采取合适的学习方法和手段，解决专业学习的问题。如此也会导致学不会，不会学，不想学的想法。

在扩招背景下，高职教育将承担为社会培养高素质劳动者的职能，实现人才智力资本的提高，将人口红利转为人才红利，帮助他们在短期内重返社会岗位各类社会群体纳入再教育范畴，倡导退役军人、下岗职工、农民工返回学校，接受职业技能再教育与培训。如此，给高等职业教育带来很多很大的挑战。其中，由于年龄偏大，错过最佳学习时期、受教育基础相差较大、工作背景也有很大差异、社会生活压力和家庭压力过大等造成学习动力不足尤为突出。

大多数高等职业教育各个专业的学生学习动力不足的原因是多个方面，是很复杂的。在学校实施教育过程中经常忽略的一个因素或者是动作，那就是如何让学生了解自己所学专业，了解所学专业的人才培养方案、人才培养方向、专业能力的培养、专业领域的前沿技术、所学专业的工作岗位以及岗位技能等详细的内涵。这些内容可以让学生知道自己在学什么，应该学什么，应该怎么学，如此一来，就可以有效解决学生学习动力不足的问题。

三、提升学生学习动力的做法

学生学习动力不足的原因具有相当的多样性、复杂性、时变性、非线性、非规律性。这也是国内外对"学生学习动力"的研究很多，但在实际中还是基本没有办法解决所有问题的原因所在。在此，从专业、班级、学科以及学生个人的角度出发，为解决具体的高职学生学习动力不足提供一些参考做法。

1. 基于工程认证规范的持续改进机制

在专业和学校的层面，以悉尼协议为标准，结合国家专业诊断与改进要求，探索出一条基于悉尼协议的教学诊断与改进方案，应用于每个专业的专业教学与专业建设。为持续改善和确保学生学习成效，建立教学过程质量监控机制，定期进行课程体系设置、课程教学内容更新、课程教学方法改革检讨和教学质量评量，拟定教育目标、学生核心能力与学生核心能力评量的持续改善机制。持续收集教师、在校生、毕业生、雇主及第三方评量机构的回馈资料，通过对这些资料的检视，针对教育目标和学生核心能力提出修改建议，并召开专业咨询委员会会议研讨改进策略，最后提交院务委员会会议审定。

2. 基于 OBE 的专业教育模式

工程认证体系已经成熟，也已被全世界大多数国家的认可，工程认证体系包括《华盛顿协议》《悉尼协议》《都柏林协议》等都基本上包含 OBE 的教学模式（Outcome Based Education）也称为成果导向教学模式，是以学习成果或者学习收获为导向的教学理念。成果导向的教学模式已在高等职业教育掀起一股大浪潮，已经成为高等职业教育领域普遍通用教学模式。它打破了传统的教育理念，以学生为中心，将教育转换为学习，而不是传授。让学生获得学习的主动权，激励学生更加积极地参与学习，注重学生的自主学习，主动探索，不过分追究学习的过程，而是追求学习的知识成果和能力收获，旨在提高学生的兴趣和动力。

3. 课程思政引领"三全育人"

从教育部、习总书记的层面都要求"全员育人、全程育人、全方位育人"，要重视课程思政，所以教育还是应该回归教育初心，将专业知识与育人元素相结合。课程思政就是解决好"为谁培养人？培养什么人？怎样培养人？"的问题，用我们的理念，潜移默化改变学生，使学生爱学习、爱课程、爱学校、爱国家、爱人民。

4. 实施协同学习，培养协同意识

信息爆炸时代，信息更新太快，一不小心就跟不上信息更新的步伐，也可以说是社会发展的步伐，导致以下几个方面的精神危机：（1）信仰缺失；（2）缺乏团结精神；（3）不善于沟通，人情淡漠；（4）有较强的投机和功利意识。

5. 以 PDCA 循环规划职业生涯

从每位学生的个人角度出发，以质量管理原则为指导思想，尽量发挥学生的个性和特长，针对个人的兴趣爱好、性格特点和专业领域就业岗位技能需求，结合专业人才培养目标和专业课程体系，制订学习计划和职业规划。借助学校每年11月底召开的招聘会，引导大一的学生去招聘会现场或者通过网络等多个渠道寻找和了解自己喜欢的工作，以及相关工作岗位的技能需求。接着制定学习计划，有针对有目的性地采取合适的学习方法和手段，通过学习提高自身的专业能力。然后定期对所制定的学习计划进行检查和核对，看看是否已经完成自己所设定的学习计划，是否完成学习目标，所学习的知识是否已经达标。

数据赋能的资助育人模式对高质量人才培养的影响与启示

李 悦

（广州华商职业学院 广东 广州 511300）

摘要： 根据党的十九届五中全会提出，"十四五"时期要建设高质量教育体系要求，教育部全面贯彻落实中央相关精神和部署，坚持以建设高质量教育体系为统领，谋划和推动"十四五"时期教育发展。其中，建设高质量教育体系需深化新时代教育改革，建立健全教育评价制度和机制，发展素质教育，着力高质量人才培养。而资助工作作为推进教育现代化的重要基础，其资助育人模式对促进高质量人才培养发挥重要作用。因此，通过分析数据赋能对受资助学生进行可持续性发展培养与规划指导的育人模式的同时，探索该模式对高职院校高质量人才培养的影响，从而为深化高质量教育体系建设提供参考。

关键词： 高质量教育体系；资助育人；成长数据

一、高质量人才培养背景概述

十三届全国人大四次会议 3 月 11 日表决通过了关于国民经济和社会发展第十四个五年规划和 2035 年远景目标纲要的决议。该纲要共分为 19 篇，在第十三篇"提升国民素质 促进人的全面发展"中，规划纲要提出，把提升国民素质放在突出重要位置，构建高质量的教育体系和全方位全周期的健康体系，优化人口结构，拓展人口质量红利，提升人力资本水平和人的全面发展能力。其中在第四十三章"建设高质量教育体系"中，规划纲要提出，全面贯彻党的教育方针，坚持优先发展教育事业，坚持立德树人，增强学生文明素养、社会责任意识、实践本领，培养德智体美劳全面发展的社会主义建设者和接班人。针对规划纲要的内核主旨，建设高质量教育体系内容包括：

1. **推进基本公共教育均等化**。巩固义务教育基本均衡成果，完善办学标准，推动义务教育优质均衡发展和城乡一体化；

2. **增强职业技术教育适应性**。突出职业技术（技工）教育类型特色，深入推进改革创新，优化结构与布局，大力培养技术技能人才；

3. **提高高等教育质量**。推进高等教育分类管理和高等学校综合改革，构建更加多元的高等教育体系，高等教育毛入学率提高到 60%；

4. **建设高素质专业化教师队伍**。建立高水平现代教师教育体系，加强师德师风建设，完善教师管理和发展政策体系，提升教师教书育人能力素质；

5. **深化教育改革**。深化新时代教育评价改革，建立健全教育评价制度和机制，发展素质教育，更加注重学生爱国情怀、创新精神和健康人格培养。

二、数据赋能的资助育人模式具体内容

学生资助事关民生，连着民心。做好学生资助工作，是促进教育公平和社会公平的必然要求，是建设人力资源强国的迫切需要，是加快推进教育现代化的重要基础。在巩固拓展脱贫攻坚成果视阈下，当前高校资助工作着力资助育人，各地各校坚持把立德树人作为资助工作的出发点和落脚点，不断完善全员参与、各部门配合、各个教育教学环节统筹协调的资助育人机制，更关注受资助学生的发展与培养，加强诚信教育、感恩教育，素质教育，推动经济困难大学生实现"受助—自助—资助—助人"转变，与此同时，资助育人的实施与推进加快保障型资助向发展型资助转变。另外，在思政教育、心理疏导、学业指导、能力提升、就业援助等方面，给予家庭经济困难学生全方位关心和帮助，让每一个家庭经济困难学生都能在更全面的资助下，努力培养他们成为德智体美劳全面发展的社会主义建设者和接班人。

根据资助育人的发展趋势与要求，以受资助学生成长数据收集规整与应用作为切入点，系统分析"受资助学生个人成长信息"应用的现状、与日常人才培养结合的可能性，统筹总体数据信息，开展受资助学生进行可持续性发展培养与规划指导，即在资助困难学生的同时，利用数据展示的信息内涵对学生进行针对性培养。具体操作流程：

1. **受资助学生基本信息收集与汇总**

为能更好实施对受资助学生的指导与规划，在收集资助基本信息（个人及家庭情况）的同时，另增加收集信息内容，包括个人特长、爱好、学业成绩、校内参与情况及相关表现，并通过表格汇总整合，形成受资助学生个人信息数据表。

2. **教辅协同，多维育人**

辅导员与相关教师通过对受资助学生个人信息数据表的分析，结合院系特色与资助学生特点，有针对性地对受资助学生的专业、就业等多方面提供有效建议或指导。该环节教辅协同育人让人才培养实施范围更全面，多维度育人能深化人才培养的应用。

3. **形成受资助学生个人成长信息动态表**

根据对受资助学生的培养情况，详细记录该学生个人变化或实施效果，再次对整体培养数据进行汇总整理，在受资助学生个人信息数据表的基础上进一步形成受资助学生个人成长信息动态表，进而辅导员与相关教师依据受资助学生当下动态表现调整人才培养实施方案。

利用数据信息的记录和转化功能与"学生为中心"的育人理念有机结合，时

刻关注学生变化并及时根据学生最新状态调整培养方案,这种数据赋能人才培养,对学生培养更具时效性和针对性。

三、数据赋能的资助育人模式对高质量人才培养的启示

1. 数据应用启示

在日常教学教辅工作中,每一位学生都会衍生出种类纷繁复杂的数据信息,由于教育教辅工作者工作内容的局限性,往往只关注某一种类信息反馈,而忽略了信息之间的链接关系与整合效能。在数据赋能的资助育人过程中发现,数据动态整合及实时应用能更好针对学生实际情况进行培育,促进学生自我素质的提升和发展。因此,资助育人工作模块的数据应用模式,在日常学生管理、专业培养过程中亦可拓展使用,学生详细数据信息的转化应用是对人才培养实现高质量的基础。

2. 师资队伍建设启示

高质量人才的培养离不开高质量师资队伍的辅助支持,对于学生的细节关注、数据挖掘、高效实施都离不开高质量师资的参与。因此,在对学生进行培养的同时,对教育工作者也要进行相应业务能力提升培训,师生能力素质提升要实行双管齐下。另外,建立高等学校、职业学校与行业企业联合培养"双师型"教师机制,教师的全面发展与多方资源合作育人,也是实现人才培养高质量的重要保证。

3. 教育评价制度建立启示

人才培养的质量要通过评价制度进行考量,因此需针对高质量人才培养目标建立并优化教育评价制度。受资助学生个人信息动态表既对学生基本信息进行记录,也针对学生动态信息(心理状况、校内外表现、学术参与、业绩考核等)展开分类汇总,整体数据内容既是信息的载体也是对学生进行能力评价的数据来源。为此,通过学生个人成长动态信息呈现情况,可延伸对学生素质培养及日常管理工作进行考核评价,一方面能系统反映实施效果,另一方面,因数据的规范化管理,优化考核数据应用过程。

4. 思政教育启示

资助育人从保障型资助向发展型资助转变,让每一个家庭经济困难学生都能在更全面的资助下,成为德智体美劳发展的人才,因此在资助的过程中除了物质帮扶,更是通过受资助学生个人信息动态表展开对应"内训",内容包括:学业帮扶、能力培训、生涯规划、就业指导等等,着力提升困难学生的内在素质,打造他们强有力的造血能力,推动经济困难大学生实现"受助—自助—资助—助人"转变,而培养学生从受助到自助,再到助人的角色转变其实是思政教育工作的重要体现。人才培养从量到质的转化从来都不仅仅是物质的推动,更是精神与素质的升华,因此高质量人才的培养要注重思政教育的融入。

通过数据赋能对受资助学生进行可持续性发展培养与规划指导的育人模式实

施的效能分析，融合现实的可操作性，发现数据赋能的育人模式除了在资助模块的应用也适合在日常学生管理、学生培育等工作模块中拓展使用，数据的有效整合和利用能切实提高人才培养效率与效果。

四、夯实"新基建"托起人才培养高质量

党的十九届五中全会为新时代教育改革发展指明方向，也提出了新的要求。本次全会明确提出"十四五"时期"建设高质量教育体系"，2035年建成教育强国，标志着中国教育进入全面提质创新的新发展时代。面对当前高质量教育体系发展要求与构建导向，明确高质量教育核心是人才培养高质量，而整体人才培养的质量提升除了上述对人才培养模式的探索与优化，更要全面夯实好基础性要素才能贯彻新发展理念、构建新发展格局、实现高质量发展。

综合上述，要在"十四五"节点上构建高质量教育体系，既是提升的关键亦是挑战，剖析体系构建要点，着力提高人才培养质量，从人才培养模式、专业及课程建设等内核要素发力，加快高质量教育体系形成，实现高等教育强国。

社会学习理论视角下
"一带一路"高职人才培养路径

刘　影[①]

（广东行政职业学院）

摘要：高职教育作为高素质技能人才培养基地为中国的经济建设发展做出重大贡献。"一带一路"倡议的提出也为高职教育的发展指明了具体方向。这是中国高职教育提高人才培养质量，走向国际舞台的重要契机。根据高职教育的宗旨和"一带一路"人才特点，社会学习理论为指导的人才培养模式能够更好地对接"一带一路"建设，通过人、行为、环境的交互作用更好地促进学习，该思路有利于提高人才适应性、实用性，能够更高质、更精准地服务"一带一路"建设。

---

① 作者简介：刘影（1981—），女，讲师，辽宁沈阳人，研究方向：职业教育、行政管理，广东行政职业学院 。

基金项目：广东省教育教学改革与实践项目：社会需求导向下管理类专业"一带一路"国际化人才培养模式研究（GDJG2019046）。

关键词：社会学习理论；"一带一路"高职；人才培养

一、社会学习理论和"一带一路"人才培养的关联逻辑

1. 社会学习理论的核心要义

社会学习理论是班杜拉在批判继承传统行为科学和心理学的基础上提出的。班杜拉认为社会变量是改变人的行为的重要因素，提出认知、人和环境的相互作用形成人的后天行为。班杜拉反对单纯在实验室里研究人的行为，人的行为的社会化的过程中产生的，并且服务于社会，所以他主张在特定社会环境中研究人的行为。观察理论和自我效能论事班杜拉学习理论的主要内容，学习者通过四个阶段的观察学习获得所需知识和技能，并在自我调节和自我效能感的获得中提升自信，使行为达到持续性并更加优化。观察是获得行为技能的来源，观察学习甚至可以不通过强化来完成。但是观察中的替代强化和自我强化对学习的深入和提升有重要推动作用。班杜拉在继承了认知心理学和行为主义的基础上，强调了主客观因素对于学习的作用，同时发展了强化理论，形成了自我强化理论。社会学习理论科学地揭示了观察学习的整个过程，对教育实践有着重要的启示和借鉴。

2. "一带一路"人才需求的特质

"一带一路"需求的人才是沿线国家和地区亟须的实用型人才，具有应用性和属地性双重特征。2016年，针对"一带一路"人才培养要求，教育部发出《推进共建"一带一路"教育行动》。《行动》中明确指出了人才培养目标就是为"一带一路"的"五通"提供人才支撑。同年9月份中央政治局学习会上，习近平总书记也强调了国际化人才标准，一要对中国国情和国家大政方针了然于心；了解其次要有放眼全球的眼光；再次具有熟练的外语沟通能力；最后是通晓国际规则、精通国际谈判。《国家中长期教育改革和发展规划纲要（2010—2020）》对国际化人才标准做了同样界定。

3. 二者的逻辑桥梁

观察和实践是社会学习理论和"一带一路"人才培养的逻辑桥梁。班杜拉认为人的行为能力是在社会化过程中，通过观察他人行为，并实际从事这些行为而获得的。在实践中通过替代强化、自我强化提升效能感，取得更好的效果。

职业教育人才培养目标即是社会需求的一线服务型或技能型人才，这种人才的获得不仅需要理论的武装，更需要实践的操练。通过在实践中观察、模仿、实操才能获得真实技能。

二、现有人才培养困境及"一带一路"供需错位

1. 人才培养目标定位不明确

高职教育培养目标，是指高职院校依据国家的教育目的和高职院校性质、任务提出的具体人才培养要求。教育目标不具体，脱离实际，目标老旧等是现在高职教育的一个突出问题。"一带一路"倡议为高职教育提供了国际社会交流的实

践平台，通过了解沿线国家和地区的发展战略，已知基础设施建设、交通运输、电信网络等是主要合作领域，这些行业、岗位也是未来国际化人才的主要缺口。2020年的毕业生招聘会投射出人才需求的短板。"小语种＋专业课"是企业的热门选择，但是众多企业却无人可选，众多学生也无工作可选。随着"一带一路"沿线贸易的加深，沿线国家的小语种需求量增大。宁波高松电子有限公司与"一带一路"70多个国家和地区有业务往来，公司团队急需德语、葡萄牙语、西班牙语等小语种人才。学生中会小语种又懂电力电器、电力照明的学生供不应求。因为这方面是他们公司的主要产品。大连的外贸公司多数与非洲国家有贸易往来，需要兼备中西文化的外贸人才。2020届诸多招聘会反映未来高新技术、互联网、信息科技、市场营销、教育培训、电子商务和国际贸易等领域将是紧缺行业，也是"一带一路"急需的行业。吉林外国语大学根据"一带一路"人才需求状况，在继开设蒙古语、印度尼西亚语、波斯语专业后，又新增了波兰语、捷克语专业。

由此可见，人才培养目标的确立要经过深入调研，尤其是服务"一带一路"建设的人才培养，不能画地为牢，必须深入了解市场需求，动态调整，有的放矢，才能使供需平衡。

2. 现有国际化人才知识结构单一

"一带一路"建设需要的是高素质技能型复合人才，不仅仅是语言的翻译。国际化素养要融于语言能力之中，目前我国国际化只偏重于学生外语技能训练，在人文知识方面欠缺。缺乏对国外文化背景了解的综合素养。在国际规则、文化融合、实习实践中显现出缺少国际知识和判断。尤其是从中国传统文化背景出发，从当代中国现实状况出发，做出不同于其他文化背景的人的理解与判断，更是软肋。

人文素养不仅是人们外在的精神面貌和内在的高尚品质的反映，更是一个社会的社会面貌和社会风气的体现。当代高校在对学生进行教育教学的过程中缺乏这种公共价值观和公共行政精神的人文素养的培养。尽管某些学生专业能力强，学习成绩优异，但是由于他们缺少人文素养，社会责任感不强，团队意识薄弱，也最终被竞争淘汰。

3. 教学模式滞后

班杜拉认为人才培养不能局限于实验室，应该回归社会。目前高等职业教育人才培养过程中仍然部分高校和专业停留在单一、片面传统模式上，以教室上课为主，实习实践的环节薄弱。学生对知识一知半解，对技能手足无措。致使社会上对于高职院校的学生持有偏见，认为低本科一等。事实上，如果以实践型人才培养为目标，变革教学模式，高职院校的人才有着自己独特的优势，能够更快更好地适应岗位需求，为国家经济建设服务。完全不应该被轻视。因此，学校要改善教学模式，培养学生的科学探究能力、实践能力和创新能力的培养。

4. 课程设置框架缺乏实用性

教育部《关于加强高职高专教育人才培养工作的意见》表示，"高职院校对人才的培养模式基本特征是以培养高等创新型、技术型、应用型专业人才为根本任务",以"创新思维,应用为上"为主旨所构建而成的人才培养体系。课程实用性的缺乏,对我国"一带一路"倡议中所提出的要加强高职院校基础设施建设有着很大的冲突性。高职院校的教育具有明显的职业倾向,它的本质是反映其专业性、职业性和应用型,在进行人才培养时应充分体现出各行业的岗位要求。以课堂教学为主的教学方式仍在大多数高职院校中被采取,因而导致学生的积极性受到大大的限制,更是没有做到"学做并行"的效果。

5. 校企合作形式化、表面化

"一带一路"建设为高等职业教育提供了重要机遇,加强校企合作,对高职院校人才的培养具有重要推动作用。高职教育长期以来受到偏见,投入和宣传力度不够。企业对高职的校企合作缺乏信心,而学校也没有完善的校企合作制度和实施规范。企业本应该是高职院校人才的主要接纳单位和受益者,但现实积极性不高。校企合作期间也是提供报告讲座、参观等流程式学习。原因就是一是学生确实难以提供相匹配的岗位能力,造成原本工作效率的降低或错乱。二是合作期间学校较少提供人力、物力支持。三是对于校企合作的企业政策扶持力度不够。因此,企业参与校企合作的积极性不够也是可以理解。校企合作的深度融合需要政府、学校、企业的三重合作和努力,任何一方出现短板都难以运行。

三、基于社会学习理论的学习模式建构

社会学习理论认为个体的学习行为有联结、观察学习和强化三种机制。联结是通过对学习者的刺激使之产生反应而形成的条件反射,包括人和人的联结,情景的联结、情绪的联结,联结构成学习的基础;观察即是在社会条件中通过观察和模仿形成自我行为和态度,观察是由被动转为主动的过程;这里的强化是班杜拉的自我效能理论,是对强化的升级,也就是自我需要的内在动力。

"一带一路"建设倡议需要创新人才培养模式,培养国际化复合型应用人才。各高校应该积极把国际视野融入人才培养中,积极培养学生全球化思想认识,钻研专业知识技能,引导外语学习和国际竞争规则的学习,具备国际交流与合作能力。高职教育国际化变革需要进行国际化的联结、观察和强化,包括从课程设置、教学模式、学习环境三个维度的联结、观察和强化,社会学习理论下的国际人才培养重在联结,一旦有了国际化联结,学生自然会在联结的环境中观察和学习,在岗位和前途明朗的情况下,自我强化也将产生作用,学生的自我效能感随之提升,从而产生学习的内生动力,形成良性的学习过程。

四、总结

总之,社会学习理论的"联结、观察"的客观因素解决了,还要注重课程设计、教学方法、学生自信的培养以及情绪的疏导等,使学生在国际化的环境中产生学习的内生动力,有获得感,提升自我效能感,从而培养出各方面都适应国际化的高职高素质技能人才。

"一带一路"人才的培养需要政府、企业、行业、学校的多方联动，学校作为最主要的主体责任重大，务必主动积极、务实创新，合理"走出去""引进来"。由于国家的高度重视，职业教育也迎来了史上发展的黄金时期。要在一带一路的背景下抓住机遇，做好人才培养的供给侧改革，切实服务"一带一路"建设。国际化人才的培养也是民族间文化的交融，人才质量代表着中国的输出标准，彰显国家精神和国际影响力。

PDCA 管理模式在民办高校顶岗实习的运用

陈毓秀　韦一文①

（广州科技职业技术大学　广东　广州　510550）

摘要： 本文基于民办高校顶岗实习工作开展的现状，将多所民办高校调查数据与自身实际工作经验相结合，指出了民办高校顶岗实习工作开展中存在的问题，并对制约民办实现更高质量顶岗实习的原因进行了分析，最后结合在顶岗实习工作中探索出的若干实践经验，提出民办高校开展和推动顶岗实习工作的有效途径，从而实现更高质量的顶岗实习，促进学生就业和学校的发展。

关键词： PDCA 管理模式；民办高校；顶岗实习；探索；实践

顶岗实习在高等职业院校实践教学环节中占据着非常重要的地位，它是实现教学与生产、理论与实践相结合的有效手段。坚持以习近平新时代中国特色社会主义思想为指导，紧紧围绕中国制造 2025、互联网 +、大众创业万众创新、"一带一路"等国家重大战略，融入产业转型升级和创新驱动发展，服务地方经济社会发展。按照知行合一、工学结合的要求，以更高质量的顶岗实习为目标，以强

---

① 作者简介：陈毓秀，1985、女、广州科技职业技术大学、专任教师、助理研究员、教育管理专业硕士研究生学位，研究方向：职业教育，工作单位：广州科技职业技术大学、广东广州。

韦一文、1985、男、广州科技职业技术大学、助理研究员、工程师，研究方向：实习就业、校企合作，工作单位：广州科技职业技术大学。

基金项目：2021 年度广东省教育研究院民办教育研究基地课题"职业本科高素质技术技能人才培养模式研究与实践"（2021JD08）、2019 年第二批产学合作协同育人项目"粤嵌 & 广科大学生校外实践基地建设"（201902120065）。

化学生技能培养为核心、校企合作协同育人，实现理论学习和实际训练紧密结合、有序衔接、规范运作、相互促进，实现顶岗实习的精细化指导、过程化管理，将教学、顶岗实习、就业有机结合，实现"学做合一，以做促学"，培养高层次技术技能人才。要进一步提高民办高校顶岗实习和就业质量以及学校整体的办学能力，加强推动民办高校顶岗实习工作科学化、标准化和精细化地发展尤为重要。

一、相关概念

1. 顶岗实习

顶岗实习是指在完成理论学习的基础上，学生根据所学的专业到专业大致对口的企业进行生产工作的锻炼，根据所学的理论知识和技能完成一定的生产任务，并获得职业能力的提升，属于一种实践性教学形式。近年来越来越重视顶岗实习的地位，大部分高校在第六学期安排学生进行顶岗实习，企业按照岗位需求对学生进行生产技能的培训，日常生活管理则受学校老师管理，学生在学校和企业双方的个共同管理中最大限度地实现人才培养的目标。

2. PDCA 循环

美国质量管理专家休哈特博士作为 PDCA 循环提出的第一人，戴明认同 PDCA 循环法，并根据时代的发展广大宣传和普及 PDCA，让 PDCA 循环理论能进一步得到推广和应用，因此 PDCA 循环又称戴明环。PDCA 循环是全面质量管理的思想基础和方法依据。PDCA 循环的主要包含四个阶段，即 Plan（计划阶段）、Do（实施阶段）、Check（检查阶段）和 Action（处理阶段）。在全面质量管理活动中，各项工作必须按照既定的要求作出计划、实施计划、检查实施效果，以及处理不良效果，最终的目的是将成功的纳入标准，不成功的留待下一循环去解决，继续循环推动，再次把各项工作衔接联系起来，相互影响，相互促进，从而不断提高管理水平。

二、民办高校顶岗实习 PDCA 各阶段的应用

1. 顶岗实习的 P 阶段

顶岗实习的 P 阶段，即计划阶段 Plan。顶岗实习在 P 的计划阶段中，主要分析顶岗实习的实施现状，预测在顶岗实习过程中可能会出现的各种问题及导致问题存在的因素所在，找出制约顶岗实习过程发展的各种因素，探讨解决的路径。这就要求民办高校顶岗实习管理部门要结合各不同专业的培养方案，根据专业不同的特点制定出顶岗实习的方案，确定实习目标。还需要根据顶岗实习制定的方案和目标，制定出专业对应的顶岗实习具体考核评价措施。更是需要分析各种管理因素如何影响顶岗实习过程管理和质量。

2. 顶岗实习的 D 阶段

顶岗实习的 D 阶段，即运行阶段 Do。顶岗实习的运行阶段是校内外教师指导学生顶岗实习的具体管理实施过程。在这个阶段，活动的主体是学生。而学生作

为顶岗实习执行阶段的主体,就应该及时和校内外指导老师或者班主任保持联系,而指导老师在顶岗实习实施过程中,更应该充分发挥引导作用,采用激励机制激励学生坚持岗位,充分发挥学生个人的自主能动性,在实习中不断提升自我和不断进步。据调查,在顶岗实习运行阶段中,学生在校内外指导老师的引导和帮助下,更能快速地进入岗位角色,投入工作环境中去。除此之外,在顶岗实习运行阶段中,要建立实习跟踪制度,为学生建立校实习档案,将学生在实习过程中的表现情况一一详细记录在案。同时,将 PDCA 小循环模式教授于学生,帮助学生提升自我调适能力。

3. 顶岗实习的 C 阶段

顶岗实习的 C 阶段,即检查阶段 Check。在顶岗实习质量检查阶段,也属于考核评价阶段。这一阶段是检验学生通过顶岗实习是否实现所学专业技能和实习岗位一一匹配,学生是否按顶岗实习设置的方案实现顶岗实习目标。而此时进行监督和检查顶岗实习工作的效果则是学校和校内外指导老师。在检查阶段,要求完成工作的同时要进行总结经验,还要求将理论与实践依据提供给后续的工作,并能实行监控落实各项措施的基本情况以及是否达成预期目标。通过检查实习过程和实习质量,可以更清晰地总结和分析实施过程中已完成的任务,更好地完善和规划对未完成的任务。检查过程在顶岗实习中起到承上启下的衔接作用,总结过去的同时,又能提供相应的信息理论支持给后续工作。

顶岗实习检查阶段,要求及时监督和检查对学生实习整体过程,不断加强监督实习过程,能使实习过程中的不足和待完善的项目得到掌握,从而全面的检查报告能及时形成。

4. 顶岗实习的 A 阶段

顶岗实习的 A 阶段,即处理阶段 Action。PDCA 循环的 A 是顶岗实习的处理阶段,在这个阶段中也就是顶岗实习质量的诊断与提高,并且在这一个阶段中及时总结问题和积累经验,是整个循环的顶岗实习过程发现的问题能及时得到解决。在顶岗实习处理改正阶段中,将计划、执行和检查前三个阶段进行改进,规范管理。检查阶段是最后一个步骤,也是最关键的步骤。在这个阶段中,肯定所取得的成功的经验,形成一个典型参照,指导以后顶岗实习质量监控工作开展;同时吸取失败的教训总结经验,以免类似情况在今后再出现。同时将未得到解决的问题转入下一个 PDCA 循环解决。PDCA 循环不是一次性的循环,是周而复始的重复动作,因为下一次循环的起点就是上一次的终点,在不断改进和完善过程中成长。顶岗实习处理阶段中,要加强分析顶岗实习的考核结果,使人才培养方案得到完善,促进顶岗实习工作质量的提升,全面提升教学质量,实现人才培养目标 PDCA 循环是不断解决问题的过程,也是水平逐渐上升的过程。学生顶岗实习过程控制始终按照 PDCA 循环机制不停地运转,并在周期与周期之间实现连续不断性和循环上升性,这将会使得实习管理的不断发展和实习质量的持续提高。

三、PDCA 管理模式下民办高校顶岗实习工作实践的有效途径

1. 强化技能培养,选择适合学校发展的人才培养模式

民办高校根据自身的办学特点和实际情况,寻找出适合自身学校发展的人才培养方案模式,专科可采取"2+0.5+0.5",本科采取实施"3+0.5+0.5",培养德、智、体、美、劳全面发展,综合素质高、实践能力强和适应社会需求的高层次技术技能人才。学生入学后的前 2 年(专科)或 3 年(本科)在校修读理论课程,完成所有理论教学和实验、实训、课程设计等校内实践性教学各个环节;专科大三 / 本科大四上学期到企业顶岗实习 6 个月,由学院和企事业单位的指导老师联合对学生进行实习指导,强化学生的技能,达到上岗的要求。除校内指导教师外,实习企(事)业为每位学生配备一名企(事)业导师,校内导师与校外导师对接,负责为学生设计顶岗实习的内容,监督工作表现,指导业务操作,最后对学生表现进行综合评价。专科大三 / 本科大四下学期学生按照培养目标的要求,根据企(事)业的生产(工作)实际问题确定毕业设计(论文)的题目,在校企导师的指导下完成本科阶段的毕业设计(论文)。

2. 强化校企互动,校企产学协同育人

学校蕴含着深厚的理论基础、雄厚的师资力量、丰富的人力资源,而企业掌握与市场接轨的专业技术、设备及快速的应变能力,双方亟须挖掘合作潜能,遵循互利互惠、双向互动的原则,寻找产学研合作纽带,建设实习基地。加强与企业和行业的联系与交流,研讨顶岗实习计划和方案,采用企业投资,校企共建等方式建成高质量校外实习基地,形成企业和学校共同教育、管理和训练学生的教学模式,提高实践教学的有效性。

3. 加强师资建设,提高顶岗实习指导老师专业化水平

建立顶岗实习指导教师制度,制定顶岗实习指导教师队伍管理办法,选派专业教师担任实习指导教师,通过企业巡查,现场授课解决问题,保证对顶岗实习的跟踪管理和指导。通过多种渠道,采取多种方式解决实习教学过程中及实习指导教师在工作上的一些难题。安排实习指导教师到企业与事业单位实践,进行专业实习和技能训练,建立实习指导教师到企事业单位定期实践的制度。强化对实习指导教师的技能训练,开展科学研究和学术交流活动,不断提高实习指导教师的专业理论水平和教学水平。

新时代加强高职院校劳动教育实效性的探索

李杏余[①]

（广州科技职业技术大学　广东　广州　510550）

摘要：新时代加强高职院校劳动教育是我国构建高水平技术人才的重要举措。当前，在高职院校开展劳动教育中，存在以下问题：劳动教育在"五育"中的地位边缘化、劳动教育在全社会没有形成合力、劳动教育课程设计存在缺失、劳动教育实践基地有待提升等。处理好劳育与其他"四育"的关系、开设符合职业教育特性的劳动教育课程、打造突出"职业"特色的劳动教育实践基地、形成劳动教育协同育人格局，是高职院校开展劳动教育的有效途径。

关键词：新时代；高职院校；劳动教育；实效性

一、职业院校开展劳动教育的必要性和重要性

1. 劳动教育是德智体美劳"五育"的重要组成部分

劳动教育在中国教育的不同历史时期，有被强化也有被削弱的时候，关于劳动教育的开展，不同时期有着不同声音，有赞成的声音，也有反对的声音。2018年，习近平在全国教育大会上，提出要培养德智体美劳全面发展的社会主义建设者和接班人。将劳动教育与德、智、体、美"四育"并举，纳入国民教育发展体系之中，极大提升了劳动教育在培养社会主义建设者和接班人中的重要地位。《意见》中提出，要努力构建德智体美劳全面培养的教育体系，形成更高水平的人才培养体系。

2. 劳动教育具有综合育人价值

《意见》出台后，关于什么样的劳动教育才是新时代劳动教育，在社会、学校、家庭等引起了广泛的讨论。新时代劳动教育既不是简单回归到体力劳动，也不是将脑力劳动取代体力劳动，体力劳动作为劳动的基础，永远不会过时，因此要将体力劳动与脑力劳动相结合，以此解决现在学生不爱劳动、不会劳动、劳动没用的问题。《意见》中所提到的，劳动教育是国民教育体系的重要内容，是学生成

[①]　作者简介：李杏余（1987—），女（汉），广东人，硕士，讲师，主要研究方向：思想政治教育，广州科技职业技术大学，马克思主义学院教研室主任。
基金项目1：2019年广东省德育科研课题"校企合作视阈下职业本科高校劳动教育的特点与着力点研究"（编号2019GXSZ127）。
基金项目2：2021年度广东省教育研究院民办教育研究专项课题"民办职业本科'课程思政'建设路径研究"（编号：2021JD16）。

长的必要途径，具有树德、增智、强体、育美的综合育人价值。新时代劳动教育是在习近平新时代中国特色社会主义思想指导下，通过劳动教育课程和其他课程、实践项目，引导学生树立马克思主义劳动观，培养学生的劳动意识和吃苦耐劳的精神，弘扬劳动精神、工匠精神、创新精神，激发学生热爱劳动、诚信劳动的一种德育教育行为。

3. 劳动教育帮助学生正确认识"知"和"行"的关系

建设中国特色社会主义现代化强国、实现中华民族伟大复兴需要真抓实干的高素质劳动者，因此学校开展劳动教育具有实现中国梦的战略意义。同时，劳动作为无差别的人类劳动，通过劳动教育的开展，帮助学生树立端正的劳动认知，从而得到全面而自由的发展。有了对劳动教育的正确认知之后，有利于引导学生在实践中把"知"与"行"结合起来，用理论指导实现实践，将认知落实到具体的行动中，通过劳动教育，达到"真学、真懂、真干"的教育目的。

二、职业院校开展劳动教育面临的问题

1. 劳动教育在"五育"中的育人成效有待强化

随着《意见》和《大中小学劳动教育指导纲要（试行）》（以下简称：《纲要》）等关于劳动教育文件的相继出台，各类学校都在根据自身的实际情况，有序开展劳动教育。但是，就调研的情况来看，绝大多数高职院校的劳动教育尚未形成体系，跟德育、智育、体育、美育相比较，劳动教育的开展，起步晚、力度小、影响力低，成了教育体系中的短板，难以发挥劳动教育促进立德树人、增长智慧、强健体魄、培育美感的育人成效，五育之间的壁垒并没有消除，这显然没有突出强调全国教育大会和《意见》中所提到的关于人的全面发展中劳动教育的重要性。因此，也难以发挥劳动教育在"五育"中的重要作用。

2. 劳动教育的作用在学校、家庭和社会中被淡化、弱化

学校层面，理论知识教育占领主导地位，学校教育将教学资源基本上都倾斜到理论知识教育上，在人才培养方案和专业设置，忽视了劳动教育的应占比重，混淆了劳动和劳动教育这两个概念，使劳动教育脱离了全方位育人的本质要求；家庭层面，不少家长对劳动教育的理解有偏颇，有的家长认为孩子的任务就是学习，只要成绩好，劳不劳动无所谓；有的家长舍不得让孩子劳动；还有的家长对孩子在家庭里参与了很简单的劳动之后，立马给予与劳动付出不相称的报酬等等，这些都会导致孩子不会劳动、不想劳动，甚至觉得"不劳而获"是理所应当，又或者是带有功利性地去劳动。在社会层面，有的企业注重员工的动手能力，过分强调劳动作为一种盈利手段的作用，而忽略了教育，缺乏对员工进行职业劳动教育观培育的社会责任感。

3. 劳动教育课程的设计缺乏系统性和专业性

尽管在《意见》中，明确提出了各种类型学校都要设置劳动教育课程，将劳

动教育纳入人才培养方案，形成劳动教育课程体系。从调研的情况看来，大多数职业学院的教务处还没有将劳动教育作为一门课程去制定教学标准和授课方案，没有专门的劳动教育课时和专业教师配备。大多数学校的做法分为两种：第一种方式是将劳动教育的具体开展工作划分给了学生处，由辅导员组织学生进行劳动教育和实践；第二种方式是将劳动教育纳入专科课程的实训教学中，划出 1—2 个实践课时进行劳动教育。

4. 劳动教育实践基地质量和数量都有待加强

高职院校有着非常完善的校内和校外实训基地来确保工学结合的进行，工学结合的教育模式一直是职业院校教育的一张名片。近年来，随着《意见》和《纲要》的出台，如何开展好劳动教育是摆在职业院校面前的一道看似简单、实际很难的问题。说简单是因为不少院校直接将现成的校内外实训基地变为劳动教育实践基地，然而这样的操作显然是反映出了不少学校在开展劳动实践教育的仓促应对。

专门为开展劳动教育的劳动实践基地的相关配套都是极为有限，部分院校在学校成立了专门的劳动技术专用教室，也有一些院校通过与企业合作成立劳动教育基地，但仍有一大批的院校还没有一套完备的劳动教育实践基地建设方案，人员、经费、设备等方面的投入不足，缺乏完备的体系和应有的保障，劳动教育实践基地的质量和数量都有待进一步的提升，来拓展劳动教育的广度和深度。

三、职业院校加强劳动教育的路径

1. 发挥劳动教育在五育中的基础导向作用

学校开展劳动教育主要不是为了让学生掌握劳动技能，不是让学生去当农民，去学习育种、栽培和收割等农业生产技术，也不是让学生去当工人，去学习锻造、钳工、数字机床操作等技术，而是要通过劳动教育，培养学生正确的劳动价值观，增强对书本知识的感性认识，锻炼身体，增强体质。例如，可以开展校园绿色文化＋劳动实践相结合的劳动教育，通过植树节、五一劳动节、志愿者日等活动，开展劳动最光荣、劳动最伟大、劳动最美丽的系列主题教育活动，传播劳动文化、弘扬劳动精神，着力培养学生正确的劳动价值观和劳动品格。还可以将劳动素养情况纳入职业院校教学质量评估中，对学生劳动素养进行综合测评，使劳动教育与德智体美"四育"融合并进，通过加强劳动教育来实现以劳树德、以劳增智、以劳强体、以劳育美的育人价值。

2. 整合学校、家庭、社会资源，形成劳动教育协同育人格局

劳动教育是一生的修行，是一场需要个人与家庭、学校、社会共同参加的接力赛。关于学校、家庭、社会在劳动教育中应该发挥什么作用，在《意见》中也给予了明确的指导，各个高职院校依据文件精神和结合自身实际情况，制定出一套能整合学校、家庭、社会资源的劳动教育协同育人格局。

3. 开设立体、多面、实效的劳动教育课程

打破劳动教育课程单一的局限性，坚持理论与实践相结合，通过"大思政"开展立体、多面、实效的劳动实践课程。职业院校可结合自身实际情况开展形式多样的劳动实践课程，可以通过与周边社区、村社合作，划田而耕，以广州钟落潭高职园区为例，十几所高职院校位于广州市白云山钟落潭镇，学校周边以农田居多，学校可以与周边农田基地开展合作，专门划出一块田地，分给不同的专业进行劳动研学，并在该专业的不同年级学生群体中进行传承、持续经营，深入其中创造劳动成果、分享劳动成果，从中感受劳动价值的魅力。

4. 打造突出"职业"特色的劳动教育实践基地

如前面所述，开展劳动教育不是学校单方面的力量可以实现，需要学校、家庭、社会形成合力。职业院校建设劳动教育实践基地，落实日常生活劳动教育、生产劳动教育和服务性劳动教育，同样也离不开家庭和社会的支持。劳动实践教育基地不能仅仅局限在校内，校外劳动实践基地的建设更是必不可少。可以参考全国校外劳动教育实践基地服务团体标准制定研讨会制定的草案，结合不同专业背景、特色，各个职业院校打造具有针对性、规范化的劳动实践基地，不仅从保障劳动实践基地的数量，并加强基地的管理和建设，确保数量跟上质量。

高职院校向职业本科转型的
人才培养模式现状分析

杨志鹏[①]

（广州科技职业技术大学）

摘要： 随着高等教育大众化深度发展，高校趋同发展与经济社会发展对高等教育多样化需求的矛盾日益突出，转型发展成为高职院校高质量发展的重点。高

① 作者简介：杨志鹏、出生年份：1988年、性别：男、籍贯：广东广州、工作单位：广州科技职业技术大学、职务：物流专业教研室主任、职称：讲师、专业学位：管理学硕士、研究方向：物流营销。
基金项目：课题项目名称："基于就业能力导向的职业本科院校人才培养模式的创新研究"，编号：2021SK15。

职院校向职业本科转型符合职业教育改革的发展要求，有利于进一步提升高职院校的教学质量，培养高层次、高质量的人才，对地区经济发展产生了深远影响。

关键词：高职院校；职业本科、人才培养；模式研究

前言：2014 年颁布的《国务院关于加快发展现代职业教育的决定》中，提出的是"引导一批普通本科高等学校向应用技术类型高等学校转型，重点举办本科职业教育。"2019 年颁布的《国家职业教育改革实施方案》指出："推动具备条件的普通本科高校向应用型转变，鼓励有条件的普通高校开办应用技术类型专业或课程。开展本科层次职业教育试点。"从政策层面来看，高职院校向职业本科转型得到了政策的支持，但在人才培养模式发展的过程中还存在着一些具体的问题，需要在转型的过程中注重人才培养模式的构建。

一、高职院校向职业本科转型的人才培养模式问题

1. 人才培养目标定位模糊

高职院校的人才培养定位于应用型技术人才，而本科教育的人才定位于具有高知识的研究型人才，在高职院校向职业本科转型的过程中职业院校与本科培养人才目标上产生冲突的现象很明显。一些高职院校向职业本科转型过程中盲目强调升格、强调转型，因此在人才培养方面照搬照抄本科阶段的人才培养方案，导致办学的内容与原有的人才培养产生了冲突，甚至一些老师都感觉到教学上的迷茫，有的高职院校向职业本科转型依然沿用了职业院校的人才定位，又导致职业本科教育的目标不能很好地体现，因此在转型的过程中人才培养目标的定位需要进一步在具体实践中进行讨论，需要将高职院校向职业本科转型过程中的人才培养目标得以明确，只有这样才能统筹各种资源，推动高职院校向职业本科转型，提升人才培养的质量。

2. 人才培养课程缺乏衔接

高职院校向职业本科转型过程中人才培养的课程体系不完善，缺乏衔接等问题是客观存在的事实。高职院校的课程强调职业，即根据职业专业内容进行课程的设计，以突出就业导向为主导，强调职业特性，职业本科则强调学科理论课程的设置，强调专业选修课、必修课等课型，教学的课程内容以理论为主。高职院校向职业本科转型过程中两种课程的内容、设计思路都不同，自然会造成课程在衔接方面出现一定的问题，影响了课程的设置。从目前的高职院校向职业本科转型课程设置来看，课程设计的思路主要有两种，一种是直接照搬本科院校的课程，将职业教育的应用课程、实践课程转为选修课，这种思路看似实现了两种课程的融合但缺乏职业明显的定位和发展，不利于学生应用能力的培养，一种是将高职院校课程直接应用，但这种课程设计缺乏理论课程，导致学生接触到的课程与常规课程没有太大区别，职业本科的特点没有体现，因此需要在实践过程中围绕人才培养要做好进一步的课程设计与优化工作。

3. 人才培养的方案不同

高职院校向职业本科转型过程中人才培养的方案是不同的。高职院校的人才培养是以职业为主，提出的是就业，即按照企业的需求开展人员的训练，具体的培养方案以订单式培养、就业导向为主，以实践为培养方案和核心思路；本科人才培养的方案以理论讲解为主，强调的是对行业的研究，沿用传统以教师讲解为主的教学模式，以理论讲解为主。两种培养方案的不同导致高职院校向职业本科转型过程中对于人才培养的方案制定方面也出现了偏差，有的职业院校强调专业性、实践性，不重视理论讲解，导致学生学习的专业理论知识不够，缺乏科研能力和行业动态的敏感；有的职业院校强调理论教学，又失去了实践性的特定，无法体现职业教育的应用特点，在培养的方案方面出现了一定的分歧和偏差。

二、高职院校向职业本科转型的人才培养对策

1. 明确人才培养的目标

高职院校向职业本科转型人才培养的过程中必须要明确人才培养的目标。人才培养的目标是转型成功的关建，在转型的过程中人才培养的目标应从办学层次入手，将人才培养的目标定位于具有高理论、高技能的应用型人才而不是科研型人才，这与高职院校的人才培养目标一脉相承。人才培养强调高理论其目的是弥补职业教育的短板，利用本科教育的丰富理论知识强化学生的学习能力和水平。高理论是指职业院校学生经过本科教育以后对本行业的知识有进一步的了解和认识，具有丰富的理论基础并在具体的实践过程中可以将理论与实践相结合；高技能是指高职院校向职业本科转型过程中人才培养要坚持职业的特点，强调学生的职业技能水平的提升，要从就业角度出发提升学生的就业能力和实践水平。高理论、高技能是高职院校向职业本科转型过程中人才培养的核心目标，其他目标可以根据高职院校向职业本科转型过程中不同专业对人才的需求培养侧重不同而适当地加入其他的理论内容和培养目标，但基本的原则是一致的，且尊重高技能、高理论的基础原则，体现高职院校向职业本科转型的办学层次性。

2. 加强专业课程对接

高职院校向职业本科转型人才培养的过程中专业课程的对接需要结合实际情况进行优化和调整，但基本的原则是突出应用型人才培养的目标。基于高职院校向职业本科转型的需要，专业课程的设置要坚持两个原则：一是要寻找课堂的共同之处，事实上本科层次与高职教育在一些课程方面存在共通的，如公共英语、思想政治等，这些课程可以直接进行迁移，这些课程属于公共课的一种，无论是职业院校还是本科都相同，因此这些课程基本的设置方式、课程内容可以保持不变，也可以根据不同层次的内容设计适当的优化；二是对于一些不同的课程要想办法解决，高职院校的课程是结合工作岗位要求与学科建设的要求而制定的，本科院校则强调理论课为主、强调专业课与选修课，因此在实施过程中可以将专业课与实践课相结合，专业理论课与选修课结合在一起，从而完善彼此课程体系实现有

效对接。在具体的课程设计方面高职院校向职业本科转型过程中可以根据不同的专业特点进行不同的课程设置和优化，鼓励不同院系、专业在学校大的课程设置背景下积极开发校本资源，打通专业课程的壁垒，从而从专业发展的实际出发开发出高职院校向职业本科转型应用的课程体系，提升课程教学的质量。

3. 创新人才培养方案

高职院校向职业本科转型过程中人才培养的方案要统一，要发挥两种人才培养的优势，做好教学提升工作。目前高职院校向职业本科转型过程中最常见的是3+2的设计模式，实现教育顶层结构的统一设计。高考时报名3+2分段培养计划，学生在专科三年，经考核后再进入本科院校学习两年，取得专科起点本科学习全日制本科第一学历，这种模式强化人才培养合作、建立合作机制，在学分方面实现共同统筹使学生学习应用型本科内容时不会与在高职专科内容产生重复，也不会使工作要求、内容与岗位方面的实践教学出现重复，从而使学生实践能力的上升过程呈现阶梯式，切实做到应用型人才培养。在具体的培养过程中，高职院校向职业本科转型也需要进一步探索符合学生成长实际的方案，除了3+2的方案以外还可以探索与专升本挂钩的其他培养方式，将本科理论教育与专业应用教学联系在一起，通过创新形式探索新的发展思路的方式不断创新人才培养的方案。在培养的过程中还需要注意学历，高职院校向职业本科转型过程中家长与学生关注最多的是拿到的是本科学历还是专科学历，这一点需要在不同的培养方案中加以明确，让学生清晰地看到自身选择的发展方向。

总结：高职院校向职业本科转型过程中人才培养的模式要坚持职业与本科的融合，从人才培养目标、课程设置、培养方案等入手，做好指导工作，既要积极找到两种教育的共同之处又要坚持职业导向、坚持理论与实践相结合的发展思路，不断推动高职院校向职业本科转型，提升人才培养质量。

高职院校创业人才培养绩效评估实证研究

李晓娜 ①

（河源职业技术学院工商管理学院 河源 517000）

摘要： 培训绩效评估包括过程导向和结果导向，从受训学员收益角度来考察培训绩效，可将结果导向因素归纳为"培训效果"。将已参与广东省政府部门主导的创业培训学员作为调查对象，从过程导向和结果导向两方面设计评价指标考察培训效果及其影响因素。结果表明受训学员对创业培训满意度较高，总体来看，教师教学能力、培训实施过程和教学安排设计等评估指标对培训效果影响较为显著。

关键词： 创业培训；绩效评估；影响因素

2014年9月李克强总理首次提出了"大众创业，万众创新"的新理念。自此以后，创业创新便成了中国经济发展的新常态之一，各地制定各类鼓励创新创业的政策，例如政府部门举办的免费创业培训课程、大学生创业补贴和各类创新创业大赛等项目。广东省人力资源和社会保障厅从2015年开始逐步在各地市开办"SYB（Start Your Business）创业培训班"，它是由联合国国际劳工组织开发，针对小微企业经营者开发的培训项目，由国家劳动和社会保障部引入我国。截至2019年12月，已有上万人（包括在校大学生）参与了SYB创业培训课程，其中若干人获得了就业补贴和创业贷款。政府投入了多方资源开办的创业培训绩效如何，以及影响培训效果的因素即是本文的研究内容，而职业院校教师是创业培训的主力军，可以说是培养高质量创业人才的摇篮。通过对创业培训人才绩效评估可以指明在十四五期间职业院校创业人才培养的方向。

---

① 作者简介：李晓娜，1984.10—，女，汉族，籍贯河北石家庄，管理学讲师，研究方向职业教育、区域经济等。

基金项目：广东省高等职业教育教学质量与教学改革工程2018年教育教学改革与实践项目、广东省高职院校继续教育工作指导委员会2018年课题"信息化教学背景下的粤北地区农村职业技能培训体系建设研究"（JJGZW2018B01）；广东省高等职业技术教育研究会2018年一般课题"乡村振兴战略下粤北地区农村职业技能培训体系建设研究"（GDGZ18Y035）；中国职业技术学会2021年一般项目"乡村振兴与职业技能培训体系建设研究"（SZ21C027）。

一、培训绩效评估理论

1. 培训绩效评估

Goldstein(1989)提出，培训绩效评估是针对特定的培训计划，系统地收集资料，并给予适当的评价，将评价结果作为调整、确定培训计划等决策的基础。Phillips(1991)提出培训绩效评估是确定培训工作的价值或意义的系统过程。雷蒙德·A·诺伊(2001)的定义为收集培训成果以确定培训是否有效的过程。Tony Newby(2003)将培训绩效评估解释为"衡量培训的价值"。刘学（2013）认为，培训绩效评估是指在培训结束之后，利用科学评估方法对培训 绩效进行评价和判断，并把培训绩效用定量或者定性的方式表示出来的过程。典型的培训绩效将培训过程因素和结果因素均纳入绩效评估体系，将设计筹备过程直到后期培训效果的所有环节作为一个整体进行评估，这种评估方法侧重于评估培训组织实施的整体过程有效性，并未从受训学员学习效果和收益方面进行考察，以结果导向和学员收益为侧重点进行创业培训绩效的评估正是本研究重点。

2. 培训绩效评估模型

Kirkpatrick(1959)的四层次评估模型，将培训绩效从反应(学员满意程度)——学习（学员学习获得程度）——行为（学员知识运用程度）——效果（培训的经济效益）四个方面进行评估，由于该模型主要停留在理论推理层面，并没有具体的评估方法，因此其他学者在此基础上将四层次评估模型进行完善以后形成了多种操作性强的评估模型。

二、问卷指标体系

研究数据来源于问卷调查回收数据，问卷是按照创业培训绩效评估的三级指标设计问题编制而成，除了"基本信息"这一因素，其他因素所含指标均用李克特五级量表测量。使用邮件法或电话法将调查问卷派发给参与过广东省各地市"SYB创业培训"的学员，共发放问卷600份，回收问卷538份，其中有效问卷523份。

表1　创业培训绩效评估及影响因素指标体系

一级指标	二级指标	三级指标	均值	方差
基本信息	X_1 学员个人情况	x_{11} 性别		
		x_{12} 年龄	3.39	0.951
		x_{13} 学历	2.31	1.052
	X_2 学员就业情况	x_{21} 所从事行业	2.6	1.093
		x_{22} 创业年限	3.6	0.686
		x_{23} 所创办企业规模	3.19	0.74
影响因素	X_3 培训意愿情况	x_{31} 我非常愿意参与此次培训。	4.16	0.886
		x_{32} 培训报名过程很简单。	2.98	1.066
	X_4 培训供给情况	x_{41} 培训内容满足我的需求。	3.66	0.856

一级指标	二级指标	三级指标	均值	方差
影响因素	X_4 培训供给情况	x_{42} 培训机构的教学实施过程很合理。	3.93	1.019
		x_{43} 培训教师的教学能力很强。	3.72	0.751
		x_{44} 培训课程安排很合理。	3.73	0.772
		x_{45} 培训时间设置很合理。	3.65	0.813
	X_5 后续支持措施	x_{51} 后续支持政策得到完全落实。	3.01	1.2
		x_{52} 后续支持政策非常实用。	2.43	1.084
培训效果	Y_1 学员个人能力	y_{11} 我的创业知识实现增长。	3.75	0.832
		y_{12} 我的相关工作技能得到提升。	3.44	0.838
培训效果	Y_1 学员个人能力	y13 我的持续学习意愿明显增长。	3.18	1.042
	Y_2 企业经营业绩	y21 我创办企业（就业）业绩有增长。	2.92	1.293
		y22 我创办（参与）企业组织化程度加强。	3.76	0.893

三、统计分析

使用 SPSS26.0 和 SPSSAU 对数据集进行信度和效度检验、培训效果评估。

1. 描述性统计分析

参与问卷调查的学员总数为 523 名，其中男性占比 69.8%，说明参与创业培训的学员以男性为主，侧面反映男性也是小微企业创业的主力军；40 岁—50 岁（含 50 岁）创业者占比 42.3%，近九成的创业者处于 20 岁—50 岁年龄段；86.7% 的学员学历水平在大专学历（含大专）以下，说明参训学员的学历水平较低；三成以上的学员从事服务业，其次是贸易业、制造业从业者学员较多；近五成学员的创业年限为 5 年—10 年，四成学员创业年限为 3 年—5 年；学员创办企业的年产值均在 20 万元以上，近六成学员企业年产值在 50 万—100 万区间内，可见学员以微型企业人员为主。

2. 信度和效度检验

首先对问卷进行信度检验，信度检验用于检测事物之间的相似性，问卷的信度即是测量问卷的稳定性或可靠性，对 523 个样本的内部信度检验的克隆巴赫 α 值为 0.815，该值说明本研究问卷具有较高的可靠性，项总计统计结果的"删除项后的克隆巴赫 α"值均低于 0.815，说明问卷中的各指标均是合理的存在。其后进行的折半信息检验结果为 0.811，项总计统计结果的"删除项后的克隆巴赫 α"值均低于 0.811，同样说明问卷中的各指标均是合理的存在。

3. 培训效果评估

培训效果包括学员个人能力和企业经营业绩两个方面，使用模糊综合评价法对培训效果进行考察，模糊综合评价是借助模糊数学的概念对实际问题进行综合评价，第一步确定五个评价指标和赞同程度等五个评语集，第二步确定权重向量矩阵和构造权重判断矩阵，第三步是计算权重并进行决策评价。构造的权重判断矩阵和权重结果。五个评语集中"比较赞同"的权重值最高为0.420，结合最大隶属度法则可知，最终综合得分为3.718，因此模糊综合评价的结果为"比较赞同"。可以理解为：从参训人员满意度这一角度来评价SYB创业培训的培训效果为比较满意。

五、总结与建议

1. 高超的教学能力和合理的课程安排可以有效提升学员相关工作技能。

创业培训教学主体是讲师，由于创业培训课程的实践性和理论性结合度较高，培训讲师也称之为创业导师，所以具备相当程度的实践创业经验是必不可少的。课堂教学能力指的是教师运用专业知识和教学理论进行教学设计、实施课堂教学、进行教学评价等一系列行为的能力。教学能力需要积累长时间的实践教学经验才能逐渐提高，因此选拔创业培训导师时应当注重其教学资历和经验积累，才能保证学员接受到高质量教学。

2. 前期强烈的培训意愿和合理的教学实施过程可以有效提升学员的持续学习意愿。

强烈的培训意愿可以提升学员学习热情、积极性和投入度，高度的学习热情和积极投入能够提高学员在学习过程中的知识吸收和内化程度，从而间接提升未来相关工作技能。通过实地调研证明了打工年限和培训经历对农民工技能培训意愿有直接影响。曾经参与过培训的学员，可能是由于培训期间的良好体验和培训结束后的收益，对创业培训具有期待性，从而参与度和积极性都较高，在培训学习期间可具备好的学习效果，进而体验到学习带来的收益也更高，形成持续学习的愿望。

3. 高超的教学能力和合理的教学实施过程可以有效提升学员企业业绩。

每个行业的人力资本与企业绩效都存在正向相关关系，随着企业发展，企业员工学历结构的提高对企业业绩提升有积极作用。创业培训课程的主要目的就是提升学员个人工作技能，进而提升企业经营业绩。较强的教学能力和合理的教学实施过程可以最大化提升学员的个人工作技能，从而使其人力资本价值，进一步提高其就业或创业企业的业绩。因此创业培训课程应当配备具备高超教学能力的师资力量，组织机构应当设计尽可能人性化和科学化的教学实施计划，如此才能实现通过开展创业培训课程以提升学员企业业绩的重要目标。

"能力本位"教育理论对外语旅游人才培养应用策略研究

罗荣斌[①]

（江门职业技术学院　广东　广州）

摘要："十四五"规划对旅游领域提出新的工作目标，现阶段旅游行业的需求，决定了高职院校人才培养向高质量外语旅游人才方向的发展。"能力本位"教育思想为培养学生专业技能和综合素质提供理论依据。在该思想理论指导下，对高职院校人才培养、教学资源与方法等方面的探讨有利于提升学生综合能力，提高就业水平。

关键词：能力本位；外语旅游人才；人才培养

一、高职院校外语旅游人才需求现状分析

江门是我国"第一侨乡"，近年江门旅游市场规模逐年增长。2019 年江门旅游总收入 690.52 亿元，同比增长 17.54%，旅游外汇收入 122.15 亿元，同比增长 36.42%。受疫情影响，2020 年，全年旅游总收入 103.34 亿元，全年接待游客 989.91 万人次，江门已成为辐射粤港澳大湾区、成为珠江三角洲门户所在的重要旅游城市。2019 年 2 月，国务院《粤港澳大湾区发展规划纲要》提出"推进大湾区旅游发展，构筑休闲湾区""支持江门建设华侨华人文化交流合作重要平台"，江门市正努力建设成为具有侨乡特色国际旅游目的地。2021 年 5 月，《江门市国民经济和社会发展第十四个五年规划纲要》提出"打造侨乡特色国际旅游目的地，粤港澳大湾区多元文化交流示范区"的工作目标。在整体旅游行业发展的方向指导下，提升学生外语水平、职业技能和综合能力，从而衔接市场对国际化外语旅游人才需求，是高校教育建设工作的重点。

二、"能力本位"教育思想指导意义的研究

1. "能力本位"思想指导下的教学模式的特点

"能力本位"教育思想最大的特点是以受教育者具备从事某种职业所具备的职业能力为最核心的教学目标，目标明确、针对性强。该理论产生于 20 世纪 70

[①] 作者简介：罗荣斌，1985 年出生，男，籍贯广东广州。
江门职业技术学院旅游管理系专任教师，助教，法国尼斯大学硕士研究生，研究领域为外语旅游、旅游教学。

年代，盛行于北美地区，至今已日渐成熟并被广泛应用于职业教育和培训领域中，取代传统的示范教育，这是目前较流行的教育指导思想和课程组织模式。

与传统职业教学模式比较下，明确的目标教学是"能力本位"思想最大的特点。在此之下的课程组织的针对性、操作性都比较强，实践结果的测评也可以量化；学生可以参与个别化学系，是课程的中心，课堂教学变得重视学生学习而非教师教学。然而，"能力本位"教育思想因针对具体工作，对学生职业迁移和继续学业会有一定的阻碍。而"能力本位"教学方案的实施步骤是：首先，针对基础和需求各有不同的学生群体进行行业岗位需求分析，按教学模块划分模块内容并制定相应的教学计划；然后，强调教学管理个别化，针对不同的学生，制定个别化教学方案以将教学目标定为"具备职业能力的人才培养"。"能力本位"教学在短期课程内，对学生能力的关注及课程实施能力，受到广大师生、科研工作者们的认可。

2. "能力本位"思想对旅游外语人才培养的指导意义

（1）强调"以人为本"，注重学生个体发展与行业能力要求结合。教师在课堂上不仅传授知识技能，还要注重学生个体发展，注重"校—企—家"、知识与应用的关系。借助行业需求调查、工作过程分析、按需求设计教学、产学结合等工具，"能力本位"教育思想既能有效缩小职业教育与社会发展间的差距，又能注重学生个体全面发展。因而，建设旅游外语人才培养模式，首先应充分利用需求分析法调查行业需求，才能是职业教育的学生对象最符合社会需求。

（2）强调"能力为本"，注重学科知识与实际岗位需求结合。在教学上侧重于职业需求，通过对职业需求的调查和分析展开教学，强调学生本位角色。新时期，旅游行业进入强调具备多方面技能的综合应用型人才的阶段，产业结构向"轻资产、重品牌"的方向发展，判断人才质量不再停留在"唯证书尊"，而是注重能力，能者居之，这是能力本位最明显的体现。培养学生创造能力和综合素质能力是解决学生"高分低能"的根本手段。

（3）强调"学生本位"，注重教师讲学能力。这是教师综合素质结构的重要内容，更是教师竞争上岗的重要根据。现阶段教师队伍行业知识技能、多元化教育能力和手段等各方面均有待提升。这是职业院校教师具备良好的师德师风外，适应全面实施素质教育所要求最重要的能力。因此，将师资培训重点放在提升教师综合素质能力，把关键点立在教师认可"能力本位"思想，是成功培养高技能、高素质教师队伍最关键的手段。

综上所述，"能力本位"一方面提倡学生借助学科专业知识和技能创新能力，实现人生价值；另一方面，"能力本位"也要求社会为学生个体能力的发展造就有利条件。"能力本位"能使学生个体的潜能放大，成为学生面向社会工作的能力资本。这成为培养旅游外语人才的最核心理念：学生实践能力的培养才是最根本。

三、"能力本位"理论在旅游英语课程实施的探究

1. 注重实用性，从职业需求出发

（1）结合旅游行业情况，融入国内外旅游景点及线路知识为适应市场发展现状对外语旅游人才的需求，教师应适当增加当前的行业内容，在原有的英语听读写基础上补充新的知识应用模块并加到教材里。作者曾经就出入境旅游业务所涉及的机场出入境手续、航空公司、导游领队业务等板块进行整合，提出机场办理出入境手续英语应用文写作、航空公司背景介绍英语小组作业、导游领队业务英语对话等实训任务，以任务带动学生主动学习英语。收获到学生较好的反响，以及英语应用文写作水平的整体提升。

（2）理论与实践结合，使课堂上的内容能用到实际工作中旅游英语学科最大特点是强调实用性，因而能使学生在课堂中练习、在工作中应用是判断课堂效果的最佳标准之一，教师应增加教材中实用性较强的教学内容或互动环节，以提高学生的学习效率。在课堂中，学生会有英语应用文写作的训练，这些应用文都是英语导游实际工作中所涉及的环节，具有很高的实用价值。作者批改过作文后再集中讲授普遍的英语写作问题，能提高学生写作能力；另外，还要求学生将应用文内容以朗读、背诵、对话等方式在课堂中演绎，在过程中发现他们口语中的问题并加以纠正，能达到提升口语水平的效果。这些都对学生将来的实际工作有很好的指导意义。

2. 注重多样性，组织灵活的教学

（1）教师积极参与行业研讨，与学生分享市场最新发展动态课堂教学的组织、学生学习的引导依靠教师才能实现，应积极参与行业分享与研讨，加强与企业的沟通合作，将行业实际情况带到课堂。作者曾对毕业班学生及实习单位进行访谈，了解到定制旅行业务的行业发展现状及工作流程，再与现有导游业务、旅游英语等课程进行融合。学生在分享过程中能对未来就业形势和自己情况有更充分的认识，能为将来就业选择作准备。

（2）教师积极参与企业顶岗实习，与学生分享企业工作内容教师做好课堂教学离不开"言传身教"，职业教育讲求的是实用技能的传授。2017年专业群与澳门旅游学院正式签订"江澳共建旅游人才培养基地"合作框架协议，开展两校深度合作。借助澳门职业技能认可基准（MORS）推广项目，作者曾被选派往澳门酒店参加顶岗实习，吸收了国际连锁酒店品牌的管理工作经验。学生在与实际工作内容结合的课程中参与实训，对学习效果进行自我评价，教师再从旁指导，能加深知识的理解与积累。

（3）结合英语导游证内容，实施课证融合，提高口语能力。所谓的教材与教法改革并不是简单地将新的内容加到旧的课本中，而需要将两者融合。旅游英语课堂上要向学生介绍英语导游证、英语四级等证书考试内容，更应该将英语练习、学习方法授予学生。只有学生掌握了学习方法，才能做到举一反三，真正实现课证融合，而不是老师讲到的内容能熟记于心，一旦遇到新的问题时又无法解决的

尴尬局面。

（4）结合专业课程，实现课程互联互通，提高行业水平要实现课程互联互通，首先要求教师对不同课程都有一定的了解，并且能在课堂中应用自如。在此基础上，还要注意讲授内容的比例分配，避免出现旅游英语课程失去中心的情况。若能在实现课程互联互通的过程中，教师能注意将教书和与人结合，将思政内容融入英语课堂，能提高学生职业素养，培养更多高素质旅游人才。

民办高职院校先进制造业班线长
人才培养模式研究与实践

陈宏寿　李雨君　史可意[①]

（惠州经济职业技术学院工商学院　广东　惠州　516057）

摘要： 在产教融合、校企合作的背景下，面对先进制造业班线长基层管理人才的迫切需求，通过试点现代学徒制，进一步明确高职工商企业管理专业（班线长）人才培养目标定位和培养规格，提出搭建班线长人才培养框架、打造校企协同育人平台、开展工学交替教学实践和建设"双师型"教师队伍等对策分析，突出 TCL 三星级班线长岗位能力培养，以推进校企精准对接与精准育人，为实现从储备干部、班长、到线长，甚至向车间主任和部门经理等更高层次发展的奠定基础。

关键词： 先进制造业；班线长；人才培养模式；现代学徒制

一、前言

《中国制造 2025》的发布，为中国制造技术升级指明方向，技术升级必然需要大量技能人才，而技能人才的培养，不是职业院校简单升格所能完成，更不是喊几句口号就能实现，它要求进一步建立和完善基于技能人才成长规律的培养模

---

① 作者简介：陈宏寿（1981—），男，广东汕尾人，副教授，研究方向：工商管理与区域经济。

基金项目：2020 年广东省科技创新战略专项资金立项项目"基于岗位胜任力班线长成长质量全程追踪评价体系——以工商企业管理专业为例"（pdjh2020b1401）。

2021 年广东省高等职业院校商贸类教指委立项项目"现代学徒制视角下先进制造业班线长人才培养问题研究——以工商企业管理专业为例"（SM202119）。

式。普通教育和高等职业教育如同鸟之双翼，但长时间以来，受传统思想"重仕轻工"和强调"升学率"指挥棒的影响，社会对"什么是人才"缺乏正确的认识，让一些青少年劳动价值观念扭曲、劳动技能欠缺，其实，两种教育模式并无优劣之分，只是普通教育侧重于培养学术型人才，而高等职业教育则侧重于培养技能型人才，就这是这两种教育模式的本质区别。党的十八大以来，党中央、国务院高度重视发展职业教育，努力为每个受教育者的人生创造出彩的机会，先后出台《关于加快发展现代职业教育的决定》（2014 年）、《关于深化教育体制机制改革的意见》（2017），再到《关于印发国家职业教育改革实施方案》（2019 年），这一系列的文件明确指出培养高素质技术技能型劳动者是当前职业教育最为紧迫的任务，并围绕如何培育"工匠精神"，使"三全"育人真正契合学生专业技能和职业发展，提出具体的职业教育改革实施方案。

与此同时，为进一步党中央和国务院关于深化职业教育发展理念，广东省委、省政府从省情实际出发，先后出台《关于创建现代职业教育综合改革试点省的意见》（粤府〔2015〕12 号）和《广东省职业教育"扩容、提质、强服务"三年行动计划（2019—2021 年）》（粤府办〔2019〕4 号），强调"以扩容为核心、以提质为重点和以强服务为目标"，大力推行现代学徒制精准育人培养模式，进一步促进产教融合，形成有"广东模式"的现代职业教育发展新格局。广东省教育厅、广东省经济和信息化委员会等四部门联合出台《关于大力开展职业教育现代学徒制试点工作的实施意见》（2016 年）、广东省人力资源社会保障厅和广东省财政厅联合出台《广东省全面推行企业新型学徒制实施方案》（2019 年），至此，新型现代学徒制试点在各大中型企业和中高职院校试点推开。

二、民办高职院校工商企业管理专业现代学徒制合作企业的选择

作为社会力量举办的民办高等职业教育，从诞生之日起，就注定只能依靠自身投入和学费维持生存，其成长和发展之路相对来说比较缓慢和艰难（全国没有一所民办高职院校入选 2019 年教育部"双高计划"），但民办高职院校却拥有灵活管理机制（如办学经费使用、人才选用、设备采购和办学模式等），这也是民办高职院校能长期立足，并与公办高职院校"同台竞争"的关键。与传统人才培养模式不同的是，试点企业新型学徒制，是对"培养什么人"和"如何培养人"的重构，其关键主体是合作企业，因为单靠民办高职院校的力量，无法实现职业教育改革目标，因此，民办高职院校开展现代学徒制试点工作，既要考查企业发展前景，因为人才培养需要 3 年的培养周期，在这培养周期内，若企业规模太小或薪酬待遇竞争力低，很难与报读学生的职业成就感和家长的美好梦想产生共鸣，学徒还没成为企业技能人才时，试点企业有可能早已被市场所淘汰或已无下一届学生报读，又要考查企业投资人的重视程度，作为民营企业，投资人是唯一的出资主体，直接决定企业的资金使用及配套政策，因为现代学徒制从联合申报试点之初，就需要合作企业在"人、财、物和机制创新"等方面对试点专业作出经费保障，如联合招生费用预算、企业导师选拔及补贴、企业在线学习平台开发、学

徒成长通道和后勤保障等方面，若合作企业投资人融资能力低，必然导致校企联合招生和校企协同育人"虎头蛇尾"，很难积累和提炼有效的职业教育成果或经验，所以，民办高职院校选择适合开展现代学徒制的企业非常重要。

三、先进制造业班线长人才培养模式研究与实践

一直以来，高等职业教育人才培养存在"惰性"思维，即习惯于按照固定时间和地点在校内完成上课，然后在最后一学期通过顶岗实习完成人才培养，其产生的主要问题是人才培养规格与企业需求不符、主要面向工作岗位与职业生涯发展不一致，以致出现学生"就业难"和企业"招人难"的尴尬局面。为解决上述痛点，工商企业管理专业在试点现代学徒制人才培养过程中，对工商企业管理专业人才培养的规格和目标进行诊改，并依托惠州市现代制造业龙头企业TCL，实施基于"双主体协同育人"的办学模式，以TCL三星级班线长岗位需求出发，逐步探索出一种行之有效的现代学徒制人才培养模式。

1. 搭建班线长人才培养框架

为了全面落实"职教20条"和全国教育工作会议讲话精神，充分实现校企双方优势互补，为地方培养高素质技术技能型劳动者的同时，也为民办高职院校创新人才培养模式提供平台，惠州经济职业技术学院与TCL王牌电器（惠州）有限公司在互信与共赢的基础上，经充分酝酿和协商，就试点现代学徒制（班线长）人才培养的主要议题达成框架协议，协议包括合作原则、校企试点现代学徒制协议、人才培养方案、校企合作自主招生与录取、人才培养三方协议、企业与学徒签订劳动合同、争议解决的方法等七方面内容。协议的签订看似简单，但对于民办高职院校来说，实施起来却非常艰难，首先，学校层面对现代学徒制的理解不够深刻。从实施主体来说，应该是学校层面主动推进项目落实，但由于学校层面对项目的理解、配套政策、招生经费预算和部门利益冲突等方面都缺乏主动协调，以致项目最后变成二级学院倒逼学校层面建章立制，终于首次让学校为现代学徒制制订相对独立的教学管理制度，其教育改革所释放的效应大打折扣。其次，社会对现代学徒制招生模式尚存误解。招生是现代学徒制一切工作顺利实施最重要的前提，若无法完成招生或招生人数达不到预期要求，则后续人才联合培养工作将无法进行。在校企联合招生宣传中，由于是2019年首次招生，再加上招生报名工作主要集中在春节后的3月份，宣讲学校、学生和家长对现代学徒制这一新型的自主招生模式未能有效理解，再加上某些学校和不良中介合作，以影响毕业为由强制学生集中实习，以致很多学校、家长或学生均对这一招生模式心存疑问。最后，在校企共同努力和家长学生认可下，首期TCL工商企业管理专业（班长线）现代学徒制试点专业顺利开班，共有28名学生成为首期班线长学员。

2. 打造校企协同育人平台

高等职业教育，从本质上来说，是培养高素质技术技能型劳动者的教育，而技术技能在高职院校靠理论授课、仿真教学是无法真正实现的，只有走产教融合、

校企合作，才能使高等职业教育的优势得到充分发挥，但在校企协同育人时常面临两大难题，一方面是"校热企冷"，真正意义上的校企合作并非只是签订一纸合同就可实现。2016年，我校工商企业管理专业与真功夫餐饮管理有限公司签订订单式人才模式，旨在成为培养"餐厅经理"的人才培养基地，但项目的实施并未得到企业方的重视，未能给订单班的学生提供不一样的培养模式（如引企入校、开设餐厅体验店、岗位轮训和团体活动等），以致学生认为订单班只是企业提前选人和用人的手段，订单班人数也从一开始的30多人，下滑到最后只有几个人，最终项目也就不了了之。另一方面是不深入，过去学生是由学校独自"养大"，由于多数企业对校企合作缺乏战略思考，校企合作因而成为企业使用"廉价劳力"的代名词，使赋予较高期望的校企合作变得有"合"无"作"，高职教育所培养的职业技能被企业和社会所诟病。此时，"现代学徒制"应运而生，这是教育部在2014年提出的一项旨在深化产教融合、校企合作的职业教育模式，其鲜明特征是校企协同育人，以TCL班线长现代学徒制试点班为例，从合作之初的反复磋商、到试点协议的起草与签订，再到校企联合自主招生，处处体现校企深度融合，合作初心就是为了实现专业设置与产业需求对接、课程内容与职业标准对接、教学过程与生产过程对接、毕业证书与职业资格证书对接、职业教育与终身学习对接，通过准确把握企业岗位需求，构建现代学徒与师资"一对一"的育人模式，从而提高高等职业教育人才培养职业性和发展性，进而服务地方现代制造业的转型升级。

3. 开展工学交替教学实践

根据专业人才培养目标和培养规格，校企双方组建班线长人才培养方案项目组，联合构建现代学徒制工商企业管理专业（班线长）课程体系。课程体系坚持工学交替进行设计，按照在校理论学习（一年）和企业岗位实践（两年），围绕"中国制造2025"对现代制造业发展提出的新要求，以"培养具有良好职业道德精神和较高技术的TCL三星级班线长基层管理人才"作为校企精准育人的重点，以三星级班线长岗位能力培养为主线构建相应岗位课程模块，每个模块对应一个岗位工作领域，具有明确的职业能力目标。

嵌入式技术与应用专业人才
培养的问题与对策探讨

徐礼国

（广东农工商职业技术学院　广东　广州　511365）

摘要：基于从事嵌入式系统开发及教学实践经历，分析了我院嵌入式技术与应用专业人才培养中存在的问题及原因；从嵌入式技术相关岗位对人才专业知识、职业能力要求的角度，给出了解决问题的方法和建议。研究认为，要提高我院嵌入式人才的培养质量，就要明确专业、行业、就业的关系；优化课程内容和学时分配；加强实训条件和师资队伍建设；发挥专业竞赛对于人才培养的积极作用；设立"培优班"，因材施教。目标是进一步完善人才培养方案，提高嵌入式技术人才的培养质量。

关键字：嵌入式技术与应用；高职；人才培养

一、嵌入式技术与应用专业人才培养存在的问题及原因

1. 专业、行业、就业的介绍宣传不足

在国内知名的招聘网站中以"嵌入式"或"单片机"为关键字，搜索广州地区最近一周发布的职位信息，多达 2000 条，薪资水平 0.5W—2W 元不等，这说明市场对嵌入式人才的需求旺盛，而且薪资待遇较好。但是，从近两年麦克斯调查数据结果来看，计算机应用技术专业嵌入式方向学生就业对口率很低，大部分同学从事了与嵌入式技术应用不相关的行业，平均薪资只有 3600 元。笔者分析原因有以下几点：（1）对培养方案的解释不够。学生不清楚本专业学习哪些专业知识和技能，也不了解嵌入式技术应用在哪些行业领域、自己能够任职哪些岗位，更不了解行业岗位的平均薪资水平如何；（2）低估了嵌入式技术学习的难度。嵌入式系统不仅涉及软件编程，还涉及电子电路硬件知识，是软硬件结合的复杂系统，涉及的知识面广，学习难度较大，仅仅局限于课堂上内容的学习是不够的，还需要足够的动手实践；（3）原本就不打算从事与嵌入式技术相关的行业，提不起学习兴趣。不少同学在招生入学时，调剂到本专业，也有不少同学是随意选中了本专业。虽然内心早已确定不会从事与嵌入式技术相关的行业，但是出于获取大专学历的考虑，抱着及格就行的态度，导致不能扎实地掌握本专业的知识技能。毕业后，有的入职地产经纪，有的当了行政文员，也有的做了美工助理。虽然在各个行业岗位上都能成才，但是 3 年的嵌入式专业知识学习，并未能为所从事的工

作提供有力支持。

2. 课程间内容衔接不畅、学时分配未突出重点与核心

嵌入式技术涉及知识面广，课程体系中课程间的联系紧密，尤其是专业核心课程的学习，需要对先修课程的内容有良好的掌握情况才能进行。在教学过程中，笔者发现多门课程的学习需要用到先修课程《C语言程序设计》中指针、函数传参、结构体等知识点，这几方面的知识掌握不牢，直接导致后续几门课程无法进行。更有甚者，因C语言这一门课没学好，导致后续的3—5门核心专业课都学不好，进而相当于放弃了本专业。在学时分配上，部分核心专业课分配学时太少。例如：核心专业课《STM32应用开发》共64学时，安排课程内容时，只能安排基本的GPIO、串口、定时器、中断等内容，而企业实际项目开发中需要的IIC总线、SPI总线、CAN总线等内容，根本没有足够的学时来学习实践。

3. 实训设备不足、现有设备利用率低

为满足嵌入式技术与应用专业职业能力培养的需要，建设了嵌入式系统实训室、单片机与嵌入式综合实训室、智能家居实训室等，但目前实训室存在设备老化过时、现有设备利用率低等问题。《单片机应用技术》这门专业必修课，实训所用的实验箱是8位的C51系列单片机，而51单片机在嵌入式产品中的应用已经很少见，基本处于被市场淘汰的边缘，单片机实验箱亟待更新换代。虽然已招标采购了一批性能更高、应用面广的主流STM32实验箱，但数量不足。笔者在讲授《STM32应用开发》课程时，人数最多的上课班级有55人，只有10个STM32实验箱可用，5—6人一组合用一个实验箱，就会出现同组中一人动手其他人围观的尴尬场面。另外，本专业的《数字电子技术》这门课程，需要数字电路实训室，而我们并没有建成电子电路相关的实训室，甚至需要使用示波器时只能借用。现有的25套嵌入式ARM开发板和24台嵌入式智能车，除了在进行相关课程授课时使用，课后学生基本没有再使用过，这些设备原本是可以在课程作业、竞赛练习、创新实践等方面上发挥积极作用的。

4. 师资力量不足

嵌入式技术与应用专业现有专任教师6人，教师的教学任务比较繁重。每学期每人承担的教学工作量，少则256学时，多则320学时，处于基本能够完成专业必须课程教学任务的状态。专业选修课程已无师资力量开设，教师也无更多的时间和精力去开辟第二课堂指导学生竞赛。嵌入式技术迭代更新较快，现有专任教师的学习培训不足，对新技术的掌握运用滞后于企业较多。长期讲授两门或三门课程，出现了"偏科"现象，能够讲授嵌入式课程体系中大部分专业课程的教师不多。

5. 校外实训基地建设不足

校外实训基地能为学生进行工学交替、岗前培训、顶岗实习、毕业设计等实践教学活动提供场所，为学生毕业后直接融入IT产业打下基础，也能承担教师的

挂职锻炼、师资培训任务。目前，我院嵌入式技术与应用专业的校企合作实训基地较少，学生的顶岗实习基本都是自行联系实习企业，实习的企业及岗位五花八门，很多实习岗位的工作内容与嵌入式技术与应用专业不相关；学生的毕业设计选题也很少有来自企业工程实践一线实际问题。这使得学生的顶岗实习、毕业设计，并未达到综合运用专业知识、提高职业技能的目的。

二、嵌入式技术与应用专业人才培养问题的对策

1. 细化、具体化培养目标与规格

嵌入式技术与应用专业以培养"面向嵌入式通信终端、家庭网络和信息家电等领域，能够从事嵌入式产品开发和维护等工作的复合型技术技能人才"为目标。相当多的学生并不清楚嵌入式人才能够任职哪些工作岗位、具体工作内容是什么、需要具备哪些知识和能力。应该加强对本专业知识体系、技术能力、就业方向的宣传介绍。通过对珠三角地区从事嵌入式开发的企业和毕业生进行调研，总结出嵌入式技术相关的就业岗位以及岗位对专业知识和能力的要求。

2. 优化课程内容及课程学时分配

"专业设置与产业需求对接、课程内容与职业标准对接、教学过程与生产过程对接"。目前我院嵌入式技术与应用专业课程体系相对完善，但是在教学过程中存在后续课程与先修课程内容衔接不畅，课程学时分配不合理的问题。先修课程的授课过程中，应注意强化后继课程需要使用的知识点，例如：《C语言程序设计》这门课中，重点强化指针、函数调用、结构体等，为后续的多门课程的学习打好基础。对于内容较多、工作实践需求强烈的专业课，如确实无法在一个学期的64学时内完成教学，为保证教学质量，可将该课程分成两个部分，增加学时数，在两学期中进行学习强化。

3. 加强校内外实训基地建设、提高实训基地的利用率

嵌入式技术的学习运用注重动手能力，需要理论结合实践，校内外实训基地在实践教学过程中至关重要。本专业涉及电子电路知识较多，如：电路基础、数字电子技术、模拟电子技术等。目前还没有电子电路相关的实训室，电子电路类课程的授课采用理论教学＋仿真的形式。大部分同学没有实际接触过电阻、电容等器件，也没有使用过电烙铁、万用表、示波器等仪器工具。高职学生喜欢动手制作，新建电子电路类课程实训室，课程内容中有实际的焊接调试技能实训，可以激发学生学习专业课程的兴趣，同时能加深对理论知识的理解。

4. 师资队伍建设

打造一支教学能力强、工程实践经验丰富、了解行业最新动态和掌握最新技术的双师型教师队伍，这是提高嵌入式技术与应用专业人才培养质量的根本保证。嵌入式技术发展更新快，相关企业的一线工程师对此更为精通，可以引进企业的工程师来本专业做兼职或全职教师，适当放宽学历、职称、年龄等限制。本专业

教师应加强学习培训，可以深入相关企业进行走访调研、挂职锻炼。教师也应参与到企业的工程项目中，为企业解决实际问题，同时也能在企业中得到培训提升。

5. 培育校内专业赛项，提高学生的参与度

很多省级、国家级专业竞赛，参赛要求较高，又有报名人数限制。有意参赛的学生越多，群众基础越好，才能优中选优，取得较好的成绩。近几年的参加职业技能大赛的经历，已暴露出选拔学生困难、青黄不接的问题。我们应该尝试培育一些难度不高、在学生中能够普及的校内赛项，例如：C语言程序设计大赛、单片机应用开发大赛、嵌入式系统设计大赛等，让大多数的学生都能参与进来，培养兴趣，锻炼技能，为省级国家级赛项储备参赛人员。同时，对于能够被选中参加省赛国赛或取得较好参赛成绩的同学，应适当给予一些奖励措施，例如：免修相关课程、面做毕业设计、评优评先加分等，以激发同学们参赛积极性。

6. 尝试设立"培优班"

高职院校学生生源多样：有普通高中毕业生，有中专毕业生，也有来自一线的产业工人。不同生源的学生，基础参差不齐，在教学过程中会出现"吃不太饱，消化不了"的想象。同一门课程，基础好的觉得内容太简单，基础差的听不懂、做不出，这使能授课老师也难以把握课程进度。可以在学生入学后，进行基础情况摸底测试，根据测试结果分班，针对不同基础情况的班级，在课程内容和进度安排上有所区分。一学期或一学年后，从各个班级中选拔学习成绩优秀、动手能力强、创新思维活跃的同学，设立"培优班"，制定专门的人才培养方案，把"培优班"的同学往嵌入式技术卓越工程师的方向打造，树立榜样，带动普通班学生学习成才的积极性。

粤港澳大湾区建设背景下
广东高职生创业意向影响因素实证分析

乔伟丽

（广东农工商职业技术学院外语学院　广东　广州　510507）

摘要：采用问卷调查，以广东高职在校生为研究对象，探讨在粤港澳大湾区建设背景下教育相关因素对广东高职生创业意向的影响和相关关系。结果表明，

广东高职生创业意向不受性别、专业类型、家庭经济状况等个人背景因素的影响；但不同年级对高职生创业意向的影响不同；周边环境中亲戚或高中好友的创业经历显著影响高职生的创业意向；家人朋友等身边重要成员对创业的态度、大学生创业扶持政策熟悉程度以及高职院校创业教育分别显著影响创业意向；本人实习、兼职、学生干部工作经历均会促进高职生创业意识的增强。基于研究结果，对政府创业扶持政策和高校创业教育提出了相关对策与建议。

关键词：粤港澳大湾区；广东高职生；创业意向；影响因素

习近平总书记在视察广东的重要讲话中指出："我们大力提倡创新创造创业，既离不开中小企业，也给中小企业发展提供了更多机会和更大空间。"大学生创业的目标意向基本都是小微企业。以习总书记讲话精神为指导，以创业意向为切入点，深入开展相关研究，细致梳理影响广东高职生创业意向的各种因素，对提高一线"双创"教育的针对性和实效性，促进大学生创业就业具有重要意义。

粤港澳大湾区建设是党中央的一项重大决策，其依傍城市群已具备较优质的创新创业条件和基础。广东是粤港澳大湾区的主要参与者，在"大湾区"发展背景下研究广东高职生的创业问题，有利于借助区域资源优势破解粤港澳地区大学生自主创业面临的难题，改善大学生创业生态，助推粤港澳大湾区建设。

一、文献综述

创业意向是潜在创业者对从事创业活动与否的一种主观态度，是人们对创业的态度、能力的描述术语。Bird（1988）首先提出"创业意向"这一概念，他在分析创业自我效能（Entrepreneurial Self—efficacy，ESE）时，强调了个性以及环境因素对创业意向的影响；Shapero 和 Sokol（1982）提出创业事件模型（SEE 模型），认为合意性感知、可行性感知和行动倾向这三个要素对创业意向具有显著的影响；Ajzen（1991）构建了计划行为理论模型，提出创业意向普遍受到三个因素的影响：主观规范（Subjective Norm）、行为态度（Attitudes Toward the Behavior）和感知行为控制（Perceived Behavioral Control）。综合起来看，国外学者主要是将心理学的行为意向研究成果应用于创业理论研究之中，进而对创业意向的形成机制进行深入分析，并在此基础上构建不同的创业意向理论模型，这些成果为创业意向的实证研究奠定了必要的理论基础。

国内关于创业的实践探索一直走在理论研究的前面。近几年，陆续出现了一些关于创业意向的专项研究：李静薇（2013）着重考察了大学创业教育中的学校教学因素和学生态度因素对学生创业意向的影响；祁伟宏（2017）则分析了经验学习和社会网络学习对创业意向的影响；刘建伟（2018）分析了创业支持对创业意向的影响；徐逸文（2018）分析了榜样效应对大学生创业意向的影响；刘国芳（2018）分析了个人的社会资本对大学生个人创业意向的影响等；张凤（2020）分析了大学创业生态系统条件要素对大学生创业意向的影响；袁旦（2019）基于个人特质的视角探析了高成就感、高自主性、创新导向、风险承担、创业态度和创业意向之间的关系。综合看，国内研究目前还主要是抓住个别因素对大学生创业意愿的影响,探讨相应的对策。从现象层面分析的多,理论方面思考的少,缺少公认的理论模型。研究方法以定性为主,而缺乏对于特定经济区域和人文背景下的大学生创业情况的实证研究,更没有形成操作性强的问题解决方案。

二、研究设计

本研究基于当前"大众创业、万众创新"的时代背景,结合粤港澳大湾区的经济特点与建设规划,针对广东高职院校大学生的创业意向影响因素进行抽样问卷调查。基于大样本的实证研究是对项目研究结论的一种稳健性检验,具有较高的可信度与普适性。项目组采用随机分层抽样法,从广东省 10 所典型高职院校选取大学生样本。研究借助 SPSS 软件结合国内常用的创业意向四要素模型,从个人情况、周边环境、创业教育以及工作经历四个维度(自变量)进行调查与分析。对样本数据做实证分析,研究调查得到的影响因素与广东高职生创业意向(因变量)之间的相关性,探究各类因素的影响显著性强弱,并对影响因素各维度差异作具体分析。最后基于统计分析结果,提出教育对策与建议。

三、样本数据描述统计与相关性分析

本研究采用的数据整理来自自主设计的《高职生创业意向的影响因素调查问卷》。抽样框覆盖广东典型高职院校的所有院系及年级,样本基本涵盖了高职院校学生的主要特征,具有较好的代表性。在对数据进行检查整理后,得到有效样本数据 1365 份。其中男生 423 人(31%),女生 942 人(69%)。采用 SPSS24.0 软件,运用相应的统计方法对回收的问卷分维度作了分析。

1. 个人情况维度分析

(1)个人背景因素分析,广东高职生整体创业热情及意愿较高,调查显示,55.6% 的广东高职生已在校创业或考虑毕业后创业。根据人口学变量对不同类别高职生的创业意向进行差异分析。皮尔逊卡方分析显示,广东高职生创业意向不受性别、专业类型、家中排行、家庭所在地、家庭经济状况、父亲职业、父亲受教育程度等个人背景因素的影响。

(2)年级差异

本研究发现,年级变量与创业意向之间达到显著性相关水平,见表 2。大一的在校创业或打算创业的占比最高,达 60.71%,大二最低 45.94%,大三占比 57.67% 又有回升。年级因素对创业意向有上述影响的原因可能是:其一,大一新生刚进入一个新的环境,"初生牛犊不怕虎",并且在进入大学之前没有接受过创新创业方面的教育,不了解创业具体过程和所需条件,使得大一学生对创业抱有过高的期望。其二,在经历了大学一年以上的学习之后,接受了一定的创业教育,学生周边的环境开始对其产生作用,其选择的盲目性减少,逐渐趋于理性,并且对未来职业规划有了一定的了解使学生开始考虑就业与创业的利弊,导致创业意向大幅下降;其三,随着学生年级的增长,其获得实习工作的机会在不断增加,使其对创业就业有了较深层次的了解和更大的信心,与大二相比,大三学生的创业意向水平又有了一定幅度的回升。

2. 周边环境维度分析

（1）周边影响因素分析，关于周边影响，数据显示，亲戚或高中好友等身边人群的创业经历显著影响高职生的创业意向，35.75%的学生认为身边人的创业经历对自己的创业意向有激励作用。

（2）大学生创业扶持政策熟悉程度差异，统计分析结果显示，高职生创业意向与其对自主创业的扶持政策了解的程度之间呈显著正相关，本研究发现，84.5%的高职生认可政府创业扶持政策对大学生创业的重要性，但是只有1.82%的学生对学校或国家给大学生自主创业的扶持政策十分了解，68.84%的学生对相关政策不够了解，79.02%的学生明确表示需要提供创业政策咨询服务。

3. 创业教育因素分析

数据分析结果显示广东高职生的创业意向水平普遍较高，调查显示，55.6%的广东高职生已在校创业或考虑毕业后创业；高职院校的创业教育与学生的创业意向显著相关，见表2，但现阶段高职院校的创新创业教育普遍存在问题。

4. 工作经历因素分析

数据分析结果显示，实习、兼职或学生干部工作经历均对高职生创业意向的影响呈显著正相关关系。其中，42.5%的学生认为在校期间的实习或兼职工作对其创业意向有激励作用。担任过学生干部的高职生的创业意向显著高于未担任过学生干部的学生，这说明实习、兼职或学生干部工作经历使得学生在实践中一方面提升了自身的能力素质，另一方面对创业的知识技能有了更多的了解，这些方面的积累与沉淀使得自己对未来的创业实践更有信心、创业意向更加明确。

四、对策与建议

1. 广东省应当结合粤港澳大湾区的产业结构与发展规划，首先，在政府层面出台有利于大学生创业的新政策，搭建创新创业支持平台，营造良好的大学生创新创业的氛围，激励大学生将创业热情转化为实际的创业活动。其次，广东各级政府应充分利用粤港澳大湾区建设的重大利好，加大创业扶持政策的宣传力度，拓展宣传渠道，使创新创业理念入耳、入脑、入心。同时，还要为高职生提供创业政策咨询、创业风险评估、拓展融资渠道、开业指导及"一对一"跟踪帮扶等全流程配套服务，为大学生创业打开便利之门。

2. 创新创业教育要深入家庭，使家庭成为大学生创业的坚强后盾。研究发现"对大学生创业意向影响最大的环境因素是家庭环境"。本次调查数据表明虽然广东高职生的创业意向不受家庭所在地、家庭经济背景等因素影响，但身边的家人、亲戚、朋友等重要成员对创业的态度因素至关重要，大学生创业需要得到家人的鼓励与支持。目前的创新创业教育注重对学生个体的教育，而忽视了家庭因素的影响。因此，创业教育也应当深入家庭，加强沟通宣传，提高学生家长对创业的认可度，进而使家庭成为大学生创业的坚强后盾。

3. 近年来高职生自主创业已经成为"大众创业"的生力军。面临高职创新创业教育现存的师资匮乏、课程体系不明确、学生缺乏创业实践等方面的突出困境，高职院校要像创业者一样，创新思维，勇于探索，变革传统的教育教学模式，通过政校企合作，整合资源、凝聚力量，从建设师资队伍、打造校园创新创业文化、实施创新创业教育教学改革、强化创新创业实践等方面着手建设一套适合自身办学特色的全方位立体化的创新创业教育实施体系，助力提升高职学生创业意向和创业成功率。

网络信息化背景下高职院校
学生管理的问题和对策

于春秀[1]

（广州华商职业学院）

摘要：随着信息化的发展，多媒体技术广泛应用到生活、学习、科技等方面，人们获得信息的途径更广泛，内容更丰富。信息的复杂性、多样性和开放性成了当前信息的主要特点。高职院校的学生对于信息的甄别筛选能力不强，比较容易受到不良信息的蛊惑、煽动和影响，进而产生一系列管理上的问题。因此在网络信息化背景下，解决高职院校学生管理的问题，对于促进学生全面发展、提高教育质量、为社会培养高质量的技能型人才等，具有重要意义。

关键词：高职；学生；信息；管理

一、学校的风向标作用

学校是学生生活和学习的主要场所，也是他们学生时代的主战场。因此在学生管理方面，学校的作用意义重大。

"无规矩不成方圆"，因此学校风向标的作用要体现在立规矩、抓大局这一方面。首先，要制定明确且操作性强的规章制度，如学生守则。明确规定学生哪些红线不能触碰，比如旷课、偷窃、作弊、校园暴力、课上玩手机等，绝对不能让已有的规章制度形同虚设，要做到对全体学生一视同仁，不能出现逾越规则的

---

① 作者简介：于春秀，生于 1982 年 8 月，女，山东威海人，为广州华商职业学院国际经济与贸易学院专任教师，主要研究方向为商务英语、跨境电商方向。

特权出现，否则，规则就失去了它的公信力和执行力，而沦为摆设；其次，也要激励学生的积极行为，如针对取得优异的学习成绩、参加各类比赛、创新创业、品德高尚等学生，要予以宣传、奖励，发挥模范的带头作用。既要罚的公正，以儆效尤；又要赏的公平，树立典型。

王国维曾说，美育是"一面使人之感情发达，以达完美之域；一面又为德育与智育之手段。""要发挥审美和艺术自身的内在教育价值，这种价值本身也必然饱含着德育的意义，这才是美育要义所在。"故而在学生管理方面，美育也是非常重要的环节。所以作为风向标的学校，有责任、有义务告诉学生"什么是美？""如何欣赏美？""怎样加强自身的美育修养？"一方面，从硬件设施上，学校可以为学生创设良好的校园环境。在一个干净、美丽的环境中，让学生感受美、亲近美，潜移默化地培养学生对美的欣赏能力。而相较于物质环境的美，人文美则更能打动人，更能引导人树立正确的人生观、价值观。因此另一方面，学校可以定时举办线上线下校园文化节、校园艺术展、校园艺术节等活动，创造更多的机会，更宽广的舞台，让学生充分发挥自身的爱好特长，获得成就感、认同感，同时也能带动其他学生感受艺术的魅力，培养出他们独特的情感态度、生活品位和精神气质，丰富了他们的课外生活。让学生把宝贵的时间用在自身优势的发展上，充实自己的精神世界，而不是被网络捆绑，消磨掉大好时光。

二、教师的领路人作用

《师说》有言："师者，所以传道受业解惑也。"1200 年前，韩愈就提出了教师在教学中的地位以及作用。"水之积也不厚，则其负大舟也无力。"庄子也对教师的素质提出了具体的要求，即需要具备扎实的学识。因此，在立德树人方面，教师扮演着不可或缺的领路人角色。

身体素质、心理素质、思想政治素质等是人具备的基本素质，而其中"思想政治素质反映了人们协调各种关系，以正确的判断和行为选择为代表的处理问题的能力，是复杂的政治素养、道德品格。"如果思想政治素质出现偏差，就会影响人明辨是非的能力。这便是前文所提到的，在被各种网络信息充斥的现代，学生不加筛选的相信他们所听到的、看到的，久而久之生出盲目的效仿和崇拜。"不知味者，以芬芳为臭；不知道者，以美言为乱耳。"（出自汉代桓宽）长此以往，学生就会被错误的价值观腐蚀，不明事理、不辨是非，进而误入歧途而不自知。因此对学生进行思想政治素质培养就显得尤为必要。而教师作为部分"迷途羔羊"的领路人，就可以将思想政治教育带入课堂，将其潜移默化的渗透在学科教学过程当中。比如教师可以将我们国家的传统历史文化带入课堂。哲学家培根曾说"读史使人明智，读诗使人灵秀。"让学生了解学习我们国家的历史文化，既可以生出民族文化的自豪感，又能懂得"孝、悌、忠、信、礼、义、廉、耻"（出自《论语·学而》）；再比如，在课堂上介绍我们的民族英雄，让学生看到我们现在的美好生活来之不易，之所以我们能够像今天这样"岁月静好"，那是因为有人在替我们"负重前行"，培养学生感恩的心和珍惜当下的意识；除上述内容外，教师还可以让学生实时跟进我们国家的前沿科技，让学生看到我们的国家日渐强大；分享各民族的传统文化习俗，了解我们文化的多样性，学会理解、尊重、欣赏、接纳各民族文化等。通过课堂思政，培养学生爱国、爱党、爱各族人民的情操，培养出文化自信和文化认同感。进而树立正确的人生观、价值观，提高明辨是非的能力。

学校是一个微型社会，这个社会的"公民"——学生，来自不同的民族、不同的地域，出生于不同的家庭，成长于不同的环境，他们从小受到的教育参差不齐，原生家庭带来的影响也是千差万别，因此他们的学习动机也不尽相同。比如，有的人可能为了将来有个好工作，有的人可能为了满足家长的期待，也有的人可能仅仅只是为了一纸文凭……动机不同，学习的动力延续时间也有差异。"逆水行舟，不进则退。"社会在发展，科技在进步。

三、学生的掌舵者作用

归根结底，学生个体才是行为的主体，学习的主体，信息选择的主体。以上介绍的诸多方法，只有在学生愿意去感知、去尝试、去配合的情况下，才能得以发挥作用。风向标再清晰，领路人再明确，如果掌舵者偏要逆势而为，也终将是功亏一篑。因此，在学生管理方面，至关重要的一点，就是发挥学生的主观能动性，发挥学生自我管理的功能。

首先，要有明确的自我认知。高职学生高考之后，与本科院校失之交臂，他们会定义自己为"考试失利"或"高考失败"。他们内心深处对自己的评价并不高，甚至缺乏自信，在接下来的学习中，有的学生呈现出得过且过的状态，甚至有的学生"破罐子破摔"。这种心态映射到自我管理方面，就会降低对自己的期望值，降低自我约束力，进而引发一系列的学生管理问题。针对这种情况，笔者建议学生既要正面接受既定事实，也不要妄自菲薄。回顾自身，在现有条件下，发掘自身的优缺点，扬长避短，选择一条最适合自己的出路——就业或者继续深造。对于想要就业的学生，利用职业学院这样专注技能培训的平台，用三年的时间学习、实践，了解未来的职业前景，做好职业规划，训练工作技能，将来依旧可以有一番自己的作为；对于要继续深造的学生，提前做好学习规划，制定升学目标，按部就班地朝着既定目标稳扎稳打，积累专业知识，以考取理想院校。

其次，正确认识自主管理。认识自主管理就要能够区分"自主"和"自由"。"'自主'是基于高职学生是否具有独立意义的个体而言的，每个人都是完整的、有独立意识的人，'自主'强调高职学生的能动性。而'自由'是与义务相对应的概念，指向高职学生权利方面，同时'自由'不等于随心所欲，高职学生要明白每个人都是生活在社会环境中的，都要受到社会规则的制约，我们的自由是相对的自由。"学生只有明白了两者的区别，才能看清自己目前的状态，才能有效自我管理，而不是自由散漫的自我放逐。

最后，培养良好的自控能力。上文我们提到过在拥有明确的自我认知情况下，制定工作或者学习计划，在有条件的自由，即自主的情况下实现自我管理，然而如果没有良好的自控能力，上述两点也很难实施，所以，培养良好的自控能力，是衡量学生能否自我管理的关键因素。大学管理相对中学时期的管理而言，比较宽松。无论是来自家庭、社会，还是学校，都把大学生当成一个成年人来看，尊重他们的自主意识。因此，来自环境的压力，或者约束，会突然减少。这就像一个被压久了的弹簧，突然将所有压力卸掉，它会出现报复性的回弹。因此学生会在潜意识里去试探这种自主的真伪，去试探这种自主的边界，从而导致自控能力缺乏。因此学生需要警惕这种回弹，需要意识到拥有良好的自控能力，不是对自己行为的束缚，相反，它可以修正、规范自己的不良行为，还自己一个拥有更多自主权利的未来。

民办高职院校跨媒体
广告人才培养创新路径研究

伍毅志[①]

（广州科技职业技术大学艺术与传媒学院　广州　510550）

摘要： 广州科技职业技术大学广告设计与制作专业创办于 2011 年，在"媒介融合"语境下，积极探索跨媒体广告人才培养路径。主要做法是：依托民办高职院校的办学定位和优势教育资源，合理地定位跨媒体广告人才培养目标；探索与创客教育跨界合作的多种创新路径，主动适应市场需求进行超前性建设，培养符合融媒体就业需求的广告专业人才。

关键词： 跨媒体；媒介融合；民办高职；创新路径

前　言

在媒介融合语境下，新型媒体削弱了传统媒体的资源优势，挤占了传统媒体尤其是平面媒体的发展空间，并迫使传统的平面媒体变革运营模式、再造管理流程、打造全新的产业链条。这一改变为广告创意人才开拓了更为广阔的就业空间；

---

① 作者简介：伍毅志，（Yizhi wu）1972 年 12 月生、女、广东湛江人、艺术设计副教授、南京艺术学院设计学与设计管理硕士、从事广告设计、跨媒体传播的研究与教学。现任广州科技职业技术大学艺术与传媒学院广告设计与制作专业主任。

基金项目：本文系广东省教育研究院项目"媒介融合语境下民办高校广告艺术设计人才培养模式的创新研究"的研究成果（立项编号：2021JD10）。

对从业者的要求从传统意义上的"平面广告设计师"向具有跨媒体能力的广告设计与传播者转变。业界需要具有融媒体思维方式，能够不仅在平面媒介而是在交互媒介上熟练自由驾驭文字、音频、视频等信息元素、并能熟练使用照相、摄像器材等现代传播器械，根据广告终端的不同需求而选择合适的设计手段的跨媒体广告设计人才。同时，也因技术和岗位的转移，市场对于符合融媒体就业环境的跨媒体广告人才的需求也日显迫切。

一、依托学校的办学定位和优势教育资源，明确专业定位，树立专业特色

众所周知，民办高职院校的办学优势有下几点表现：（1）一直以市场为导向作为设置专业的前提，对人才市场需求变动的触觉异常敏锐，对于新兴专业设置具有超前性意识；（2）对于人才市场需求热点，民办高职院校有十分灵活和高效的管理机制，能够快速应对各种变化；③民办高职院校更注重自身办学特色，重视多方面育人，以生为本，尊重学生的兴趣爱好，培养学生综合素质。作为一所民办职业本科院校，广州科技职业技术大学（下文简称：广科）办学优势非常显著。

广科的广告设计与制作专业创办于 2011 年，至今，已经走过 10 个年头。专业兴办之初，正值"媒介融合"新趋势逐步形成之际，依托学校在粤港澳大湾区的地方经济特色教育资源的优势，在明确专业定位之后，形成了自己的培养特色，为广州乃至粤港澳湾区培养出了一批优秀的跨媒体广告职业技能型人才。在这里，我们以广科广告设计与制作专业的建设为例，探索民办高职院校如何依托资源优势，明确专业定位，形成办学特色，探索培养跨媒体广告人才体系的创新路径。

二、实施跨媒体广告课程体系革新与校企多元合作教学的实验。

首先，专业针对媒介融合语境下的行业新要求进行了跨媒体广告课程体系的革新和建构：（1）更新设计基础理论类课程，把设计概论更新为设计思维表述，课程内增设新媒介设计思维的训练与表述、融合新媒体广告与数字艺术设计等思维拓展的内容；（2）增设跨媒介的专业核心课程模块，新增新媒体广告设计、UI设计、交互网页设计、电子出版物设计、广告终端物料设计、视听语言与视频编辑等课程，使学生具备跨媒体广告就业的职业实操技能。（3）建立宽广的人文、社科知识教育范畴，增设广告文化创意设计、媒介策划、创意文案、视觉传达等设计课程。拓宽学生视野和审美高度，有助于扩展广告设计与制作专业学生的知识面，培养广告职业技能型人才的媒介融合能力。（4）在广告岗前综合实训课程、广告文创设计、广告终端物料设计、新媒体广告设计等课程中，依托广科优质的校企合作平台，与企业共同开展多元合作，在课程中植入就业岗位教育理念，项目教学过程中实施严谨的质量监控等举措，使学生更加符合企业岗位的需求。

其次，在课程体系内建立适合跨媒体广告行业就业的课程标准和岗位标准。明确每门课程对应就业岗位的教学目标与内容设置，在课程中执行合乎企业岗位要求的实训规范。以"广告岗前综合实训"课程为例，就是模拟文化传媒行业企业管理模式而实施的教学实验之一。在教学内容上，项目选题分为自选题和企业选题，项目教学邀请相关企业专家参与其中环节，与师生互动，使学生快速掌握项目实施的各个岗位节点。在岗前实训期间做好岗位调研和岗位规划，调整心态，顺利进入职业角色。

三、依托学校的创客教育资源优势，实施培养环节的变革与创新。

广科重视学生的创业行动，以辅助学生就业作为导向实施人才培养，具有浓厚的创客教育氛围。广科的众创空间是由大学生创业孵化园发展而形成的，称为创客梦工场，是帮助大学生培养创意、将好的创意变为创意产品并形成商业模式的综合性服务平台。其涵盖培训、设计、交流、展示、实验、加工、融资、营销、众筹众包等功能，引导人才、技术、资金等创新要素向众创空间集聚，打造良好的创新创业生态系统，通过"聚合"产生"聚变"的效应，2017年广科广东省"众创空间"被评为国家级"众创空间"。

广告设计与制作专业以广科优质的创客教育资源为前提条件，创立了学生创业项目—力速文化传播有限公司，以导师负责制的方式，在专业内择优选拔在校生加入团队，并进行商业运营。其一，通过利用已经成熟的手机移动端、电脑网络等新兴媒体平台快速拓展业务渠道；其二，通过各种渠道分析广告发展的动态和趋势，与传统广告行业发展紧密的伙伴关系；其三，拓宽设计服务领域，实行跨界合作。

此举首先为广告设计与制作专业的在校学子提供了实践和操作的平台；为专业内的教学内容、教学设计、教学方法创新拓展了更多的可能性。在校一、二年级学生进入工作室承担设计助理或初级设计师岗位的任务，利用课余，把课堂中学习到的专业知识运用到公司项目中去，这对于课堂知识是一种加强巩固，也是对课堂专业教学效果的实际评测与真实反馈；当进入三年级的顶岗实习阶段，力速文化传播有限公司与有意向继续创业或在公司实习的学子签订见习合同，使专业教学不仅限于课堂，而是应用到真实的企业场景中去。

其次，在力速创客空间，开展课外讨论、课外设计调研、企业专家专业讲座和企业真题项目等实践，实现了"知行"合一的教学目标。在资金允许的条件下，与合作企业开设了信息流广告设计与制作实验室，把平面、网络、视频、音频等元素在数码技术平台上融合到一起，形成多元化交互式的新媒体广告传播形式。使学生真正能够亲身体验学以致用的创客教育特色。自从2020年9月成立以来，力速文化传播有限公司获得创客空间3415的入驻权，并于2021年正式注册，带领学子们完成近30个真题项目，如表2所示，项目具有跨平面媒介和网络媒介的特征，并获得合作企业的一致好评。可以说，在媒介融合语境下，广科广告专业教育摸索出了一条独特创新的发展之路。

广告专业教育融合了创客教育的的核心理念是：实践是培养跨媒体广告人才的最有效的途径；是革新传统广告人才培养模式的重要路径。将课堂教学与课外创客教学相结合，改变以课堂考试评定成绩的单一评价途径，重视实践操作环节，将实践操作纳入课程项目的考核指标中，督促学生从实践中获取经验，是跨媒体广告人才培养环节的变革与创新。公司的市场行为丰富了专业的教学资源,产生的社会效应更丰富了我民办高职教育品牌的内涵,提升了专业的品牌影响力;再者,促进了跨媒体跨专业的合作、促进广科广告相关学科的长足发展。

结 语

在媒介融合语境下,互联网广告与文化传媒的发展速度较快,行业仅仅是提供传统广告服务已经不足够,而是需要更加精准化、个性化和多元化融合的跨媒体广告服务,广科广告设计教育依托民办高职院校优质的资源,紧紧地把握市场趋势,通过新渠道,多维度,引进新的教学路径,提升跨媒体广告人才的培养效益。既有利于学生自身发展,也为学生创新精神与实践能力的提高打下坚实基础。通过近两年毕业生和企事业单位的反馈发现,广科广告设计专业的实力得到认可,在广东乃至粤港澳大湾区,初步形成了培养跨媒体广告设计职业人才的特色。

以"双元制"人才培养模式为创新
树"双创型"人才培养之品牌

孙方煜 陈少兰[①]
（广州华商职业学院）

摘要：近年来,广州华商职业学院运用优化专业建设、创新教学模式、服务区域发展、构建保障体系、多元传播渠道等方法,建立了校企共同制订人才培养方案、共同开发课程、共同组织教学、共同制订学生评价与考核标准等"双元制"人才培养模式,搭建了以职业能力培养为引领,以专业能力培养为核心的"双创型"人才培养体系。较好地解决了企业参与度不高、专业课程群内容与企业岗位群任务脱节、人才培养供给与社会人才有效需求错位等问题。

---

① 作者简介：孙方煜,1989年4月,女,湖南长沙人,就职于广州华商职业学院,教师,讲师,硕士研究生,研究方向为财务管理、大数据会计。
陈少兰,198308,女,广东潮汕人,就职于广州华商职业学院,财金学院副院长,副教授,硕士研究生,研究方向为会计学、大数据会计。
基金项目：广东省教育厅2020年度普通高校特色创新项目："双元制"职教模式下企业参与校企合作人才培养动力机制研究（项目编号：2020WTSCX313）。

关键词：校企合作；双元制人才培养模式；双创型人才培养；高职院校

一、背景与起因

职业教育是全面建设社会主义现代化国家的坚实支撑。党的十八大以来，以习近平同志为核心的党中央领导人亲自谋划、推动职业教育，多次到职业学校视察调研，对职业教育作出一系列重要指示。2021年4月，全国职业教育大会在京召开。习总书记作出重要指示强调职业教育前途广阔、大有可为，要坚持党的领导，坚持正确办学方向，坚持立德树人，优化职业教育类型定位，深化产教融合、校企合作，深入推进育人方式、办学模式、管理体制、保障机制改革，稳步发展职业本科教育，建设一批高水平职业院校和专业，增强职业教育适应性，加快构建现代职业教育体系，培养更多高素质技术技能人才、能工巧匠、大国工匠。

为培养符合职业教育发展的技术技能创新型人才，探索我国高职院校产教融合、校企合作办学可持续推进的体制机制及治理结构。广州华商职业学院以"双元制"人才培养模式为创新，以培养"创新精神、创业能力"双创型人才培养为目标。结合实际，深入研究了"双元制"人才培养模式创新的新思路与新方法，为培养"双创型"人才奠定了理论基础和实践成果。为激励广东省高职院校规范达标和品牌提升提供了参考与借鉴，有一定的推广应用价值。

二、做法与经过

1. "校企协同"，双元制人才培养模式创新

双元制，源于德国，是一种职业培训模式。双元，是指职业培训要求参训人员必须经过两个场所的培训，其中一个是指职业学校，负责传授与职业有关的专业知识。另一个指的是企业，负责让学生在企业里接受职业技能方面的专业培训。通过开展校企协同"双元制"人才培养研究，学校较好地解决了调动企业的产教融合参与度，专业课程群内容与企业岗位群任务脱节，以及人才培养供给与社会人才有效需求错位等问题。

（1）以"产、教、管"融合管理机制为引领，解决人才培养供给与需求错位问题

学校在多年办学实践中，充分发挥了集团"中餐繁荣基地"等多家产业及体制机制优势，利用产业与学校同城化便利条件，实施部分教师及管理人员交叉任职挂职等；集团广州太阳城大酒店、中餐繁荣基地实施"校中厂、厂中校"模式。同时，本着"互惠互利、资源共享、优势互补"的原则，建立"产、教、管"融合的管理机制，选择部分优质企业，寻找校企利益平衡点，建立产教联盟、技术应用中心等机构，开展"双师"团队和课程及评价体系建设；开展"订单班""1+X"证书试点等项目，较好地解决了校企合作动力不足及人才供求错位问题。

（2）以"岗、课、赛、证"融合人才培模式为目标，引领教学改革发展新趋势

"1+X"证书试点项目有序推进，提升职业教育质量和就业能力。学校历来重视各类职业技能竞赛。2020年，学校组织学生参加广东省职业院校技能大赛，

获得省级大赛二等奖 1 项，三等奖 19 项。此外在 2020 "黄炎培杯"全国大学生投资理财技能大赛中夺得一等奖一项，二等奖两项。在第一届全国产教融合创新创业大赛财务信息化赛道 2020 "金蝶杯"智能财务云大赛广州赛区获得 1 个一等奖，6 个二等奖。这些奖项相较上一年有大幅度提高，这是学校在人才培养制度建设中，重视课证融通，技能导向相结合的成果。

2. "创新精神、创业能力"，双创型人才培养实践教学改革

国家这些年一直高度重视双创人才、高技术技能人才培养，但是从其现有培养的政策、措施来看，这两种人才培养一直呈割裂状态，双创人才培养、高技术技能人才培养这种融合不紧密的状态直接制约了学生创新创业能力的培养效果。

（1）以职业能力培养为引领，优化"双创型"人才教学内容体系

为适应经济社会的发展，学校构建了包括专业能力、职业胜任能力、职业发展等能力在内的职业发展能力，以其引领专业群人才培养全过程。以酒店管理学院为示范基地，重构与优化"双创型"人才教学内容体系。根据旅游酒店餐饮业岗位需求、职业技能考证标准、技能大赛要求，融通岗课赛证，重构与优化教学内容体系，实现知识、技能与职业能力标准、岗位需求的无缝对接，激发学生双创动能。

（2）搭建创新创业实战教学平台，服务新型城镇化发展

实施乡村振兴战略是党的十九大做出的重大战略部署，近年来，学校发挥人才和专业优势，托校内外教学基地，共建集旅行社经营、餐饮服务、饮食创新、活动策划等功能于一体的专业群创新创业实战教学平台。组建了以旅游管理专业、市场营销专业负责人和教师为主的科研团队，利用科研项目的形式，开展校村合作，为七境村制定旅游建设发展规划，助力七境村新型城镇化建设发展。

（3）构建"四阶递进"培养机制，将高技术技能人才和"双元制"人才培养融为一体

通过基于"工作流程"的课程体系设计、虚实结合的实践体系设计及工学结合的教学模式实施，以职业能力、职业素质培养为目标，实现学生对职业认识逐渐地深入，实现学生职场认知能力——工作过程能力——职场综合能力到就业创业能力的四阶递进，通过准确的岗位能力定位，培养学生精湛的专业技能、创新和创业能力，将学业与职业发展进行融合。

（4）强化实战型训练，驱动高技术技能双创型人才培养

将新技术、新工艺、新规范等先进元素纳入课程内容，搭建技能竞赛平台，组织创新创业大赛学生作品展等，发挥技能大赛内容对接行业标准和先进技术的优势，积极将竞赛成果转化为教学资源，并广泛应用于教育教学的全过程，深化赛教融合人才培养改革。教学过程创设工作真实场景，严格按照职业技能要求进行模拟训练，切实提高学生的实践操作水平，不断完善以能力为目标的实践教学体系，提高专业人才培养质量。

三、成效与启示

近年来，随着广州华商教育集团社会影响力不断扩大，广州华商职业学院办学水平和实力不断增强，在人才培养与教学改革实践中，"双融合、双合作"办学体制机制建设不断深化，校内推广应用效果进一步显现，人才培养质量大幅度提升，2016—2020 年全校高职新生报到率由 81.8% 上升至 85.4%，专业对口率由64.4% 上升至 81.5%，专升本率由 2.3% 上升至 20.6%，毕业生就业率由 97.2% 上升至 98.3%。报到率与就业质量等都走在了全省同类院校前列。

四、经验与总结

1. 实现了高职院校人才培养模式创新

广州华商职业学院提出的"双元制"人才培养模式，在校企合作与资源共享等方面有一定的创新。学校面对高等职业教育发展的新形势，紧紧围绕国家及广东省关于职业教育的新部署、新举措，抓住"双高计划"建设的历史机遇、加快推进内涵式发展，积极推进教育教学改革，扩大办学规模，提高教学质量，增强社会服务能力。在董事会的大力支持下，在全校师生的共同努力中，学校改革发展呈现出了新面貌、新气象，人培模式呈现新局面。

2. 提升了"双创型"人才培养教学质量

"双创"教育与人才培养的深度融合，是"双创"教育和人才培养的双向要求和必然趋势，也是职业教育在国家人才培养体系中不可缺少的重要组成部分，"双创"教育赋予了职业教育新的内涵和使命。在职业院校人才培养工作中，应融入双创教育，积极构建全新的人才培养模式，提高人才培养的质量。切实优化职业院校人才培养工作的成效，助力社会建设与发展水平的持续提升。

新形势下高职院校
创新创业人才培养的策略研究

张燕华　葛建新 [①]

摘要：坚持创新创业教育融入人才培养全过程。要解决专业课程和创新创业教育融合去除两张皮，必须让创新创业教育深度融入专业教育，让专业教育真正融合创新创业教育。通过激发创新创业意识、传授创业知识、培养创业精神，模拟创业运营，实践真实项目以及孵化创业项目来实现创新创业人才培养。构建有专业特色的创新创业教育课程体系，依托企业通过校企合作的模式，实现高职院校创新创业人才培养的目标。

关键词：高职院校；创新创业；人才培养；专创融合

一、前言

新形势下发展创新创业已成为一个新概念，已经受到了广泛的关注。职业院校的创新创业教育正在轰轰烈烈的开展。随着我国经济社会发展取得新的历史性成就，推动创新型企业建设、加强创新能力建设已成为国家战略，高校面临的挑战是深化各领域创新创业教育改革。目前，全国高校毕业生数量非常庞大，面临巨大就业压力，而市场对创新型人才的需求依旧旺盛，应届大学生在就业市场又处于比较弱势。为实现高职院校创新创业人才培养，实现更高质量就业，目前双创教育已经成为引领大学生创新创业，以创业带动就业的关键举措。

二、高职院校创新创业教育现状与问题分析

我国从 2016 年就开始做创新创业教育方面的探索。中央出台相关政策以后，各高职院校相继成立了创新创业学院，还有的成立了创新创业教育领导小组，体现了国家对高校创新创业教育的重视程度。创新创业教育已经取得了一定成就，但是在职业院校创新创业教育进一步发展也出现了一些问题.究其原因,究其实质,就是创新创业教育模式的选择或者构建问题，如果模式选择不对，整个创新创业

---

① 作者简介：张燕华，1980 年 6 月，女，江西九江，河源职业技术学院，讲师，硕士，研究方向：创新创业教育与就业指导。

葛建新，1982.01，男，江西九江，河源职业技术学院，讲师，硕士，研究方向：电子信息工程。

基金项目：高校毕业生就业协会《创新创业教育中专创融合实效研究》课题（课题编号：CVCC19080）。

教育就会走错方向。

"大众创业，万众创新"的时代背景下，创新创业教育在高职教育中要发挥重要的作用。近年来，在国家的大力推动下，高职院校对学生进行了大量的创新创业教育，使学生逐步掌握了创业技巧，但创新创业教育体系不够完善，并且与创业有关的专业教育也与社会的需求不匹配，专业课程教育与创新创业教育的联动也不够，不能有效地为创新创业教育服务。目前高职院校专业教育与创新创业教育融合发展面临成效与问题并存的现状。在创新创业大赛的开展下，学生自主创业的热情非常高，但实际上真正有效的创业活动很少，能够发挥的效用有限。专业教育与双创教育之间不能形成联系。师资队伍的专业性稳定性不够，无法将创新创业与专业课程的教育融合起来。

早期的创新创业教育就是引导大家去创业，但是现在大家都知道，不仅仅是让大家去创业，在职业院校当中，学生创业的比例能达到4%、5%已经很不错了，有90%多的学生没有去创业，并不意味着我们的创新创业教育失败了，可是功利化的理念会导致我们在创新创业教育当中出现一些急功近利的现象导致教育效果不太明显。创新创业教育存在理念功利化、过程固结化、知识模块化、课程分割化、体制碎片化等问题。职业教育与创新企业教育的融合是大学生教育改革的重要方面，为提高大学生的创新创业能力，为提升大学生的综合素质，本文对创新创业教育中专创融合实效性研究，解决创新创业模式的选择和构建问题，促进职业院校创新创业教育进一步发展。

三、高职院校创新创业教育改革探索与实践

创新创业教育影响职业教育未来的走向，职业教育到底怎么走？做企业创业教育模式的选择的时候，对模式的选择是不是适合？创业教育模式的判断直接影响创业教育的成效，创业教育搞得好不好？搞得对不对？很大程度上取决于教育模式是否正确或者适合。是不是适合职业教育本身？是不是跟其他的教育构成了相应的体系？或者是否构成了一些相应的互补的关系，这些都会影响到创新创业教育的成效。让创新创业教育融入专业教育，让专业教育渗透创新创业理念，让创新创业大赛培养精英人才，让产业需求检验人才培养成效，让创新创业老师与专业老师相互赋能。

1. 创新创业教育理念与人才培养模式相渗透

创新创业教育不等于创业教育，不仅仅是为了培育创业人才，更重要的是要培育创新型人才，要用创新来驱动创业，用创业来带动就业。高职院校要实现人才培养方式的创新，将创新创业教育融入专业课程的人才培养全过程中。无论学生是否选择创业，创新思维创业意识都会有利于学生的职业发展。

将培养就业职工转变为培育复合人才，培养创业技能转变为培育创业精神。现在高校当中都在提倡课程思政，将思政元素融入专业教育课程当中，国家也提出了一些相对比较规范化的要求，但是创新创业教育从目前来说还没有形成像思

政教育这样大规模的规范化的高层领导所引导的结合模式。创新创业教育课程与专业教育课程相融合，这是一个大问题，不仅仅是一个课程教育的问题，还涉及创新创业教育社会可持续性的问题。

2. 创新创业教育课程与专业教育课程相融合

专业教育是创新创业教育的基础和载体，创新意识、创业精神需要强有力的专业课程来作为载体，将创新创业教育课程与专业教育课程相融合，根据学生的实际需要设计和提供相应的指导和支持更能被学生所接受；创新创业教育是强化专业教育的有效途径，创新创业教育可以有效提高专业教育的实效性，创新创业教育的教育理念可能会导致职业教育中人才培养模式的转变，教育创新型企业的教学方法更丰富，更能让学生感兴趣，减少学习技能过程中的单一枯燥，提高学习效果。专业课程教师可以通过创新创业教育提高学生的创新思维，创业意识、精神、素质的同时，将专业理论技术与创业实践技能联系起来，提高教学竞争力，提升职业教育实效性。

3. 创新创业教育的理论与实践方式相统一

运用项目教学、案例教学、任务引领、情境模拟等方法进行教学实践育人；学生自由组成团队根据所选择的项目进行实战演练，导师队伍由学校教师和企业高管构成，建立现代师徒机制，创业团队由创业导师进行实践指导，实现团队学习项目育人；通过创新创业基地实践，从而推动专业人才培养方案设置与产品需求、课程教学内容与相关职业行业标准，教育教学过程与生产工艺过程创新创业教育的理论与实践教学要本区域产业发展深度融合。搭建创新创业的各种平台，以大学生创业训练项目为载体，推进"教师工作室、科技服务团队与创新创业教育相结合"，打造"创业苗圃（二级学院教师工作室）—孵化器（众创空间）—加速器（创业园）"实践平台，实现过程指导，平台育人。

四、结语

创新创业教育要实现专业化发展应该更深更实、更多地与当地产业相结合。当地龙头企业有着这个行业领域最深刻的经验和最丰富的资源，人才、项目能够参与进去的话，上下游包括金融、市场等各类配套都能够被打通，从而促进项目最大限度的成功率。专业教师有机融入创新创业教育中，整合专业课程，提升教师能力，结合人才培养特点进行"创新——专业"教学设计，培养学生创新思维、创业能力、创新创业技能，构建专创融合的生态链。以产业需求为导向，基于创新创业通识教育，将创新创业理念、思维、方法融入专业的实训过程中，以专利发明来驱动创新创业实践。以创新创业来推动人才培养，以学生就业创业情况来检验人才培养成效。实现专创互融、专创互驱、专创互推、产创互验四步育人。

做学生的心灵导师

谢小龙

摘要： 教师不仅是单纯传授知识技能之人，而且是"人类灵魂的工程师"。在新时期，高职教师应当转变思想观念，重视"爱"的教育，主动走入学生的心灵深处，激励他们树立适当的理想，鼓舞他们的斗志，在关键处引导他们，指引他们正确地对待人生的迷茫与困惑，从而自信、坦然地面向未来。总之，学会做学生的"心灵导师"很重要。

关键词： 心灵导师；关爱；引导；提升

一、转变思想观念，重视"爱"的教育

著名教育家梅贻琦曾说："所谓大学者，非谓有大楼之谓也，有大师之谓也。"大师自然是学识渊博、风度儒雅，让人心生景仰，能给学生指引人生方向的人。正如民国的胡适、鲁迅、沈从文、叶圣陶之流。这一批人不仅治学有道，而且育人有方。如沈从文的亲传弟子汪曾祺，便是受益恩师成一代名家。现代的教师应当向民国大儒学习，不是说成为一流大师，而是说起码要做好该做地，要转变思想观念，放低身姿，主动关爱、亲近学生。教师应当认识到师生在人格上是平等的，而在人生阅历上是不平等的。然而，既然选择了教师这个岗位，就必须心中充满了"对学生真挚的爱"，爱是永远不会过时的，教师要像对待自己的亲人一般去关心、引导他们。这是由教师的使命和职责所决定的。这种爱，要发自内心，出于天然。唯有发自内心的爱，学生才会在心里感受到，才会听从教师的引导。人非草木孰能无情？讲一个真实的故事。有一位北方农村教师遇见过一位留守学生，该学生和爷爷奶奶住，父母常年不在家，造成该学生内心孤僻，个人卫生搞得极差，班上同学都不愿意和他接触，学习成绩也相当差。有一次，他忽然肚子疼痛难忍，教师得知情况后，立马送他去附近的卫生所，在卫生所看他穿的单薄，心下担忧，想也没想便把自己的棉袄脱下来给他穿上。这样的举动，使该学生深受感动，两眼泛泪，抱着老师大哭起来。后来，在教师的引导下，该学生走出了心理阴影，个人卫生搞好了，成绩也有了很大提高。这样的例子比比皆是。

教师不仅要在内心关爱学生，平时还应主动亲近学生，主动地去了解学生，真正融入其中，成为他们中的一员。而要成为学生当中的一员，教师就必须"走下讲台"或是"坐下来"，而不是高高在上，一副俨然不可侵犯，不可亲近的样子。例如，可以抽出一些时间参与他们的文体活动；课后遇见了，可以多倾听他们的思想，谈一谈教课的内容、方法等等。而非对学生不屑一顾，认为他们基础差，

难以教育,"朽木不可雕也"。虽然高职学生年龄不大,但是只要真正把他们当"大人"来看,当"朋友"来对待,实践证明,他们更乐意接受引导,在这种平等的基础上,以"爱"为媒介建立起来的师生关系更容易长久。学生也更容易更快地成长。爱别人就是爱自己,爱好比一颗种子,只要播下了爱的种子,一定会收获爱的希望。

二、依托教材文本,点拨引领

教书育人,始终离不开教材。教材是教师教学的主要依据,也是学生学习文化知识的主要途径之一。另外一方面,教师与学生的沟通交流,也主要依靠在课堂上教授教材内容进行。而在课堂上教学,一则时间短,二则深入阐述受到限制。那么,如何依靠传授教材有限的内容做学生的"心灵导师"呢?如和尚念经一般,照本宣科的方法,固然是不行的。这需要教师掌握有效的教授方法,不仅教授知识,而且要在关键处进行点拨引领,联系实际做适当的引申。

譬如,高等教育出版社出版的语文教材中选取了《士兵突击》的部分内容,主要讲述的是许三多、成才、伍六一在特种兵选拔赛中"不抛弃,不放弃"的动人故事。为了成为特种兵,许三多始终坚持带着战友一起奔赴终点,而成才抛弃了战友。二者之间有鲜明的对比。教师在引导完学生了解了整个故事情节之后,可以组织学生讨论,联系现实生活阐述。可以站在一个更高的角度,从人性,人的本能出发去引导学生思考许三多、成才的做法。许三多"不抛弃、不放弃"战友的高贵品质,是值得称赞的,可以学习的。这是人的高尚情操。而且,在现实生活中也有很多"不抛弃、不放弃"的真实故事,教师可以讲一些,以此激励学生形成正确面对困难挫折,正确择友的价值观。但是更应该引导学生思考:在当时激烈的竞争环境中,成才的半途抛弃战友的做法究竟有没有错呢?这是人的本能,为了自己的利益去奋斗去争取,究竟是值得称赞呢?还是鄙视呢?经过教师的点拨后,相信学生会得到自己正确的答案。

教师应当形成这样的观念,教材只是提供了一个参考的文本,要真正达到育化人的目的,更需理论联系实际,做适当地引申,挖掘背后的意义。这时候,教师应当扮演一个"引路人"的角色,引领他们走上一条正确、健康的道路,教给他们欣赏风景的方法。往往自己不需要说的太多,点到即止为妙。引领完毕后,让学生自己去欣赏风景,让他们自己去面对路途的风风雨雨。当然,前提是不能引错路,不能教错欣赏的方法。学生欣赏完之后,师生可以再次沟通、交流。

三、提升人格魅力,得到学生认可

俄罗斯教育学家乌申斯基说:"在教育工作中,一切都应以教师人格为依据。因为,教育力量只能从人格的活的源泉中产生出来,任何规章制度,任何人为的机关,无论设想得如何巧妙,都不能代替教育事业中教师的人格的作用。"诚然,一位教师的人格魅力决定了他能否真正得到学生的认可。我们的教育要培养的是有德才兼备人,而不仅仅是一个掌握专业知识与技能的人。人的心灵都有一扇大门,对于一个不信任的人,它都不会轻易敞开。因此,作为高职的教师,很有必要不断提升自己的人格魅力，以得到学生的认可，从而进入学生心灵的大门。

如果说培养德才兼备的人是教育的"初心"，那么教师提升人格魅力不仅要"不忘初心"，而且要有"禅心"。何谓"禅心"？即佛家讲究的祛除浮华，静心修行，以使顿悟，明了世界的本质。在现实中，教师当然不必学佛家看破红尘，四大皆空，只是能否尽力剥离功利浮躁，真正回归到教育的本质，清清静静地教书育人，以自身丰富的学识和高雅的情操去濡养学生？多做他们的心灵工作，开启他们的心智，在关键处引导他们明心见性，使他们拥有独立思考的能力和面向未来的决心，知晓自己的人生目标和方向在哪里，而不盲从不悲观。这就是教师的"禅心"，也是教师的职责所在和使命所然。如果教师能理解"禅心"都在教育教学中的重要意义，并且持之以恒地贯彻下去，那么，他必然会真正走入学生的心灵当中，成为学生的"心灵导师"。

中国好声音里面有音乐导师，指引学员音乐之路该怎么走。然而，高职院校心灵导师的境界要远比音乐导师的境界高。这个境界是以教师的学养为基础的，学养高的教师展示给学生的境界自然高。而高境界是领略过无数高山和险峰，踏过无数平原和低谷，蹚过无数小溪和大川，站在一个制高点上形成的。如果达不到高境界，那么你凭什么做学生的心灵导师呢？学生又如何信服你呢？这是最根本的。冰冻三尺非一日之寒，为山九仞岂一日之功。高境界也不是一日形成的，需要无数个"在路上"的日子去学习和积累，不断地修炼。日积月累，教师自身的境界提高了，那么他的人格魅力自然也就提高了，学生自然而然会信服于他。那么，他做学生的"心灵导师"必然是成功的。

总之，高职的教师，应当意识到新时期环境下，做学生"心灵导师"的重大意义，应当主动走入学生的心灵中，倾听他们的心声，学会激励他们树立适当的理想，鼓舞他们的斗志，在关键处引导他们，指引他们正确地对待人生的迷茫与困惑，从而自信、坦然地面向未来。自身也应当不断提高修养，提升人格魅力，让学生得以信赖和倾诉。这方不失教师之使命和职责，亦是国家教育之大幸。

第二章
"十四五"期间广东高职院校
高水平专业群建设研究

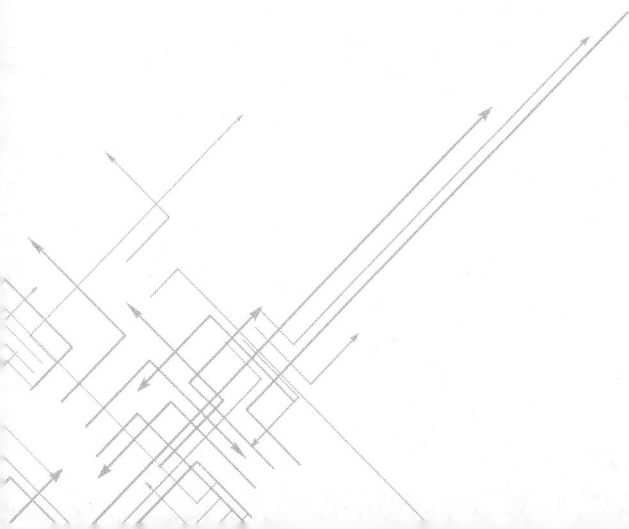

高水平专业群评价的现实困境与路径选择

岑洁玲①

（中山火炬职业技术学院）

摘要： 高水平专业群建设是培养高素质技术技能人才的关键载体。高水平专业群评价面临着评价标准缺失、评价主体不明确、评价方法不科学及评价反馈机制不健全等现实困境。明确评价目的，保障评价环境；选择评价指标，确定数据来源；判断运行表现，评价建设效果；搭建管理平台，形成反馈机制是高水平专业群突破现实困境的路径选择。

关键词： 高水平；专业群；建设与运行；质量评价

一、高水平专业群的基本内涵

专业群是一组结构有序、优势互补、资源共享的专业或专业方向的集合，专业群的内在组成决定了专业外在的服务形式或者服务面向。不同专业群有着不同的组群模式，常见的主要有相近专业组群、围绕核心专业组群、对接职业岗位组群、面向产业链组群等。专业组群逻辑的科学性是专业群能否可持续发展的前提和基础；专业群对区域经济的适应性是专业群建设的保障，也是对专业群本身建设机制的考量；专业群对地方社会发展的贡献度是评价专业群建设成效的核心，也是对专业群建设目标达成度的重要体现。因此，组群的科学性、构建的适应性、发展的贡献度是高水平专业群建设成效与评价的重要标准。

二、高水平专业群评价的现实意义

1. 实现职业教育高质量发展的客观需要

高水平专业群建设与运行的质量关乎新时期职业教育重大改革的成败。为贯彻落实《国家职业教育改革实施方案》，2019 年 4 月，教育部、财政部颁发了《关于实施中国特色高水平高职学校和专业建设计划的意见》，并于当年 12 月 18 日正式公示了第一轮"双高计划"建设单位名单，有 56 所高职院校入选高水平学校建设单位，141 所高职院校入选高水平专业群建设单位。其中，建设现代化、高水平专业群作为重要抓手，无疑就是双高建设的"牛鼻子"和"着力点"，其建

---

① 作者简介：岑洁玲，1982—，女，广东肇庆，中山火炬职业技术学院，讲师，硕士研究生，研究方向：高等职业教育。

基金项目：2021 年广东省教育科研课题（高等教育专项）"高水平专业群建设与运行质量研究"（编号：2021GXJK550）。

设与运行质量，影响整个"双高计划"甚至新时期职业教育重大改革的目标实现。但目前，这一建设与运行质量的分析与评估还在探索之中。显然，高水平专业群建设与运行质量的判断与评价，已经成为当今中国职业教育高端建设和发展的重要课题。

2. 落实新时代教育评价改革的必然要求

高水平专业群建设与运行质量的评价，属于教育评价的一个领域或重要内容。2020年10月，中共中央、国务院印发《深化新时代教育评价改革总体方案》提出，要建立科学的、符合时代要求的教育评价制度和机制，到2035年，基本形成富有时代特征、彰显中国特色、体现世界水平的教育评价体系，为构建符合中国实际、具有世界水平的评价体系指明了方向。可见，开展高水平专业群评价是落实新时代教育评价改革的必然要求，更是对教育评价改革呼声的积极回应。

3. 破解专业群评价难题的迫切需要

作为"双高计划"的重要内容，高水平专业群建设与运行是在国家整个职业教育重大改革、国家整个教育制度改革创新的宏大背景中进行的，也是在高职院校内部改革发展中落实的，与世界和国家职业教育发展进程，以及高职院校自身适应区域产业需求、提升服务贡献能力、实现高质量发展等密切相关。在"双高计划"已经正式实施一段时间之后，如何以深化新时代教育评价改革为背景，从过程、结果、价值（增值）、综合四个维度，科学、合理、有效评价其中的高水平专业群建设与运行的质量，比如谁来评价这种质量，为谁评价这种质量，坚持何种价值取向，采用什么标准及具体的指标体系等，以分析高水平专业群建设与运行的科学性、适应性、贡献性，显得尤其必要且迫切。

三、高水平专业群评价的现实困境

1. 评价标准缺失

高职院校普遍建立了较为完善的课程、专业评价体系，但针对专业群的评价指标体系尚不成熟，缺少衡量高水平专业群建设与运行质量优劣的标准依据，使评价实践无"标"可依。由于评价标准缺失，导致评价的可操作性不强，给评价实践带来诸多困难，从而导致高水平专业群建设成效与运行质量无法得到科学有效评估。

2. 评价主体不明确

目前，专业群评价主要由政府主导，评价主体较为单一。高职院校尚未构建以政府、学校、教师、学生等多元化的专业群评价队伍，尤其是行业、企业参与及第三方评价往往被忽略。尚未形成多方评价主体共同参与、交互作用的评价模式。同时，存在各方评价主体权重分配不合理的现象。由于评价主体不明确，就无法确定"由谁来评"，更无法顺利开展实施高水平专业群评价工作。

3. 评价方法不科学

目前,高职院校实施评价以结果评价为主,缺乏对专业群动态发展过程评价指标的设置,忽视了对专业群建成后的运行状况的考察与评估,结果评价与过程评价未能有机结合。采用传统的评价方法与手段,往往导致评价结果不能全面、真实地反映高水平专业群建设成效与运行质量,甚至出现较大偏差。

4. 评价反馈机制不健全

目前,由于部分高职院校信息化建设起步较晚,仍然存在信息孤岛的现象,无法实现评价数据实时采集、及时反馈,评价结果随时共享的功能。存在评价数据分析不到位、反馈不及时,评价应用机制缺失的问题。高职院校无法通过实施评价促进高水平专业群质量保证体系的自我诊断与实时改进,以评价促发展的目标难以实现。

四、高水平专业群评价的路径选择

1. 明确评价目的,保障评价环境

明确评价目的是开展专业群评价工作的前提,它决定了采用何种评价工具和评价方法对专业群进行评价,也决定了评价结果的精准度与有效性。首先,专业群评价应当为专业群自身的发展服务,评价不是单纯地为了给专业群排名定级,而是为了提升高水平专业群的可持续发展质量。其次,专业群评价应当为高职院校管理者服务,通过全面了解专业群建设成效及其动态发展过程,及时发现存在的不足并采取积极有效的指导。最后,专业群评价应当为高职院校的发展服务,通过开展专业群评价,与学校纵向数值对比,与同类院校的横向数值比较,实施专业群建设与运行质量的自我诊断与改进,提升专业群人才培养水平,促进高职院校可持续高质量发展。

2. 选择评价指标,确定数据来源

高水平专业群主要有9项建设任务。学校需要根据每项建设任务,着力设计反映实施状况或完成情况的量化指标,从而形成一套对专业群建设总任务实施效果评价的可观测、可比较、可反馈的指标体系。高水平专业群评价指标体系的构建主要从两方面考虑:一是在申请立项阶段,主要考量学校专业群建设的必要性、合理性与可行性,以是否具备立项建设的基础和条件为主要评价依据;二是在建设运行阶段,针对已经立项建设的专业群开展评估,应以专业群建设所取得的成效或状态数据为主要评价依据。

指标体系构建完成后,需要进一步确定指标的数据来源。数据的采集是最为基础但又至关重要的工作,学校应该建立专门的专业群建设与运行数据平台,以便横向比较各个学校、各个专业群之间的建设成效,纵向比较专业群在不同阶段取得的发展成效,从而实现更为广泛的分析。常规的评价数据来源:一是学校内部管理数据,指本校各类人才培养状态数据库里的数据,包含学生的就业流向、竞赛参与情况、获奖情况、教师学历职称、高端人才引进等;二是第三方专项调

研数据，一般是为了举证某一项工作的效果，需要特别进行的一些面向不同群体的专项调研，包含在校生调研、毕业生调研、用人单位调研等。

3. 判断运行表现，评价建设效果

如何科学地评价指标的表现？"双高计划"的绩效评价办法中提到，要"采取内部评价、同业互评、外部（含聘请有资质的第三方评价机构）评价等方式，依托大数据分析技术，运用成本效益分析法等，提高绩效评价结果的客观性和准确性"。评价绩效表现的最常用的分析方法是对比法，从维度上看对比法分成横向对比和纵向对比。横向对比主要包含三类：目标对比、标杆对比、分类对比。目标对比法是最直观的绩效评价方式，可以与自我设定的目标相比，也可以与预期成果、标准值相比；标杆对比法需要院校提前设定自己的标杆院校或专业群，然后对各项指标结果进行比较；分类对比法即不同类别之间的对比，如不同学科、专业之间的对比，以及不同年级的对比。纵向对比一般指趋势对比法，即与上一年对比，看预期成果完成的发展趋势如何，若上升则代表建设效果有所提升，若出现下降，就需要及时止损，进行干预和调整。

4. 搭建管理平台，形成反馈机制

高职院校实施高水平专业群评价需要多方面的数据支撑。学校必须树立大数据意识，搭建高水平专业群评价数据管理平台，做好平台的顶层框架设计，实现专业群建设与运行数据的实时采集、即时分析与及时反馈的功能。通过采集数据的对比，观察专业群各个阶段的发展状态，为高水平专业群质量保证体系实施自我诊断与改进建立大数据基础。

"十四五"时期高职院校专业的
设置与发展探究

曹丽萍[①]

（中山火炬职业技术学院）

摘要： 国内的高职教育已经逐渐与产业的需求对接，因此在专业的设置上必须突破传统困境。以"十四五"为背景的专业设置与发展，可以为高职教育的实效性带来根本性的变革。从宏观走向微观，从决策依据到创新发展，正是高职院校专业设置与发展的关键策略。

关键词： "十四五"；高职院校；专业设置；发展策略

一、"十四五"时期高职院校专业设置的特征

1. 以精准服务为导向布局院校专业

"十四五"产业发展趋势是指导高职院校进行专业布局的最重要的依据。在《中共中央关于制定国民经济和社会发展第十四个五年规划和二〇三五年远景目标的建议》中明确指出，"十四五"时期产业结构会向着链条式的结构发展，这个链条包括了产业链、智力链等错综复杂的元素，高职院校的职业教育需要充分发挥"聚集—溢出"效应，服务于这些链条所在的产业。具体来说，在宏观层面，高职教育会基于学校所在的区域的经济发展水平和产业发展水平，详细分析所需的人力资本和技术服务，而后，按照"核心—周边—附加"的产业顺序，形成一个"产业—岗位"的对应思路，逐步建立学校的专业集群。广东的职业院校在专业集群的建立上有着巨大的优势，其所面对的区域产业群既有粤港澳大湾区，又有进一步细化的前海深港、横琴新区等，这就为集群以精准服务为宗旨建立区域产业群提供了良好的客观基础，也进一步推进了微观层面的产业精细化。一个集群的构建，需要涵纳的内容会越来越多，其岗位设置也会从条块化变成细点状，目的在于实现产业竞争力的提升。基于这些原因，高职院校的专业设置必然会从趋同化转向创新化，使专业的分布与实践真正为地方和产业的发展做出贡献。如广东工贸职业技术学院依托粤港澳大湾区在测绘地理信息产业上的优势，建设并发展了涵盖4个专业的测绘地理信息技术专业群，这一集群不仅是广东省职业院校唯一

---

① 作者简介：姓名：曹丽萍，出生年份：1973年生，性别：女，籍贯：重庆垫江，工作单位：中山火炬职业技术学院，职称：副教授，专业学位：思想政治教育硕士，研究方向：马克思主义与思想政治教育。

的专业，而且承揽了省内该专业人才培育 53% 以上的任务。

2. 以创新业态为重点调整专业机制

在完成专业与产业的对接后，专业需要做出一个重要的调整，那就是进行产业预判，引领产业发展,将行业对人才与技术的需求变成职业院校重点研究的课题，促进专业产业化。其本质是在专业建设的过程中，紧贴市场和职业的需求，实现一种差异化的发展。广东省的职业院校之所以在全国范围内处于一个较高的水平，与其灵活调整的机制有着密不可分的关系的。珠海横琴、深圳前海等新区在融入粤港澳大湾区的建设过程中，对广东省的经济发展水平、产业结构分布均进行了详细的分析，预判了广东未来十年、二十年的产业发展在湾区的地位与作用，而后在此基础上通过错位竞争、差异化发展等革新思路，完成了职业院校的专业设置与调整。深圳职业技术学院的港口与航运管理专业就是在对前海深港合作区区位优势进行分析后建立的。作为国内首批高职高专教学改革试点专业，其集合了物流系所有的专业，以"百年未有之大变局"为指导，以高端服务和深度合作为依据，整合了物流系下所有专业的课程，让相关专业形成一个集群，覆盖整个珠三角区域，深度挖掘专业中存在的红利，为产业和专业之间形成一个良好的互动关系，为产业的创新拓展了一个充分的空间。

3. 以跨界培养为人才发展功能导向

"十四五"对人才培养工作的定位是建立"适应产业体系的人才培养体系"。这就意味着职业院校的人才培养工作需要和普通大学的人才培养工作在目标和内容上区别开来，直接为产业的升级和动能的转换进行服务。从目前可供参考的数据来看，广东省各级政府和有关部门对优势产业的人才底数、人才结构、人才需求等信息的把握并不准确，这就使得职业教育和企业用人存在着"两张皮"的现象。为此，院校通过制定培训方案、编写专业教材、培养师资队伍等方式方法广泛的吸纳企业的力量帮助院校进行专业建设，使得企业的需求成为人才功能培育的最重要的方向。除此之外，我们还可以按照"关键岗位——次要岗位——边缘岗位"的设计思路，构建一个专业集群，这个集群向所有群内专业的学生开放，目的在于培养学生"一岗多能"的能力，使得学生的职业发展和产业的匹配性更高。这种通过吸纳更多的教育主体完成专业内外部构建的做法让专业的建设自然而然进入到一个跨界的状态下，与一岗多能、一专多技相呼应，实现了人才培养体系的多维与多层构建。

二、"十四五"时期高职院校专业设置发展预判

1. 精确估算存量资源，奠定科学发展依据

"十四五"为职业教育制定了政策红利，湾区诸个合作区的建立为院校专业的资源整合、重置与优化提供了物质基础。为此，职业院校首先需要对自己所在的区域所掌控的资源进行一个全面的梳理，确定这些资源的风险等级。即资源在运用到专业设置的过程中，与产业需求的适配性。如前海深港合作区的成立使其

地理优势得到了进一步的发挥,但与此同时,它也必须承担帮助香港解决产业单一、发展空间不足、流动渠道狭窄的问题。为此,风险等级的确定常常伴随着对风险的内生因素和外生因素的实时监控和细化考核,其目的在于让技术链对专业群顶层设计发挥的作用越来越明显。通过技术监控和测算,学校、企业、产业与行业协会会形成一个链条,而后通过专业的评估和对区域产业发展的实际水平的评估,形成骨干专业、维持专业、发展专业、控制专业、淘汰专业等若干个专业类型,为骨干专业、发展专业等潜力专业更好地发展整合资源的优势部分,为专业集群规划与发展提供基本依据。

2. 客观比较现用模式,择优适度超前使用

目前,职业院校的专业设置一般采取三种模式。第一种是"职业—专业—课程"模式,这种模式是以经济社会的整体需求作为依据,对学校需要开设的专业与课程进行设计。第二种是"职业—课程—专业"模式,这是针对社会上新出现的专业,对现有专业进行安排与整合,进行人才培养,然后当专业发展到一定规模后,再开设独立专业的模式。第三种是"专业—课程—职业"模式。该模式是院校对行业、产业等进行了充分的研究后,一边真正掌握其中的核心技术,一边进行充分的市场调研后,基于职业应该达成的目标进行专业与课程的设计。从对这三种模式的比较中可以发现,第三种模式的科学性是最高的,它串联起了专业设置能够涉及的一切因素,更多地考虑了人才培养和市场需求的适配性,最大限度地避免了专业设置可能出现的"突进""冒失"的情况。由此也可推断出第三种模式会在"十四五"之后,成为专业设置的"主旋律",把产业集群和专业集群牢牢地固定在发展模式种,从而实现专业和职业的相互引领。

3. 构建信息数据平台,完善决策研读系统

"十四五"时期,教育产业对云计算技术、大数据技术的运用会更加普遍。从信息的采集、存储、处理、管理、检索、传输,可以说,任何一个环节都离不开信息技术的辅助。这对高职院校来说,是一个非常强有力的支撑。这些技术会针对当下职业院校专业设置缺乏客观数据的情况,进行"强力纠偏"。可以预见的是,未来的人才大数据平台是以若干个核心区域为中心向外辐射的性状,平台上的数据与信息会根据各个区域的人才需求进行实时的更新,一旦有新的政策出现,就会产生相应的人才导向,使数据的服务性能大幅度提高,强化了职业院校在区域发展上对人才需求的预测与规划功能,引导着高职院校专业的设置与调整能够更好地为人才的培养进行服务。更可以预见的是,当这种服务达到一定的规模后,关于职业院校专业设置的政策决策就会随之出台,使得我国的职业院校教育整体走向一个秩序化的发展状态,这正是"十四五"计划下以"法治"取代"人治"的重要表现,标志着我国职业教育进入到一个新的境地。

4. 专业多元模式发展,扩招势在必行

我国职业教育整体起步晚、发展慢,人才缺口大。仅以广东一省来看,专技

人才的缺口就达到了百万以上，而面对职业教育蓬勃的发展与产业结构调整频速的加快，职业教育的培养模式的多元化、吸纳人才的巨量化已经成为一个必然的趋势。为了更好地应对这一趋势，职业院校的专业设置工作需要打出一套"组合拳"，从招生生源的考察到人才培养的分类策略，必须做好精准的学情分析，根据不同群体的文化基础、技能基础、从业经历去设置专业和教学策略。如采取弹性学制、积分教学等，在对一些特殊生源的专业教学中，更是要秉持"因需施教"的原则，如粤港澳大湾区中的各个城市的职业院校生源不同，他们在进入职业院校后，不仅要在自己现有的基础上有所提升，还要通过详细的考核标准的对照，清晰的了解自己的职业能力在产业结构中所处的位置与水平，严格把控毕业生的"出口关"。让每一个毕业生通过不断地调整与吸纳专业知识，磨炼实践技能，使职业院校的毕业生质量，不会因为扩招受到影响，反而是在多元的培养方式下，补足我国在职业人才上的巨大缺口，推动我国职业教育在产业框域下的平稳过渡。

产教融合视阈下高职高水平
行政管理专业群建设路径探析

钟　莉[①]

（广东行政职业学院　广东　广州　510800）

摘要：高水平专业群建设是推进职业教育高质量发展的重要组成部分。在产教融合视阈下，要从创新人才培养模式、优化课程体系设置、打造"双师型"教师队伍、完善校内外实践教学基地、创新体制机制等方面来完善高水平行政管理专业群建设，推进行政管理专业群可持续发展。

关键词：产教融合；高水平专业群；行政管理专业；路径选择

一、对接产业需求，创新人才培养模式

1. 构建"校企共育，产学研结合"的人才培养模式

自 2003 年行政管理专业起，该专业群所在院系就高度重视校企合作，与省内

---

①　作者简介：钟莉，（1983—），女，江西瑞金人，广东行政职业学院，公共管理学院党总支副书记、副院长、讲师，管理学硕士，研究方向为行政管理、高等职业教育。

基金项目：2020 年广东省第一批省级高水平专业群建设项目"行政管理专业群"（项目编号：GSPZYQ2020172）。

花都珠宝城有限公司、明镜社工服务中心、才聚人力资源有限公司、升荣灯光有限公司等企业建立合作关系，并对基层公共管理与服务类人才需求开展调查，调查企业将近 200 家，并邀请校企合作基地负责人参与修订人才培养方案，完善课程体系设置，提出了"校企共育，产学研结合"的人才培养模式，既满足产业基础公共管理与服务人才用工需求，又提升了行政管理专业群学生岗位实践操作能力，达到校企双赢的目的。

2. 与企业合作，积极推行"1+X"证书制度试点

为加强复合型技术技能人才的培养，行政管理专业群深化与相关企业的合作，积极申报第四批"人力资源共享服务""人力资源数字化管理""社区治理"等 3 个证书（中级）制度试点，目前已申报成功，已经完成师资培训，即将开展学生培训考试等相关工作。学生培训可采用课证融合模式，将职业技能资格证书所需的知识融入相关课程教学中，如行政管理专业群已开设《人力资源管理理论与实务》《社区管理》等相关课程，既提高相关职业资格证书通过率，又提高学生的职业竞争力。

3. 深化产教融合，实施现代学徒制试点

目前，广东行政职业学院高水平行政管理专业群已建立一批高质量校企合作单位，其中，初步计划与明德物业管理集团尝试启动"社区管理、物业管家"现代学徒制班，与广东优领科技服务有限公司尝试启动"人力资源培训生"现代学徒制班。通过校企双方共同制定人才培养方案、课程标准、考核评价体系等，促进课程内容与职业标准对接，教学过程与生产过程对接，毕业证书与职业资格证书对接，提高人才培养质量，使得学生毕业后即可直接到合作企业工作，既解决学生就业问题，又节约了企业用工成本。

二、对接职业岗位需求，优化课程体系设置

1. 明确专业群课程体系构建思路

首先，针对区域内相关行业企业、基层政府进行调研，了解人才需求状况，明确行政管理专业群所面向的职业岗位群：行政类、人事行政类、社区管理类岗位分别对应专业群内行政管理专业、人力资源管理专业、社区管理与服务专业三个专业的主要方向。其次，对上述岗位群进行分析，明确每个专业的人才培养目标和人才培养规格。然后，依托专业群建设指导委员会和育人平台，与行业企业共同论证并确定职业岗位群的工作任务，进而对职业岗位能力进行分解，并依据相同或相近原则，改革课程模块，设置专业群底层平台共享课和专业模块课程。

2. 专业群课程体系及内涵建设

根据行政管理专业群所面向的行业企业，明确各专业之间内在组群逻辑，分析群内各接职业岗位需求的课程体系。"底层共享"是由公共基础课程和群内平台基础课程组成，是高职院校学生必须掌握的公共基础知识和专业基础知识。其

中，公共基础知识包括思想道德修养与法律基础、大学生创业基础、大学英语等10门课程组成，主要培养学生的基本人文素养；平台专业课包括管理学院、个人与团队管理、组织行为分析等5门课程组成，主要培养学生共同的专业基础知识和基本专业技能。"中层分立"由专业基本能力、专业专项能力、专业综合能力"分层递进式"的模块化课程组成，聚焦培养学生的职业岗位能力。其中，行政管理专业按照岗位所需的"会务、文印、资产采购、后勤安保、流程管理"等能力发展安排，人力资源管理按照岗位"人力资源规划、招聘与配置、培训与开发、绩效管理、薪酬福利管理、劳动关系管理"等能力发展安排，社区管理与服务专业按照基层社区管理或社会工作所需的"社会交往、活动策划、沟通协调、组织、矫正治理"等岗位能力来安排。"高层互选"是在掌握专业理论知识和核心能力的基础上，根据各专业所需的综合能力以及拓展能力，来确定的高层互选课程，包括毕业综合实践、创新创业类课程、毕业跟岗实训等课程组成。

三、对接企业人员，多措并举，打造高水平"双师型"教师队伍

1. 加强现有师资力量的培养

一方面，完善教师企业挂职锻炼有关办法，鼓励教师深入行业企业进行行政、人事等相关岗位的挂职锻炼，学习专业领域的前沿技术，提供职业技能培训，进行管理与服务流程诊断，并参与企业横向课题研究，提高教师的实践操作能力。目前，行政管理专业群正计划与相关校企合作单位开展教师挂职锻炼专项活动。另一方面，分批次组织教师参加各类专业技能、教学能力培训，提升教师的专业技能与水平；加强教研科研，组织教师申报各类课题，以教促研，以研促教，提升教师的科学研究能力。目前，行政管理专业群教师每年分批次组织教师参加相关培训，已立项各类课题近50项，其中省部级课题3项，副省级课题3项。

2. 加强高水平教师的引进

引进教师时要充分考虑群内教师结构、教学风格与特长，以优化师资力量。目前，我校行政管理专业群年轻的、中级职称的教师居多，缺少高职称教师和专业带头人，部分教师教学与科研能力有待加强。针对现有师资实际状况，我们要引进具有扎实的专业知识、丰富的教学经验、科研能力强、丰富的社会阅历、良好的沟通协调能力以及较强的领导能力的人作为专业带头人，推进专业群可持续健康发展。

3. 邀请企业人员作为兼职教师

聘请具有丰富企业实践经验的企业专家、管理人员、技术人员担任兼职教师，并从中挑选影响力广、辐射带动能力强的高层管理者、企业家作为兼职专业带头人，全方位全过程参与人才培养方案修订、专业建设、共同开发课程与编写教材、指导技能竞赛、指导实训、课程教学等方面深度合作，以期更好地培养学生的专业技能与实践能力。目前，行政管理专业群已与相关校企合作单位开展人才培养方案修订、共同编写教材、共同举办技能竞赛、指导学生顶岗实践、举办专题讲座、

课程教学等方面的合作，效果良好。目前，正计划启动现代学徒制班试点工作。

四、对接企业生产过程，完善校内外实践教学基地

1. 校企合作共建校内实训基地

一是邀请企业人员与专业教师共同设计实训室方案，现场指导建设，建设人力资源管理综合实训室、行政管理专业群岗课赛证融通实训室、智慧课室等一批校内实训基地，开展相关的模拟实训。二是建立"大师工作室""技术技能骨干工作室"，引进企业项目，引导学生完成企业项目。三是与校内各行政部门洽谈，建立校内实训基地，分析各实践岗位特点与要求，为行政管理、社区管理与服务专业学生提供宝贵的顶岗实习机会，提高会务管理、文印、公文写作、后勤管理等能力。四是结合社区管理、社会工作特征，与社工机构合作，建立校内社区服务工作站，为校内师生提供服务，引进社工机构的项目，引导学生深入社区完成相关项目，既深入了解社会，又提高社会工作能力。

2. 校企共建校外实践教学基地

依托基层政府、企业等社会机构，采用"'傍大款''借船出海''借力打力'"等措施来建设一批高质量的校外实践教学基地。"傍大款"，即与资源丰富实力雄厚的企业建立合作关系，例如与碧桂园集团、明德物业管理集团等企业合作，在集团内部建立生产性实训基地，为群内学生提供大量的实习岗位。"借船出海"，即借助行业协会、中介机构，例如与广东优领科技服务有限公司、广州才聚人力资源有限公司、广东行政管理学会、花都绿叶社工中心等建立合作关系。"借力打力"，即借助毕业生、教师及其他资源。通过上述三个措施，建立一批高质量的校外实践教学基地，为群内学生开展企业专业认知、跟岗实践、课程实训、顶岗实习、技能竞赛等提供场地与机会，提高学生的实践能力。

高水平专业群实训中心融合创新平台建设研究

洪文圳

（广东农工商职业技术学院　计算机学院　510507）

摘要：本文根据高职院校高水平专业群建设计划和目标，分析实训中心现阶段建设中存在的不足，结合我校计算机学院实训中心建设管理的实际情况，提出

一种基于"协同""创新""共享"和"融合"理念的实训中心管理平台模式，服务高水平专业群建设。

关键字：实训中心；融合创新；高水平专业群

一、研究现状分析

实训中心经过过去一段时间的示范院校建设、一流院校建设和骨干专业建设的发展，取得了一定的建设成果，但是根据当前高水平专业群建设目标要求还存在许多不足，主要体现在以下几方面：

1. 实验实训室、实训基地与某个专业一一对应的建设模式难以满足高水平专业群的建设要求

目前的实验实训室、实训基地所设计的功能，承担的教学实训任务都是服务于所对应的某一个专业，使用性相对单一。高水平专业群的建设需要实验实训室能够服务多个相关的专业或者不同的专业，让实验实训室的功能用途能够更加广泛。功能模式单一的实训室显然难以适应未来高水平专业群的建设需要。

2. 实训资源共享性差，协同工作不足

实训室、实训资源只服务于本专业或本部门使用，跨界使用几乎很少或者是没有。高水平专业群是由多个相近专业，再加上专业群辐射需要的其他专业进行组合建设，需要使用不同的实训资源进行协同共享工作。因此，在实训中心建设管理上需要深入思考实验实训室及相关资源的协同使用和跨专业使用模式。

3. 实验实训室的产教融合度还不够

高水平专业群建设需要结合区域经济、行业企业的深化校企合作，增进产教融合。从实验实训室的功能设计、建设投入、实训训练、项目开发、教学培训等方面需要融入企业行家，参与建设运作，协同开发，需要增加实验实训室的科研研究开发功能。

4. 实验实训室开放服务的模式需要改变

原有的实验实训室开放都是线下开放，随着高水平专业群建设，会出现跨部门、跨校区、跨时间段的持续使用实训资源，传统的线下场地开放受到地域的限制，也受到时间的限制，难以满足师生的需求。因此，需要改变现有的开放模式，将仿真实验室、VR 虚拟实验环境、AR 实训资源、模拟系统等线上资源进行开放。线上的实训资源开放模式比线下开放使用更加安全高效，解决实验实训室使用的时空问题。

5. 目前实训中心缺少功能强大的综合性平台，不能有效的整合所有资源和规划控制，实验实训室对外服务的承接量还不够

高水平专业群建设需要辐射周边的区域，这必然需要提高实训中心的社会服务能力，需要更多的承接社会培训考试工作，需要建设一个综合能力强大的创新服务平台。

二、实训中心融合创新平台建设目标及框架

根据高水平专业群的建设指标，结合高职院校实训中心现有的建设基础，对教学资源进行统筹规划和整合，提出组建以服务高水平专业群建设为目标的高职院校实训中心融合创新平台。

1. 实训中心融合创新平台建设目标

（1）建立实验实训基地建设委员会专家库平台，创新实验实训室建设模式，服务特色高水平专业群建设，满足专业群的实训教学和共享协同实训的需求。

（2）建立实训资源协同共用平台，协助科学规范的融合创新管理机制建设，促进院级实训基地间的资源共享共用，服务专业群建设。

（3）增强实验实训室功能设计，建设多用途实验实训教学平台，融合产业和行业需要，服务产教融合。

（4）加强实验实训室的科研研究功能开发，建设科研服务平台，提高科研服务功能，促进特色建设。

（5）建设实训室开放服务平台，线上线下协同开放，服务创新创业教育，为老师和学生提供创新创业训练环境和项目开发工作环境。

（6）建设大数据，云计算和 AR&VR 的融合应用技术平台，助力智慧实训平台建设和数字化实验实训微课资源库建设。

（7）建设"1+X"职业技能等级证书认证考试标准化考场和考试考证培训云平台，服务国家学分银行建设。

（8）建设社会考试服务平台，增强实训中心的社会服务和区域服务功能。

2. 实训中心融合创新平台建设框架

根据"协同""创新""共享"和"融合"的理念，实训中心融合创新平台总体框架建设规划为四层，分别是：基础、技术、资源和服务。实训中心融合创新平台的整体建设框架如图 1 所示。

（1）以实训中心的大数据中心和网络中心数据中心的服务器集群设备和网络集成系统联合组建融合创新平台的云计算数据中心平台，作为实训中心融合创新平台的基础设施层。

（2）利用大数据应用实训基地的配套系统软件和设备硬件，以及融合 VR 实训中心的教学资源软硬件设施，AR 教学资源开发平台共同组成融合创新平台的应用技术层。

（3）在以上层的基础上部署建设实验实训需要的应用桌面虚拟机资源池和教学实训需要的虚拟服务池；利用 AR&VR 资源，云计算和大数据技术组建线上线下实验实训教学需要的智慧实训平台；融合虚拟机、服务器、大数据和 AR&VR 应用技术搭建专业群微课建设的资源库。应用桌面资源池、服务资源池、智慧实训平台和微课资源库共同组成实训中心融合创新平台的资源层。

（4）在基础、技术和资源三层的架构基础上，利用实训中心融合创新平台的

资源和技术融入国家学分银行"1+X"职业技能等级证书考试的标准化考场和考试考证培训服务平台，校企合作的产教融合服务平台，服务英语考证、计算机考证、会计考证等考证的社会考试服务平台实验实训基地建设的联合委员会专家云平台，高水平专业群实训资源协同管理服务平台和服务师生教学、实训和竞赛使用的实验实训室开放服务平台。

三、实训中心融合创新平台建设

1. 标准化考场与考试考证培训服务平台建设

在不影响日常的教学实验使用的硬件设施基础上，对实训中心各个计算机实训室进行微改造。对各实训室考场进行模块化的安装部署高清网络摄像头、考生身份识别系统和人脸识别系统，建设智慧型考场系统。从实训室安全角度出发，进行考试监控网络布线，考试监控网络独立于日常使用的教学网络，添加考试监控网关服务器和云存储服务器，即可保存本地的考场情况视频同时又能于上级组织单位进行联网，便于开展实时网上巡考。

2. 产教融合服务平台建设

根据高水平专业群的建设指标，产教融合是实训中心建设一项重要任务。以实训中心的实验实训室群作为基础平台，充分利用实训中心各方面的软硬件资源联合区域经济圈内的企业深入开展校企联合共建实训基地。利用实训中心的大数据应用技术和云计算平台作为支撑，联合企业技术工程师协同改造和扩展实验实训室功能项目，将当前产业发展的相关技术融合到实验实训室的功能设计中，使实验实训室能够成为企业项目开发中的单项技术或产品的开发车间，或是软件开发工厂。以实训中心的信息化平台服务校企合作，引入区域企业，以实训中心的学生工作室作为创新创业的孵化基地，实现校企协同的产品项目开发；同时，为实验人员进行企业挂职锻炼，到企业中进行技术学习和技能培训，打造既是高校实验师又是企业工程师的"双师"型复合人才的创新型的产教融合服务平台。

3. 社会考试服务平台建设

通过实训中心云计算数据中心平台的负载均衡功能，科学系统的动态调节实训中心资源，充分掌控各个实验实训室的空闲资源和时间段，制定对外社会考试服务计划。根据每年国家各部门制定的相关技术考试和职称考试时间，利用实训中心平台承接全国计算机等级考试、全国会计专业技术资格考试、全国公共英语考试等社会考试项目，服务社会。利用实训中心平台与学校中心辐射的区域内企业、单位开展联合培训，为企业员工、社会人员的职业技能培训、岗前培训提供场地平台服务和师资帮助。同时，利用平台资源和技术为本区域内的中小学提供信息技术应用、网络信息安全的基础知识培训和技术服务。通过整合实训中心的软硬件平台建设对外服务的社会服务考试平台。

4. 实验实训基地建设委员会专家云平台建设

创新实验实训室的建设模式，建设由企业技术人员、研发人员、校内专家、专业负责人和实验室负责人组成的实验实训基地建设委员会专家云平台，平台架构如图2所示。以实训中心云平台和大数据应用技术建设实验实训室和实训基地电子档案系统，利用大数据分析挖掘技术对各实验实训室建设后的各类数据进行分析，形成可视化的分析报告，辅助专业群的开展实训基地建设反思。企业人员、校内专家、专业负责人和实训中心人员根据现有的实验室建设分析数据，结合高水平专业群的建设要求，对实验实训室进功能诊断，提出可行性的改造意见，或是重新设计建设方案。通过专家库平台协同制定实验实训室和实训基地的建设方案，多方联合论证可行性合经济效益，服务高水平专业群的建设。

基于财经专业群"多元职业生涯教育"课程体系构建研究

陈倩媚[①]

（广东农工商职业技术学院　广东　广州　510507）

摘要：以高职教育扩招为背景，结合生源多元化及学习目标差异化，以会计、审计、国际金融、证券与期货4个专业组建财经专业群，基于复合型人才培养逻辑和学科逻辑对群内专业原有课程进行解构重组，横向形成9个课程模块，构建出契合5个职业发展方向的课程模块组合，纵向对接"财经＋企业""财经＋业务"的产业多元化人才需求，形成"基础＋平台＋模块＋方向"课程体系，有效满足多样化生源产生的职业迁移、技能提升、自主创业、学历晋升等多元学习诉求。

关键词：扩招；专业群；课程体系

一、研究综述

西方的职业教育区别于普通高等教育，以"类型""全纳""终身"为特点，其对促进产业结构升级积极作用得到大量实践证明。"大扩招"使我国职业教育回归全纳教育和职业生涯终身教育的本源职能。研究表明，职业教育普及程度不高是造成发展中国家劳工素质偏低的主要原因，导致承接产业转型和职业能力迁

① 陈倩媚，女，1977，广东广州人，硕士研究生，副教授，研究方向：金融经济。

移的能力有限。经济转型导致素质不高的劳动人口大量失业，这部分人口成为本次扩招主要对象。因此扩招虽然在短期内具有稳定社会，缓解就业压力的政策动因，但保障弱势群体合理的教育诉求，维护社会的教育公平，通过劳动者终身教育，提升社会劳动力的知识技能与整体素质，促进经济转型才是职业教育的准确定位。

然而，扩招必然导致生源多样化和学习诉求的差异化，充分调研学生学习背景、学习动机以及学习目的，并结合学校办学特色，以生为本，因材施教已成为社会共识，向高职教育提出让基础各异、目标有别、出路不同的各类生源学有所成的新要求。调查显示不同生源学习诉求存在差异，中职毕业生希望技能水平和专业知识在原基础上进一步提升，下岗职工侧重技能迁移，提升就业能力，具备工作经验的农民工或退役军人希望获得提升就业质量的技能、进一步夯实文化基础，部分退役军人、农民工与下岗工人选择创业，高中毕业生则有更大比例希望提升学历。

二、我国高职教育课程体系建设现状分析

1. 国家高水平专业群课程体系建设现状

实现多元职业生涯教育的人才培养模式，关键要依托高水平专业群建设以实现群内各专业原有课程体系解构与重组。本文 2019—2020 年国家双高计划中立项的 253 个高水平专业群为分析样本发现，课程体系解构与重组是专业群建设主要任务和项目立项重要评审指标；同时由于专业群具有职业面向广泛、学生规模大，学习需求多元等特点，因此课系体系构建均不再拘泥于"单一职业方向"或"单一学科"的构建逻辑，而使"学科逻辑""产业链逻辑""复合型人才培养逻辑"并存于同一课程体系内，在 26 个财经类专业群中，有 5 个基于产业链逻辑构建课程体系，如秦皇岛职业技术学院审计专业群的"三横四纵"课程体系是基于财经数据产业链的逻辑构建，而大部分财经类专业群均基于复合型人才培养逻辑和学科逻辑构建课程体系，如安徽商贸会计专业群的"一个中心、双向嵌入、四层递进"的课程体系。目前，253 个国家高水平专业群均形成了模块化课程体系，实现底层共享、中层融合、高层互选的课程体系，底层基础模块课程关注基础通用能力，高层方向模块课程有针对性地培养岗位技能与职业迁移能力，满足多样化生源不同需求，为个人职业兴趣和生涯发展选择提供可能。

专业群建设对课程体系重构提出新要求，为人才培养多出口提供操作性。但现阶段专业群课程体系构建仍处规划阶段，即便是较为成熟的 253 个高水平专业群课程体系也尚未完成一个周期实践检验，没有完整的实践范例供借鉴。同时，在形成专业群方案与构建课程体系时尚未将扩招生源多样化作为主要考量因素。

2. 我国高职教育模块化课程体系研究与实践现状

一直以来，高职教育课程体系建设从未停止，研究重点主要集中于高职院校课程体系的教育理念、培养目标和方案、课程开发、教学方法以及校企合作育人等方面。本课题"多元职业生涯教育"课程体系以"模块化课程"为构建基础，

高职教育工作者在构建模块化课程体系方面作出大量研究与实践。在构建目标上，要考虑到全体学生、专业教育渗透以及能够培养精英创业人才的专业化课程等多元目标，应由企业专家与学校专家共同设计的面向复合型人才培养的专业核心课程体系，包含专业基础课程、专业核心课程、专业实践课程、技能拓展课程四大模块，同时要注重模块与模块、课程与课程、模块与课程间的过渡与衔接。基于能力为本位的课程体系要以工作内容和过程为导向，形成具有鲜明职业特色，构建课程体系核心层、支持层、基础层、特色层等四个层面的课程模块，形成将理论与实践有机融合的模块化课程体系。产教融合方面基本实现了与产业发展和岗位能力动态对接的课程体系动态调整机制，许多学校在校企多主体联合开发课程体系上也积累丰富经验。同时，职业教育领域提出的"宽基础、活模块"教育模式，从全面育人的教育理念出发，通过模块课程间灵活合理的搭配，首先培养学生宽泛的基础人文素质、基础从业能力，进而培养其合格的专门职业能力。

以上关于单专业的课程模块化建设的研究与实践为本文的研究提供了借鉴与参考，以便在此基础上加入"生源多元化""学习多元诉求""多元人才输出渠道""专业课程解构与重组"等因素，系统整体设计基于专业群建设的满足学生多样化学习诉求的"多元职业生涯教育"课程体系。

三、基于财经专业群"多元职业生涯教育"课程体系构建逻辑

1. 人才培养路径"多元化"转型

基于财经专业群的课程体系构建必须具备高度外部适应性，以产业链或岗位集群为依托，实现人才培养与产业需求有效对接，促进专业群对区域产业升级转型、创新驱动革新发挥支撑作用，使人才供给侧和产业需求侧结构要素全方位融合。

2. 课程框架"体系化"设计

基于财经专业群的课程框架设计要整体考虑组群专业间的内部协同性和人才供给多元出口两大因素，按照"基础＋平台＋模块＋方向"模式进行建设，形成"底层——通用能力基础课程、中层——专业群核心平台课程、高层——职业方向互选模块课程"三个层次的课程体系。

3. 专业课程"模块化"重构

构建专业群的模块化课程是构建课程体系的核心工作。根据"财经＋企业"和"财经＋业务"双路径人才培养路径，梳理提炼出财经专业群的就业方向，通过分析不同就业方向的岗位群职业能力需求，反向确定每个职业生涯方向人才培养的知识、技能、素养目标，根据目标解构重组群内专业课程，形成若干课程模块，一方面基于复合型人才培养目标将金融类和财税类课程根据处于企业各发展阶段的服务需求进行重构，培养"精财税、通金融、懂审计"的复合跨界型人才，另一方面设置基于学科路径设置会计、审计、金融专业强化课程模块，培养专业领域内的能工巧匠，创新"通才"与"专才"双路径分类培养模式，满足财经产业多元化人才需求。

四、基于财经专业群"多元职业生涯教育"课程体系构建思路

1. 核心课程模块化设计

对接行业发展新业态，针对行业对复合型人才和行业能手型人才的多元化需求，基于财经专业群进行课程体系解构与重组，实现核心课模块化设计。基于企业生命周期理论，解构群内会计、审计、国际金融、证券与期货四个专业课程，根据处于不同生命阶段的企业发展所需要的财经服务重构课程模块，并且对接粤港澳地方特色为大湾区中小微企业的创新驱动提供财税、金融整体服务方案，依托立校特点以广东农垦集团为分析对象，为大型集团型企业提供财税、金融整体服务方案，形成覆盖企业生命周期各阶段"财经＋企业"课程模块。

2. 职业方向组合化设计

基于财经专业群建设，打破群内专业壁垒，通过解构重组群内专业课程，构建契合"中小微企业资本运营与管理""大型集团型企业资本运营与管理""大数据会计""智能金融""智慧审计"5个职业生涯发展方向的课程模块组合，形成"基础＋平台＋模块＋方向"课程体系，纵向对接产业多元化的人才需求，扩招后多元学生主体可结合自身知识技能储备和未来职业规划方向从9个课程模块中选择其中3个组成一个课程包。

3. 创新"双路径培养，多元化发展"人才分类培养模式

基于多元职业生涯课程体系的构建，践行因材施教，结合学生生源结构、知识技能储备以及学生职业生涯发展规划,根据行业对"复合跨界型"和"专业能手型"的多样化的人才需求，构建契合5个职业发展方向的课程模块组合，深化校企合作，整合五个产教融合协同育人平台，包括财—金—税服务公共中心、广东农垦资本运营与财务管理中心、审计师事务处校外实训基地群、财税公司产教联盟、e银行—中心校企协同育人平台，由校企双方共同设计人才培养模式、开发人才培养方案与课程标准，每个职业方向教学标准与内容融入1+X职业技能等级证书要求，梳理出"通才培养"和"专才培养"两条人才培养路径，创新"双路径培养，多元化发展"人才分类培养模式。

粤港澳大湾区背景下高职院校
高水平专业群建设的探索与实践

巫红丽①

（广东创新科技职业学院）

摘要： 专业群以立德树人为本，培养专业岗位技能，电子商务专业群按照"岗位分担，协同服务"的理念，实施"双向·三融·四进"等人才培养模式改革与创新，力争培养服务于粤港澳大湾区的电子商务复合型人才。

关键词： 高职院校；电子商务专业群；建设

一、背景

为推动电子商务的发展，《东莞现代服务业"十三五"规划》明确强调："深化大中型企业电子商务应用，鼓励中小微企业依托第三方电子商务服务平台开展业务，加强行业尤其是制造业电子商务平台建设"；《东莞电子商务专项资金管理暂行办法》也提出，每年有 1.5 亿专项资金支持东莞电子商务发展等。东莞电子商务迅猛发展，各项电商指标均位居全国前列，为电子商务专业群提供了广阔空间和良好发展前景。

东莞地处粤港澳大湾区临深片区，是中国制造业名城，全国电子商务示范城市，拥有虎门电子商务示范基地、虎门服装电子商务产业园、东莞跨境电商中心园区、东莞市跨境电子商务松山湖产业园等，先天、后天优势明显。辖区内大中小型企业众多，为现代服务业的发展奠定了基础。据统计，电商网络经营主体超 6 万户，电商人才缺口多达 8 万。电商市场规模继续较快增长、市场结构不断优化、新技术层出不穷，伴随无界化、社交化和下沉化的新趋势。

二、专业群构建逻辑

专业组群后，电子商务专业将发挥带头作用，带动群内专业的协调发展，发挥专业聚集效应，打破专业壁垒，优化专业人才培养模式与课程体系建设，校企共建电子商务校企命运共同体，构建"产业专业就业"的联动机制。专业群内共享教学组织、师资、场地、设备和产教融合资源，形成人才培养供给和产业需求要素全方位融合新机制，这样组建的专业群强化了行业倾向性，提升专业群内涵

---

① 作者简介 巫红丽，1985 年 12 月出生，女，广东省梅州市，广东创新科技职业学院，副院长 副教授，会计硕士研究生，研究方向是产业经济与政策。

建设水平,提升专业群的人才培养质量和核心竞争力,能更好地为粤港澳大湾区提供打包式人才服务。

三、建设内容与举措

1. 构建"双向·三融·四进"人才培养模式

（1）建设内容

全面贯彻"创新、协调、绿色、开放、共享"的新发展理念,结合电子商务作为经济领域新兴行业的特点,根据电子商务专业群对接行业的发展现状及趋势和相关岗位任职要求,实施"双向·三融·四进"人才培养模式,构建"基础通用、项目共享、方向明确、拓展提升"的专业群课程体系,创造条件主动实施1+X证书试点,配合落实"课证融合,书证融通"制度。

（2）实施举措

举措1：推进实施"双向·三融·四进"人才培养模式

校企深入合作,推动企业真实项目和课程学习项目双向结合、师生双向流动,落实校企双主体育人,培养能够解决复杂商务服务问题的人才。构建采取学分银行"职业教育终身学习"体系,采取阶梯递进式培养过程,实现"跨专业轮岗实训交叉融合、项目化学习与社会服务深度融合、创新创业与专业教育递进融合"三融合,帮助学生对接岗位精准实现从学生到员工的身份转换。

举措2：构建"基础通用、项目共享、方向明确、拓展提升"的专业群课程体系

依据"学训结合"的建设思路,植入数据分析、客服与运营、供应筹划等岗位课程模块,将企业新技术、新规范及学生创新创业能力培养融入培养过程,构建"基础通用、项目共享、方向明确、拓展提升"的专业群课程体系,并依据产业发展及岗位需求变化情况动态调整岗位课程模块,满足学生多样化成才和个性化发展需要,实现专业群学生按需分流、复合式培养。

举措3：构建"三递进"分层分类创新创业教育课程模块

将创新创业模块融入电子商务专业群课程体系中,有效提高学生的实践创新能力,持续促进专业群发展。组建"双创"教师团队,按照"创新创业认知、创新创业模拟、创新创业实战"三个方面着力构建创新创业教育课程模块。支持学生跨专业学习,丰富知识体系,构建个性化的知识能力结构,培养多元融合的复合型创新人才;开设创新创业课程,如《大学生就业与创业指导》《创业管理》等,保证学生创业过程的顺利实施;深化教学改革,改进教学方法,采取多种评价手段,着重考核学生的学习过程和灵活运用知识分析和解决问题的能力;实施学分制教学改革,鼓励学生通过技能大赛、社会服务等渠道获得学分;开设创新工作室,运营企业真实工作项目,组织学生参加各类创新创业大赛;改革实践环节,探索认知实习、跟岗实习、顶岗实习阶段校企协同育人机制。最终形成可持续发展的创新创业教育体系。

举措4：实施1+X证书制度,探索"课证融合,书证融通"

为保证专业人才培养质量，实施 1+X 证书制度，采取专业建设指导委员会负责制，联合劳资等相关部门，参照国家职业技能鉴定管理工作有关要求，在国家现有职业资格证书基础上，针对新兴岗位与企业合作研制合理可行的电子商务专业群相关岗位技能人才职业能力标准，以及可操作的考核评价标准，开发"电子商务、物流管理、商贸服务"等领域相关的技能资格证培训用资源包。

2. 重构专业群课程体系，构建"共享"教学资源

（1）建设内容 打造专业群"基础通用、项目共享、方向明确、拓展提升"课程体系，形成资源共享的层级数字化资源库。

（2）实施举措 校企合作、院校联手，组成开发团队，创建共享、开放型的专业中心、课程中心和素材中心三级数字资源库和信息化平台，形成"专人负责、全员参与"的管理模式。

3. 编写特色教材，以课堂信息化、跨专业技能训练推动教法改革

（1）建设内容

校企共编特色教材，按对接现代服务业岗位新要求，统筹规划，开发适应高职学生认知结构和复合型技术技能人才培养需要的工学结合教材，教学中全面推广信息化、网络化技术，探索 VR 教学、线上线下混合式学习等教学模式，推进"课堂教学革命"；坚持科研"为教学服务、为人才培养服务、为学院发展服务"，立足学院实际，结合"双师型"教师培养，凝练主攻方向，积极开展高等职业教育教学与教学改革研究，提升师资队伍的整体水平，促进教学质量和人才培养质量的进一步提高。

（2）实施举措

举措 1：编写与产业发展同步的专业群精品特色教材

对接产业岗位新要求，统筹规划，联合行业龙头企业，以企业为情境，以培养学生的工作能力为主线，按照业务、财务、税务编写一批项目化实践教学特色教材，为专业群理实一体化教学提供支撑。

举措 2：淡化专业"专属化"，突出跨专业技能训练

在课程改革领导小组的审核与监督下，各教改团队小组以行业标准为依据，开展教改项目立项工作，根据工作流程、岗位能力要求修订和完善会计专业教学项目计划和教学内容。在教学中融入企业项目和研发项目，细分能力培养目标，整合教学内容，进一步完善课程结构，构建教、学、做一体化的职业能力培养体系。

举措 3：推进信息化技术与教学方法相融合

全面接入云课程、移动学习 APP、虚拟商圈，引入真实企业任务，严格贯彻"学中做，做中学"理念，以提升教学质量为核心，推动课堂革命，利用互联网工具，提高教师教学水平，实施线上线下混合教学、移动教学等，促进学生自主、泛在、个性化学习。建设期内，完成 10 门云课程；专业群核心课程 100% 接入移动空间，100% 实现混合性教学，线上学习比例达至 80%。

4. 根据"四有"标准，创新"互兼互聘、双向交流"教学团队

（1）建设内容

以"有理想信念、有道德情操、有扎实知识、有仁爱之心"为标准，实施"引聘名师、培养骨干、校企共育、专兼结合"措施，打造一流的专业群师资队伍。

（2）实施举措

举措1：引聘工匠名师、行业带头人，兼职任教的高水平专业群教学团队

聘请行业企业的领军人才、技术总监等有一定工作年限的企业技术人才作为专业群兼职教师，通过加强兼职教师教学能力培训等方式，提高兼职教师教学能力。

举措2：培养骨干教师，提升专业群教学团队的技术服务能力

制订骨干教师培养方案，建立企业教师工作站，实施教师下企业轮训制度。引进并分批选拔优秀教师作为骨干教师培养对象，到企业工作站，施行教师下企业轮训制度，即以二年为一个周期，每年集中2个月（包括寒暑假），深入到校企合作企业，以挂职、合作研发等多种形式，系统地掌握整个业务流程，强化实践技能，促进实践与理论的融会贯通；参与技术改造项目，为企业提供技术服务，解决生产技术难题的能力。

举措3：打造校企共育、专兼结合、结构合理的"双师型"专业群教学团队

推进教师下企业制度，专任教师每年下企业时间不少于1个月，通过与企业合作，共同解决企业技术难题，在解决技术难题的同时，提高技艺技能。

专业群建设视角下产教融合平台的构建研究

张奕奕

（广东农工商职业技术学院财经学院　广东　广州　510507）

摘要： 广东产业转型升级亟须大量实践型智慧财经人才。大数据与审计专业群针对课程体系陈旧、学生职业能力培养不足、教师实践水平较弱等问题，实施了"以德养技、四进三出"人才培养模式，研制了"1+1+1"以德养技的实践课程体系和课程资源，建立了"双元协同三融合"的实践创新培养平台，创新了"项目＋学做研促"教师教学能力成长的方式方法，以期为大数据与审计专业群提升实践教学水平，培养复合型技术技能人才提供理论及实践参考。

关键词： 智慧财经；产教融合；四进三出

随着国家战略方针政策的导向要求，产教融合作为职业教育重要办学模式更加受到重视。2017 年国务院办公厅《关于深化产教融合若干意见》（国办发〔2017〕95 号，以下简称《意见》）指出，深化产教融合，促进教育链、人才连与产业链、创新链有机衔接。2019 年 2 月《国家职业教育改革发展方案》（国发〔2019〕4 号，以下简称"职教 20 条"）指出，要推动校企全面加强深度合作。2019 年 2 月，中共中央、国务院发布《中国教育现代化 2035》提出，要推动职业教育与产业发展有机衔接，深度融合。2019 年 9 月国家发改委《关于印发国家产教融合建设试点实施方案的通知》（发改社会〔2019〕1558 号，以下简称《方案》）指出，需紧密围绕产教融合制度和模式创新。广东省教育厅等九部门关于转发《职业教育提质培优行动计划（2020—2023 年）》的通知（粤教职〔2020〕13 号，以下简称《行动计划》）指出，深化职业教育供给侧结构性改革、深化校企合作协同育人模式改革、完善校企合作激励约束机制。产教融合已经成为促进我国高等教育发展的途径之一，产教融合人才培养改革也是高校教育教学改革的重要内容。

一、深度产教融合下大数据与审计专业群人才培养存在的问题

1. 群内专业课程体系陈旧

随着广东数字经济与实体经济的深度融合，加速了产业转型升级，带来了新经济、新业态和新职业，"智能审计""财务机器人"应用的大量涌现，迫切需要通过强化大数据与审计专业群人才培养过程中信息技术应用，提升大数据财务分析和财务管理能力，促进人才培养向智慧财经人才升级。但大数据与审计专业群现有课程仍聚焦于基础核算、手工实训等方面的培养，无法适应智慧财经人才培养需求。

2. 学生职业能力培养不足

大数据与审计专业群培养目标为复合型技术技能人才，要求毕业生具备较高的职业判断能力及实践操作能力，但现有的实践教学平台仅停留于基础教学软件实训，无法实现学生职业能力有效培养。

3. 教师实践教学能力较弱

由于缺乏实践经验，教师教学以理论教学为主，教学软件实训为辅，无法推动实践教学水平的提升，进而无法落实深度产教融合教学任务及智慧财经人才培养需求。

二、深度产教融合下大数据与审计专业群人才培养路径

为实现深度产教融合下人才培养路径，大数据与审计专业群提出了"以德养技、四进三出"人才培养模式。"以德养技"是专业群落实立德树人的重要抓手。德育是素质教育的核心，"以德养技"寓德育于学生技能训练当中，使专业群德育工作从对学生说教和灌输等传统的、单一的教育模式向灵活的实操训练教育活动转化，"以德养技"使专业群的职业素养养成和技能提升形成一个有机统一的

整体。"四进三出"具体操作为"一进"智慧实训中心，进行财税模拟实训，"一出"夯实智能财税基本技能；"二进"生产性协同创新中心，进行"真账真做、真税真报"实战锻炼，"二出"提升智慧财经岗位技能；"三进"产教联盟企业，进行中期跟岗实习，"三出"强化岗位技能；"四进"就业企业，进行顶岗实习，筑牢学生综合职业技能。学生从"在校生→实习生→学徒生→准员工→员工"的角色不断得到转换，在角色转换过程中，实现从财税基本技能培养，到财经岗位技能提升，再到综合职业技能获取，实现能力不断递进的效果。

1. 开发了"1+1+1"德技兼修、能力递进智慧财经课程体系

为配合"以德养技、四进三出"人才培养改革目标，专业群开发了"1+1+1"德技兼修、能力递进智慧财经课程体系和教学资源。一是创立了"1"德育课程体系，包括思想道德修养与法律基础、毛泽东思想和中国特色社会主义理论体系概论、形势与政策、信息技术、创新思维、创业实务、健康教育、劳动教育、美育课程等德育课程和资源，培养学生深厚的爱国情怀和良好的职业素养。二是重构了"1"专业强化课程体系，着重数字化思维、素养和能力的培养，包括智能财税实务、智能审计实训、大数据财务分析、财务机器人、商业伦理与职业道德等专业课程，依据课程标准，从学生的认知规律出发，以工作任务驱动学习内容，通过"一进"校内智慧实训中心，进行财税模拟实训，夯实智能财税基本技能；通过"二进"生产性协同创新中心，进行"真账真做、真税真报"实践，提升智慧财经岗位技能。三是拓展了"1"就业创业技能课程，包括会计师事务所跟岗实习、财税咨询公司跟岗实习、"1+X"智能财税等技能强化课程，依托校企合作平台，通过"三进"产教联盟企业群，进行中期跟岗实习，进一步锻炼岗位技能；通过"四进"就业创业企业群，进行顶岗实习，筑牢学生综合职业技能，实现能力递进式培养。

2. 搭建了"双元协同三融合"智慧财经实践创新平台

大数据与审计专业群建设与发展，在服务粤港澳大湾区和产业升级市场需求下，以协同教学、资源共享、项目推进、技术研发等为内容依托，构建双元协同实践育人理念。为实现双元协同育人模式，审计专业群拟与会计师事务所群、资产评估所群、财税咨询公司群、多家金融企业等建立产教联盟，搭建了"双元协同三融合"智慧财经实践创新平台，在产教联盟基础上，一是融合"专业＋思政"，二是融合"专业＋技能"，三是融合"专业＋服务"，以实现学生技能递进式培养。

（1）针对"一进"搭建校内智慧实训中心，实现校企共建实践育人，搭建专通结合、群内互通、内外互联协作教学基地，包括：会计与审计省级教学基地、财金税审省级教学基地、资产评估校级教学基地、智能财经校级教学基地，搭配耦合式实训教学课程，使学生认知审计专业群职业能力。

（2）针对"二进"构建生产性协同创新中心，实现双元共育技能育人，建立多类型多平台实训中心可实现教学与生产现场融合，在真实生产场所进行实训课程教学，并为企业带来效益，服务区域经济健康有序发展同时获取审计专业群职业能力。

（3）针对"三进"组建产教联盟企业群，实现校企共融服务育人，大数据与审计专业群内专业与企业行业共同组建产教联盟企业群，大数据与审计专业与超过20家事务所组建成立"事务所群"，每年向学生提供超过180个跟岗实习岗位，大数据与会计专业与永瑞、财捷等5个财税咨询公司组建"财税咨询公司群"，每年向学生提供超过200个跟岗实习岗位，资产评估与管理专业与超过30家资评所组建"资产评估所群"，每年向学生提供超过150个跟岗实习岗位，国际金融专业与广发证券、汇丰环球组建"金融群"，每年向学生提供超过150个跟岗实习岗位，以实现群里专业学生全部实现中期跟岗实习，在真实企业中转化职业技能，成为准员工。

3. 探索了"项目＋学做研促"教师实践教学能力成长的有效培养路径

为实施"以德养技、四进三出"人才培养改革，解决教师实践教学能力不足的问题，成果按照"四有""六要"的三教改革总体要求，探索了"项目＋学做研促"教师实践教学能力成长的有效培养路径：一是教师"一进"校内智慧实训中心，师生共学智能财税模拟等实训项目，锻炼基础和数智化教学能力；二是教师"二进"生产性协同创新中心，师生共做"真账真税"项目，锻炼教师实践教学能力；三是教师"三进"产教联盟企业群，师生共研财税、内控等服务项目，锻炼教师技术服务能力；四是教师"四进"就业创业企业群，开展就业创业巡查指导，师生共促就业创业，锻炼教师就业创业指导能力。

三、结语

广东产业转型升级亟须大量实践型智慧财经人才。大数据与审计专业群针对课程体系陈旧、学生职业能力培养不足、教师实践水平较弱等问题，实施了"以德养技、四进三出"人才培养模式，"一进"智慧实训中心，进行财税模拟实训，"一出"夯实智能财税基本技能；"二进"生产性协同创新中心，进行"真账真做、真税真报"实战锻炼，"二出"提升智慧财经岗位技能；"三进"产教联盟企业，进行中期跟岗实习，"三出"强化岗位技能；"四进"就业企业，进行顶岗实习，筑牢学生综合职业技能，实现能力递进式培养。为实现该人才培养模式，专业群研制了"1+1+1"以德养技的实践课程体系和课程资源，建立了"双元协同三融合"的实践创新培养平台，创新了"项目＋学做研促"教师教学能力成长的方式方法，以期为大数据与审计专业群提升实践教学水平，培养复合型技术技能人才提供理论及实践参考。

第三章
"十四五"期间广东高职院校
高水平课程研究

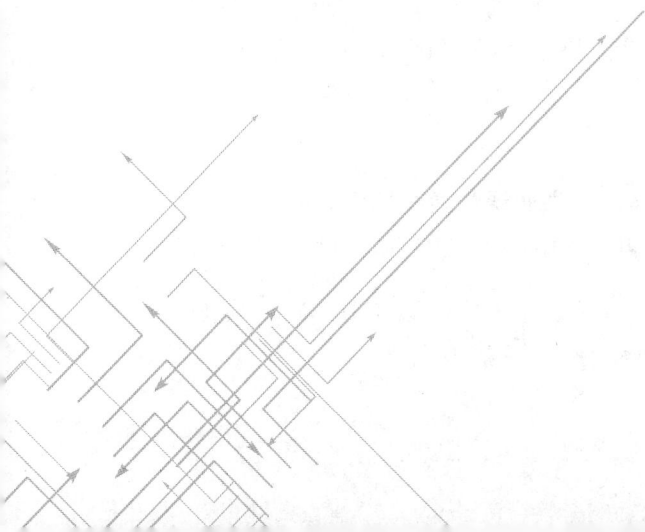

"互联网＋教育"背景下的高职课堂教学设计

汪细云　何　煌[①]
（广东创新科技职业学院）

摘要： 在"互联网＋教育"的背景下，针对目前高职课堂中学生实操时遇到困难不能及时解决而不能按时完成实操任务的问题，如何有效利用网络教学资源以解决这一问题显得尤为重要。从高职课堂教学设计入手，以《搭建 NFS 服务器》为教学案例，采用 ADDIE 教学设计模型对高职课堂进行教学设计。介绍在教学设计的分析、设计、开发、实施和评价五个阶段如何将网络教学资源融入高职课堂教学过程中，以期提升高职课堂教学效果以及给高职教师提供可供参考的教学设计案例。

关键字： "互联网＋教育"；教学设计；高职；ADDIE；教学资源

一、引言

随着中国经济增长方式的快速变化和产业结构的调整，对一线劳动者素质提出了更高的要求。高职教育目标主要是培养生产、建设、服务、管理一线的高级技能型人才。随着"互联网＋"的概念在第五届互联网博览会提出后，越来越多的行业依托互联网寻求新的发展机遇。"互联网＋教育"作为一种新的互联网发展形态与教育逐渐深度融合。互联网为教育提供了一个全新的教学平台。这个平台可为学习者和教育工作者提供大量的教学资源包括数字学习资料、学习记录、评价、学习互动等，这些资源不仅可以打破时间和空间的界限，还能满足学生个性化需求、丰富课堂教学内容，促进课堂教学改革。课堂教学是实现培养目标的主要途径，如何利用网络教学资源来提高高职课堂教学效果以适应产业升级、以适应技术升级和岗位变迁的现实市场需求显得尤为重要。

本文从高职课堂教学设计入手，以 ADDIE 作为教学设计模型，以《搭建 DFS 服务器》为教学设计案例。探讨在"互联网＋教育"背景下如何在教学设计中融入网络教学资源，以期提升高职课堂教学效果，同时给高职教师提供可供参考的"互联网＋教育"背景的课堂教学设计案例。

二、高职课堂教学现状

高职教学要求学生动手能力强，理论够用。高职课堂教学通常会采用教师先讲理论并演示实操内容，然后学生根据老师的演示进行实操。由于高职院校的学

[①] 作者简介：汪细云（1984—），女，籍贯湖北省黄冈市，广东创新科技职业学院教师，硕士，职业技术教育（信息技术）专业，主要从事职业教育研究。

生一般学习基础和学习习惯较差，老师讲解的理论知识和演示的实操要领，学生很难一次掌握。在实操过程中由于没有掌握必要的理论知识和实操要领，学生会遇到很多困难。在班级教学情况下，学生人数多且每个学生遇到的困难又不一样，老师由于时间和精力有限，很难及时解决每个学生在实操过程中遇到的困难，学生无法完成实操任务的比例较大。即高职课堂教学中存在，学生实操时遇到困难不能及时解决而无法按时完成实操任务的问题。

三、ADDIE 教学设计模型概述

ADDIE 是由美国培训与发展协会在 20 世纪 80 年代发布的一个教学设计模型，该教学设计模型具有通用型强，使用简单，使用广泛等特点。它将教学设计看成是一系列稳定的步骤或过程组成，即由分析（Analysis）、设计（Design）、开发（Development）、实施（Implementation）和评价（Evaluation）这五个核心要素组成。在分析阶段主要是对学习者、学习内容、学习环境等因素进行分析，在设计阶段主要是确定教学目标，教学手段等。开发阶段根据分析阶段和设计阶段的结果，为即将实施的教学开发相应的教学资源。实施阶段是将前几个阶段的结果付诸实践，实施制定的教学策略即进行教学。评价是对教学设计的各个环节进行评价，它贯穿于教学设计的整个流程中。在教学设计的各个阶段中分析和设计是前提，开发与实施是核心，评价是保证，这五个元素相互影响形成一个整体。

四、分析阶段

分析阶段主要是对学生、学习内容以及现有教学资源进行分析。高职学生年龄一般处于 18 岁至 22 岁之间，属于青年阶段早期。处于该年龄阶段的学生具有一定的自我管理能力，喜欢表现自己，渴望独立。高职学生多数因高考分数不理想，而被迫选择高职院校进行学习，在学习基础和学习习惯上较差。这些学生在学习上缺乏自信、在学习过程中一旦遇到困难，容易放弃学习。另外一方面，他们因较少受到过去学习框架的束缚，喜欢自己探索性的学习，动手能力和创新能力较强，自我调节能力和适应社会能力较强。

高职教学内容通常理论与实践相结合，理论以基础理论为主，以"必须""够用"为度，它为实践提供指导。实践内容对性强、实用强、是教学的主要内容。《搭建 NFS 服务器》这一教学单元教学时长为 2 学时（即 90 分钟）。教学内容有理论部分和实践部分。理论部分主要包括 NFS 基本概念和 NFS 配置文件的基本含义，实践内容主要是搭建 NFS 服务器。在进行搭建 NFS 服务器实操时要求学生能掌握相关的理论知识即理解 NFS 基本概念和了解 NFS 配置文件的基本含义。为了解决部分学生在实操时没有掌握必要的理论知识，教师需提供相关的教学资料供学生再次学习。除此外，还要求学生能掌握 Linux 常见命令的使用方法。在学习《搭建 NFS 服务器》教学内容前，虽然学生有学习《Linux 系统应用基础》课程，但部分学生对 Linux 常见命令的使用方法并没有掌握。这就要求学生在进行搭建 NFS 服务器时，老师能为这部分学生提供有关 Linux 常见命令使用方法的学习资料。

高职课堂教学一般都采用纸质教材。这些纸质教材在展示实操教学内容时不如视频教程直观形象。高职学生由于学生基础较差，只依靠纸质教材，很难实操教学内容。随着"互联网＋教育"的发展，网络上有很多教学资料可供教学使用。《DFS 服务器配置》选用的是唐宏主编的《Linux 服务器配置与管理》的教材。在中国大学 MOOC 网上有该教材的配套教学视频教程。该教学视频教程既有理论内容的讲解，也有实操内容的操作演示。互联网上有很多 Linux 使用教程，如通过 Linux 命令大全（手册）_Linux 常用命令行实例详解 _Linux 命令学习手册（https：//man.linuxde.net/）能迅速查询 Linux 常见命令的使用方法。在搭建 DFS 服务器过程中遇到的其他问题，大部分可以通过百度等搜索到相关解决方案。

五、设计阶段

设计阶段主要是确定教学目标和选择合适的教学方法。结合高职教育的培养目标，依据新课程教学三维教学目标分类可将《搭建 NFS 服务器》教学目标分为。

1. **"知识与技能"目标：**（1）理解 NFS 的基本概念。（2）了解 NFS 配置文件的基本内容和含义。（3）掌握搭建 NFS 服务器基本流程。

2. **过程与方法目标：**（1）通过教师的讲解，让学生了解本次课学习的目的、学习内容、学习流程等。（2）通过教材以及网络教学资源等支持学生进行自主学习。（3）通过探究性的学习，锻炼学生发现问题、解决问题的能力。

3. **情感、态度与价值观目标：**（1）教师通过对教学内容的引导，培养学生良好的职业素养。（2）通过自主学习培养学生的自信心，通过相互探讨培养学生相互帮助的美好品德。

为了达到教学目标，教师需要采取合适的教学方法。针对《搭建 NFS 服务器》教学内容的特点，教师可采用讲授法、任务驱动法等。教师运用讲授法讲解 NFS 的基本概念和 NFS 配置文件的基本含义，运用任务驱动法即让学生完成搭建 NFS 服务器的任务来掌握搭建 NFS 服务的基本流程。学生的学法主要有自主学习法。学生通过自主学习完成搭建 NFS 服务器的学习任务。

六、开发与评价阶段

开发阶段主要是根据分析阶段和设计阶段的结果，为即将开展的教学准备教学资源。在实施《搭建 NFS 服务器》教学前，教师主要做三件事：1. 在教师演示的电脑上搭建好 NFS 服务器。通过搭建 NFS 服务器，一方面可以为演示网络文件共享功能做准备，另一方面能更好地熟悉教学内容，提前预估学生在学习过程中可能会遇到的困难。2. 搜集并整理好与教学内容相关的网络教学资料。学生直接使用这些教学资料能减少因搜索教学资料而消耗的时间，从而提高课堂教学效率。3. 制作学习任务单。通过学习任务单能使学生更加明确学习内容和快速找到所需教学资源。

以《搭建 NFS 服务器》为例的"互联网＋教育"背景下高职课堂教学设计有三个特点：1. 提升了课堂教学效果。学生在实操过程中遇到困难能及时得到解决，从而提升了学生按时完成学习任务的比例,即提升了课堂教学效果。2.体现了以"以学生为主体,教师为主导"的教学思想。在教学过程中教师和学生互相配合。教师合理安排教学任务,并为学生提供丰富多样的教学资源,为学生的自主学习提供了必要的教学支持。3.注重培养学生的能力。在学生搭建NFS服务器时遇到问题,鼓励学生通过互联网,以及同学间相互讨论来寻求解决方案。使学生不仅仅是掌握理论知识,同时还具有一定解决问题的能力。

重塑"阳刚之气"

——基于课程思政融入高职院校体育教学的路径探究

姚锡均 陈远生[①]

(广州华商职业学院 广东 广州 511300)

摘要: 教育部对全国政协委员提出的《关于防止男性青少年女性化的提案》作出重要回复,教师要更多注重学生"阳刚之气"培养、加强学校体育制度顶层设计、深入开展思想政治层面的教育,推动青少年体育锻炼和心理健康的协调发展。文章通过分析当下职业高职院校学生个人综合素养以及体育教学普遍存在的问题,旨在契合思想政治教育视阈下健全学生人格、体育锻炼增强学生意志力的育人功能等方面,探究课程思政与高职院校体育教学相融合的路径,以此培养大学生"至阳至刚之气"。

关键词: 职业院校;课程思政;体育教学;阳刚之气

一、高职院校学生阳刚之气匮乏的现状分析

1. 应试教育的劣性影响

应试教育鼓励学生以"单一发展"为主要模式,从而导致严重违背了培养学生全面发展的指导方针。应试教育的模式中,其"智育"培养长期被当作是学校教育的唯一目标,而"德育"培养和"体育阳刚之气"的熏陶却被置于从属的边沿地位。应试教育模式的长期施行,导致"智育目标"日益的狭隘化。应试教育模式造成学生负担过重,以致严重影响了青少年身心健康发展,学生在学习中广

---

① 姚锡均(1986—),男,汉族,广东惠州人,本科学历,讲师,主要研究方向为:体育教学、运动训练。

泛地采用过度的学习模式，教师不合理地对学生采取强化训练的做法，终究是造成了学生许多心理层面上的"顽疾"。应试教育模式以考试成绩的"高分至上"为根本导向，其文化类的主科目在很大程度上占据了音体美课堂的时间，这就导致了体育教育的发展力度严重不足。

2. 大众审美被误导

大众审美与社会风气的惯例、流行文化的渲染等存在着千丝万缕的关系。浮躁劣质的社会风气或行为习惯，势必会催生出"粗浅荒诞"的审美陋习。我们发现往往在现实的生活之中，一些年轻的人群标榜着"以俗陋为美""以丑诞为美"，甚至于"以怪作为美""以恶行为美"的畸形审美现象数不胜数,而面对于真正是"美"的东西却永远视而不见，甚至"劳心劳力"地将其边缘化，或对其进行"别有用心"的冷嘲热讽。尤其是近年来高喊发展文化产业的背后，优良文化的社会教化作用却被严重被忽略了。随着网络信息化的深度普及，人们在精神享受和娱乐身心层面的获取变得越加便利，所谓"网络红人"的言行举止，极容易对青少年进行洗脑，从而形成"风暴式"的跟风效应。

3. 学校体育软、硬件存在缺乏性

目前大部分的民办高职院校，其体育资金的拨款使用异常短缺、场地设备器材陈旧、教师队伍分层结构不合理等一系列问题较为严重。虽说部分民办高职院校为了满足体育课程教学，或为了满足开展实践活动所需求的场地设施、专用教室等情况下，已经逐渐实行了体育场馆有偿使用的方法，但其离市场化运作程度还远远不够。其中，学校体育场地面积、器材数量、教师队伍、开展体育课的班级数量等因素，都决定着教师或学生在体育实践上的效果与体验。

4. 教师男女比例失调的影响

根据教育部公布的相关数据显示，近年来教师队伍中男女比例呈现出不均衡的状态。以广州市教育局统计数据显示为例，仅仅是 2019 年在该市的专任教师队伍中，普通初中的男教师占比不足三成，高校男教师的占比不足四成。以增城市区某所小学全校教师数量为例，其男教师数量只有 8 名，占到了全校教师总数的10%。当下中国基础教育性别比例严重失调，无论是学生还是教师，或者教学管理层都存在男女比例失调的问题。"阴阳失衡"的状态下，中国教育的方向、质量、效率等都存在着不可忽视的问题，尤其突出地表现为"男生女性化"以及"女生汉子化"的严重失衡，这极大地影响了国人身体素质和精神文明建设的有序发展。

二、思政体育课对塑造大学生"阳刚之气"的路径实施

1. 明确体育课程定位

高校体育教学与中小学体育教学的目标、课程设置等存在较大的区别，在应试教育下中小学体育课程普遍存在的问题为导因,这也给高校体育课明确了方向。尤其是职业院校的男生存在着个体差异和学生男女比例不均衡的情况下，应加强

思政教育课程的教育,并以"课程思政"为指导方向,深化体育课程教学的改革,以增强学生体质健康为主要目标,同时以不断塑造学生的"阳刚之气"为手段,培养学生身心协调发展以及持之以恒永的拼搏精神,从而达到全面提升和发展学生的优良品格。

2. 通过教学手段融合思政阳刚理念的体育课程

思政体育课程即是在体育教学中利用各种教学手段,积极挖掘各项目体育课程的"思政阳刚元素",提高体育教学的应用性、趣味性和有效性,对学生起到教育、陶冶、感染、影响的作用。比如,在体育教学理论中介绍中国女排爱国、拼搏、将压力转变为动力等体现体育精神的思政元素。巧妙融合课程教学的过程,逐步完善"素质健康知识+基本运动技能+专项运动技能"的学校体育教学模式。

课程思政融入羽毛球教学,塑造大学生"阳刚之气"。通过羽毛球运动的教学大纲,其结构分为准备部分、基本部分、结束部分。从准备部分开始增置体育项目的形势和历史,让学生增加爱国主义思想,提高"阳刚之气"意识;在基本部分以实践为主,调动了学生的积极性和热情,增强与他人沟通协作的能力,培养团队精神;所添置的学生裁判实践活动,进一步生动具体地将理论与实践相结合,促进了学生实际应用能力的提高,同时还培养了学生公平公正、严谨认真、阳刚积极的态度作风。最后结束部分,以总结回顾课程内为目的,添置已建立的"体育器材诚信管理站"形式进行器材的回收,学生自取自还体育器械,提高了学生对体育运动的参与度,同时在学生自我管理过程中达到了诚实守信的教育。

3. 挖掘传统体育融入课程思政的阳刚元素

将思想政治教育要素充分地体现在多样化的教育与教学的项目之中,尤其是对传统文化项目的实行。体育教师需认真地梳理武术、摔跤、棋类、射艺、龙舟、毽球、五禽操、舞龙舞狮等体育项目,因地制宜地开展传统体育教学、训练和竞赛活动,并融入学校体育教学、训练、竞赛机制,形成中华传统体育项目的竞赛体系。以涵养阳光健康、拼搏向上的校园体育文化为内容,培养学生爱国主义、集体主义、社会主义精神,增强文化自信,促进学生知行合一、刚健有为、自强不息。深入开展"传承的力量——学校体育艺术教育弘扬中华优秀传统文化成果展示活动",加强宣传推广,让中华传统体育在校园绽放光彩。

4. 加强思政教师与体育教师的交流

现阶段思想政治课程与体育课程是独立分开的教学课程,思政课程在阳刚元素教学中以理论为主,体育课程在阳刚元素教学以实践为主。体育教师要提高体育课堂的教育质量,应及时地转变教育思想和观念、不断更新知识结构。为了提高教师的体育教学水平,可加强思政教师与体育教师的交流,积极开展跨专业的教研活动,让思政与体育理念相融合,从而提高教师队伍整体素质,以达到培养学生思想素质、身体素质、阳刚品质和强壮体质为共同目标而努力。

5. 建立体育素质拓展基地

建立体育素质拓展基地有利于逐渐从单一教学模式走向公开示范和多元化的互联模式，从而更好地促进学生在德、智、体、美等方面得到全面的联动发展。体育素质拓展基地是培养学生体育发展的"大本营"，不仅在体育运动中能极致发挥素质拓展的目标，通过素质拓展基地的锻炼增强学生体质健康，同时涵盖"思政阳刚元素"的融入，这也是师生互动交流的平台，以此达到塑造和展现全民健康水平的重要载体。

三、思政体育课重塑学生阳刚之气的思考与启发

1. 加强体育教师思政政治教育

教师道德认识、教师道德情感、教师道德意志、教师道德信念、教师道德行为、教师道德习惯。"师德"是教师工作的精髓，用"师爱为魂，学高为师，身正为范"概括其内涵。教师要不断提高自身思想政治教育理论水平，体育教师在授课过程中更要"立德树人"，传播爱国主义的思想，增强学生的体魄，塑造学生的"阳刚之气"为主要目标。

2. 通过多种渠道提升思政教育的全面发展

体育教师在制定人才培养方案时，就应纳入思想政治教育的理念，以思想政治教育融入体育培养目标、融入体育课程设计、融入体育教学环节，并对学生提出明确的要求。体育教师在结合校园文化生活、课堂、社会体育实践活动中营造"阳刚之气"的氛围，不断创新体育教学内容、教学手段、运行载体，通过开展思想政治教育，帮助学生树立社会主义核心价值观，并以积极向上的态度进行体育健康的活动，让"阳刚之气"成为学生心存的普遍价值观。

基于 OBE 理念的广东高职院校
现代物流管理课程诊改探索与实践

杨　倩　梁敏茹[①]

（广东科贸职业学院）

摘要：高水平课程建设是十四五期间广东高职院校保证人才培养质量机制的重要内容，课程诊改是高水平课程建设的重要方面。OBE 理念以学生为中心，以学生的学习成果作为课程诊改的逻辑起点，符合高素质技术技能人才培养定位。广东高职院校需要从课程建设规划、课程质量标准体系及课程诊改运行机制等方面开始探索课程诊改模式并加以实践，不断提升课堂教学质量，培养社会需求的高素质物流管理技术技能人才，实现高职院校高水平高质量发展。

关键词：OBE；现代物流管理；课程诊改

为贯彻落实《广东省国民经济和社会发展第十四个五年规划和 2035 年远景目标纲要》《广东教育现代化 2035》《国家职业教育改革实施方案》（国发〔2019〕4 号）、《职业教育提质培优行动计划（2020—2023 年）》和《高等职业院校内部质量保证体系诊断与改进复核工作指引》（试行）（职教诊改〔2018〕25 号）等文件精神，提出逐步在广东高职院校推进建立教学工作诊断与改进制度，建立常态化自主保证人才培养质量机制，引导和促进高职院校不断完善内部质量保证体系建设、提升内部质量保证工作成效的过程。职业教育高质量发展的重点是全面开展教学改进与诊改工作，内部质量保证体系的建设与运行，切实发挥精准对人的质量保证主体作用，推动职业学校"课堂革命"，将课程教学改革推向纵深。坚持以学校诊改工作作为基础，聚焦学校、专业、课程、教师、学生不同层面的目标与标准、监测与预警、诊断与改进的机制建设和运行情况。

OBE 是成果导向教育（Outcome—based Education）的缩写，自提出以来在全

---

① 作者简介：杨倩（1983—），女，吉林人，广东科贸职业学院，讲师，经济师，管理学硕士，研究方向：物流管理；梁敏茹（1986—），女，广东人，广东科贸职业学院，研究实习员，研究方向：职业教育管理。

基金项目：本研究为 2021 年度广东省教育教学规划课题（高等教育专项）"学习成果视阈下高职现代物流管理专业核心课过程性评价研究与实践"（课题编号：2021GXJK703）、2021 年度广东省高等职业院校农林牧渔类专业教学指导委员会教育教学改革项目"基于 OBE 理念的高职涉农物流课程诊改设计研究与实践"（课题编号：YN2021YB06）的研究成果。

球范围内迅速传播和应用于教学和评估领域，该理论使得教育教学的关注点发生了根本性的变革一从过去的偏向于关注"教育投入"，向关注"教育产出"转变，即从企业、行业等社会发展需求出发，从课程源头进行教学设计、实施和评价，切实符合高职教育人才培养定位和需求。完善以学习者为中心的专业和课程教学评价体系，推动职业院校分类开展教学诊断与改进工作，形成职业院校人才培养工作诊断与改进制度。课程诊改作为十四五期间高职院校高水平课程建设及教学诊改工作中的重要组成部分，直接影响到职业院校人才培养质量。

一、目前广东高职院校开展课程诊改的现状

目前高职课程诊改领域相关研究仍处于发展初期，理论研究还有待完备，现有的研究主要集中于对诊改的概念、价值、机制、方法、策略等方面问题进行研究，缺乏较为系统的模式。高职院校在实践方面都还不够成熟，高职课程的设计和实施仍旧处在"教什么、怎么教主要由学校和教师的意愿决定"，高职课程教学存在目标模糊、内容混乱、过程传统、评价单一的问题。课程诊改作为人才培养的重要层面，主要存在以下几点问题：

第一，课程建设规划方面：未强调与社会需求、产业需求以及人的发展需求相对接。课程目标缺乏明确可视化的视角，与物流企业对于人才的核心能力要求不匹配，因此存在培养出来的学生不能满足院校特色、行业企业对人才的需求。

第二，课程质量标准体系建设方面：单一的考核方式对课程质量进行评价。学习成果评价以闭卷考试为主，教学评价方式重视考核结果，考核评价指标体系不完善，没有量化，学生获得的实际能力没有达到课程的要求。

第三，课程诊改运行机制方面：课程投入和实施过程对课程产出的支撑度不够。教学课堂上，课程设计没有较好地结合专业特色，课堂上教师主要以讲授的方式为主，学生不清楚自己应该达到的能力目标要求，学习积极性不高，学习目标盲目，没有达到课程学习成果目标，过程学习效率较低。

二、开展 OBE 理念下高职现代物流管理课程诊改的意义

1. 是高职教育高质量发展的切实需求

随着广东省十四五年远景目标规划出台，准确把握高职教育的服务方向与社会发展规律，切实推动高职院校教育工作符合国家重大战略和地方经济发展需求，我国一直重视职业教育质量，近几年来，高职院校相继改善教学条件，带动高职教育质量整体提升。广东职业教育发展迅猛，结构逐步优化，评选出一批国家示范院校和骨干院校，推动高职办学质量进一步提升。高职教育教学改革的中心是课堂改革，只有不断提升课堂教育教学质量，才能不断满足人民对优质高职教育的需求。

2. 是高素质技术技能人才培养的迫切需要

目前，许多院校出现了生源质量不断下降的现象，毕业生人数多就业难与社会对高素质技术技能人才需求严重短缺并存。粤港澳大湾区物流管理人才缺口严重，物流人才有效供给严重不足，体现了高职院校在课程体系设置、教学过程、

考核与评价等方面都存在诸多问题，因此如何推进职业院校建立内部质量保证体系，持续提升高素质物流技术技能人才培养质量是当下亟须解决的问题。

3. 是高等职业教育质量评价的重要保证

职业教育质量评价是职业教育健康发展的重要保证，也是职业教育发展的健康之路。十四五期间广东省高职教育进入了提质培优阶段，进入了检验人才培养效果的内涵式发展阶段，课程教学改革是教育内涵式发展目标实现的一个重要指标，OBE 理念为指导的课程教学诊改为高水平课程建设提供了新的思路。

三、实施 OBE 理念的高职现代物流管理课程诊改路径

1. 形成现代物流管理课程目标链建设规划

课程诊改是提高高水平教学质量的重要环节，教师也是诊改过程中最基本的个体元素，因此，设计符合现代物流管理课程目标链是最容易实现教学目标并且实践推行的。

根据 OBE 理念，高职院校现代物流管理课程诊改首先明确课程的学习成果即学生在毕业后 3—4 年应当达成的能力要求，学生需要达到的毕业能力要求应当在征集企业、学校、学生、教育专家等多方利益相关者意见的前提下制定，保证"清楚的表达"以及可"测评"，继而基于学生的毕业能力要求形成完整的专业课程体系以及课程目标、标准体系，不断调整目标和改进方法，逐级达到顶峰。

2. 设计现代物流管理课程质量控制标准

现代物流管理课程目标链的质量控制包括从内外需求分析到形成具体课程目标及相应学习成果的全过程。OBE 理念强调反向设计，由内外需求分析形成清晰明确的、可视化、可测量的毕业生能力要求。运用课程地图工具，学生毕业能力要求与现代物流课程体系之间存在清晰的映射关系。课程目标及相应的学习成果之间形成一一对应的关系。教材与课程资源、课程团队配置、课程内容、课程支持服务、课程授课计划均需与相应的学习成果形成映射关系。

课堂教学的质量控制通常以一堂课作为诊改周期。该部分质量控制标准的设计应以课程目标以及相应的学习成果作为逻辑起点。对课堂教学的质量控制可分为课前、课中、课后几个部分。其中，学习成效评价的结果是判断课堂效果好坏的主要依据。

3. 建立现代物流管理课程诊改运行机制

高职院校根据现代物流课程建设规划目标，确定课程诊改运行各要素之间的结构关系以及运行方式，开展课程自主诊改。课程诊改的运行分为课程建设以及课堂教学两个部分，课程诊改最终形成以内外需求作为起点和终点的课程诊改循环，贯穿课程建设、实施以及评价的全过程，以保证现代物流课程诊改的一致性。

课程建设诊改需要对照课程质量建设标准，对教材、课程内容、课程授课计划及课程团队建设过程进行质量控制。利用信息平台、现场听课等手段方法，对

照质量控制标准，对课堂教学的"课前、课中、课后"三阶段的质量进行控制。在对课程教学质量的诊断，须基于对课程学习成果达成度的周期性分析，发现与解决课程教学与课程建设中存在的问题。课程结束时需要对课程教学过程是否满足课程学习成果进行诊断。

（四）完善现代物流管理课程诊改保障措施

我校于2018年底获批为内部质量保证体系诊断与改进省级试点院校。2019年底，根据"扩提强"要求完善了学校、专业、课程、教师和学生五个层面目标链和标准链，打造"8"字形质量诊改螺旋，发布全校诊改工作安排，在校园网上运行诊改工作专题网站，开展动态宣传、培训学习、线上指导等工作，构建系统的、科学的、有效的教学质量监控体系，形成学校质量保证制度体系，实施教学质量的全面管理，进行内部质量保证体系诊断与改进工作。

论高职院校学前教育专业与思政元素结合的实践教学体系的构建及现状

卢晓芬[①]

（广东创新科技职业学院）

摘要： "育人"先"育德"，把思政元素与学前教育专业相结合是为了实现立德树人，促进传道授业解惑、育人育才的有机统一，因为思政元素包括思想政治教育的理论知识、价值理念以及精神追求等，可以潜移默化地对学生的思想意识、行为举止产生影响，所以在学前教育专业课程教学中加入思政元素课程，是现代高职院校思想政治教育协同育人发展的必要举措。在此基础上，如何全面推进高职院校学前教育专业加入思政建设课程，实现思想政治教育与学前教育浸入式有机融合是当前高职院校主要考虑的。

关键词： 学前教育；思政元素；结合；教学构建

一、学前教育专业与思政元素结合的实践意义

学前教育与思政元素结合是为适应新时代人才培养的重要举措，是实现"三

---

① 作者简介：卢晓芬，出生于1994年8月，女，籍贯广东，广东创新科技职业学院教师，研究方向：学前教育。

全育人"理念的教学改革，是落实"立德树人"根本任务的主要途径。高职院校是"课程思政"尝试和探索的重要载体，其围绕"课程思政"构建育人新格局，充分整合专业课和思政课的教学资源，促进二者的协同配合、积极运作，挖掘其中蕴含的思想政治教育元素。

学前教育作为我国人才培养的初级阶段，担负着启蒙教育的重任，随着时代的发展，社会的进步，社会竞争压力越来越大，社会对人才培养的要求也越来越高，现阶段的学前教育已经不是基础学科知识的传授，而是对幼儿思想的启蒙教育，这就对日后投身学前教育事业的学生提出了更高的要求，不仅要自身专业素养过硬，还要懂得如何引导幼儿对生活中的事物、行为有正确的认识，启蒙学生的思想教育，这就需要加强对学前教育专业课程的学生的思政教育，唯有学生的思想道德过关，懂得如何开展思想引导教育，才能在日后的工作中得心应手。

二、学前教育专业课程思政教育实施现状

1. 课程思政教育理念尚未成熟

一直以来，很多高职院校尚未制定和实施思政课程建设的纲领文件，思政课程工作不仅缺乏统一的部署和规划，而且在纵向推行上缺乏科学性和协调性。高职院校在一定程度上存在着重科研、轻教学的趋势，导致了专业课教师把时间和精力都投入到科研当中，更甚者将职称量化考核标准也以科研业绩为先，而思政课程的教师管理制度尚不健全，思政教育理念尚未成熟，没有硬性考核，缺乏完善的监督评价机制和奖惩机制。

2. 课程思政教育方法仍在探索

思政课程的教学目标缺乏纵向贯通和横向融合。现阶段，思政课程仍然处于探索阶段，教育理念尚未深入人心，思政课程本身并不是一门独立的课程，只有和其他学科内容相融合，才能发挥它的引领作用和教育作用。而学前教育教师如果延续将思政教育局限化的教学内容作为教学重点，这不可避免地会提高专业教师在教学过程中融入思政因素的难度，以及思政因素融入的有效性与适宜性。

高校专业课程自成一体，课程思政缺少，统一背课，"点"与"线""面"难以形成"体"的结构。目前，高校的学前教育专业的课程教学基本都是自成一体，由某个教师独立承担，对如何进行课程思政化都局限于教师自身一时、一地的自我发掘与发挥；有的学校即便是同一门课程由多个教师分工授课，也只是进行班级的划分，并没有对授课内容及方式进行协同备课。产生两个问题：一是在同一专业不同教师都承担课程思政化建设的背景下，不同课程重复嵌入思政元素，而没有对思政元素进行分块分类、协调统一地融入整个专业课程教学进行整体规划。

3. 课程思政教师水平有待提高

专业课程教师对思政教育内涵理解窄化，导致对如何进行课程思政教育难以下手。多数学前教育专业的任课教师对"思政教育"存在误解，认为"思政教育"就是对学生进行党性教育、理论教育。其实这是对思政教育的窄化。仅把思政教

育视为党性教育、爱国主义理论教育，是对思政教育内涵与外延的窄化，这种窄化意识容易导致课程教师在遇到课程思政化、在专业课程教学中融入思政元素中无法把控，对思政课与专业课的界限难以把握等情况。

长期以来高职学前教育专业"思政课程"教育水平落后，就课本讲课本、就理论讲理论、内容抽象、言之无物，关照现实不够、理论与实践脱节，"一支粉笔加一块黑板"的"灌输式"方法陈旧，教师教得疲沓、无奈，学生抬头率不高，现代化的教学手段、教学设施也未在教学中得到推广和运用，没有真正发挥思政作用。这种脱离实践的"思政课程"不利于学生良好思想品德的养成，不利于学生的健康和全面发展，不利于中华民族伟大复兴中国梦的实现。

三、学前教育专业与思政元素相结合的教学实践策略

1. 树立学前教育与思政教育现结合的教学理念

学前教育专业教师应该明确，思政教育应是全面、系统、更为深入的教育，绝不局限于片面浅显的理论灌输。高校的学前教育专业的课程与思政教学之间的独立分离现状愈发明显，思政教育的针对性与有效性难以提高，因此，怎样将专业课程教育与思政教育进行有机结合，是高职院校都应该引起重视的问题。教育是以促进社会经济发展为服务目的的，学前教育中加强思政因素的教育为社会发展培育有力的后备力量，也顺应了时代发展的要求。专业课程教育是以提高学生的基础专业知识和基本操作技能为重点，在其中融入思政因素，可以帮助学生明确方向，规划自己的职业生涯，思政教育可以增强学生对世界的认知水平，从而使学生树立更加积极的世界观、人生观、价值观，形成良好的人格特征，成为全面发展、对社会有用的人才。

2. 构建课程思政教学体系

探索课程思政载体，创新教学方法。高职院校教师应该变传统的教学方法，以班级学生为主体，从而调动其主观能动性，找到思政元素适宜的渗透结合点和载体。比如说通过提供学生观看幼儿园墙面的涂鸦，或者是幼儿教师自制的玩教具图片，来引发学生的创新意识及团队合作意识，提高以学生为主体的教育价值导向。而教学方法也可以适当创新，教师可以根据教学目标，将思政元素与"教师和家长沟通能力"相结合设置教学情境；也可以通过角色扮演或小组讨论等教学方法锻炼学生的情绪控制能力、沟通能力以及倾听能力。教师要秉承修身立德、以身示范的原则，在教学组织过程中约束言行，展现自身的职业素养，成为学生的楷模。

思政教育绝不只是对学生进行党性和理论路线的教育，如上所述，它应该有更广的内容，具体包括三个方面：一是马克思列宁主义、毛泽东思想、邓小平理论、"三个代表"、科学发展观及习近平主席的治国理政的思想与理论。这是思政教育的最主要内容，它从根本上回答了思政教育为谁服务，为谁培养人的问题，即我们的教育要为人民服务，为建设中国特色社会主义服务。二是哲学思想，哲学

既包括世界观又包括方法论,思政教育元素包括教导学生学会用哲学一分为二的、辩证的、变化的、具体问题具体分析的思维方法看待世界,解决现实问题。

3. 打造高素质思政课程教师队伍

从根本上打造高素质的思政课程教师队伍,推进思政因素尽快地融入学前教育教学当中去。要在思想上消除误区,形成思政课程的责任自觉,并通过多种途径帮助专业课教师认识到思政课程能明确思想政治教育与专业课程之间的关系,认识到思想政治教育不仅不会干扰专业课程的教学效果,反而还会提升教学的思想性、人文性,深化教学的内涵,提升教学效果。结合思政课教育要求与学前教育专业的学科目标,挖掘其共同蕴含的思政元素,以便梳理课程内容体系,达到明确课程目标的目的,遵守教师职业道德是教师的基本准绳,在岗位对接时,通过对幼儿园的园长、教师、学生的访谈及观察,获取幼儿教师岗位的人才规格要求。

推行价值理念教育,即要教导学生从根本上树立社会主义核心价值观,包括从国家层面、社会层面和个人道德层面三个层面对学生进行价值观引导。仅把思政教育视为党性教育、爱国主义理论教育,具体在学前教育专业的课堂教学中任课教师容易出现两种误区:一是专业知识教学与思政教育两张皮,课程教师难以找到嵌入思政元素的节点,只是把思政教育元素生硬刻板地塞入课程内容教学中;二是课程教师对本学前专业的课程教学目标、教学重心把握不准,对思政元素融入的幅度及时长难以把握,导致有的老师把专业课上成思政课,原计划的教学内容无法顺利完成;有的老师对思政教育蜻蜓点水,一笔带过,学生没有感受到"悟道"的过程。

"以学生为中心"的高职英语思政教学研究

胡 婷[①]

(广州华商职业学院)

摘要: 在"课程思政"理念的引领下,高职英语如何做到语言知识技能和思想的双向提升,真正发挥好高职英语的思想政治教育作用,需要高职英语教师积

---

① 作者简介:胡婷(1985—),女,陕西富平人,广州华商职业学院国际经济与贸易学院教师,英语语言文学专业硕士研究生学历,硕士学位,助教,研究方向:英语教育,教学法。

极践行"以学生为中心"的教学理念，革新传统的教学方法，发挥学生的主动性，提高学生的有效参与，拓展学生的英语知识技能的同时，助力学生树立正确的世界观、人生观和价值观，提高他们对中西方文化的辨别能力。"以学生为中心"的教学理念能够更好地助推"课程思政"和高职英语的深度融合，使学生在自主学习的过程中，在学会学习的过程中真正体会到学习的乐趣，在潜移默化的历练中提高自己的综合素养。

关键词：以学生为中心；教学方法；课程思政

一、高职英语课程思政践行"以学生为中心"理念的必要性

2020年教育部印发的课程思政《纲要》明确课程思政建设在所有高校，所有学科专业全面推进，并对推进高校课程思政建设进行了整体设计，分别明确公共基础课、专业课、实践课程三类课程思政建设重点，强调高校要有针对性的人才培养方案，切实落实高等职业学校专业教学标准，构建科学合理的课程思政教学体系。课程思政纲要的印发明确了公共基础课程需要根据自身特点以及学校需要，学生学情有针对性地开展课程思政教学，积极践行"以学生为中心"理念，切实提高思政教育的有效性。而高职英语作为公共必修课，在这个理念提出来伊始，高职英语老师就已经积极探索，在实践中寻找科学、合理且有效的实施途径，不断在发现问题和与解决问题中摸索高职英语教学与思政教育相向而行的融合策略，发掘两者之间的协同效应。

高职英语课程几乎涵盖全校除英语专业以外的所有学师生覆盖广，学习内容影响大，授　课集中，具备人文性和思想性等特点，同时这些00后新生思想活跃，朝气蓬勃，还没有形成完善的世界观、人生观和价值观，思想可塑性强。作为天然的教育隐形阵地的高职英语有着灵活的教学形式和丰富多彩的教学内容，与思政的结合一方面可以激发学生兴趣，另一方面可以深入挖掘英语中的思政教育元素，充实高职英语课程内容，使高职英语真正发出中国声音。00后高职学院处在一个文化价值多元化的时代,对中国传统文化和主流价值有着很高的认同度,因此,高职英语融入各种思政内容有着很高的实践基础。高职英语课程思政不仅可以吸引学生的兴趣，更能进一步提炼他们的思维，及时更新和完善自我，建立正确的价值取向。高职英语中包含着丰富的思政素材，教材紧密联系中国社会文化和学生生活，引导学生关心家乡，关注他人，在潜移默化中培养学生的家国观念和人文素养。英语融入各种思政内容可以更好地提升学生相关的知识和技能，为学生知识 和技能的提升奠定思想基础，引导其走得更远。因此高职英语和课程思政的结合更加契合学生身心发展的需要，体现"以学生为中心"教学理念的基本要求。高职英语应该积极地把课堂教学作为思政教育的主阵地，积极践行"以学生为中心"理念，实现高职英语教学过程中的教育与育人双向目标，在日常教学中利用语言优势来培养学生的自主学习能力和锤炼他们的良好品质，充分提炼高职英语课程中的丰富的传统给文化基因和育人优势，在润物细无声中对学生进行理想信念和价值的引领，在提升他们语言技能的过程中，培养的他们的道德品质。

二、"以学生为中心"进行英语课程思政教学

1. 丰富多彩的导入活动

高职的学生普遍英语较差，因而不愿听，不愿学英语。缺乏学习英语的主动性和积极性。因而如何打开他们的心扉，让他们愿意学习英语，主动去学习英语成为英语老师每节课的首要任务。因此英语老师可将每一个单元打造为一个整体，在每单元开始的时候就设置好思政主题，每次课开始的时候围绕主题设计丰富多彩的活动，寓教于乐，即激发了他们学习英语的兴趣又在活动对他们进行品质和道德的塑造。例如针对他们词汇量少，不愿意记单词，觉得积累单词枯燥的特点，可以设置一些游戏化，趣味性的活动来帮助和激发他们去积累。笔者在自己所用的教材《高职国际进阶英语》第二单元刚一开始就采取了单词接龙活动来激活他们的单词记忆，激发他们的竞争意识。以问题的形式先引导他们进行思考，"What can you see in your home town when you spent your spring festival？"然后在规定的时间里以小组为单位进行单词接龙，最后及时进行评价，对表现好的学生以小组为单位进行表扬 和鼓励，使他们化被动为主动，让他们惊讶于自己的努力所带来的成果，激发他们心中的自信心和挑战欲。当然结合第二单元的主题"爱我家乡"，学生课后要在线上根据自己在课堂上完成的单词来写一篇介绍自己家乡的文章，这样即巩固了今天所学习的单词，锻炼了他们的写作能力，开阔了他们的眼界，拓展了他们的思维，又激发了心底对家乡，对祖国的热爱。

2. 基于问题的拓展阅读

为了对他们进行思想品质和价值观的塑造，英语的阅读内容将不局限于课本，每单元的阅读文章讲解前，老师都会在课前布置相关的阅读任务，这些阅读材料不限于线下，也包括线下。老师将问题提前发给学生，让学生在问题的指引下进行阅读，督促学生先通过自主阅读，然后在课堂上以小组的形式进行汇报。阅读的内容由老师来掌控必须保证阅读内容的品质和正向性，能给学生以真正的思政教育。这样通过学生的思考、展示和相互交流，加之老师的适当引导学生会提前对自己要学习的内容有一定的理解，提高新知识在学生心中的可接受性，防止学生出现反感，避免课堂上出现大批的沉默现象。在这种小组展示活动中，老师要充分发挥学生的主动性，给予每个小组成员都能锻炼口语的机会，教师要根据各组最终表现计分，让他们充分认识到集体的力量，学会如何高效地进行团队协作。例如，在第二单元的老师设置的问题是美丽的中国美在哪？推荐的阅读材料是《可爱的中国》的英文版，需要学生从中选取一段上课来展示。然后讨论回答老师的问题。老师最后进行总结和提炼并引入教材内容的学习。通过小组活动，老师引领，学生们充分领悟到中华大地之美，中华文化之美，坚定了文化自信，更加认识到学习英语的重要性，通过英语这个窗口，将优秀的中华文明传播出去。

3. 游戏巩固

由于高职学生的英语基础薄弱，对学习英语有很强的抵触情绪，加之刚刚从

应试教育的束缚中解放出来，学习英语的主动性很差，而在教学环节设计的游戏可以充分调动他们的积极性，游戏的设计不仅要针对学生的语言知识，认知能力，对学生进行听说读写译的重点培养，还要对他们的思维能力，展示能力，创造能力进行训练，而且要针对他们的思想特点和单元的主题进行量身定制，对他们的行为举止价值观进行潜移默化的塑造，让学生在玩游戏的过程得到思想的启迪，人生的教诲。比如在第二单元的爱我家乡主题的引领下，设计猜一猜的游戏来锻炼学生的听力，听力的内容是关于中国的各种节日，老师将节日的特色设计成可以闯关的游戏，学生在听听力的过程中领悟中国文化的魅力，坚定文化自信，也学习了如何用英语将中国文化推介出去。

4. 情景锤炼

学生的知识必须经过实践的锤炼才能真正地掌握，才能契合社会的需要，造福他们今后的人生。思政与英语的融合也只有经过实践这一环才能真正地发挥对学生思想信仰的引领作用。发挥好高职英语"守好一段渠，种好责任田"的思政协同作用。而由于学校教学的特殊性，要想真正做到"以学生为中心"，教师就要通过各种感官手段，鼓励学生在情景中进行知识的提升，实践技能的提高和思想的教育。教师可以适当开展课本知识或者有关故事的情景再现，组织学生进行角色扮演，或者出演英语话剧，采用适当的专项文化来强化学生的语言和文化输出，鼓励学生大胆进行演艺，在情景表演的过程中学会如何传递文化自信，塑造中国人的良好形象。情景教学不仅可以增强学生的学习兴趣。变被动为主动，强化学生在实际生活中的应用能力，而且学生由听课者变为主讲者，在角色的演绎中真正认识到自身努力的重要性和自身知识的局限性，逐步形成终身学习的理念，理解老师的苦心，明白今后人生努力的方向，养成敢于挑战，勇于奋斗的品质。

三、结束语

新时期的教育教学改革中，社会各界已经充分认识到"以学生为中心"教学理念的重要性。高职英语课程思政必须坚持"以学生为中心的"教学理念，在"以学生为中心"教学理念的引领下，不断探索契合00后大学生的学习和思想特色，顺应当今时代全球化教育的新要求的新教学方法，积极践行课堂教学改革实践，不断激发学生学习英语的兴趣，突出学生在教学中的主体地位，发挥好他们的主动性，在垒实他们语言能力的基础上，种好自己的思想责任田，实现高职英语课程思政的有效性，提高高职英语教学的整体水平，实现学生整体素质的提升。

"十四五"时期高职院校"大思政"育人格局研究

李慧静[①]

（中山火炬职业技术学院）

摘要： "十四五"时期高职院校要构建"大思政"育人格局，推进思政课高质量发展，加强党对高职院校思政教育的引导，从"三全育人"理念从发，提出要进一步构建课程思政与思政课程协同互动的全方位育人思政模式，打造全体师生共同参与的全员育人思政模式，构建传统媒体与新媒体相结合、课程建设和实训实践相结合的全过程思政育人模式等。

关键词： "十四五"时期；高职院校；大思政；高质量发展

一、"大思政"育人格局的内涵及实践的逻辑起点

"大思政"是指以立德树人为目标，以一体化领导，协同化运行，专业化开展为手段，通过发挥思政课程的主渠道作用，构建课程思政育人体系，使思政课程和课程思政协同，从而实现"三全育人"思想政治教育。从当前来看，高职院校思政教育的开展还存在着诸多问题，因此构建"大思政"格局具有重要的意义。

首先，构建"大思政"格局，对高职院校思政总体育人格局提出"树大局"的新要求。国务院发布的《国家职业教育改革实施方案》（"职教20条"）提出要加强"党对职业教育工作的全面领导"，高职院校承担着为国家培养高素质高技能人才的重要使命，因此，高职院校的思想政治教育工作要构建"党建+思政"模式，在党委的统筹领导下，把各部门资源都调动起来，共同开展好思政教育，要从顶层设计开展，制定好目标方案，强化全要素参与，构建"大思政"格局。

其次，构建"大思政"格局，对思政课程的主渠道和主阵地作用提出了"讲创新"的新要求。2019年习近平总书记在学校思政课教师座谈会上强调了建设好思政课的重要意义，提出要推动思政课的改革创新。而从目前来看，一些高职院校存在着思政课堂比较呆板、教师照本宣科读讲稿文件，"灌输式"教学、教师"一言堂"等问题，致使思政课堂教学的吸引力不高，这些都成为制约思政教育的"短板"，因此，"十四五"时期，要在"大思政"格局下建立精品思政课，促进思政课的高质量发展。

再次，构建"大思政"格局，对课程思政育人模式提出了"全覆盖"的新要求。

[①] 作者简介：李慧静，女，中山火炬职业技术学院思政部教师，讲师，博士，研究方向：马克思主义理论与思想政治教育、职业教育。

目前，高职院校的思政课程与专业课程之间存在着联系不够，协同性较差的问题，马克思主义理论对于哲学社会科学课程以及其他专业课程的引领性较差，一些高职院校简单地理解思想政治教育工作就是思政教师的事情，高职院校的"大思政"格局要求思政课程与课程思政之间要实现双轮驱动，构建协同机制，共同做好立德树人工作，课程思政要做到全方位、全覆盖专业课建设，让学生在产教融合中培养工匠精神，侵入红色思想，传承红色文化。

二、在"大思政"格局下推进思政课高质量发展

1. 以培养高综合素质技能人才为目的，推进高质量发展，建设思政精品课程

"十四五"期间，要围绕高质量发展这一主线，推进思政课改革创新。2021年两会期间，当有委员提到要向青年学生讲好抗疫这堂生动鲜活的思政课时，总书记再次强调了"大思政"的重要性，思政课不仅要在课上讲，也应该在社会生活中讲，充分体现了"大思政"精神。思政课堂要充满活力，就要具有针对性，针对当前以"00后"青年群体为主体的高职学生特点，思政课程只有紧密结合学生感兴趣的热点问题，与学生生活契合，与学生思想贴近，才能够激发学生的学习热情，使得学生在润物无声中坚定马克思主义立场，树立社会主义核心价值观，要以"八个相统一"精神为引领，加强精品思政课建设。作为高职院校而言，要以推进"双高建设"为契机，构建精品思政课程，以中山火炬职业技术学院（以下简称"火炬职院"）为例，学校作为中国特色高水平高职学校和专业建设计划专业群立项建设单位，在推进"双高建设"过程中，学校加强思政精品课程建设，注重从完善课程标准，丰富课程内容，优化课程教学设计等落实思政课深化改革目标任务，结合学校"双高建设"任务，预计至2023年共开发思政通识课程20门，建设1门思政网络资源精品课程。

2. 以激发思政课活力为切入点，推进高质量发展，搭建全方位思政课平台

"十四五"期间，思政课程要深刻挖掘需要改进的方面，在新征程中思政课程要与时代同行，与学生共同成长，要积极搭建线上线下结合、校内校外结合的思政课建设平台。首先，思政课堂要实现这种从"以教师为中心"到"以学生为中心"教育范式的转换，积极实施思政课程教学改革，在思政课教师授课过程中打破以往的教师本位思想，利用"翻转课堂"、启发式学习、课堂小组讨论等形式，加强学生自主学习的积极性，以火炬职院为例，学院以"青年大讲堂"为载体，选拔优秀青年学生组建讲师团，深入到思政课堂、学生社团、社区企业等，用朋辈讲红色故事的方式向学生进行思政教育，激发了同学们的学习热情，达到了学生自主"学"的目的。其次，要使线上线下思政课教育相结合。作为线下学习的有力补充，线上学习更能够使学生利用碎片化时间，并符合"00后"学生善于运用手机媒体的特点，通过学生线上的拓展学习，将思政课堂教学延伸至课外，丰

富了教学内容,达到了学生自主学习的目的,学院思政核心课程运用"超星云平台"等精心设计线上教学课程。

三、加强党对高职院校思想政治教育高质量发展的引导

1. 以党建全方位引领,开展立德树人工程建设

习近平总书记强调:"加强党对教育工作的全面领导,是办好教育的根本保证。"高职院校党委要高度重视思政教育,全面落实"三全育人"理念,以党建引领思政,构建"党建+思政"的大思政格局。以火炬职院为例,学院成立思政课建设领导小组,由党委书记任组长带头抓思想政治教育工作,并注重破除学科壁垒,推进课程思政建设,形成了自上而下地推行思政课程与课程思政建设,实现了两者协同并行、双轮驱动的局面,学院组织全体教师定期开展政治理论学习,并发挥党支部的思想建设堡垒作用,在党支部推行"党建铸魂+特色育人"等系列活动,通过这些活动增强全体师生的党性修养和学习意识,筑牢教师的思想意识防线。

2. 以党建全方位引领,用三个"融入"打造课程思政与思政课程的一体化育人模式

高职院校要在"大思政"视阈下充分发挥思政课程主渠道作用,并使专业课程与思政课程同向同行,师生全员参与,从而使思政教育工作贯穿于育人工作的全过程。

在专业课程中融入社会主义核心价值观,打造全体师生共同参与的全员育人思政模式。习近平总书记在2014年9月在北京师范大学视察时提出了广大教师要成为有理想信念、有道德情操、有扎实学识、有仁爱之心的"四有"好老师的重要讲话精神,为专业教师的培养指明了方向,专业教师在学生的成长中不仅承担了专业知识的传授者,同时更是学生思想价值的引领者。专业课教师一定要在专业课教学中用正确的价值观引导学生,构建高职院校全体师生共同参与的育人模式是新时代高等职业教育高质量发展的必然选择,在人才培养目标上,不仅要培养学生的专业素养,更要强调学生的综合素质;在课程标准上,要将核心价值观、职业素养等融入专业课程进行全面设计;在课程资源建设、课程评价、教案设计等均融入思政元素,培养学生的核心价值观。

四、"三全育人"视角下构建"大思政"育人模式的思考

"十四五"期间要深化思政教育的高质量发展,就要从"三全育人"理念从发,构建"大思政"的育人模式。

1. 要进一步构建课程思政与思政课程协同互动的全方位育人思政模式

课程思政和思政课程作为两个共同为大学生思想政治教育开展的重要平台手段,不是孤立而生的,而应当是协同协向的。一方面,专业课教师和思政课教师要经常进行课程思政研讨学习交流,对于专业课中存在的思政元素要深入挖掘,广泛探讨。另一方面,对于精品课程思政,要形成样板品牌,推广出去,供师生

共同观摩学习。

2. 要进一步打造全体师生共同参与的全员育人思政模式

随着时代的发展，"80 后""90 后"教师逐渐成为职业教育的生力军，这些中青年教师成长于社会转型时期，受到各种意识形态的思想冲击影响，少数教师可能存在理想信念迷失，马克思主义立场不够坚定、职业道德淡化等问题，因此，学校要从源头入手，无论是前期的选人用人，还是后期的教师继续教育培训，都要更加注重教师的思想道德品质，坚持"党管人才"的原则，立德树人，以德为先，使全体教师树立"为党育人，为国育才"的思想。

OBE 理念下工商企业管理
专业人才培养课程体系研究

刘 婷[①]

（惠州经济职业技术学院 广东 惠州 516057）

摘要： 近年来，随着工商企业管理专业的不断发展和招生规模的扩大，教育模式变革已经成为改善工商企业管理专业人才培养所必须解决的基本问题。OBE 教育模式作为我国教育质量评价的一种模式，已经成为我国教育发展的趋势。基于 OBE 的理念，每个学校管理者和教育者都必须面对一个问题，就是提升人才培养质量。因此，探索 OBE 理念下工商企业管理专业人才的培养对提高培养质量具有理论意义和实践价值。

关键词： OBE 理念；工商企业管理；人才培养；课程体系

一、OBE 理念

OBE 教育理念适用于学生自主学习，强调学习的自主选择性。在教学方法与课堂形式上，采用启发、互动、讨论、案例等方式，由灌输教学转向参与教学，增加学生的实践机会和思维能力。通过导引、问答、实践、翻转课堂等强化学生的主体地位。建立开放式与立体化的学习空间，具体表现：现实与虚拟、理论与

---

① 作者简介：刘婷（1982—），女，内蒙古包头人，惠州经济职业技术学院，讲师，经济师，硕士，主要研究方向为高职教育研究和中小企业管理。

基金项目：广东省高等职业技术教育研究会 2019 年一般课题"基于 OBE 的工商企业管理专业人才培养模式研究"（项目编号：GDGZ19Y020），主持人陈宏寿。

实践、课内与课外、线上与线下、共性与个性五方面的结合,满足学生的学习需求。

二、工商企业管理专业人才培养课程体系存在的问题

1. 课程设置的不合理性

课程是学生成长和发展的营养,决定了人才培养的质量和水平。合理的课程可以最大限度地培养人才,使培养人才能够满足社会的实际需要。但是,目前大多数的教育课程基本上由四个基本部分组成:教育基础理论,工商管理专业基础理论,技能课程和教师教育实践课程,很少反映地域特色或工商管理专业学校的课程。长时间来,学校工商管理专业一直在追求创新和研究型人才的培养模式。他们的课程强调主题知识和理论知识相结合,专业基础课过多,如侧重于工商学基础的教学,缺少创新,实践和职业生涯规划等课程,即只能解决"什么是知识"的问题而不能解决学生毕业后的工作问题。此外,该课程缺乏鲜明的时代特征,而且该体系已经过时,特别是对于研究和探究类型的课程而言,学生习惯于在无聊的理论中死记硬背,发现和解决问题的能力很差。这些无疑限制了学生的视野,限制了学生思维的发展,使学生的知识面狭窄。

2. 教学方式的单一性

在目前的工商管理专业课程中,虽然教学方法不再像过去那样,但大多数教师的教学方法仍然是以讲座为基础,学生们仍然在课堂上听,学生们不能在特定的实践操作和经验中进行锻炼。另外,由于传统教学方法的影响,其他新的教学方法,如讨论法和探讨法仍然没有在课堂上广泛使用。

3. 工商企业管理专业人才管理理念不完善

对于人才方面的管理理念来讲,在职能方面来讲,其工作内容一般的也就是对人员进行一定的管理,从工作的内容方面来看,根本就谈不上是管理理念的工作。对于工商管理专业来说,好的人才管理理念应该是帮助工商管理专业寻找合适的人才,这些人才对于公司的发展是有一定的帮助的,还有就是要按照工商管理专业的发展方向对人员进行规划,可以更好地为工商管理专业提供和创造培养人才,同时,还可以更好地为学生的职业生涯进行策划和设计,帮助学生可以更好地发展,为公司的发展献出自己的力量,还有就是当学生出现厌烦的情绪,要善于对学生进行一定的情感指引,只有这样才可以帮助学生更好地在工商管理专业发展下去,也才可以帮助公司发展。另外,工商管理专业的管理专业人才信息化程度相对较低,有很多的工作尤其是技术性的工作是需要不断地进行完善的,这时候就需要管理更好的工作,才可以帮工商管理专业的发展,才能提升工商管理专业的进步。同时,工商管理专业在还没有认识到管理理念可以对工商管理专业的发展起到作用之前,是不会根据工商管理专业的学生自身价值观来制定工商管理专业的管理理念制度的,这样也使得工商管理专业的管理理念工作得不到相应的落实。

三、工商企业管理专业人才培养课程体系的优化策略

培养工商管理管理专业人才的内涵应着眼于学生的知识结构和服务目标，并确定培养工商企业管理专业人才的一致目标。这也是国内大学制定类似的人才培养目标的根本原因，但是在特定的人才培养过程中，培训方式更加多样化，师范教育培训是工商管理专业较为成熟的培训方式。一是培养工商管理专业人才的教育教学理念，组织师生就培训方式进行讨论，提高对统一思维的认识。二是要根据现有的人文培训模式，对课程体系和教学内容进行创新性改革。

1. 做到课程设置的科学合理化

课程设置是根据内部和外部需求、培训目标、毕业要求、社会实践，知识学习、课程体系、教学内容等建立的。例如，根据教学规律、国家需求、行业模式和职业要求来满足内部和外部需求，确定知识、能力和目标达到毕业要求，并通过知识学习和社会实践来培养学生的能力。课程设置在管理专业人才培养中发挥着重要作用，课程是否合理决定了人才培养的质量水平。科学合理的工商管理专业课程结构是指工商管理专业开设的各种课程之间的合理结构，其特点是提供的课程顺序合理有序，科学合理的工商管理专业课程内容是指专业提供的每门课程的内容安排，必须符合学科知识的逻辑和学生身心健康发展的规律。在课程的修订或调整中，应根据不同的工商管理专业水平进行人才培养目标，实现课程的科学合理化。首先，工商管理专业应该更新课程理念，工商管理专业的学生应及时了解国家出台的新教育政策，与时俱进，及时更新教育理念。在课程理念方面，无论高等学校的层次或类型如何，都要坚持以人为本，以学生为中心，摒弃传统的过时观念，以书本和教师为中心的方法，并引入新的方法。其次，大学应调整课程结构，使课程结构更加科学合理。

2. 做到教学方式的多样化

OBE强调以"学生发展""学生学习""学习成果"为中心，追求教与学的合作化。教师角色应从传授、灌输转为帮助、促进、引导。课堂教学实施注重课堂练习、测验以巩固知识；注重利用多媒体展示知识和技能，解决学科中的关键问题，提高教学效率，增强教学效果；注重通过示范教学、案例教学、启发式教学、归纳法教学等方法和手段，培养学生的实践能力和创新应用能力。在当前强调工商管理专业教学改革的背景下，工商管理专业教师应积极参与打破传统教学方法的教学改革，然而遗憾的是教学的实际效果非常小，原因是教师缺乏控制新教学方法所需的理论素养和实践理解；其次，在教学方法改革之前，教师对学术情况的研究不够，导致教学改革缺乏特殊性。因此，为了保证工商管理专业教学方法的多样化和有效性。一方面，工商管理专业者应该加强这一专业学习理论的教学模式，认真分析适合工商管理专业的教学模式，如自学辅导，案例分析，专题讲座，沙龙讨论，自我反思，微观教学等，适当参考西方经典的工商管理专业课程教学方法；另一方面，工商管理专业工作者应加强对工商管理专业实践教学模式的研究，

使学生能够提高他们的实际能力。只有结合教学方法和实践方法，才能保证工商管理专业教学方法的多样性和有效性。

3. 完善工商企业管理专业人才管理理念

对于工商管理专业的管理来说，管理制度是其基础，并且所有的工商管理专业管理工作都是在管理制度的基础之下展开的，并且制度也正好是实践中最为矛盾的一点，因此在知识经济发展的环境下，制定适合工商管理专业目前运营状态、提高工作人员的效率管理问题就成为我们现在最需要研究的问题了。在知识经济发展环境下，一定会伴随着新制度的制定，在制定新的制度时，不仅要确保制度的正确性，还要考虑到这个制度是否具有较强的执行性，是不是可以帮助学生改掉坏习惯，这是在知识经济发展环境下需要注意的问题关键。由于工商管理专业的管理制度是关系到每一个学生的，因此在制定制度时，应该让每一个学生都参与进来，这也是制定好的行政制度的关键。工商管理专业的管理制度是工商管理专业中的管理者拟定的，由于这些管理者并没有参与到全部的工作流程中去，因此制定出来的规章制度在实施的过程中难免会出现一些不适的问题，这也是工商管理专业的学生抱怨工商管理专业制度不合理的原因之一。因此，工商管理专业的管理者在制定制度的同时，一定要积极地听取学生的意见，在听取学生意见的基础上在对制度实施制定，可以很大程度的减少实施制度过程中出现的问题。

4. 组建教师团队

一种是师资培训。新教师必须经过备课、试讲、考核等环节，并获得相关的资格或证书，然后才能上课；任课教师应定期外出学习或参加培训，并以教师考核结果作为培训学分。二是师资队伍建设。所有教师应定期讨论备课和课程设计；课程团队可以积极参与教学培训活动，定期建立教学和研究机制，采取奖励制度，引导更多的教师参与课程建设。三是教师科研。课程负责人积极开展教学研究，发表研究论文，进行教学研究项目，并具有一定的教学经验和教学能力。四是教师结构。根据国家标准规定的师生比例，教师的知识，年龄和学历结构以及专职和兼职教师的比例是合理的。

结论：OBE强调"学生中心"的培养理念，提升学生的综合素养。随着现在我国经济和企业的不断发展，很多的工商企业招不到具备较强的知识获取能力、知识应用能力、创新创业能力，懂经营、会管理的高素质应用型复合型工商管理人才。因此加强OBE理念下工商企业管理专业人才培养课程体系研究是非常有必要的。

"大思政"视阈下的高职公共英语课程思政建设探究

冯　鑫[①]

（河源职业技术学院）

　　摘要：思想政治教育关系到了"立德树人"根本任务的落实，对于党和国家的未来发展意义重大，因此思政教育应该从实现中华民族伟大复兴的高度来统筹全局，以"为党育人""为国育才"为初心和立场，统筹各类课程，形成互促互进的协同效应，构建"大思政"的育人格局，从而形成巨大的育人合力。在这样的视阈下，高职公共英语也应该在传授语言知识、培养跨文化意识的同时，充分挖掘课程的思政元素，积极促进高职英语高水平课程思政建设。

　　关键词：大思政；高职公共英语；课程思政；立德树人；高水平课程建设

　　随着经济的迅速发展，对外开放步伐的不断加大，英语作为一门国际通用的工具性语言受到了重视。从小学到大学，各个阶段都会有英语这门课程，且占据了一定的地位。随着英语语言学习的不断深入，英语背后的西方文化也对学生产生了一定的影响。作为高职公共英语课程来说，其不但担负着向学生传授英语语言知识、训练语言技能的重任，更应当秉承课程思政建设理念，在教学之中结合具体的教学内容融入思政要素，以此帮助学生从容面对不同文化的冲击，实现国际化视野的培养和价值观的重塑。

一、高职公共英语课程思政的特点

　　所谓"课程思政"，指的是以构建全员、全程、全课程育人格局的形式将各类课程与思想政治理论课同向同行，形成协同效应，把"立德树人"作为教育的根本任务的一种综合教育理念。高职英语虽然是一门语言类课程，但是其具有一定的思政元素，因此在高职公共英语课程思政中呈现出了一些特点。

1. 基础性特点

　　首先，公共英语课是高职院校学生的公共基础课，具有基础性的地位，其授课对象为高职一年级学生，一年级的高职学生刚刚步入校门，这就意味着公共英语课程思政有助于大一学生正确价值观的形成，从而让其在当下以及后续的学习和生活当中养成良好的习惯。

---

①　作者简介：冯鑫，1981年，女，湖北荆州，河源职业技术学院，讲师，硕士，研究方向：英语教学与研究。

2、跨文化属性

高职公共英语课同一般的英语课程一样表现出跨文化属性。

自我国改革开放至今,英语教育得到了推广和重视,同时亦呈现出终身教育的趋势,不管是中考、高考还是考研、出国,英语教育都有着重要的地位。在这一背景之下,学生及其家长对于英语语言的学习均表现出较高的关注。习总书记在全国思想政治工作会议上强调,高校思想政治工作关系着高校培养什么样的人、如何培养人以及为谁培养人这个根本问题。为此,高职院校应当将"立德树人"作为开展各种教育活动的基准理念,将思政教育元素融入不同学科、不同课程的教学之中,这样方才能够真正实现三全育人,让高等教育迎来全新的发展格局。而高职公共英语课程具有跨文化这一属性,教师在教学当中不仅会涉及西方文化,还会涉及中国传统文化,以及中西文化的对比,并在这部分知识内容之中融入思政教育元素。可见,高职公共英语课程思政具有跨文化的特点。

3. 隐性教育特点

习近平总书记强调,要坚持显性教育和隐性教育相统一,挖掘其他课程和教学方式中蕴含的思想政治教育资源,实现全员全程全方位育人。思政课程是显性课堂,承担的是显性的精神塑造与价值培养的育人任务,而高职英语课程思政则具备隐性的特点,是隐性育人的重要阵地。在英语课程思政的建设过程之中,教师应当把握好隐性教育同显性教育二者之间的关系,找准育人角度,确保英语课程思政的教学效果得到达成和实现。

二、"大思政"视阈下的高职公共英语课程思政建设策略

基于"大思政"视阈,高职公共英语应该挖掘与提炼教材中的思政内容,融入中国传统文化元素;结合互联网资源,挖掘课程思政元素;借助第二课堂阵地,积极落实立德树人根本任务;改革课程评价模式,基于课程思政视阈创新教学评价。

1. 挖掘与提炼教材中的思政内容,融入中国传统文化元素

《关于进一步加强和改进大学生思想政治教育的意见》指出:"要深入发掘各类课程的思想政治教育资源"。结合这一要求,高职英语教师应当认真对教科书的内容加以分析,并结合具体教学内容实现对课程思政元素的发掘,如此将会充分彰显出英语课程隐性教育的积极效用。高职公共英语教学中,所选用的教材会涵盖诸多的思政内容,只要教师加以细心地挖掘和提炼,就能够为学生人生观、价值观的塑造带来非常重要的影响。

比如,在讲到 I'm worried about my future 时,教师可以引导学生谈一谈自己的未来,对自己未来的事业、家庭、财富等进行讨论,在此过程中引导学生树立正确的家庭观、事业观,为踏上工作岗位、解决好立业成家的人生重大问题打下基础。此外,教师还可以引入《礼记·大学》中的一些观点:"古之欲明明德于天下者,先治其国;欲治其国者,先齐其家;欲齐其家者,先修其身;欲修其身者,先正其心;欲正其心者,先诚其意;欲诚其意者,先致其知,致知在格物。物格

「十四五」期間广东高职院校高质量发展方略研究

而后知至，知至而后意诚，意诚而后心正，心正而后身修，身修而后家齐，家齐而后国治，国治而后天下平。"如此，通过对教材中思政元素的挖掘，能够使学生树立正确的人生观，形成家国天下的情怀。

2. 结合互联网资源，挖掘课程思政元素

高职英语课程思政建设工作最终能否取得预期的目标，在相当大的程度上取决于教师所遴选和发掘的思政元素是否得当，假若教师所遴选的思政要素得当，必然能够对学生形成足够的触动，让其实现对社会主义核心价值观体系的深入领会。然而教材资源毕竟是有限的，在挖掘教材资源的同时，教师也应该充分利用互联网这一信息资源的富矿，去互联网上搜寻课程思政的相关内容、学习其他院校英语教师在课程思政建设方面的经验和做法，并以此来实现对自身所任教的课程教学内容的精准设计与科学安排。举例而言，教师可以借助 APP"学习强国"订阅 China Daily，将相关时事内容安排进课堂教学环节之中，这样不但确保教学内容的实效性，同时亦能够达成高效思政教育的目的。同时，教师亦应当在讲解英语国家文化背景的同时，采取横向对比教学方式，向学生讲解我国相关文化的产生以及发展历程，这样将会让学生获得更为深刻的学习体验过程，也能进一步加强文化自信。

3. 借助第二课堂阵地，积极落实"立德树人"根本任务

在"大思政"的视阈下，思政教育不仅仅是思政课，还可以渗透到任何一门学科的教学中，同时，不仅仅是在课上渗透思政教育，还能够在课下借助第二课堂的阵地，来积极落实"立德树人"的根本任务。为此，高职英语教师可以在课内渗透思政教育之余，积极开辟第二阵地，通过丰富、有趣的实践活动来实现育人的目的。

第一，组织"英语角""英语沙龙"等活动。"英语角""英语沙龙"离开了高职英语既定的教学内容和教学目标的束缚，是一种自由的交流、思想的碰撞。教师可以为学生布置（或者是投票选出）一些活动主题，这些活动的主题多以东西方文化有关，也可以就教师所筛选出的适合学生英语水平的涵盖中西方文化知识、当今热搜、国际大事等学生感兴趣的新闻和短文进行交流、探讨，在活动中鼓励学生畅所欲言，在交流中促进英语口语表达能力，进而帮助学生拓宽国际化视野，培养学生的理性思维和爱国情怀，使学生树立正确的人生观、价值观、世界观，认识到自己所肩负的历史使命。

第二，举办口语大赛、英语辩论赛等赛事。高职学生通过不断的英语学习，口语能力大大提升，思维也逐渐成熟、缜密，因此教师可以组织一些口语大赛、英语辩论赛等活动，为学生筛选出一些具有时政性、人文性的话题，提高学生英语学习的兴趣，提升学生人文素养，使学生树立社会主义核心价值观。

4. 改革课程评价模式，基于课程思政视阈创新教学评价

教学评价活动亦是高职英语课程思政建设工作当中的重要内容之一，通过科

138

学的教学评价，能够衡量教师的课程思政建设与实施情况，同时亦能够确保思政元素真正融入于英语课程教学活动之中，进而达到"以评促思"以及"以评为学"的目的。

三、结语

本文中，笔者从高职公共英语课程思政的特点入手，结合教育教学过程中的一些案例，就"大思政"视阈下的高职公共英语课程思政建设策略展开了几点论述。需要注意的是，我们虽然强调"课程思政"的建设，但是并不意味着要在英语学科中硬性"植入"思政内容，真正的教育应该是春风化雨、润物无声的。因此，如何渗透思政教育，如何发挥英语与思政的协同育人作用，对于教师今后的教学至关重要。英语教师应该在学科教学中，着力于培养学生语言技能的同时，开阔学生的国际视野，提高学生的思辨能力，潜移默化地影响学生、熏陶学生，使学生坚定社会主义理想信念，树立社会主义核心价值观，真正实现"育人为本""立德树人"的高职英语高水平课程思政建设。

高校物流管理专业课程思政教学设计与探索

冯　佳①

（广东农工商职业技术学院管理学院　广东　广州　510000）

摘要： 从高校物流管理专业专任教师的角度，探讨如何改革课程教学，创新性地将思政教育融入其中。以一门物流管理专业课程《农产品物流配送运营管理》为例，阐述如何在课程顶层设计和课前、课中和课后的教学过程中落实课程思政"三全育人"的基本原则。并从课程教学标准、教材、教学资源库几方面，探讨了课程思政的保障机制。

关键词： 课程思政；三全育人；物流管理；课程设计

① 作者简介：冯佳（1981.11—），女，汉族，湖南湘潭人，硕士研究生，副教授，研究方向：农产品物流和物联网技术应用。

基金项目：2018年广东省高职教育精品在线开放课程"农产品物流配送运营管理"（编号：2018-30）。

一、引言

《资治通鉴》有云,"才德全尽谓之圣人,才德兼亡谓之愚人,德胜才谓之君子,才胜德谓之小人。"通俗一点说就是,才德兼备之人是圣人,无德无才之人是愚人,有德无才之人是君子,有才无德之人是小人。可见在人才培养中,"德"的重要性。高校肩负着我国青年人才培养、科学研究、社会服务、文化传承创新、国际交流合作的重要使命。如果在高校人才培养中,只注重"才"的培养,很可能培养出来的是有才无德的小人,对社会的危害性更胜于愚人。

在高校人才培养过程中,应该把"德"放在更高于"才"的位置,加强对青年学生理想信念、价值理念和道德观念的引导和培养,努力为社会培养德才兼备的有用之人。2017 年,中共中央、国务院在《关于加强和改进新形势下高校思想政治工作的意见》中提出,坚持全员全过程全方位育人的高校思想政治工作的基本原则,要求把思想价值引领贯穿教育教学全过程和各环节。

物流管理专业课程,虽然不是思想政治课,也不应该将"德"和"才"的培养割裂开来,仍应该贯彻"三全育人"的基本原则,将物流管理专业知识的传授和技能的培养与价值理念、道德观念和职业素养的培养有机结合起来,真正形成一个以立德树人为根本的育人体系。

如何将专业课程教学与价值理念、道德观念和职业素养培养自然生动的结合起来,不出现课程和思政"两张皮"的现象,对物流管理专业教师是一项新的考验。本文将以物流管理专业方向课程《农产品物流配送运营管理》为例,探索通过改进和创新课程思政教学设计,来落实"三全育人"的要求。

二、《农产品物流配送运营管理》课程思政的顶层设计

2017 年教育部制定的《高校思想政治工作质量提升工程实施纲要》,是高校课程思政改革的顶层设计指导文件。《高校思想政治工作质量提升工程实施纲要》要求,梳理各门专业课程所蕴含的思想政治教育元素和所承载的思想政治教育功能,融入课堂教学各环节,实现思想政治教育与知识体系教育的有机统一。

三、《农产品物流配送运营管理》课程思政的教学设计

在以往课程教学中,教师并非对学生价值理念、道德观念和职业素养没有进行引导,但是更多的是依靠教师的个人发挥和潜移默化的影响,缺乏整体性的教学设计。课程《农产品物流配送运营管理》根据课程思政顶层设计思路进行改革后,将爱国精神、敬业爱岗的职业素养、节约环保的价值观念和农产品安全意识等思政元素系统性的融入课程教学的全过程中。

1. 从新冠疫情期间农产品配送谈爱国精神

2020 年全球爆发新冠疫情,我国政府快速反应,实施了严格的隔离措施遏制疫情传播。在党中央的统一领导指挥下,全国上下众志成城,同心协力抗击新冠疫情。虽然超市、市场等都关门歇业,人们无法像以往一样去采买各种生活必需的生鲜农产品。但是人们仍可以很方便地从网上采购新鲜的农产品,然后被无接

触的配送到家中。社区工作人员也被快速组织起来，点对点的协助做好居家隔离人员的农产品及生活用品的采购配送工作。物流配送员在疫情期间也是

在《农产品物流配送运营管理》课程"农产品配送基础知识"任务中，教师先通过照片引导学生思考我国在封城封路情况下仍能保障农产品配送的原因。一方面，同学们认识到作为一名物流人，关键时刻也能成为守护人民生命生活安全的英雄，产生了对物流职业的认同感；另一方面，中外疫情防控情况对比，生动展现了我国制度优越性，激发了同学们爱国爱党的真情实感。放眼全球各国，唯有中国政府在全球疫情中有如此的组织和管理能力。中国也是最快控制新冠疫情，并恢复正常生产和生活的国家。同学们结合疫情期间的见闻和体会，纷纷表示作为一名中国人感到无比自豪。

2. 从配送中心作业谈敬业爱岗职业素养

敬业爱岗是企业员工最基本的职业素养，常被企业列为各项职业道德规范之首。但是对于一名教师来说，如何培养学生的敬业爱岗职业素养却是一个难题。在《农产品物流配送运营管理》"配送中心进出货管理"任务中，教师将敬业爱岗职业素养与农产品配送中心作业结合起来，以解决了敬业爱岗职业素养抽象，难以内化为学生自身素养的问题。

课前，首先要求学生阅读引导案例"配送中心仓管员很忙，仓库却很乱"。课中，在开始学习配送中心进出货管理的流程和业务操作之前，先让学生结合案例情景讨论"什么是敬业爱岗的职业素养？敬业爱岗的标准有哪些？"学生讨论结束后，教师归纳总结，"敬业"是用科学、严谨的工作态度对待自己的工作，认真负责，精益求精；"爱岗"是正确认识自身岗位工作的重要性，树立岗位荣誉感，热爱自己的岗位工作。接下来，将敬业爱岗的职业素养具体到配送中心进出货作业的小组实训任务中。实训小组的每位成员需要分析个人分工对整个实训任务的贡献，然后科学制定并实施各小组实训计划。课后，教师对比各小组实训任务完成情况，从职业素养体现、知识点掌握和操作技能规范等方面对学生进行考核评价。

3. 从农产品配送方案设计谈节约环保价值观念

习近平在十九大报告中指出，坚持人与自然和谐共生。必须树立和践行绿水青山就是金山银山的理念，坚持节约资源和保护环境的基本国策。作为新时代的大学生，肩负着未来建设祖国的任务，不仅在平时的生活中要养成节约资源和保护环境的良好习惯，在专业课程学习中也应该贯彻这一价值观念。

为了拉近与学生的距离，更好地激发学生的学习热情，《农产品物流配送运营管理》课程在"农产品配送方案设计"任务中，课前导入了广州大学数学系毕业的快递派送员卢汉锋的案例。他不仅月收入破万，每天还平均能比同事提早40分钟下班。由此，老师引导同学们结合案例讨论节约环保的价值观念，并思考如何在配送作业中实现合理的节约环保。卢汉锋取得这样工作成绩，就是践行节约环保价值观念的直观体现。一方面，他利用所学知识，优化每天配送线路和作业计划，节约了自己的时间和精力；另一方面，优化的配送线路和作业计划，也能

帮助企业节约成本，有利于减少社会交通拥堵。卢汉锋的例子拉近了专业课程学习中节约环保价值观念与同学们的距离，使同学们在开始"农产品配送方案设计"课程内容学习之前就产生很好的代入感。

4. 从进口农产品感染新冠病毒谈农产品安全意识

《农产品物流配送运营管理》课程在"典型农产品的冷链配送"任务中，课前导入深圳从巴西进口冷冻鸡翅感染新冠病毒的案例，让学生思考进口农产品冷链配送中的安全风险。课中，老师在讲解果蔬、肉类等典型农产品冷链管理规范时，学生就更容易理解管理规范的目的和意义。并要求同学们根据某冷链农产品配送中心背景情况，分组制定农产品冷链配送防疫作业方案。同学们在查阅农产品安全标准、冷链行业标准和国家防疫措施要求的过程，就是学生将农产品安全意识和生硬的操作规范内化为自身知识和技能的过程。最后，教师总结各组冷链防疫方案的设计亮点，并给出企业的防疫作业方案供同学们参考，进一步巩固同学们农产品安全意识。

四、物流管理专业课程思政的保障机制

课程思政对高校专业专任教师的思政教学水平提出了新的要求，同时也受制于高校专业专任教师个人思政教学水平的高低不平。要将《高校思想政治工作质量提升工程实施纲要》的要求落到实处，还必须有系统化的保障机制，来解决物流管理专业教师思政教学水平不均衡的问题。

1. 协同制定专业课程思政教学标准

各高校物流管理专业可以协同思想政治专业和校企合作企业的力量，共同制定专业课程思政教学标准。思想政治专业教师更加擅长引导学生理想信念、价值理念和道德观念，可以帮助物流管理专业教师在课程设计中找到更加自然生动的思政切入点；校企合作企业专家则可以从用人需求的角度，帮助物流管理专业教师找准职业素养的培养要求。

2. 加快课程思政教材开发

教材是人才培养的载体，是学生获取知识的基本途径，是影响人才培养的关键因素。高校物流管理专业课程的教材更多的是强调知识和技能传授，对学生价值理念、道德观念和职业素养的引导非常单薄，在课程思政方面同样缺乏科学化、系统化和整体化的设计与安排。高校物流管理专业教材课程思政内容的缺失，也会对高校物流管理专业"三全育人"产生重要影响。

3. 建立专业课程思政教学资源库

物流管理专业课程思政教学资源库的作用是，汇集优秀的物流管理专业课程思政教学成果和教学资源，并将这些成果和资源与全国高校、企业和相关组织进行共享。它不仅可以展示和共享物流管理课程思政教学标准、人才培养方案的样板，还可以汇集和共享颗粒化的思政教学资源，如案例、实训任务、实践项目等，

使物流管理专业课程思政教学资源与时俱进。专业课程思政教学资源库能较好地解决不同地区、不同学校物流管理专业教师思政教学水平不平衡的问题，还能够较好的避免物流管理专业课程思政刻板化和教条化的问题。

高职《3DS MAX 三维动画设计》高水平课程建设探索与实践

赵伟明[①]

（私立华联学院 广东 广州 510663）

摘要：《3dsMax 三维动画设计》是我院动漫制作技术专业和数字媒体技术专业的核心课程，同时面向计算机应用技术及相关专业的学生，通过系统的讲授动画基础造型、动画场景、灯光、材质设计与制作等方面的知识，全面培养学生的动画设计基本功，是学生成为动画制作师、三维艺术设计师的必修课程。课程建设中探索了基于信息化互动的教学模式在课程中的实践应用改革，建设了省级精品资源共享课，实现教育资源的共建共享，课程建设对接职业岗位需求，注重职业工作胜任力的培养，逐渐形成了系统化、结构化的课程体系，取得了良好的教学效果。

关键词：专业核心课程；课程体系；高水平课程建设

一、高水平课程建设研究的背景

2020 年两会《政府工作报告》提出"高职院校扩招 100 万人"。高等职业院校肩负着为社会培养具有良好职业道德和职业素质、较强实践能力和创新精神、具有可持续发展能力的"高素质劳动者和技术技能人才"的重任。作为高等职业院校如何在培养学生综合素质的基础上，强化学生职业素质养成，建立以职业工作胜任力培养为核心的人才培养模式，将专业精神、职业精神和工匠精神融入人才培养全过程。

2021 年 10 月中共中央办公厅、国务院办公厅印发《关于推动现代职业教育高质量发展的意见》中强调"职业教育是国民教育体系和人力资源开发的重要组成部分，肩负着培养多样化人才、传承技术技能、促进就业创业的重要职责。在全面建设社会主义现代化国家新征程中，职业教育前途广阔、大有可为。为贯彻

---

① 赵伟明、1979 年 6 月出生，男，广东汕头人，工作单位：私立华联学院、计算机信息工程系主任、副教授、工程硕士，研究方向：计算机应用、教育教学改革。

落实全国职业教育大会精神，推动现代职业教育高质量发展"。

《3ds Max 三维动画设计》在动漫设计与制作领域是一门举足轻重的专业课程，课程注重专业技能用创新能力培养，它为动漫产业发展做出了巨大贡献。据不完全统计，我国动漫产值已突破 1000 亿元，动漫产业极具市场潜力。动漫产业的飞速发展使专业的设计人才越来越紧俏，因此中国动漫设计制作人才的紧缺为《3ds Max 三维动画设计》课程的建设提供了广阔的发展前景。

二、高水平课程建设的探索与实践

1. 信息化互动的教学模式

在信息化互动教学的课堂教学中，学生是教学的主体，教师在教学中不仅在于直接的"传道、授业、解惑"，更重要的是在互动中启发学生对解决问题的思考，让学生敢于挑战自己，激发创新思考。教师利用信息技术，进行师生之间互动，把知识点以问题的形式发给学生，并通过举例演示让学生在这个基础上进行进一步的问题探讨研究；学生之间互动，让学生学会与人沟通、与人协作是培养学生的团队协作精神；资料、教材应用互动让学生思考，引导学生应用信息技术查找相关信息，发现不足或缺少的内容，从而补充学习教材中没有提到或是不足的知识，使学习的知识更丰富、更全面。教学互动中老师向学生提出问题，是引导学生进入正确的学习，同时学生也会向老师提出问题，老师的回答是帮助学生更好地解决问题，然而老师也不是什么问题都能很好地进行回答，但又不能回避，信息技术下互动教学的应用为问题的解决提供了有效的途径，为课堂教学开辟了新的思路，让教学更具知识性、趣味性、灵动性和创造性，从而使课堂教学的有效性得到大大的提高，更加适合于创作设计类课程教学。

2. 精品资源共享课程平台搭建

精品资源共享课程平台搭建，改变传统的教学中以教师授课为主教学模式，把培养学生的创新能力和实操能力作为教学的主要目标。以学生为本，注重教与学的互动。通过选用典型项目，由教师提出要求或示范，让学生独立完成，提高实践能力；以职业为导向，通过情景设计、多媒体等多种方法来提高学生的分析问题和解决问题的能力；注重培养学生的动手制作能力和创新设计能力，辅导学生实践创作，引导学生提升职业素养和综合能力，强化实践性教学环节，可以有效把实战项目与学校教学有机结合。

3. 建设目标及实现

（1）注重课程本身实用性。课程建设适应时代、市场、岗位需求，由浅入深学习三维动画的理论＋实际操作，注重实际操作能力，结合实践经验，教授最实用的动画技术。通过系统的讲授 3DS MAX 三维动画设计知识，全面培养学生的动画设计基本功，学生在通过课程学习，可以从理论知识的学习很快进入三维动画设计实践。增强学生在人才市场中的竞争力、从理论层面上升到实际层面、提高学生未来的创业能力。

（2）项目化课程设计针对性强。针对企事业单位对动画设计与制作人员的需求，联系实际，深入浅出。强化学生的操作能力；有效的利用项目案例引入教学，突出知识点的学习，通过校企共同建设的校外实训基地，引入真实项目，强化学习应用能力。

（3）实践课和理论课穿插进行。对学生综合能力和实际技能的培养；有效利用课程搭建的网络资源学习平台，借助电子教案、教学视频以及课程资源进行学习。

（4）课程与资格认证融合。利用信息技术有效整合资源，形成学习共同体。对于高职院校学生考取职业资格证书的要求，课程在资源建设中建设了教学大纲、课程标准、教学内容、课程作业等，使学生的课程的学习具有系统性。

（5）个性化学习。课程资源建设重点突出为学生提供学习的有效资源，并通过网络开放，学生学习可以通过资源进行个性化学习，学习时间、地点、内容可以自己进行选择。

三、高水平课程建设成效

1. 教师团队得以优化

课程建设的实践证明，高水平的师资队伍建设是高水平课程建设的根本保证，通过课程建设促进教学队伍建设，要求课程教学要以学生为主体、创新实践和自主学习的理念，把课程建设与教书育人有机地结合，把课程建设目标与人才培养目标有机结合。把职业案例内容转化为教学资源，充实教师课堂资源，教师专业水平得到大幅提高，锻炼了团队成员的教学能力，提高教师的信息化水平，提升教师的教育教学理念，使教师梯队得以优化。

2. 学生可持续发展能力增强

把学生的发展作为课程建设的着眼点，强调学生是学习的主体，课程建设从课程的设计、实施到教学评价、课后拓展应用，每个环节都注重启发引导学生自主探索学习。在信息化和项目化的学习中，学生增强了任务理解能力和实际工作能力，同时也增强了自学能力和自我管理能力，学生可持续发展能力进一步得到促进。从毕业生的就业情况反映学生的专业对口率、直接上岗能力都明显得到提升。

3. 改进教学方法创新教学模式

根据新时期社会对专业人才需求，结合信息技术的发展，联系教学实际，探索有效的课堂教学方法。改变传统的教学中以教师授课为主教学模式，把培养学生的创新能力和实操能力作为教学的主要目标，对教学方法和手段进行了全面的改革，采用项目驱动、案例实操、信息化互动等多样化的教学方法。符合学生的认知规律，注重于实际的实训操作。

4. 教学研究成果促教学质量提高

通过课外资料了解最新技术，以新技术带动基本原理的学习，其结果是学的内容先进，学的基础扎实。用实验驱动理论学习：重视实验课，充分利用学生对操作应用的兴趣，不满足于仅让学生学会使用某种工具，而是利用实验驱动理论学习。精心设计实验内容，使学生通过对多媒体工具软件的使用，加深对多媒体基本概念的了解，巩固理论学习成果，同时激发学生学习理论知识的兴趣。教学团队成员积极参与课题研究，发表教研论文，参加各类教学技能比赛，指导学生积极开展专业实践活动，参加各类科技竞赛，增强学生学习积极性，极大地提高学生对认知水平、应用能力、动手能力和创新意识。

5. 推进课程思政建设

积极推进课程思政是落实立德树人根本任务的重要举措，是构建"三全育人"格局的关键一着。在课程建设中有机地融入课程思政内容，每节课放入 1 至 3 个思想政治教育的知识点。巧妙设计在课程中放入思想政治教育知识点，明确课程思政内容力求自然融入、润物无声。

四、下一步课程建设方向

1. 课程建设的关键是课程内容的改革。紧跟现代科学技术发展的步伐，及时把学科行业最新发展成果和教改成果引入教学，注重培养学生的实践能力和创新精神。

2. 加强教师队伍建设，继续建设结构合理、人员稳定、教学水平高、教学效果好的教学梯队，不断更新课程教学理念,落实多元教学评价继续进行实践与探索。

3. 不断更新精品资源库内容，构建动态网络精品资源课教学平台，让更多的学生能共享高水平课程建设成果。

高职院校校内实践课程建设的思考与探索

王 玉[①]

（河源职业技术学院 广东 河源 517000）

摘要： 因为高职院校校内课程内容过于单一，导致高职院校毕业生实践能力较弱，因此探索高职院校校内实践课程建设。调查高职院校学生实践能力和就业情况以及高职院校的师资情况，分析实践课程设置的必要性，从课程内容设置、教学方式改革、校企合作、课程评价模式几个方面入手，构建校内实践课程体系，

① 王玉（1983.2—），女，江西九江人，汉族，学位：硕士，职称：讲师，研究方向：计算机网站，网络。

帮助学生提升专业能力。

关键词：高职教育；实践课程；课程内容；课程建设

一、高职院校校内实践课程必要性研究

1. 高职院校学生实践能力研究

现如今，受十几年来应试教育和当前社会急功近利的风气的影响，大部分的高职学生有很强的就业意识。但因为学习目的过于功利，所以在课程学习上对于学分多的、老师严的就认真学，完全没有意识到科目对整体学习架构的重要作用，一心想参加工作，但完全没有主动地去了解行业和职业规划的相关方面。二是缺少职业规划，大部分对自己未来缺少清晰的规划而处于有想法，没行动的状态下，再加上大部分学生的专业和文化基础本来就比较差，这就使得大部分学生的大学生活处于浑浑噩噩的状态之中。因此学校要发挥课程的育人和引导作用，帮助学生树立积极向上的职业观念和抗压能力。网络科技的发展使知识的传播速度加快，各项技术的更新换代速度使人目不暇接，原来社会中的掌握一项技术就可以走遍天下的情况已经不可能再有了。作为一名现代企业的员工，想做好任何一项工作都必须有团队合作意识和自我进取的吃苦精神。

在高职学生最欠缺的职业素养调查数据中显示60%的用人单位选择"团队合作精神"，78%的用人单位选择"吃苦精神"，这表明学生在团队合作和吃苦精神方面还十分欠缺。从高职毕业生最欠缺的职业能力调查中显示，仍有30%的用人单位管理人员选择"岗位知识"，59.25%的用人单位管理人员选择"技术技能"。这表明高职学生虽然具备了一定的专业理论知识，但由于学习得不够扎实，同时迁移能力和实践动手能力仍有待提高，以致进入工作岗位后，不能很好地运用岗位技能和职业知识，无法快速地适应工作。

2. 高职院校学生就业研究

当前，出现高职学生"就业难"和企业单位"选人难"的双向困境，从源头来看就是对人才培养目标乃至课程目标的定位还存在思路上的偏差。从调查情况来看，当前高职院校的课程内容设置方面还存在诸多问题。其一，表现在课程教学内容多以学科知识为边界划分和选取，受传统的注重学科体系和知识本位思维定式的影响，具体课程各章各节的内容选择与编制，基本上还是沿用学科系统逻辑的编排模式，往往按照"概念原理阐述、特征意义说明、流程方法举例运用"的教学顺序，过分考虑学科知识的系统性、完整性，因此造成同一大类别的课程在不同课堂上不同的教师重复讲授学科基础知识的情况，进而影响学时的使用率，使得学生不能在有限的学制下充分有效地获取多样化的知识；其二，表现在教材选取上版本过于陈旧，跟不上新产品、新技术更新换代的速度，学生获取的知识和习得的技能落后，从而影响高职教育效果和在社会中的认可度；其三，表现在高职院校与企业间在课程教学改革方面联系不紧密、机制不完善，课程教学内容与岗位工作任务缺乏深度融合，导致人才培养与社会需求之间产生结构性错位，

不利于职业院校学生的综合职业能力的形成和整体职业素养的提升。

3. 高职院校师资情况研究

从师资结构来看，我国高职院校由于受教育经费投入不足、校企合作的体制和机制不健全等因素的影响，课程实施的主体还是高职院校的专职教师。这些专职教师的工作经历大多是从学校到学校，因此在教学活动中表现出来的特征是长于理论教学，短于实践操作。从教学方式方法来看，校内课堂基本上是以传统的讲授为主，教师讲得多，学生反馈得少；理论学习多，实践操作少。总的来看，学生作为教学主体之一，其参与程度很低。即使少数教师试图改革教学方式，力求加强师生之间的互动，但在实践中仍然表现为较为肤浅地"教师问，学生答"。"实践教学"特殊的存在形式，其实践教学中所需技术技能及其他衍生工具重构着现代高职教师的思维方式，因此在实践课程的情景构建中也需要重视教育者的情感体验。相当一部分高职院校限于实践教学在师资、条件和场地等方面的不足，仍然是理论教学时间安排得多，实训教学安排得少。

二、高职院校校内实践课程建设探索

1. 企业走进校园

尝试将全价值链的概念融入高职教育产教融合模式中去，结合产教融合发展现状和多年教育教学工作实践。在综合考虑企业价值链各个环节的基础上，贯穿于企业内外部价值链系统中价值创造和价值转移全过程的一个集合体。为此，作为企业人才的输送主体——职业院校，也可视为其价值链上的重要一环。基于此，全价值链下的校企联盟落脚点在于建立校企战略联盟具有整体性优势。企业抽调技术人员到学校任职实践科目教师，学校负责企业的简单项目的运行，并将项目化解为一个个课题给学生进行实操演练。学校和企业安排了这种合作模式之后，从高职到本科甚至是更长时间的合作化教学，能够使学生在长期比较稳定环境中定下心来，逐渐地形成对企业的文化认同和对此行业的基本认知，逐步形成自身的职业理念。这样的方式能够缓解高职毕业生就业难的压力，进而解决了产业发展所需的"人的问题"，也即是解决了产业发展升级的核心问题。在达成全价值链下的校企联盟这种模式和机制下，要进一步实现校企合作共同研发技术等深度合作，共同服务社会，那将是顺理成章、水到渠成的事情。

2. 以课程为中心的多方位教育模式

学校为社会培养的人才，既要侧重龙头企业的岗位需求又要兼顾上下游企业的岗位群需求，从而实现学校人才培养目标对接企业人才需求目标。学校的课程体系、课程标准、实践基地、教师教学、考试鉴定等人才培养过程要素与企业的工作任务、岗位需求、工作场所、师傅指导、评价考核等工作过程要素对接，从而实现学生在同一价值链上企业相关岗位零距离就业。通过目标和过程的对接，学校将办学理念、校风、教风、学风整合优化，将办学特色、经典活动整合优化，龙头企业方将上下游相关企业管理模式、岗位性质和产品标准等整合统一，同时学校与企业在统一了内部文化的基础上进行交流融合，最终实现学校文化与企业文化的有效对接。当前，我国大学应届毕业生普遍存在"人找不到工作、工作找不到人"的现象，核心问题在于"人岗不适"。而校企合作最大的需求结合点不在科学研究，不在社会服务，关键在于人才培养，即培养出供给与需求相匹配的"人岗相适"的人。因此，在校企统一内部共治文化的基础上，职业院校和企业之间要强化校企战略联盟的交融关系，找准各参与方的利益契合点，不断提升职业院校的人才培养质量，使之具备较强的岗位适配性和创新创造能力，从而解决企业发展所需的人才问题。

3. 优化实践课程评价模式

高素质技术技能人才培养目标的实现需要对高等职业教育专业实践课程进行改革。我国部分高职院校片面地认为课程评价是课程专家以及上级教育行政部门的事，因而在课程改革中只关注课程开发，不关注课程评价，缺乏对课程整体的反思。评价效果不佳，难以支撑专业实践课程改革的顺利进行，难以保证扩招下的高等职业教育人才培养质量。高职专业实践课程的教学方法通常采用项目教学法，项目教学强调以项目为载体组织学习内容，以学生为主体开展教学活动，以多样化的解决任务策略展示学习成果。适宜教学的项目具有五个基本特点：第一，项目来源于真实职业活动，与工作世界中的工作过程有直接关系；第二，项目能将理论学习和实际行动有机结合在一起，具有一定的综合性；第三，项目具有一定难度，必须学习新知识和技能才能完成，具有跨学科性；第四，项目突出学习者的自主性，要求学生独立制订工作计划、组织实施、检查评估；第五，项目具有明确而具体的显性成果，可以被评价。这些特点对专业实践课程学习评价提出新的要求。通常而言，评价方式与教学方式越一致，则该评价方式越有效。表现性评价的内涵和特征与专业实践课程教学的要求在诸多方面是吻合的。对学生学习专业实践课程的评价，既要有综合性的总结性评价，又要有日常表现的评价；既要有认知的评价，又要有将知识融于技能之中的评价。因此，将表现性评价运用于专业实践课程学习中学生学习效果的评价是适切的。

三、结束语

高职学校需要不断建立完善的持续改进体系，体现培养目标的质量要求，并切实稳定实施此体系，辅以有效的毕业生跟踪与反馈机制、社会需求反馈来进行持续改进，才能真正实现培养目标，推动学校课程建设的内涵式发展。这是职业技术教育的长存之法。在未来的研究历程中将继续这一主题，一方面要完善基于职业素养教育的课程理论建构，使体系更为清晰、可行；另一方面要将建构的理念运行于教学实践之中，在引导教师树立此观念的基础上，通过其教学行为、教学实践的检验，借助于教师的教学反思与教学创造，既实现理论体系的完善，又能推进教育教学的发展变化。同时加强校校、校企、区域交流合作办学，做好高职学生人才培养。

"革命"与高职教育课堂建构

谢法浩^①

（广州铁路职业技术学院 广东 广州 510430）

摘要： "革命"是一个旧词，"课堂革命"赋予其全新的含义。研究以课堂建设为核心，辨析课堂建设中的不同"革命"维度，以思想革命、方法革命等多个维度来解析课堂建设的方法和路径，从根本上构建课堂体系和推进课堂建设，为新时代高职课程教学改革提供借鉴。

关键词： "革命"高职；课堂建构

2020 年 11 月，《中共中央关于制定国民经济和社会发展第十四个五年规划和二〇三五年远景目标的建议》提出，增强职业技术教育适应性，深化职普融通、产教融合、校企合作，探索中国特色学徒制，大力培养技术技能人才。随着"双高"建设的推进，"高素质""复合性"人才成为未来高职教育的引领方向。所谓"高素质"，就是强调精神引领、人格塑造、职业素养与思维品质的培养；所谓"复合型"，指以解决实际问题为导向的知识复合与能力复合。传统课堂对于这类型人才的培养存在不足，需推进"课堂革命"，其关键在要对"双高"建设背景下高职课堂建构进行变革。

一、革命与课程革命

1. "革命"的溯源

"革命"一词的内涵相当丰富，本义指变革天命，意思改朝换代，早见于《周易·革卦·象传》："天地革而四时成，汤武革命，顺乎天而应乎人。"这里的革即变革，命即天命，是从神权政治观出发对革命作出的解释。从拉丁语的原词来看，革命所对应的英文单词是"revolution"，是作为动词"旋转"，表示"一种旋转的运动"。在此基础上，该词引出了另一层含义，是指在一定条件下发生的彻底改变。

在《现代汉语词典》中，"革命"一词主要有三个方面的含义：第一，是指被压迫阶级用暴力夺取政权，摧毁旧的腐朽的社会制度，建立新的进步的社会制度；第二，是指具有革命意识；第三，是指根本性的改革。在《辞海》中，"革命"除了指"王者易姓，改朝换代"这种彻底的、根本性的变革之外，还指"人们在

---

① 谢法浩，男，1977.8，江苏铜山人，广州铁路职业技术学院，运输物流学院副院长，讲师，法学博士，研究方向为国际关系、高职教育。

改造自然和改造社会中所进行的重大变革"。此外，人们也常常用"革命"一词来泛指重大的革新。

据此，"革命"可被认为是事物在某种转换过程中而产生的结构性改变。本研究认为，"革命"一词是指对事物进行广泛而深入的改革。从这个意义上来讲，课堂革命就是指以"革命"的精神和方法为指导，为提高高职教育人才培养质量，对课堂教学活动进行的广泛而深入的改革。

2. 课堂革命的内涵

课堂革命并不是一个固有的概念。早在 2006 年，《教育部关于全面提高高等职业教育的若干意见》（ 教高〔2006〕16 号）明确指出，"课程建设与改革是提高教学质量的核心，也是教学改革的重点和难点"。这里虽然没用革命一词，但是也是对课堂建构提出来要求。在国家层面，前教育部部长陈宝生最先提出来"课堂革命"这一概念，他在《努力办好人民满意的教育》一文中明确指出，要"深化基础教育人才培养模式改革，掀起'课堂革命'，努力培养学生的创新精神和实践能力"。职业教育"课堂革命"出现在《职业教育提质培优行动计划（2020—2023 年）》中，文件强调："推动职业学校'课堂革命'，适应生源多样化特点，将课程教学改革推向纵深。"

同时，还要看到，"课堂革命"不仅在中国开展，也在国外有序进行着。日本著名教育家佐藤学在《教师的挑战：宁静的课堂革命》一书中指出："现在，全世界学校的课堂中都在进行着'宁静的革命'。全世界的课堂都在由'教授的场所'转换为'学习的场所'；从以'目标—达成—评价'为单位的程序型课程转变为以'主题—探究—表现'为单位的项目型课程；从班级授课的模式转向合作学习模式。"因此实施"课堂革命"不是一时的心血来潮，也不是政绩工程，更不是一场轰轰烈烈的运动，而是深化教育教学改革、落实立德树人的重要时代命题。

二、课堂革命的维度

课堂革命是一种系统性范式革命，是一种改造旧范式、建立新范式的创造性转变过程。具体来讲，新时代的"课堂革命"包括对课堂教学价值、课堂教学认识、课堂教学关系、课堂教学手段、课堂教学过程、课堂教学媒介以及课堂教学评价等课堂关键要素的系统性反思和结构性重建。富有建设性和实质性的"课堂革命"应从以下角度来推动，以教学设计的系统性革新推动课堂教学实现"静悄悄的革命"。

1. 价值维度，即为谁培养人的问题

观念是行动的指导，"课堂革命"的首要任务就是认清当前的高职教育高质量发展，这种发展需要"革命"的教育教学观念引导。具体来说，就是将课程思政与思政课堂相结合，树立全面育人的观念。教师的目标是教书和育人，教书主要是知识与技能的传授，育人主要指价值观的培养。在课堂中，贯彻"育人"初心，"以德育德"，这是课堂革命开展的前提和基础，也是课堂革命实施的基本问题。

2. 共同体维度，即教学一体化问题

随着新课程改革的进一步推进，当今课堂教学应该是一种建构式教学：要求学习者必须有假设、预测、操作、提出问题、追寻答案、想象、发现和发明等经验，借以产生新的知识建构。这意味着学习方式的改造：从被动接受现成知识的方式转型为主动建构知识的学习方式。这意味着课堂必须保障每一个学生的学习权，实现人人得以有效成长的课堂教学。这也意味着教的方式改变：大力推进问题链导学的教学模式，促进学生之间，师生之间的协同学习。

3. 国际维度，即职业教育的开放性问题

面对日新月异的经济发展与国际形势变化，高职院校要不断结合经济社会发展的需求。目前，我国的高职教育已经步入双向开放阶段，已经从单纯的向国外学习向双向交流转变。而且随着我国"一带一路"倡议的开展，教学理念国际化成为一种现实。因此国际化维度是提升教师发展水平必须要做到的维度。通过教师国际化教学能力提升为面向"一带一路"沿线国家"鲁班工坊"的建设，以及熟悉中华传统文化、中资企业急需的本土技术技能人才培养提供支持。

三、课堂革命的建构

日本佐藤学教授所言："改变学校的条件绝不是遥不可及的，而使其实现的条件乃存在于所有的教室中。"课堂教学作为人才培养的主阵地，并没有成为改革的重点，教学效果也没有得到实质性提高，因此推进大学课堂革命刻不容缓。在新的时代背景下，把握高职课堂教学革命的维度，扎实推进课堂教学革命，是实现高职教育内涵发展的突破口和落脚点。

1. 润物细无声的课程思政建设

课程思政建设要求在知识技能传授的同时，引导学生树立正确的价值观。但是这种建设不是另起炉灶，简单的加入思政元素，而是应该结合知识理论体系和工作岗位实际，将职业技术岗位的"工匠精神"和"劳动精神"加入实际教学中。通过"劳动育人""以德育德"的实践、活动、项目、任务等达到"德技并修"的教学目标。教师要结合校企合作，研究新工艺、新产品、新流程、新技术等的攻关课题，要进行教育教学质量工程建设，在教育教学反思中工作，将教师的"德"才能真正传递到学生的行为中，做到任务细无声的课程思政课堂建设。

2. "双主体"教学设计

推进课堂革命，要实施以学生为主体、教师为主导的"双主体"教学设计。教学过程设计要从传统的由师到生的单向行为转向师与生、生与生之间的双向和多向行动，实现基于互动、积极、有效的"传授"及"教学相长"。老师要从"以教为中心"变为"以学为中心"来设计和实施教学；学生要从"以知识学习为主"变为"以能力提高为主"来规划学习实践。要推进教师"教学设计—教学反思—再教学设计"的课堂教学设计与教学效果的渐进式提高，要让教师养成"四问"

（为什么教、教什么、怎么教、教得怎么样），使"四问"成为教师设计课程、设计课堂教学的思维习惯，也要让学生养成"四问"（为什么学、学什么、怎么学、学得怎么样），并使之成为教师设计教学考核的思维习惯。教学方法设计要从教授法向互动法转移，要充分体现"启发、探究、讨论、参与"等教的方式，充分体现"自主、体验、探究、实践、合作"等学的方式，让学生由被动学习转变为主动学习。

3. 信息一体化模式

现代信息技术发展是课堂革命的现实动力，人工智能等新一代信息技术是战略性、关键性技术，是驱动教育变革的重要力量。高职教育必须适应、服务、支撑新科技的发展，高职教学必然朝着现代、高效、智能的方向迈进，高职课堂革命也必将推动信息技术与高职课堂有机融合。现代信息技术不仅能助力学生跨界学习，促进教学理念变革、学习路径重构和教学模式创新，也能助力教师跨界发展，聚焦新时代高职学生跨界核心能力培养，创新教师成长机制，促进教师自主发展，提升教师智慧教学能力、技术技能积累和社会服务能力。高职未来课堂是现代信息技术与现代高职课堂的深度交融，是现代信息技术助力高职课堂革命的实践场域，是突破时空的桌椅与桌椅、教室与教室、教室与室外、课堂与自然及课堂与社区"五连通"立体学习场。未来课堂的教学理念、教学模式、教学方法呈现出新形态，教学资源、交流互动、评价决策展现出多样化、立体化和数据化特征，高职知识体系、教师能力、教学场所和教学评价等都会发生根本性改变。

浅谈职业院校公共英语与课程思政的有机结合

郭　可[①]

（广州东华职业学院 公共理论学院　广东　广州　510540）

摘要：在现代网络技术飞速发展和信息爆炸的时代，学生受到了各种各样信息的影响，而对学生进行更好的价值引领和思政教育就变得越来越重要。本文就在职业院校公共英语课程中有机融入思政元素的背景，目标和可能途径进行了有益的探索。

---

① 作者简介：郭可（1983.01.24）男 汉族 湖南沅江人。工作单位：广州东华职业学院。职称：讲师。英语教育硕士。研究方向：英语教育，职业教育，应用心理学

关键词：职业院校；公共英语；课程思政

一、职业院校公共英语课程思政的背景

课程思政全称"课程思想政治教育"，是指学校课程教学在对学生进行知识传授和能力培养的同时，帮助学生塑造正确的世界观、人生观、价值观，即基于学校教育的课程体系对学生进行思想政治教育的一种教育模式。它是一种以构建全员、全程、全课程育人格局的形式将各类课程与思想政治理论课同向同行，形成协同效应，把"立德树人"作为教育的根本任务的一种综合教育理念。

2016年习近平总书记在全国高校思想政治工作会议上强调，要用好课堂教学这个主渠道，各类课程都要与思想政治理论课同向同行，形成协同效应。意指除了思政课外，其他各类课程都要共同承担对学生进行思想政治教育的职责。

2020年5月教育部颁布了《高等学校课程思政建设指导纲要》，指出：全面推进课程思政建设是落实立德树人根本任务的战略举措，是全面提高人才培养质量的重要任务。立德树人成效是检验高校一切工作的根本标准。全面推进课程思政建设，就是要寓价值观引导于知识传授和能力培养之中，帮助学生塑造正确的世界观、人生观、价值观，这是人才培养的应有之义，更是必备内容。这一战略举措，影响甚至决定着接班人问题，影响甚至决定着国家长治久安，影响甚至决定着民族复兴和国家崛起。

2021年6月10日 教育部在江西省井冈山大学召开课程思政建设工作推进会。会议系统总结了《高等学校课程思政建设指导纲要》实施一年来进展，研究部署了下一阶段重点工作，全面推进课程思政高质量建设。会议公布了699门课程思政示范课程、699个课程思政教学名师和团队、30个课程思政教学研究示范中心，启动建设系列课程思政资源库。教育部党组成员、副部长钟登华在大会上要求，各地各校要以建党百年为契机，以高度的责任感和使命感，以更加务实的态度，以更加有效的措施，全面推进课程思政高质量建设，切实打通专业教育与思政教育紧密融合"最后一公里"。要深入挖掘百年党史中蕴含的课程思政元素，积极探索结合专业学党史、结合党史讲专业。

二、职业院校公共英语课程思政的目标

人才培养是学校工作的重中之重，在人才培养方案中公共英语课程属于综合素养课程，其和专业课程一样同样致力于我们的人才培养。属于综合素养课程的公共英语应该给予学生足够的人文关怀和正确的价值引领。同时公共英语教学应该结合学生的专业特点进行教学和改革，以典型和日常工作情境为导向确定教学行动。使公共英语教学更好地为专业人才培养服务。在公共英语教学中我们应该以习近平新时代中国特色社会主义思想为指导，坚持知识传授与价值引领相结合，运用可以培养大学生理想信念、价值取向、政治信仰、社会责任的题材与内容，全面提高大学生缘事析理、明辨是非的能力，让学生成为德才兼备、全面发展的人才。

三、职业院校公共英语课程思政的方法与途径

公共英语通过融合"课程思政",在学校英语教师的正确引导下,可使广大学生正确分辨西方文化,取其精华去其糟粕,形成正确的价值观念。其关键是如何在常规教学中有效融入课程思政元素。

1. 职业院校公共英语课程思政必须突出职业道德建设

职业技术学院不同于普通高校,普通高校培养的是学术型,复合型人才,而职业类院校讲究职业性、技术性、实用性、应用性、实践性。要培养能够掌握从事某种社会职业必备的文化科学知识、专业理论知识和技能的技术应用型人才。而且职业类院校的生源也与普通高校有着显著的差异。基于生源特点和人才培养目标的不同,职业类院校课程思政就应该抓住"职业"这一特性。所以职业类院校课程思政必须突出职业道德建设。教师在课堂教学和实践活动中要善于挖掘并提炼课程所蕴含的职业道德元素,在实践教学中深化职业精神和职业道德教育,引导学生深刻理解并自觉实践各行业的职业精神和职业规范,培养良好的职业品格,增强职业责任感。

2. 提升职业院校公共英语教师思政能力

在实施课程思政的过程中教师起着主导的作用,只有高素质的教师才能主导整个课程思政的顺利开展。首先要提高广大英语教师课程思政的意识,广大职业院校公共英语教师应该把所从事的职业院校公共英语教学工作放到全国职业教育大改革和全国全面推进课程思政的大背景下去认识和体会。职业院校的公共英语教师首先应该认真领会和熟悉党和国家的教育方针政策。在当下一定要认真学习和领会习近平新时代中国特色社会主义思想,认真学习国家职业教育改革精神,特别是《国家职业教育改革实施方案》,《职教二十条》和《高等学校课程思政建设指导纲要》。

开展课程思政建设,必须先形成"教育者先受教育"的良好氛围,这是教师开展课程思政建设的基本功,也是课程思政教学设计的保障。职业院校公共英语教师应该崇尚高尚师德,认真学习《新时代高校教师职业行为十项准则》和《关于高校教师师德失范行为处理的指导意见》等,加强自身的道德修养,能在平常的教学和与学生接触的日常情景中起到道德模范作用。用高尚的师德潜移默化地影响和教育学生。

专任教师应重点从以下几个方面挖掘思政元素:第一,温习马克思主义哲学的基本观点及其运用方法,掌握人类思维工具。第二,认真学习百年党史。第三,学习执政党十九大主要精神,掌握未来五年基本政策依据。第四,结合专业方向,适当深入学习党和国家以及业务主管部门对应的经济、政治、文化、社会、生态或党建的相关理论。

3. 加大公共英语教材改革与建设

要实现大学英语与课程思政的有机结合必须加大英语教材建设。以往的大学

英语教材多以介绍国外的人文，地理，历史和社会为主，光从语言层面来说这些材料是很地道的英文学习材料，但语言是文化或价值观的载体，这些材料或多或少地传达了外语所在国的文化或价值观。我们要对这类材料去其糟粕取其精华。公共英语教师应该高度整合现有英语教材，在保证知识体系完整的基础上，筛选合适的教材内容，依据教学主题和学生专业特点增补一些恰当的符合课程思政要求的教学材料。

而组织编写新时期符合课程思政要求的大学英语教材就成为一个重大课题。公共英语教师应结合本校实际开展公共英语教材改革，组织力量编写符合课程思政要求的校本教材，并以此为基础进行相应的对比教学研究。形成可推广的教材建设的思路模式和样本教材。

4．日常英语教学中有效融入思政元素的具体途径和方法

在明确了课程思政的重要性后，广大公共英语教师如何找到在英语日常教学中有效融入思政元素的途径和方法变得尤为重要。我们可以从以下几个方面尝试：

（1）日常英语教学中教学设计的思政化改革，在日常教学中教学设计起着非常重要的作用。公共英语教师在做教学设计时要充分考虑思政元素在教学设计的体现。在确定教学目标时，除了知识和能力目标外要有明确的课程思政目标。而且在整个教学过程中都要有所体现，对教与学成果的评价中也应重点考核课程思政目标的达成度。使我们的日常教学有目标、有过程、有考核与评价。

（2）抓住语言教学的特点注重文化差异，职业院校的公共英语的教学属于语言教学这一大的范畴，我们的教学同样也必须遵循语言教学的规律和特点。语言是文化的载体，所以在日常英语教学中我们应该注重文化差异的影响。使学生理解文化差异，掌握必要的跨文化知识，具备跨文化技能，继承中华优秀文化，增强文化自信，坚持中国立场，培养国际视野，用英语讲述中国故事、传播中华文化。

（3）在日常教学中注重教师的身教引导，除了言传外，教师也应注重身教的引导。公共英语的教学像其他所有课程一样，教师总是会对学生提出一些要求。教师要求学生不要迟到不要早退时，教师自身就要做到不迟到，并提前做好教学准备，要养成教师候课的好习惯；要求学生在上课不需要用手机的时候不要玩手机，教师本人在上课过程中就应做到不回电话不回信息，不看手机并佩戴手表的好习惯；要求学生保持教室卫生时，教师本人也应做出良好榜样，教师在上完课后应整理讲台保持讲台整洁卫生；要求学生按时完成作业时，教师就应该做到及时认真批改作业；要求学生好好学习时，教师本人就应该给学生以勤奋敬业工作的表率。

基于"成果导向"视阈下的
线上线下混合式教学模式探究

李秀媚[①]

（广东生态工程职业学院）

摘要：随着互联网信息技术的发展，网络在线学习与传统课堂教学优势结合并相互补充的教学模式——线上线下混合式教学模式广受关注并运用，它既能发挥教师的主导作用，也能调动学生的主体积极性。而成果导向，是一种结果导向思维，它基于事件的结果而思考实践活动的认知加工过程。本文分析了基于"成果导向"视阈下线上线下混合式教学模式探究的意义，并提出了基于"成果导向"视阈下线上线下混合式教学模式探究的策略。

关键词：成果导向；线上线下混合式教学；探究策略

一、线上线下混合式教学的概念及开展条件

1. 线上线下混合式教学的概念

线上线下混合式教学模式是指教育者在授课时，将线下的课堂教学与线上教学有机融合，从而实现对两者教学优势充分利用的一种新兴教学手段。在学科混合式教学中，需要教师将线上、线下的优质资源融合，通过多样的课堂交流活动激发学生兴趣，凸显学生、教师的双主体地位，从而实现对教学资源的充分利用，进而提升教学效果。简单来说，混合式教学是网络环境与课堂环境整合的产物，涉及功能主义、建构主义和行为主义等多方面的理论，也是"成果导向"育人理念的重要体现。

2. 混合式教学的开展条件

开展高水平的混合式教学，应满足以下条件。

（1）充分发挥课堂教学与线上教学的优势，从一体化视角开展教学工作。开展课堂教学时，教师应将关注重点放在教学内容的基础性上，教授学生一些关键性内容。比如，秘书写作课程的教师在教学时，一方面可从秘书写作的特点、公文格式、拟写流程等层面入手，合理分配教学实践，结合学生的理解能力、兴趣爱好等选择适当的线下教学内容，使学生对相应的知识有比较感性的认知；同时

[①]　作者简介：李秀媚，1977年1月生，女性，籍贯广东梅州，广东生态工程职业学院生态旅游与文化系高级讲师，主要从事文学教学研究和教学管理研究。

在开展线上教学时，引入更为丰富的教学资源，比如视频、课件等，充分激发学生积极参与线上学习的主动性，增强其对所学知识的认知程度。

（2）开展混合式教学时，我们应尽可能为学生提供丰富、优质线上资源。比如在开展线上秘书写作教学时，要尽可能确保教学模式的便捷性、先进性，还应尽可能完善秘书写作的教学内容。同时，信息技术不断发展的背景云存储技术的进一步的发展，很多秘书写作教师、研究学者可将种类丰富的秘书写作资源上传到云平台，这将给秘书写作线上教学提供新的助力。

（3）开展混合式教学时，应尽可能引导、确保学生主动积极参与。对于缺乏学习积极性的学生来说，教师除了对其进行思想层面的教育，帮助其转变学习观念，还应借助更具吸引力的教学活动，激发学生的学习积极性，对学生给予更为直观、高效的教学反馈。为此，教师应对当前教学模式进行有效突破，通过构建全新的"线上教学＋线下教学"混合式教学模式，激发学生参与学习的主动性，让学生由"要我学"转变为"我要学"，从而最大限度地实现混合式教学的效用。

二、基于"成果导向"视阈下线上线下混合式教学模式探究的意义

1. 提升学生的自主学习意识

传统的线下教学，教师主讲，或者采用灌输式教学，或者教学方法粗糙简单，课堂氛围枯燥沉闷，缺乏师生互动、生生互动，学生学习积极性差、获得感弱，处于被动学习的状态。学生对知识的获取也是依赖于教师的灌输。而开展线上线下混合式教学，丰富的线上资源，灵活的教学方式，学生只要具备互联网条件，都可以随时登陆线上学习。教师可以设置丰富的课前预习资料，使学生在课前即对课程内容有个清晰的认知和比较有效地掌握。线下课堂，师生则可以用更多的时间进行课前预习的答疑解惑，学生的学习针对性更强，学习主动性更高，师生互动也更多。课后，学生通过教师设置的课后复习作业的练习，巩固了课程所学。在线上线下混合式教学的整个教学过程中，学生始终处于主动位置，学习自主意识更高，课程收获更多，教育教学的质量更好。

2. 提升了专业教师的教育教学水平

混合式教学是线上线下的一体联动，"成果导向"视阈下，明确的目标定位决定了线上线下教育教学的内容、开展的方式和可能达成的效果。教师需要对成果目标有清楚的认知，并据此设计更丰富的线上资源和更有效的线下教学。从课前预习材料的布置到线下课堂中与学生面对面的交流、探讨等互动，再到课后得巩固，教师得有一盘棋的设计，其中涉及的专业知识、教育思想和教学方法，都是对教师的一个考验和提高。线上线下混合式教学模式要想取得较好的教学效果，专业教师就必须有较高的教育教学水平。

3. 有利于开展更为便利、全面的教育教学评价

混合式教学下，课程的教育教学评价将变得更为便利、全面。学生的登陆学习时长、学习内容、相关知识的掌握程度，教师都可以借助大数据技术、信息监

控等技术手段准确获取。教师事前有针对性地设计关于某一专题知识的练习题、实践操作项目,学生在网络平台完成作答、反馈后,大数据可以即刻收集、分析这些数据,教师通过这些大数据准确、客观、全面、深入地了解到每一位同学对知识的掌握和应用水平,从而开展更具针对性的教育教学评价工作。结合教师评价,学生能及时查漏补缺,完善自身知识体系,为之后学习更深层次的专业知识打下坚实基础。

三、基于"成果导向"视阈下线上线下混合式教学模式探究策略

1. 借助线上媒体视频,引发学生兴趣

在混合式教学中,兴趣是提升实际教学效果的关键,更是教师开展高效混合式教学的重要基础。在开展混合式教学时,教师若是未能找到正确的方法、模式,将难以满足学生的学习期待,不利于彰显课程的魅力,进而影响育人效果,阻碍"成果导向"教育理念落实。

鉴于此,我们可结合信息技术手段,在开展混合式教学时,为学生引入一些与授课内容相关的媒体视频,比如秘书写作案例、新闻报道视频等,并在课上为学生播放,这样能有效刺激学生的视觉、听觉等感官,使其从不同的角度思考秘书写作知识,将其好奇心充分激发出来,为后续混合式教学高效开展提供助力。在选择媒体视频前,教师应对学生的秘书写作知识储备、兴趣爱好等因素做到心中有数,这样方可找到更多符合学生需求的媒体视频内容,增强混合式秘书写作教学的效果。

2. 结合线下小组合作,加深学生理解

很多学生在结合教材理解相应课程内容时,可能会存在理解偏差、理解困难等情况,以至于他们在后续实践中出现手足无措的情况,这对实现教学效果将产生极大的不良影响。在既往的秘书写作教学中,很多教师会采用灌输式的方式教学,教学流程也多是先给学生讲解秘书写作的理论知识,而后带领其进行写作训练。这样虽能起到一定的教学效果,但很难帮助学生深入理解秘书写作知识内容,阻碍其能力进一步提升。

3. 构建线上自学平台,完善知识体系

在实施混合式秘书写作教学时,我们帮助学生完善其知识体系,首先要提升其自学能力。一般来说,学生若是能具备较强的自主学习能力,在复习所学的秘书写作知识时,将取得更好的学习效果。为此,我们可结合实际情况,构建一个线上自主学习平台,当学生在自学中遇到问题时,能够将其疑惑上传到平台,借助同学、教师的力量将问题及时解决,从而确保自学效果。

不仅如此,在混合式教学中,教师还可在自学平台设计作业提交功能,定期发布一些主题,让学生尝试写作,并将写作结果上传到平台。通过引导学生主动复习、主动写作,大幅提升其写作水平,完善其秘书写作知识体系。例如,在讲解"请示"部分的知识后,教师可以设定一个"请示在本周六举办联欢会"的公

文写作主题,并让学生利用课余时间进行公文写作。这样除了能丰富学生的课余生活,使其实现对知识的及时复习,还能逐渐使其养成良好的自主学习、自主探究习惯,对其之后的学习活动开展有极大促进作用。

此外,为进一步完善学生知识体系,提升其自主学习能力,我们可以在这个自主学习平台构建一个专业教学资源库。在这个资源库中,学生可以搜索到日常教学中所用的教学视频、电子课件、网络文档等内容,极大地丰富了教学资源,也为学生开展自主的线上学习提供了极大的帮助,这些对提升育人质量都具有意义重大。

总结

综上所述,为提升"成果导向"视阈下混合式教学质量,我们首先应针对线上线下混合式教学的概念及开展条件进行分析,而后对混合式教学的开展意义实施探究,最后从借助线上媒体视频引发学生兴趣,结合线下小组合作加深学生理解,构建线上自学平台完善知识体系等层面入手研究,促使高职教学质量提升到一个新的高度。

基于教学能力比赛的课程改革与实践

管卫华　林用满　廖中文　简浩钧　黎永键[①]

（广东农工商职业技术学院）

摘要: 本文以高职院校教学能力大赛为依托,以《舒适与安全系统的诊断与维修》中汽车空调检修部分为例,从教学设计、教学实施、教学成效、特色与反思四个部分来阐述课程改革与实践,优化了教学过程、提高了教学效率,提升了教学质量。

关键词: 教学能力比赛;汽车空调;改革与实践

一、教学整体设计

1. 课程内容分析《舒适与安全系统的诊断与维修》是汽车检测与维修专业核心课程之一,是汽车服务不可或缺的工作内容,汽车空调系统检修是《舒适与安全系统的诊断与维修》。

---

① 管卫华（1980—）,女,四川眉山人,博士,讲师,研究方向:机械电子工程及高职教育研究。

2. 汽车岗位职业资格要求，汽车空调系统检修是《舒适与安全系统的诊断与维修》的主要组成部分，占全部内容比重 34%。国家职业技能标准《汽车维修工（2019 年修订）》明确规定汽车空调考核内容如下：初级工考核要求：空调系统功能检查方法；冷凝器清洁方法和技术要求、空调滤清器更换方法和技术要求。中级工考核要求：空调系统组成与工作原理等；电磁离合器检测技术要求；汽车空调控制电路图相关知识、空调压力表、冷媒加注回收机操作规程、空调取暖和通风系统组成与工作原理、鼓风机和通风装置技术要求。高级工考核要求：掌握汽车空调制冷循环系统故障诊断方法、自动空调系统电路故障诊断方法、手动空调系统电路故障诊断方法、空调取暖和通风系统故障诊断方法。技师考核要求：空调系统组成、工作原理及故障诊断排除方法。汽车电子电气与空调舒适系统技术是 1+X 证书《汽车运用与维修（含智能新能源汽车）职业技能等级标准》证书内容的重要部分，汽车空调系统检修在初级考核内容中的占比 11%；中级考核中占比 42%；高级考核中占比 40%。包括汽车空调系统检查保养技术、检测维修技术以及系统检测诊断分析的职业技能。

3. 课堂思政，研究表明，以 50km/h 的速度刹车，驾驶员的反应时间在车内温度为 35℃比车内温度为 25℃时慢 20%，也就是说，当车内温度为 25 摄氏度时，驾驶员的反应时间为 1.2s，反应距离为 18m，当车内温度为 35℃时，刹车反应时间增加 20%，即刹车距离增加 3.6m，这说明空调性能对驾驶员的反应很重要，大大影响行驶安全性。汽车空调制冷系统密封性和各部件维修安装要求高，汽车维修服务环境不理想，所以在进行汽车空调维修时，要求学生具有绿色节能的环保意识、吃苦耐劳的劳动精神、爱岗敬业的螺丝钉精神和精益求精的工匠精神。

二、教学实施

1. 教学策略

结合职业教育规律和学情分析，贯穿学生为主体，教师为主导的教育思想，依托信息化教学技术，利用企业真实案例，通过情景引入任务驱动的教学方法，引导学生采用自主探究协同学习的学习方法，解决问题。教学过程中，班课平台融合的 VR 技术、直播平台、教学仿真软件、微课、动画、手机投屏等信息化资源和手段，达成教学目标。

2. 教学实施过程

课程实施过程包括课前任务准备、课中教学做、课后拓展提升，把培养学生的劳动精神、工匠精神和爱岗敬业的专业精神贯穿于整个课堂中。课前任务　课前老师布置作业，学生通过电脑、手机查看微课等资料，完成作业和课前测，老师通过后台数据统计，在课前及时调整教学内容，并选取具有代表性的学生案例作为课堂引导案例，体现以学生为中心。课堂实施，为更好体现"做中教，做中学"的教学理念，将课堂教学分为 8 个环节。（1）课前总结。通过课前学习，查看学生作业完成情况，公布个人和小组成绩，鼓励学生你追我赶。（2）问题收集。利用问卷网收集同学们的问题，及时调整课程内容。对于学生已经理解的内容少讲或不讲，个别问题进行有针对性的指导，共性问题课堂讲解。（3）案例导入。采用企业实际案例作为课堂引入案例，引出了教学内容，让大家带着问题学习，让学习任务明确。（4）小组任务。小组查阅班课资源及互联网进行讨论汇报，检查学生的知识储备情况（5）内容讲解。老师依托信息技术应用，利用网络和评价平台进行多种课堂互动，通过动画、图片、视频等教学资源和手段讲解教学内容，使教学内容易接收理解。（6）实训练习。结合老师讲解情况，学生进行小组实训，将实训成果上传班课平台。对于个性化问题分组指导，共性问题教师集体指导，实现精确化教学。（7）学生汇报。老师通过互动平台随机抽取小组进行手机直播，起到较好的监督和督促作用。利用VR技术解决汽车空调系统中"看不见、难理解"教学难点。（8）课堂测/总结。最后通过课后测评，评出课中最优学员和小组。对比课前作业，检查学生知识掌握情况，为课后拓展任务的布置奠定基础。

三、实施成效

1. 信息技术手段有效利用

根据课程特点及学情特点，以教学目标的有效达成为出发点和落脚点，教学团队合理开发和引用信息技术手段已解决教学过程中的重点和难点问题。

教学手段和资源合理运用在教学各环节中。手机变成了主要的学习工具，贯穿课堂始终，大大减少了学生上课玩游戏、追剧、听歌等不良习惯，课堂互动氛围活跃程度大大提高；混合式教学平台包含微课、动画、案例等教学资源，丰富了教学形式；对学生的活动情况给予适时追踪及反馈，教学过程得以很好地监控；VR技术在汽车空调系统教学中的应用解决了膨胀阀工作情况、制冷剂状态变化等看不见的难点给予很好突破。

2. 教学过程得以优化

每个任务都是通过微课、案例创设情境，与企业实际相结合，激发学生兴趣。教学过程中，充分发挥网络学习空间优势，将任务学习所需的学习资源、工具、平台和多元评价整合起来，并恰如其分地应用。课前学生通过手机随时随地完成课前任务，预习新课内容，及时与老师沟通交流，老师及时把握学生知识掌握情况，及时调整教学内容，课上只需讲解学生没有掌握或没有理解的内容，针对个别问题单独辅导，通过课后测根据学生知识掌握情况，布置不同课后任务，教学更有针对性，实现差异化教学。课中老师公布个人和小组课前成绩，既展开小组比拼，又鼓励个人学习，使学生之间养成互帮互助、团队协作的习惯，也充分发挥个人特长。在小组讨论环节中，充分发挥网络和班课资源，调动大家积极性，讨论老师给出的课程引导案例，各小组汇报后，老师及时调整教学内容，满足不同班级学生的需求。老师完成讲解后，学生又继续进行小组实训，通过手机直播的方式，便于老师监督和小组间相互学习，可以避免学生不动手或玩手机游戏的可能，让全体同学动起来。完成实训后，根据时间和内容实际情况，随机抽取小组进行汇报，并进行课后测和课堂评分。课后，老师根据学生课上学习情况进行区别化的任务布置，满足不同水平学生的学习要求，同时根据课程需要，邀请企业专家进行线上点评。课程将线下面授与线上自学有效结合起来，合理利用信息技术有效解决了教学重难点，有效拓展了学生的学习时间和空间，满足了不同学生个性化和差异化的学习需求，"八步教学法"提高教学效率。

四、特色与反思

1. 特色与创新

以学习者为中心，充分发挥学生的主动积极性，以建构主义为理论依据，以成果为导向，实施反向课程设计，优化课程教学环节，实现高质量网络直播教学。线上与线下相结合的混合式学习，扩大了教学空间，学生个性化学习需求得到满足，实现更精确的教学，差异化教学。依托网络课程平台发布学习资源和学习任务、实时检查学习状态和学习成果，利用动画、视频解析重点，通过 VR 技术等虚拟技术破解难点，提升了教学质量，达成教学效果。教学实施过程包括课前总结、问题收集、课程导入、小组讨论、内容讲解、小组实训、课中测评，"教学八步法"循序渐进，优化教学过程，更好地体现"做中教，做中学"，学习效率显著提高。

2. 反思与改进

目前的汽车空调教学内容主要针对传统发动机，涉及汽车空调技术发展动向的资源建设力度还不够，在以后的教学中加大新能源汽车空调技术的教学内容。在新能源汽车中的汽车空调工程原理和传统车辆中是相同的，主要区别是压缩机的驱动和暖气产生。因此将汽车空调系统资源和课程建设纳入新能源和智能汽车专业建设中，实现多专业共享。学生的技能比赛主要包括校级和省级的汽车技能维修大赛，参与人数比较少，对于课程知识点的技能比拼也不多，今后增加大学生技能大赛的投入，开展多层次全员参与的技能比拼，注重学生技能大师的培养。

简论校企协同育人的职业教育课程转型

罗德礼①

（广州涉外经济职业技术学院　广东　广州　510540）

摘要： 产教融合的深度拓展推进校企协同育人的有效实施，必将引发职业教育课程体系的变革与重构。基于对现行职业教育课程模式与校企协同育人有效实施亟须协调的认识，本文探讨课程体系转型的必要性，并针对性指出从"课程基础""课程结构""课程功能"三个关键环节实现突破以放大职业教育课程体系转型的积极效应，相应地提出职业教育项目课程模式构建与实施路径选择的思路。

关键词： 校企协同；人才规格；职业能力；项目课程；路径选择

随着校企合作的持续推进与产教融合的深度拓展，校企协同育人办学模式已经成为职业教育实现精准对接企业适用型技能人才需求有效途径。从校企协同育人办学模式实施过程及其效果考察，职业教育教学模式的转型必将引发的现行课程体系的深刻变革，而新型课程模式的重构及其实施路径的合理选择，则成为促进协同育人机制长期见效的基础和保障。

从现行的常规教学计划制定及实施的实际操作过程来看，一个完整而合理的专业教学计划的设计实质上就是根据培养目标进行的课程结构（模块）的选择、课程规模（数量）的确定、课程类型（性质）的划分、课程比重（课时）的分配等活动有序展开，与之相适应的课程模式（如图1所示）呈现"知识完整性""分级递进式"两个维度。实施以校企深度合作为基础加速推进产教密切融合的校企协同育人模式，尽管形式多样、内容复杂、途径不同，但目标指向都是明确以企业适用型技能人才需求为导向确定培养目标与人才规格，精准对接企业实际需求以确保基础理论学习、专业技能训练与职业素质养成一体化，有效推进"教、学、训、用"有机融合以提高学生的综合职业能力，实现理论学习与企业实践、基础知识与专项技能、顺利就业与满意就业协调统一。

校企协同育人是以企业对适用型技能人才需求为培养目标，明确分析和精细认定学生相对稳定的就业方向及职能定位，按照职业活动的特点和要求设计教学计划，遵循实际的工作岗位、工作任务、工作职责整合课程内容，形成基于工作项目导向的以"职业能力"为核心的项目课程模式，在与之匹配的教学组织形式、

---

① 作者简介：罗德礼（1963—）男，汉族，陕西咸阳人，教授、经济学博士；研究方向：区域经济、职业教育。

教学策略运用及教学基础环境、教学评价手段的支撑下，实现教学过程与工作过程同步化、教学内容与工作任务一体化、教学环境与工作情景契合化，有效增强学生将要从事工作岗位的适应能力，以期高质量、短距离、微差别地满足了企业对适用型技能人才的需求。

现行常规教学计划中的课程模型是课程资源的组合，其基本特征是以教材为载体最大限度地保持理论体系、知识结构的完整性、阶段性、连续性，因而教学实施过程中课程模式的动态性、适应性、实用性相对模糊或者未能得到应有的重视。与之不同，基于工作项目导向的以"职业能力"为核心的项目课程模式，内在要求课程体系、知识结构的必须与适用型技能人才规格的能力结构相协调。

通过现行常规教学模式中的课程体系变革构建以"职业能力"为核心的项目课程模式，以项目课程作为优质教育教学资源夯实校企协同育人基础，保障"教、学、训"三位一体良性互动，促进"学"以致"用"，有望达到培养与提升学生的职业能力的目标。从课程教学实践层面考察，项目课程模式的重构及其实施路径选择，既要注重课程体系变革的整体设计，理顺课程知识结构的逻辑关联，讲究新型课程模式的功能优化，更应致力于从"课程基础""课程结构""课程功能"三个关键环节实现突破以放大职业教育课程体系转型的积极效应。

其一，"基础"定向突破：依据工作岗位职能专项要求，精确设定项目课程教学内容。项目课程模式的重构是"职业能力"为核心的职业教育教学观念在校企协同育人课程教学设计上的具体落实。以"职业能力"为导向依据企业工作岗位（群）职能的专项要求，将工作岗位类型的分析确认作为构建项目课程模式的基础，实施定向突破，精确设定项目课程（教材）理论知识模块、专项技能模块与实操训练活动，既能提供必备的课程资源确保校企协同育人机制良性运作，也能奠定学生有序高效学习的基础性保障条件。

以现代企业营销人才需求一般状况为例，营销工作岗位大体分为"销售管理""市场运营""网络营销"类型，其工作职能共有的基本要求大体分为"基层业务""业务主管""项目管理"三个层级。市场营销专业校企协同育人项目课程教学内容设定，首先应该进行企业实际工作岗位职能结构与需求方向分析认定，明确适用型技能人才的目标基点及量化规格，将相关课程内容与职业类型特性对接，据此整合教材内容设计与职业能力匹配的理论知识单元、专项技能模块构建项目课程模式，再按照企业市场营销过程的典型工作或业务流程，择优调配对应的教学组织形式与学习活动周期，制定项目课程模式中实操训练的教学策略，设计支撑项目课程目标的课程教学实施活动。

其二，"结构"深层突破：整合课程（教材）知识体系，优化项目课程模式结构。现行常规教学计划中的课程体系凝结而成的课程模式，其逻辑结构是按照学生学习过程中的认知特性由浅入深、由易到难单列课程的纵向组合，能力养成与职业活动的内在关联性常常被忽视，容易造成"教"与"做"难以贯通而导致"学"与"用"的明显脱节。与之不同，构建以培养和提升学生职业能力为核心的项目课程模式，不能主观臆断而热衷于课程结构组合的简单调整或随机取舍，务必在课程结构重组上力求全方位、系统化地整合课程资源，谋求"结构"深层突破。

项目课程"结构"深层突破的宗旨，是要立足学生学习过程"学以致用"预期实现的阶段性、延续性，立体交叉、纵横兼顾的整合课程知识体系而形成以"专业知识集成"课程模块为基础、以"职业能力培育"课程模块为主体、以"专项技能提升"课程模块为拓展的项目课程结构，通过强化教学过程与工作过程的直接联系，使专业理论知识的学习更有益于服务于学生综合"职业能力"的养成，以推动学生逐步实现从"学习者"到"工作者"的角色转换。总体而言，整合现行课程（教材）知识体系，优化项目课程模式结构，只有精确设定由课程（教材）的相关内容支撑的与工作职能对应的典型项目，并与教学实施过程保持一致才能把项目课程模式效能落实到位。基本此，项目课程"结构"深层突破实施路径的合理选择：

其一，在校企协同育人过程中，项目课程模式结构与现行教材知识内容联接的合理性是毋庸置疑的，整合现行课程（教材）知识体系优化项目课程模式结构是辩证地"扬弃"，目的在于增强项目课程开发的针对性、导向性、有效性，强化专业理论知识学习过程与企业实际工作岗位职能的直接联系。因此，项目课程"结构"深层突破要冲击传统课程模式的"闭环"状态，开辟企业专家、管理人员、专业教师、技术骨干共同参与合作开发的项目课程的新途径，充分重视发挥企业专家的指导作用，以切实增强项目课程目标制定、典型项目选择及项目实训的可行性。

其二，项目课程"结构"深层突破及其实施路径的选择，其根本目的不是为了进一步完善学科知识体系，而是依照企业具体的岗位职能标准以及适用型技能人才需求，从企业的生产经营管理过程中提炼出典型工作任务将其转化为具有协同育人教学意义的"项目教学"内容，通过项目教学实施使学生获得企业认可的职业能力。因此，构建项目课程模式应同步确立与项目课程内容相协调的多元化学习绩效评价标准、多样化技能考核方式，从教学策略上引导学生的学习行为更倾向职业能力的养成。

其三，"功能"增效突破：提升项目课程"实用"效能，增强项目教学"实战"特色。校企协同育人的职业教育项目课程特色在实践教学环节集中体现为"项目选择"的典型性与"项目实训"实效性高度一致。因此，提升项目课程"实用"效能，创造条件保障"项目实训"围绕企业生产经营活动有效展开，凝聚项目课程模式"教、学、做、用"一体化"实战"特色的"功能"增效势在必行。

高职教学中基于 SPOC 的
轻量级翻转课堂教学模式研究

江 璜^①

（汕头职业技术学院计算机系 广东 汕头 515078）

摘要： 通过对高职高专《网络互联技术》的教学内容和教学对象的分析，进行基于 SPOC 的轻量级翻转课堂教学模式设计，以"交换机的带内带外管理"一节为教学案例，介绍完整的教学实践过程。最后以 SPOC 平台数据和期末考试成绩为主要依据，证明此模式教学效果良好。

关键词： SPOC；轻量级翻转课堂；混合式教学

一、引言

2015 年 4 月，教育部发布了教高〔2015〕3 号《教育部关于加强高等学校在线开放课程建设应用与管理的意见》，"鼓励高校结合本校人才培养目标和需求，通过在线学习、在线学习与课堂教学相结合等多种方式应用在线开放课程，不断创新校内、校际课程共享与应用模式"。根据意见精神，我院开展了基于 SPOC 的混合式教学，进行精品在线开放课程的建设和应用推广。SPOC（Small Private Online Course 小规模限制性在线课程），其目标是实现优质在线教学资源与课堂教学的有机融合，是专门应用于本校或小范围教学的线上线下混合的新型教学模式。它继承了 MOOC 线上教学的优势，克服了 MOOC 制作成本高、学习管理不足、交互体验不佳等弱点，针对特定的教学对象设计线上资源和线下教学活动，非常有利于教师因材施教，培养学生自主学习能力和开展启发式教学实践。翻转课堂基于建构主义学习理论，通过调整传统课堂内外的时间、内容、形式，强调学生自主学习与协作学习能力的培养。目前翻转课堂的相关研究很多，但涉及高职高专层次教学的比较少，究其原因主要在于高职学生的自学能力不足，实现课堂的完全翻转困难重重。因此在高职院校的计算机教学中，研究如何实现 SPOC 和翻转课堂的结合，让两者更好地发挥各自优势，使其既体现教师引导、监督的主导作用，又能充分调动学生作为学习主体的主动性与创造性，有着重要意义。

① 作者简介：江璜（1979—），女，广东汕头人，汕头职业技术学院计算机系讲师，硕士，主要研究方向：计算机网络应用、高职教育。

基金项目：汕头职业技术学院 2019—2021 "创新强校工程"教育教学改革项目《基于 SPOC 的翻转课堂教学模式研究》/ 精品在线开放课程《网络互联技术》。

二、教学分析

目前 SPOC 模式已在不少高校教学中使用，但不同层次、不同专业、不同学科都有其自身特点，无法使用统一的模式进行。以下以高职高专的《网络互联技术》为例，进行具体的教学分析，以期找到合适的教学模式。

1. 教学内容分析，《网络互联技术》是计算机网络／应用等专业的专业必修课程

本课程在高职高专教学中，主要以"理论够用、实操为主"为原则。因此实训是重要一环，而且需要用到交换机、路由器等物理设备，学生要在机房完成，这是课堂上要解决的主要问题。而在接触物理设备之前，可通过思科模拟器 Packet Tracer（以下简称 PT）先进行拓扑构建与模拟练习，这是实现翻转的课前准备。开展 SPOC 混合式教学需要丰富的在线教学资源，《网络互联技术》是我院 2019—2021 创新强校工程的精品在线开放课程，课程建设过程中积累了丰富的教学资源，大部分资源已在蓝墨云班课、超星学习通上线，具备开展 SPOC 混合式教学的条件。去年我们加入思科网院，获得 CCNA 相关课程的开课资格，因此可以把思科网院的资源作为本课程的知识拓展。

2. 教学对象分析，对实操性课程比较感兴趣，学习有一定积极性

《网络互联技术》主要学习如何对交换机、路由器进行配置和维护，是网络管理员、运维工程师等岗位必备技能，实用性强，学生普遍都比较感兴趣，所以应设计形式多样的教学方式，激发、维持、加强学生的学习积极性。网络基础知识不够扎实，不太重视理论学习：高职高专的学生普遍都觉得理论内容难学，而且理论与实践有距离，因此对理论知识的学习不够重视。而《网络互联技术》这门课与前驱课程《计算机网络》联系紧密，如果之前基础没有打好，则在新课程的学习中会遇到很多困难，所以教师应做好两门课之间的衔接，部分内容需要复习，以使学生对整个知识脉络有完整的了解，能知其然并知其所以然。自学能力不足，依赖性较强：很多学生依然停留在中学时候的学习状态，学什么、怎么学，都需要老师细致的指导和安排。而大学是加强自主探索，提高学习能力的重要时期。一方面要让学生逐渐适应并加强自学能力，另一方面要把握好自学和讲授的比例，因此采用轻量级的翻转课堂，部分内容安排课前线上自学，但课堂上依然需要讲授重难点内容，帮助学生加强知识的系统性构建，以真正实现学生为主体、教师为主导的教学。

三、教学案例

以下以《网络互联技术》课程中"交换机的带内带外管理"一节为教学案例，介绍基于 SPOC 的轻量级翻转课堂教学实践过程。

1. 课前

教师在云班课平台上发布以下教学资源——

"交换机的带内带外管理"实验指导（文档）

"交换机的带内带外管理"实验报告模板（文档）

PT主要操作步骤（微视频）

思科网院CCNA课程对应章节（链接）

布置任务——设置轻直播/讨论活动，要求学生在规定时间内自主学习，参照实验指导在PT上完成"交换机带内带外管理"的实验，把实验结果截图发送到讨论区。检查学生学习的成果——通过查看讨论区的提交结果，了解学生课前学习情况。对做得正确的学生点赞加分，对错漏提出修改意见，对线上提问进行答疑，鼓励学生互相交流学习，解决问题。

2. 课堂

传统翻转课堂的流程是课前学生自学，课堂讨论解决问题，实现知识整合与内化，这需要学生有较强的自学能力。而本教学案例中，教师根据学生课前在平台上的活动、提交的结果和后台数据，已大致掌握学生的情况：因为SPOC教学资源针对性强，所以学生已明确实验目的、实验内容、实验步骤，但只有2/3左右的同学可以根据学习资源按时完成模拟实验，其他同学均有不同程度的错漏或困难，还有少数同学（约10%+）极度依赖老师讲授，不愿意或无法独立进行线上学习。对此采用轻量级的翻转课堂模式，即保留部分讲授内容。

在分组进行物理设备实验时，教师再进行个性化指导。尽管学生课前已经在PT的仿真环境进行了实验，但在真实环境进行物理设备实验时，仍会产生许多问题：一是刚接触物理设备，常在接口和线缆的连接上出现错误，这需要不断尝试、逐步熟悉；二是真实物理设备的部分配置命令与PT不完全相同，导致出错或没法验证预期效果。教师在课堂中要引导学生探究问题产生的原因，指导学生逐步学会查找手册、小组合作、排查故障。这也是培养学生处理网络故障、提高解决问题能力的有效途径。

由于课前准备程度不同、学生之间、小组之间的差异，实验完成的情况也各不相同。对此，在实验中设置了基本任务与拓展任务，基本任务要求全体学生完成，拓展任务供学有余力的学生与小组完成。对于部分动手少的学生，教师要提出批评，并督促组内成员互相帮助，以便每个同学都亲自动手，参与实验。

3. 课后

各小组根据课堂实验的情况，填写实验报告，提交到云班课的作业/小组任务，开展组间互评、组内互评和教师评价。轻直播/讨论区继续开启，各小组分享实验心得，教师对本次实验做总结，以巩固教学成果。把思科网院CCNA课程相关内容作为知识的延伸拓展，开启对应章节的考试模块，检验学生知识掌握情况。

四、结语

我校在计算机应用专业19级学生中开展的基于SPOC的轻量级翻转课堂教学模式，目前经过了两个学期两门课程的实践，教学效果良好，学生评价较高。当前成熟的网络软硬件环境，加上00后学生对手机、平板等智能设备的普及使用和对碎片化学习习惯的适应，开展SPOC教学，能充分发挥线上线下教学的各自优势；而针对高职学生普遍自学能力不足的特点，使用轻量级翻转课堂，能逐步提高学生的学习能力，减少挫败感，增强自信心。基于SPOC的轻量级翻转课堂教学模式，符合当前教学改革发展趋势，可以结合不同学科特点在教学中灵活运用并加以推广。

高职院校创新创业教育与思想政治教育"同向同行"路径研究

李桂云[①]

（广州科技贸易职业学院　广东　广州　511442）

摘要： 高职院校在实施创新创业教育的过程中，必须具有创新创业教育与思想政治教育"同向同行"的教育理念，将思想政治教育分层次融入创新创业教育的全过程，通过统筹思想政治教育、专业教育、创新创业教育、人文教育、课堂教学、课外活动、社会实践、学校教育和社会教育的方式，构建创新创业教育与思想政治教育"同向同行"的课程体系、校园文化平台、师资队伍和评价模式，致力实现培育德才兼备创新型人才的教育目标。

关键词： 高职院校；创新创业教育；思想政治教育；同向同行；路径

一、高职院校创新创业教育与思想政治教育"同向同行"的重要意义

思想政治教育和创新创业教育都是高校人才培养体系的重要组成部分。思想政治教育能保证创新创业教育的方向正确，赋予学生价值引领，引导他们形成正确的创业观。创新创业教育是思想政治教育的新载体，可以引导学生树立远大的职业理想，激发学生的潜能，是展示理想信念和践行社会主义核心价值观的新平台。两者相辅相成、相得益彰。

随着互联网的迅猛发展，学生接触各种思潮与信息的途径越来越多，他们的人生观、择业观、就业观、创业观都会受到不同程度的冲击和影响。相比本科院

① 2021年广州市高校第十一批教育教学改革项目：高职商英专业"三融合、四平台"立体化实践教学体系的构建与实践（项目编号：2021JG240）。

2021年广州科技贸易职业学院创新创业教育研究项目：高职院校创新创业教育与思想政治教育"同向同行"路径研究（项目编号：2021JYYJ04）。

校的学生,高职院校的学生职业定位更提前,部分学生在学校就开始创新创业活动。因此,在对他们进行创新创业教育的同时必须融入思想政治教育,对他们进行正确的价值指引。这是我国建设创新型国家和人力资源强国的迫切需要。

创新创业教育与思想政治教育的"同向同行"有助于推进高职院校"立德树人"工作取得新成效、新突破。在创新创业人才的培育过程中融入思想政治教育能够有效提高创新创业人才的培养质量,对大学生创新创业教育的深入发展起到极大促进作用。因此,创新创业教育与思想政治教育工作"同向同行"是高职教育改革的必然要求,也是高职院校人才培养的现实要求,更是大学生实现成长成才的必经之路。

二、高职院校创新创业教育与思想政治教育"同向同行"的路径探索

高职院校可通过"一融入、三统筹、四构建"的路径,实现其创新创业教育与思想政治教育的"同向同行",培育德才兼备的创新创业人才。

1. 一融入,将思想政治教育分层次融入创新创业教育

加强对学生思想的引导,将思政元素贯穿并覆盖创新创业教育的各个环节。大一注重学生创新创业教育思想的启蒙;大二给学生创造多样化参加学校层面创新创业活动的机会,如开展校园创新创业活动比赛、组建创新创业活动工作室、建设创新创业基地等;大三组织学生参加高层面的创新创业竞赛与活动,引领他们开展自主创业实践。

2. 三统筹,统筹思想政治教育、专业教育、创新创业教育与人文教育

统筹思想政治教育、专业教育、创新创业教育与人文教育,融三者于一体。教学过程中,在帮助学生习得专业知识与技能的同时,引导他们了解国家的创新创业政策、抓住创新创业机会、进行创新创业实践,同时加强思想政治教育,开展职业道德与心理健康等人文教育,帮助学生缓解创业压力、培养良好的创新创业品格。统筹课堂教学、课外活动与社会实践。利用课堂教学传授理论知识与实践技能。课堂教学中,一方面,帮助学生从理论层面认识创新创业,启蒙创新创业思维,形成创新创业理念,习得创新创业理论知识与实践技能;另一方面,培养学生良好的创新创业品格和素养。利用课外活动营造校园文化氛围。创设创新创业环境,为学生的创新创业活动提供软硬件条件;成立创新创业协会,邀请专家、优秀毕业生或社会创新创业成功人士到学校开展讲座,分享经验,营造良好的创新创业氛围。利用社会实践提高综合素质。为学生创造多样化社会实践的机会,让他们有机会学以致用,在真实的实践环境中积累经验、增加阅历、磨炼意志、形成项目、实施项目、提高综合素质,为毕业后的工作与创业奠定坚实的基础。统筹学校教育和社会教育。政、校、行、企四方联动,协同共建创新创业教育基地、开发创新创业活动,吸引和鼓励学校师生积极参与,激发他们对创新创业教育的热情,培育优秀创新创业型人才,实现毕业与就业、创业与发展、学校教育与社会教育的紧密融合。密切校企合作,充分利用校外就业实习基地、创业实训基地

开展相应的学习实践活动，引导学生在学中做、做中学，实现"产学研用"一体化，达到巩固创新创业教育和思想政治教育理论教学成果的目的。

3. 四构建，构建创新创业教育与思想政治教育"同向同行"的课程体系

优化课程设置，构建思想政治教育与创新创业教育紧密融合的"多元立体化"课程体系，坚持"立德树人"，将德育教育、价值引领贯穿于课程教学的全过程。课堂教学是创新创业教育与思想政治教育"同向同行"的主要渠道，因此必须加强两者在课程内容上的融合。一方面，深入挖掘专业课、通识课、创新创业课中的思政元素，通过"课程思政"对学生的道德观念、理想信念和价值理念产生潜移默化的影响。另一方面，做好课程设计，把创新创业的精神、理念、思维、知识和技能融入专业课、通识课、思想政治等课程的教学设计和教学方案中，通过理论与实践课程的紧密融合，层级递进式实现创新创业教育；此外，运用多元信息技术制作微课和动画，丰富教学内容、增强教育效果。利用互联网技术，在实施思政实践课教学的过程中以网络教学、模拟教学、实践观摩教学、情景模拟教学和线上互动教学等方式方法，融入针对大学生的"特别定制"，即大学生创新创业教育融入思想政治教育实践课。构建创新创业教育与思想政治教育"同向同行"的校园文化平台。建设大学生创新创业教育网站、建立创新创业教育微信公众号，借助新媒体的宣传力量，传递信息、树立榜样；建设创新创业基地和工作室，为学生的创新创业活动提供优质的软硬件条件；成立创新创业协会或学生社团，邀请专家、优秀毕业生或社会创新创业成功人士到学校开展讲座，分享经验，营造良好的创新创业教育校园文化氛围；以各级别"双创"竞赛为契机，激发学生的创新创业热情，进行项目申报、项目孵化和成果转化，同时帮助学生形成正确的价值观念。构建创新创业教育与思想政治教育"同向同行"的师资队伍。通过"内培、外引"的方式构建创新创业教育与思想政治教育"同向同行"的多学科人员结构师资队伍。一方面，通过中短期进修与院内外培训的方式提升教师的思想品德、理论素养、专业技能、创新创业实践能力及实施课程思政的资源整合和开发能力；另一方面，通过对外引进或聘请"德艺双馨"的优秀企业人士，打造专兼结合的"双师型"教师团队。加强教师思想品德的培养和监督，要求教师把思想政治教育的理念贯穿到创新创业教育的全过程，通过思想政治教育工作对学生的创新创业意识进行潜移默化的影响。构建创新创业教育与思想政治教育"同向同行"的评价模式。对学生：将思想性作为学生创新创业实践活动的价值导向，注重学生创新创业活动项目的价值作用。不单纯以项目的成败和经济利益作为学生创新创业项目的评价因素，关注项目所创造的社会价值和引领的社会风气。对教师：采用知识技能与育人成效相结合的方式进行教学评价，课程教学既要体现创新意识和创业知识技能的重要性，也要体现思想政治教育的育人实效。

高职商务英语专业"三融合、四平台"立体化实践教学体系的构建

李茂林^①

（广州科技贸易职业学院　广东　广州　511442）

摘要：实践教学是高职院校培养实用型人才过程中至关重要的一环。在社会急需应用型人才的背景下，作为培养人才主体之一的高职商务英语专业，要不断优化课程体系、师资建设、实践条件和评价体系，依托"课堂、校内实训、竞赛、校外实习"四平台，通过综合运用"课堂内＋课堂外"与"校内＋校外"的实践活动营造立体化的实践教学环境，帮助学生实现"语言＋商务＋创新创业"知识与技能的"三融合"，扩大学生的国际化视野，提升其跨文化交际能力，为我国"一带一路"沿线区域经济的发展培养更多国际化应用型外语人才。

关键词：高职商英专业；三融合；四平台；立体化实践教学体系

一、高职院校商务英语专业实践教学存在的问题

近年来，各高职院校商务英语专业的实践教学改革取得了一定成效，但由于诸多主客观因素的影响，仍存在以下主要问题：

实践教学目标不明确，未构建完善的实践教学体系。具体表现有：开设了实践教学课程，但却没有相应的教学大纲、教学计划和考核方案等指导性文件；课程设置随意性强，没有针对性，达不到企业岗位需求能力的实际要求；实践教学流于形式、"纸上谈兵"，不能提升学生的实践应用能力。

校内外实训条件有限。主要表现在：一方面，校内实训基地不足、仪器设备、实训软件落后，没有及时更新，不能满足实践课程的要求；另一方面，缺乏完整的适应高职商务英语专业的系列实践教材，所采用的实践教材可操作性不强；此外，校外实训基地严重不足，学生很难找到对口实习单位，校企合作、校外实习流于形式。

实践教学师资匮乏。专业教师的实践能力水平在实践教学过程中发挥着主导作用。高职商务英语专业语言类教师偏多，技能型教师偏少，双师型教师严重缺乏。

---

① 作者简介：李茂林（1968—），女，湖南邵阳人，副教授，硕士，研究方向：外语教学，教师专业发展。

基金项目：2021年广州市高校第十一批教育教学改革项目：高职商英专业"三融合、四平台"立体化实践教学体系的构建与实践（2021JG240）。

大部分教师毕业于英语语言文学专业，语言知识与技能过硬，但缺乏商务知识和从事商务行业的实践经验和技能。

评价方式不合理。当前不少院校商英专业的实践教学评价还是以让学生撰写实训报告的方式进行考核，这种方式忽略了学生在实践过程中的表现，对学生的实践参与度、在实践过程中分析和处理问题的能力、团队协作精神、创新思维和能力等方面都不能做到客观公正的评价，不利于学生综合能力的培养。

以上问题导致各高职院校商务英语专业的实践教学效果参差不齐，毕业生的实践能力薄弱，对从事商务工作的能力不足，培养的人才与用人单位的需求严重脱节，给学生的就业和人才需求都带来了很大的困难。因此，构建有效的实践教学体系势在必行。

二、高职商务英语专业"三融合、四平台"立体化实践教学体系的构建

高职商务英语专业实践教学的目标是运用各种形式的训练让学生具有使用英语处理国际事务的能力。这就要求建立一个完善的立体化实践教学体系，在该体系中，语言、商务、创新创业三技能需紧密融合、缺一不可。立体化实践教学模式特征明显，即课内与课外相结合、校内与校外相结合，此外还体现出模块化、层次化、系统化等特点。构建立体化实践教学体系是高职院校提高人才培养质量的重要保障。对于高职商务英语专业来说，可通过构建"三融合、四平台"立体化实践教学体系，让学生语言过关、商务过硬，且具备一定的创新创业能力。

构建立体化实践教学体系需考虑的首要因素是解决实践教学平台的问题。据调查，目前大部分高职院校的商务英语专业都缺乏校内外实践教学的平台。究其原因，主要在于两个方面：一方面，由于资金有限，校内实践软硬件设施不够；另一方面，校外实习基地缺乏，由于商务英语专业语言的特殊性，很难找到能为所有学生提供专业对口的实习平台。此情况之下，在努力完善校内外实训基地的同时，高职商务英语专业可重点依托课堂与竞赛，形成"课堂、校内实训、竞赛、校外实习"为一体的实践教学"四平台"。

课堂是学生学习和实践的主体平台。课堂上，通过不同类型课程（如语言类、商务类、创新创业类和融合型课程）理论知识和实践技能的传授与操练，教师可帮助学生获取专业相关知识和技能；校内实训是强化实践技能的平台，利用校内实训室（如语言实训室、商务仿真实训室）的虚拟仿真软件和校内工作室（如语言服务工作室、商务服务工作室、创新创业工作室）引导学生进行模拟操练，帮助学生强化在课堂上获取的知识和技能；竞赛是一个能为学生提供模拟运用实践技能的平台，通过组织学生参加不同层次、不同类型的比赛（如语言技能竞赛、商务技能竞赛、创新创业竞赛及融合型竞赛等），可以进一步加强与检验学生实践技能的熟练程度；校外实习是实践技能真正得以实际运用的平台，通过校外实训基地实习和顶岗实习的真正练兵，学生的实践技能得以升华。

依托于"课堂、校内实训、竞赛、校外实习"四平台，运用"课堂平台获取知识技能→校内实训平台技能操练→竞赛平台模拟运用→校外实习平台实际运用"

的途径营造立体化的实践教学环境，将学生全程"环绕"起来，实现"语言、商务、创新创业"知识与技能的"三融合"，达成高职商务英语专业复合应用型人才培养的目标。

三、实施高职商务英语专业"三融合、四平台"立体化实践教学体系的保障措施

优化课程体系。构建"语言、商务、创新创业"三融合的梯级课程体系。商务英语专业的课程体系必须包含三个基本模块：语言知识与技能模块、商务知识与技能模块、创新创业知识与技能模块。三模块的课程既相对独立又循环交叉、有机融合，而且要具有梯级式特点，大一侧重语言基本功的训练与创新创业素养的培养，大二侧重语言、商务、创新创业知识与技能的融合，大三侧重实践，形成一个相互制约、相互配合的有机整体。

优化师资建设。要培养学生的实践能力和创新能力，就需要教师具备很强的实践教学能力和商务实践能力，努力成为"三双"型教师，即"双师型""双证型"和"双创型"，做到教学和实务双能，教师资格和职业技能证书双全，创新和创业双会，成为"一专多能"的复合型教师。为满足人才培养的需求，高职商务英语专业需努力优化师资建设，通过打破专业壁垒、加强校企合作的方式，组建"学校＋企业""跨专业、双素质"的教学团队。

优化实践条件。加强校内外实训基地的建设。其一，增加数量；其二，提高已有校内实训室、工作室及校外实训基地的使用率，进一步完善其软硬设施；其三，跨专业实训室共享。加强实训教材的建设，选择或编写"以任务为指引、以能力培养为目标、以实践情景为依据、基于任务驱动教学模式"的实训教材。

优化评价体系。构建"综合性、过程性、量化性、主体多元性"的以"能力为中心"的全方位评价体系。评价指标采取将定量指标与定性指标相结合，评价方式以形成性评价与终结性评价相结合。以学生的实践参与程度、解决问题的能力、创新思维、团队协作能力为评价重点，完善实践教学各个环节的保障机制和激励机制，实现学生创新性实践能力培养的长效化。

实践教学是高职院校培养实用型人才过程中至关重要的一环。在社会急需应用型人才的背景下，作为培养人才主体之一的高职商务英语专业，要不断优化课程体系、师资建设、实践条件和评价体系，依托"课堂、校内实训、竞赛、校外实习"四平台，通过综合运用"课堂内＋课堂外"与"校内＋校外"的实践活动营造立体化的实践教学环境，帮助学生实现"语言＋商务＋创新创业"知识与技能的"三融合"，扩大学生的国际化视野，提升其跨文化交际能力，为我国"一带一路"沿线区域经济的发展培养更多满足社会需求的国际化复合应用型外语人才。

产教融合：构建民办高职英语课程多模态创新研究

廖茂珍①

（广州华商职业学院）

摘要： 在"十四五"期间国家对于职业教育发展的纲要新要求下，产教深度融合探索具有中国特色职业院校育人模式已成为高职院校的发展趋势。高职院校在人才培养过程中需更加注重职业能力的培养。根据相关调查和研究发现，现阶段高职英语教学过程中，绝大部分民办高职院校仍采取传统教学模式，在一定程度上未能充分发挥课程作用。作为一种新的教学模式的创新探讨，本研究将有效融入职场因素、职业需求，采用多模态教学手段，探索创新教学效果。

关键字： 产教融合；高职英语；多模态

一、当前阶段广东民办高职英语教学的现状

高职英语是高职院校的一门公共必修课程，课程面向全校所有学生，一般开设一学年，课程内容综合性强，涉及听说读写译几大模块。而受国内传统教育体制、教育理念、教育模式的影响和民办院校师资、设备等资源的限制，大部分高职院校，尤其是民办高职院校，所开设的高职英语课程，应用性不强，学生所学内容与将来工作岗位脱离，学不致用。同时，广东民办高职院校众多，每年入学学生多达一万，少则几千，人数庞大，但这个群体的学生，绝大部分文化基础课非常薄弱，特别是英语学科，更是他们的短板。而当前高职英语，学校多采用书本教材为教学资源，传统式对学生进行书本知识的灌输，教学效率低下，长此以往学生对英语学习缺乏动力与自信，甚至自暴自弃，消极应付，同时也使课程存在必要性越来越低。而当前，高职院校学生毕业后的工作岗位，特别是位于粤港澳大湾区的企业，对职业英语需求越来越高，各行各业也对人才的综合素养提出了更高的要求，对应故此，迫切需求能有一种新的创新教学模式进行改革。

二、产教融合多模态教学模式下高职英语课程面临的挑战

与企业深度融合、以行业标准为育人基准、以企业用人需求为培养目标的产教融合多模态模式下的教学模式，将对高职英语课程涉及的课程设计、课程实施、课程效果评估、教师的需求都提出了极高的要求；学生学习内容的转变、学习行为与方向的改变、教师教学方式的改变等对教师和学生来说也都是一个全新的挑

---

① 作者简介：廖茂珍，1982—04，女，广东梅州，广州华商职业学院，副教授，硕士。研究方向：英语语言学、英语教学。

战。笔者对广东广州范围内的几所民办高职院校进行了调研，了解到当前这些高职院校也都在尝试进行产教融合式教学，等多数均限于专业课程的培养或者直接采取订单式人才培养，涉及公共核心素养课程，例如高职英语，当前并未有高职院校进行产教融合教学改革的尝试。为此，面临的挑战将是多方面存在。

1. 教学理念和教学思路的转变

任何一种教学方式的改革，都将会是教学理念与教学思路的更新。新的教学理念必将要有与之配套的教学思路。而与传统的教学模式进行比较，在高职英语课程实行产教融合多模态教学模式的改革最根本的也就是在于教学思路的转变。首先，教师必须意识到不能再使用传统的照搬书本模式的教学，当前模式下，高职英语教师不再只是对英语专业知识的要求，必须在熟悉与之专业相对应行业的职业英语的需求，即熟悉行业标准。其次，教学角色的转变，传统高职英语中，教是书本知识的灌输，学是被动形式的接受课堂知识。而在当前产教融合的模式下，必须是教与学、课堂内与课堂外，主动学习到实践运动的有效结合。

2. 教学内容及教学方式的转变

按照传统的教学模式，课堂教学都将在 45 分钟内完成，教师对课堂内容、课堂过程、时间以及教学手段都有固定的模式，相对比较容易掌控。而在产教融合多模态的模式下，教师课堂教学不再是课堂满堂灌即完成教学任务，教师必须在熟悉行业标准的基础上，研究把行业、企业、岗位所需求的知识、技能等融入的教学过程中。课堂设计、组织等也需要根据学生专业的不同等进行转变。教师需要提前对教学进行更为详尽的设计，同时还须与岗位标准、用人需求相结合。对每一次课程教学内容都需要重新设置，没有标准模式，更无法对教学内容的接受度做到完全掌控。

3. 教学效果评估形式的转变

据调查，在目前绝大部分高职院校高职英语的课程考核均采用平时成绩＋期末卷面成绩。此种方式相对容易操作，同时也是通俗易懂的评价形式，均可直接采用直观分数进行统计。而在产教融合多模态形式下的教学，对于学生知识点或者技能的掌握与运用不能仅靠直观分数、短期成绩进行统计。教学效果的评估不再是学生对于卷面内容的完成情况，对英语的基本内容的掌握，而是要与对学生的综合情况进行评估，同时还应加入学生在职场情景、职场因素下，英语能力的综合运用情况等。

4. 教师素质的提高的新要求

在产教融合多模态式下的高职英语课程，教师不再是单一的课堂知识的传授者，不仅仅需要扎实的英语专业知识。教师需要多方面提升自我素养，需具备相对应授课班级的专业知识外，还必须行业知识面的掌握，此外还要不断扩大自身知识面，不断学习。此外，还需具备一定的现代化教育信息技术素养，如熟练玩转当前流行的视频剪辑软件，以及短小视频的拍摄等技能。故此，对高职英语教师素质的要求也越来越高。

三、产教融合多模态教学在高职英语课程中的应用

产教融合多模态新型模式采用协作教学模式、情景教学模式、慕课、翻转课堂、作品化教学等多模态的高职英语课程（TSCER）教学新模式，（TSCER）教学模式追求与大数据技术结合，同时有效使用现代化教育技术手段，将课程所需图片、视频、音效等资源共享，构建多维度虚拟空间，多途径激发学生的听觉、视觉等感观系统，提高学生的学习关注度，使学习讲授内容能够达到有效输入—输出，让学生在接近未来职业内容的环境中习得英语语言知识及技能，在走上工作岗位后能快精准地适应岗位角色，实现自身价值。职教互动，多方能动有效教学，让学生成为学习的主体，进而提升学生的综合素质和核心素养。

1. 提升产教融合的教学意识与形态

教师潜意识里面对产教融合多模态教学模式的认同感和行业、专业知识的储备也将引导了新的教学模式下能力的提升。"十四五"时期是我国全面建成小康社会、实现"建成文化强国、教育强国、人才强国"，提出"加大人力资本投入，增强职业技术教育适应性，深化职普融通、产教融合、校企合作，探索中国特色学徒制，大力培养技术技能人才"。高职英语教师须紧跟国家教育的指挥棒，把产教融合真正融合入课堂教学中，要勇于挑战，改变传统的以教师为中心的观念，加强学习，紧跟步伐，方能紧跟国家乃至国际的教育潮流。要有身在职业教育圈，心要能为国家培养高技能人才的教育理念。

2. 构建职场化、职业化特色的多模态教学模式

高职英语与本科教育的最大区别在于，高职英语需注重职场化的导向方针，《高等职业教育专科英语课程标准（2021）》（以下简称课标）版中提出高职英语学科核心素养包括职场涉外沟通、多元文化交流、语言思维提升和自主学习完善四个方面。在高职英语教育的过程中，都应该体现职场化因素，要把职场化、职业化的特色贯穿其中。另《课标》提到课程内容之五的职业英语技能，"教师在教学过程中应突出职场情境中的语言运用"，故此，高职英语教师要把"职场化"育人的观念深度融入课程，包括课程计划、教学内容、过程、评价均应该体现职业的特征。努力在教学过程中构建一个"职业中该如何运用英语"，"职场里如何有效使用英语学习模拟情景"，让高职英语课堂不再是一个枯燥的乏味的课堂，而是具有多元素、有生命力的学习。

3. 校企共建教学团队，实现资源共享

近年来，为更好指引职业院校的办学方向，明确办学思路，国家通过文件的形式指引了职业教育的产教融合、校企合作的办学路子。这些文件精神为职业教育下一步的发展，特别是产教融合方面如何发展指明了方向。为职业教育构建新发展格局，围绕产业链部署创新链、围绕创新链布局产业链，开展产教融合型城市、行业、企业试点，加快制度创新，强化平台建设，提高产教协同育人和创新能力，支撑产业转型升级。

四、结语

在"十四五"时期,广东民办高职英语教学改革已经是势在必行,而产教融合融入高职英语课程教学,更是高职英语发展改革的趋势,产教融合、校企合作多模态教学模式的应用能有效促进职场信息因素的融入,有效促进优质教学资源的开发与研究利用,有效促进人才培养的职业适应能力和岗位匹配的完成度。但此教学模式的推行仍然存在一定的难度。如何根据职场需求、寻找合适的教学内容,根据学生特点、专业特色选择合适的教学方法与手段,如何有效控制教学进程中的难易度等还需要进一步加强研究。

"立德树人"视角下高职计算机基础课程思政研究

刘婧莉[①]

（河源职业技术学院）

摘要："立德树人"是教育的根本,课程思政建设是教育改革的新举措,高职院校坚持培养社会需要的应用型人才为宗旨。《计算机应用基础》课程是公共基础课程,覆盖面广,实用性强,关系到学生信息素养和计算机思维培养,以其特有的抽象性和复杂性特点,在"课程思政"教学研究进行正确的价值引领,培养社会责任感和良好的职业道德,增强民族自信和文化自信。

关键词：高职；计算机基础；课程思政；研究

一、引言

随着社会的发展,学校对于学生思想、人文的教育渐渐被专业技能的培养、校企合作和就业所替代。许多学生没有规划,缺少目标,存在政治信仰缺失、理想信念不坚定、个人价值取向扭曲、不讲诚信、缺乏社会责任感、怕吃苦、缺少团结协作精神、心理素质不好等问题。《计算机基础》课程是针对大一所有学生开设的基础必修课程,是学生基本计算机操作技能的基础课程,其目标在于让学生深入了解计算机基础知识,熟练掌握计算机基本操作,了解操作系统、互联网、

---

① 作者简介：刘婧莉,1984 年 8 月,女,山西运城,河源职业技术学院,教师,高级工程师,计算机工程硕士学位,研究方向：编程、网站开发。
基金项目：全国高等院校计算机基础教育研究会计算机基础教育教学研究项目（2020—AFCEC—210）。

办公软件、多媒体技术等计算机应用方面知识和相关技术，培养学生良好的信息收集、信息处理的能力，本课程对于培养学生的实践能力、创新能力、分析和解决问题能力起到十分重要的作用，计算机基础课程思政充分将计算机技能与育人相融合，让计算机课堂在"立德树人"更有针对性和协同性。

二、高职学生现状分析

高职教育的目的在于提升学生的整体素质，使其具备本专业所需的专业知识和操作技能，成为社会需要的应用型人才，但在高职中很多学生对自己的未来缺少规划、政治信仰缺失、怕吃苦，缺少团队协作，心理素质不好等具体表现如下：

1. 学生素质下降，层次不一

近几年，受本科院校扩招、学生生源数量不断减少，高职招生基本属于高招的最后一批，使得生源质量整体下降，招收进来的学生分数较之前有很大程度的下滑，学生素质参差不齐，能力水平相差较大，在基础课程中渗透思想政治元素，提升学生的素养。

2. 学生自制力不强，缺乏学习主动性

随着信息技术和智能手机的飞速发展，计算机已经逐渐失去对学生的吸引力，取而代之的是智能手机，学生将更多的注意力集中在刷微博，聊微信，玩游戏上，课堂知识缺乏兴趣，若将知识与时事、政治、热点结合引入教学内容能极大提高学生的学习动力，打造高效的教学课堂。

三、计算机基础"课程思政"的探索

如何在教学中创新课堂教学模式，积极探寻计算机基础课程"思政课堂"的教学模式，引领提升学生独立思考能力，计算机基础课程思政首先要明确目的和意义，突出问题导向，将课程中技能和素质并行培养，在教学过程进行科学系统规划，在课程内容中寻找与社会主义核心价值观、理想责任、创新思维、工匠精神等相关德育元素，通过案例式、案例式和研讨式教学方法，以"润物无声"的方式将正确的价值，实现知识传递和价值引领双重作用。

1. 将信息素养渗入到"课程思政"

信息素养可分为信息意识、信息知识和信息能力三部分，包括能够有效地获取、评价和利用所需的信息能力，培养对信息技术的兴趣和科学思维，践行教学与育人统一。

2. 提升学生德育意识与价值教育

本课程是面向大高职一年级所有学生开设的一门必修课程，目的在于掌握与运用计算机和网络技术，掌握基于信息技术的团队协作方式，充分认识互联网的参与性、广泛性和自律性，自觉遵守并接受信息社会道德规范的约束，并自觉承担相应的社会责任。

四、计算机基础"课程思政"的实践

修订具有思政特色的计算机课程人才培养方案，明确专业能力与核心素养，建立相关知识、能力、素养，具体表现在以下几个方面：

1. 转变教育观念

在课程的教学过程中，应渗透学生的素质教育、理念信念教育、职业教育元素，避免在教学中"一言堂"现象，当前学生思维活跃、获取信息能力强，不喜欢听说教，传统教学模式和说教内容很难触及他们内心，应通过案例教学、研讨教学、项目教学等促使学生所学、所感，所悟内化于心，将立德树人落到实处。

2. 打造高效的课堂教学模式

实施高效课堂，创设问题情境，让学生在情境中通过观察、操作、探究，发现并获得所需知识，如通过完成新闻播报文稿的排版，如图 1 所示，让学生了解时事，掌握计算机基础知识、Office 办公软件、操作系统、计算机网络知识等知识技能，并通过小组汇报形式，锻炼学生的协同合作能力，让学生"学"有所思，"练"有所获，增强学生的学习动力，提升学生专业认同感。

3. 科学评价体系

本课程采用线上线下混合教学，将课程内容进行整合，实现以任务驱动，大项目引导的教学模式，通过视频、任务单、课件等内容丰富课程资源，如图 2 所示，实现教学内容的拓展和教学质量的提升。课程评价包括形成性考核和终结性考核，比重 4：6，形成性考核应全方位、多角度进行，通过线上学习记录、课堂表现、线下互动、作业、测试等评价，终结性考核考核学生计算机能力水平测试。

五、计算机基础思政课堂创新点

计算机基础"课程思政"的教学模式致力实现将思政元素融入计算机课堂，让学生学到专业技能的同时潜移默化提升学生素养，在课堂教学中将充分发挥学生的积极性、主动性，创造性，达到理想教学效果。

1. 实现教学模式的"五个创新"

一是教学理念创新，改变了传统专讲技能的课堂模式，将思政进入课程。二是教学内容创新，深入挖掘教学内容与思政元素的深度融合，布置体现思政元素又能考核计算机操作水平的综合作业。三是教学方法创新，采用新颖、灵活的引导与交流方式，提高学习积极性；采用翻转课堂教学模式，开展以学生为中心的教学设计。四是交流互动方式创新，通过微信、学习通等学习平台，如图 3 所示，提供多样化指导。五是过程考核创新，课程教学对各环节的每一个任务均采用量化考核，通过各环节、全方位、全部量化的考核，实现学生学习效果的准确性评价。

2. 建立三个机制

一是建立以学生为中心的学习机制，教师引导学生自主学习、知识探索。二

是形成以"课程思政"为特点的教学机制，课堂主要通过时事政治、热点话题分享，师生互动，针对课程问题知识点，进行讲解答疑。三是建立"寓教于情"目标机制，教师不但关注学生知识学习过程，还应形成育人体系模式。

六、结论

综上所述，针对计算机课程的特点，深入挖掘与课程内容相关的思政元素，打造高效的技能与育人的计算机思政课堂，需要我们教师在课程内容、教学方法不断探索和创新，在课堂教学中对高职学生的思想觉悟、道德品质等方面的培养有着积极引导，将理论与实践相结合，培养学生努力学习、积极探索、勇于创新的精神，将课程思政建设与工匠精神培养同向并行。

高职院校教育信息化项目有效推进策略与实践

丁　铁[①]

（中山职业技术学院　广东　中山　528404）

摘要：本文通过对高职院校教育信息化项目现状进行深入研究，对其推进中潜在问题及原因展开分析，剖析了高职院校有效推进教育信息化项目过程中存在的困境，从统筹规划、集约建设、绩效考核以及风险管控等方面提出了构建高职院校有效推进教育信息化项目的解决方案，并对笔者所在推进学校教育信息化项目实例方面的策略和经验进行归纳，为相关高职院校教育信息化项目的有效推进提供中山职院经验和样本。

关键词：高职院校；教育信息化项目；解决方案；推进策略

一、引言

教育信息化是实现教育资源公平、带动教育现代化的重要引擎，而教育信息化项目是构建教育信息化生态体系的重要抓手，其在规划、立项、建设、初验、试运行、终验、应用和运维等生命周期阶段中往往存在一些潜在的不确定因素，若处理稍有不慎就会导致项目进度延期、项目成本超控或项目质量不达标等后果，

[①] 作者简介：丁铁（1980—），男，湖南长沙人，中山职业技术学院高级工程师、硕士，研究方向：教育信息化、计算机科学与技术。

基金项目：中山职业技术学院教科研项目"中山职院教育信息化项目推进策略研究"（立项编号：KYB2010）的研究成果。

从而影响项目预期目标和效益。因此，如何按时、按质和按量地稳步、有效推进高职院校教育信息化项目建设，以满足高职师生在教学、学习、办公及生活等区域对信息化方面日益增长的需求是一个亟待解决的问题。

二、高职院校教育信息化项目推进中的问题与原因

1. 项目顶层设计偏离校情

高职院校在制定自身五年发展规划中一般都会对学校未来三到五年的教育信息化进行描绘，以便发挥着推进学校信息化建设承前启后、高瞻远瞩的作用。高职院校有效推进教育信息化项目的方向、框架和内容的依据主要是信息化技术发展趋势以及学校发展战略需求。近年来随着以云计算、大数据、物联网、5G 和人工智能等为代表新兴 IT 技术在教育领域广泛应用和快速推广，教育信息化领域有关的专家、学者在实践工作和研究过程中，结合教育教学应用需求规律和 IT 技术发展阶段性特点先后提出了信息化校园、数字化校园、智慧校园以及移动校园等教育信息化顶层设计理念或模式，并在教育领域特别是高职院校的信息化建设中广泛部署与应用。

2. 重建设轻运维现象普遍

一般而言，教育信息化项目建设期间，无论是高职院校领导、信息化职能部门，还是业务部门等都会投入较多的关注或资源来推动，而项目完工后的运维服务往往被忽视，例如项目运行时暴露出一些 BUG，或因用户操作习惯需二次开发，或客户端浏览器兼容性问题，或数据对接匹配、数据治理、空间部署、信息安全等问题，这些在一定程度上制约了项目的用户体验，也影响了项目应用场景效能，这些无不昭示着项目后期加大运维投入的重要性。然而实际情势却往往相反，即高职院校对项目前期建设投入过大，而在后期投入运维经费很少，让很多教育信息化项目成了一次性工程。

3. 缺乏项目绩效考核体系

教育信息化项目具有经费投入多、建设周期长、项目社会效益关联性强、项目受政策影响大和需求变化大等特点，其立项、建设、应用和运维等生命周期中往往潜伏着项目需求变更、项目资金超出、项目缺少相应政策保障以及项目人员素质参差不齐等一些不确定因素，常常导致项目进度超期、项目质量低下，难以达到预期目标。因此，针对上述情况构建一组既独立又相互关联并能较完整地表达项目评价要求的考核指标，使其能够反映项目目标的完成情况。目前国内对教育信息化项目绩效评价方面比较少，更是缺乏绩效考核体系可供参考。

4. 项目风险管控意识淡薄

高职院校在教育信息化项目方面投入的资源越来越多，但不少项目建成后运行效益远未达到前期立项时的预期，即呈现出规划前景很好但实际效果不佳的状态，许多教育信息化项目建设、利用和运维等方面遇到了不少问题，如需求不够

明确、缺乏远景规划、缺少相关政策的支持、利益相关者之间扯皮现象较为严重等。究原因主要是项目初期和建设过程中，项目风险管控意识淡薄，忽视教育信息化的风险评估，未能有效识别出教育信息化项目生命周期中的各种风险因素，并有效制定风险防范应对措施，致使项目建设不顺之时缺乏相应的措施处理，导致原定目标屡屡受挫，项目成效远未达到预期目标。

三 . 高职院校有效推进教育信息化项目的解决方案

在教育信息化 2.0 背景下，高职院校借助信息技术积极探索教育变革、提高竞争力已成为其跨越式发展的最佳路径。教育信息化项目作为提升高职院校信息化发展的有力抓手，从统筹规划、集约建设、绩效考核以及风险管控等方面构建高职院校有效推进教育信息化项目的解决方案。

1. 做好项目的统筹规划和需求设计

整体推进高职院校教育信息化建设往往需要协调学校多个部门，组织各类人员和调动各类资源，是一项比较复杂的全局性工作，需要站在全校高度进行统筹规划，实行自下而上的需求设计。首先，做好学校信息化顶层设计，搭建自上而下的信息化框架。学校信息化主管部门在获得校级领导的支持下，整合校内各种业务流程需求，依据上级信息化部门指导，从学校未来发展战略的高度来规划好信息化资源，并制定统一数据标准，推动教育信息化资源的共商、共建和共享。其次，做好项目的现状分析，即信息化建设要从现实的问题入手，从更高的需求着眼，明确学校战略层面、应用层面、特色层面上的需求，应落实需求驱动的信息化建设模式，充分利用好前期项目建设成果，梳理拟定项目业务应用需求，明确与前期项目的流程需求、功能需求、技术方案等业务边界。

2. 树立项目统筹集约共享的推进策略

把统筹、集约、共享作为高职院校教育信息化项目推进的整体思路，着力解决重建设、轻运维和难应用等突出问题。项目流程再造，在项目申报中，由各部门必须根据自身需求提出信息化建设需求，信息化执行部门汇总后进行统筹规划与反复论证，仔细选择信息化建设项目，充分发挥各类信息化建设效益的最大化，并报决策机构审批；项目验收时，信息化执行部门和项目执行部门联合组织专家对项目进行专项技术评审，不能通过专家技术性评审的，不能验收。

建立一套合理、可落地实施的教育信息化项目绩效考核指标体系，可为项目实现预期目标、项目质量评价等提供依据和保障，促使项目推进中精细化微观管理与全局性宏观管理相结合的综合管理。首先，在绩效评估、系统论等理论指导下，将教育信息化项目当作一个整体来分析，结合国内外已有经验，初步构建教育信息化项目绩效评价框架；其次，结合国家省市等有关教育信息化项目建设发展现状和专项检查指标，初步构建教育信息化项目绩效评价指标体系。最后，通过对学校管理者、职能部门管理人员、教师和学生进行访谈和调研，从教育信息化项目建设、应用和运维等视角出发，深入了解信息化项目的特点与需求，对指标体系进行扩充与修正。

3. 制定项目风险管控的应对策略

建立全方位、全过程的教育信息化项目风险管控体系，以应付期间各种风险，并把教育信息化项目的效果发挥到最大程度。首先，制定项目实施标准流程，高职院校在推进学校教学信息化项目中采用标准化操作流程，即可针对工作中出现的问题不断总结出最优的操作程序，它可以有效地规避风险，或使常规风险降到最小。其次，制定项目监理制度，监理是独立于建设单位和施工单位的第三方，主要在信息化项目建设中担任全过程、全方位的监督管理，不仅可以提供专业的技术建议，还能有效减少风险、保障建设质量。

适应扩招学情变化的高职课程体系改革与实践

苏新国　李宝玉　袁利鹏

（热带农林学院　广东　广州　510665）

摘要： 2019 年开始高职院校面向社会扩招 100 万人，不仅是缓解社会就业压力的举措，也是高职院校抓住发展机遇的战略之机。扩招之后的生源变化，对于高职院校的人才培养工作提出了更高的要求。本文阐述如何高职专业整体扩招背景下，匹配高职扩招学情变化和生源特点，对高职食品类课程体系进行针对性改革，通过重构课程体系、创新教学方法、构建课程资源，保证了扩招学生培养质量，为扩招背景下高职院校的课程体系改革提供实践参考。

关键词： 扩招；学情；课程体系；改革；实践

一、高职院校扩招背景

国务院在 2019 年 2 月印发了《国家职业教育改革实施方案》，该方案对职业院校的办学方向提出了新的要求，明确指出"鼓励和支持社会各界特别是企业积极支持职业教育，着力培养高素质劳动者和技术技能人才"。当年 3 月，李克强总理政府工作报告中提出了"高职院校扩招 100 万人"，这是继我国高校自 1999 年之后的第二轮扩招，与上一轮扩招主体是本科生不同，本次的主体是高职生，这些变化也表明高职扩招对于推动我国高等教育进入普及化阶段具有重要意义。高职院校面向社会人员招生，不仅可以缓解当前就业压力，解决行业技术技能人才短缺的局面，更是高职院校抓住机遇快速发展的良机。但高职大规模扩招，也使高职院校人才培养和教学工作带来了前所未有的复杂局面，因此，必须针对扩招学生的学情变化和技术发展新趋势对课程教学体系进行改革。

高职教育兼具高等性和职业性，主要培养高素质技能型人才，毕业生除了在人文、科技等方面达到一定水准，具备可持续性的发展潜力，还需要具备面向市场职业岗位需求的职业特性和专业技能；因此高职院校培养的毕业生，需要具备市场需求的、具有职业岗位核心能力，成为不需培训即能上岗并具有未来职业成长性的高素质技能型人员。在此标准的要求下，扩招的生源变化，给高职院校的人才培养工作带来很大的挑战。

二、高职院校面临的机遇与挑战

党的十九大报告提出"职业教育是国民教育体系和人力资源开发的重要组成部分"，将职业教育纳入国家人力资源开发体系，直接服务于国家重大发展战略和区域社会经济发展需要。通过技术技能人才培养体系的构建与完善，一方面为经济发展提供急需的高技能人才，另一方面提升劳动力整体素质，持续保持我国经济发展的人力资本红利。当前我国就业面临的最突出矛盾是结构性就业矛盾，急需通过职业教育的结构优化和质量提升，来解决就业结构性错配、产业升级导致的隐性失业、智能制造引发中低端就业岗位减少等问题。但高职扩招后，在人才培养过程中也面临的诸多挑战。

1. 规模与质量的协调

职业教育招生规模扩大是国家与经济社会发展产生的新需求，高职教育需要通过供给侧改革主动适应满足社会需求。自从 2006 年起，国家通过高职示范校、骨干校、优质校等项目建设，实现了高职教育内涵式发展，已具备扩招条件，能够承担扩招任务。但是扩招后，教育资源投入是否充足，生均经费是否能够得到保障，如何调整人才培养结构，保持高质量发展，是高职教育面临的重要挑战。

2. 生源对象结构丰富

高职院校百万扩招不仅是数量的扩容，更是招生渠道的拓展，随之带来一场由生源结构调整引发的综合改革。非传统应届生源的教育背景、学习方式、学习能力、学习需求与应届生相比有很大差异，招考制度、师资配备、教学资源优化、专业结构和人才培养目标的定位等也需重新设计。

3. 学历教育与职业培训的平衡

加快发展职业教育作为国家缓解就业压力和高技能人才短缺的宏观调控策略，凸显了中国特色现代职业教育的"大职教观"。而当前我国高职院校招生更多面向高中毕业生，提供传统的正规学历教育。随着社会需求的变化，高职院校需建立与完善学历教育、非正规教育、非正式教育统筹发展的职业教育和培训体系，承接公共培训服务等社会职能。

三、扩招生源学情分析

1. 学习基础的变化

当前扩招的生源还有一部分是成人学生,他们入校前生活、工作在不同的社会环境中,肩负着各种各样的生活责任,入校学习还会存在工作和家务占用了很多时间的情况,所以他们不会像普通高职学生那样有充足的时间在校园里面学习,这给他们的学习带来了潜在的障碍。扩招学生学习时间和精力有限,所以对他们要更有耐心,并及时进行学业指导和课后督促,不能按照对应届生的统一要求期望他们与普通高考学生一样学习,特别是在非弹性的学制下获得同样的学习成果。3+X 证书和三二分段来源的学生主要来自中等职业学校,而通过学考注册和自主招生报考的学生,大多数是由于无法在普通高考取得满意成绩,提前落实职业院校的学位,这四类学生学习基础都比较薄弱,远远落后于普通高考来源的学生。在不放弃这部分学生的前提下,通过课程体系改革,将食品类基础知识"科普化",使这部分在有限的学习时间里较好地消化课程内容,确保人才培养质量,实现对扩招来源学生相同规格的培养目标。

2. 学习需求的变化

来自四类扩招的学生,由于大多数已经从事了相关专业,或已经了解了所学专业和未来就业岗位,因此他们的学习需求更加明确,对于基础理论的需求不高,倾向于掌握相应的技能,毕业之后能够快速上岗,落实就业岗位从事相关的工作。在具体的教学实践中,我们发现扩招入校的学生对于理论性的知识比较抵触,普遍感觉理论内容难以理解,对于偏重实践、感观性强的课程比较适应;在实践环节扩招学生大多数都具有动手能力强的特点,对所学知识目标明确,实用性技能的掌握更好。如果采用传统的专业人才培养方案则与扩招学生的个人素质不匹配,也达不到应有的教学效果。这就需要在食品类课程内容上精简、专业、够用,多实践演示,少理论阐述,以此增强其专业实践性、学习黏性、提高扩招学生学习兴趣。

四、课程教学改革路径

高职扩招后将部分高职学生的学情变化较大,扩招学生在工作背景、专业基础、学习需求上与传统普通高考入校学生已经明显不同,特别是自主学习能力有较大的差距,按照传统的评判标准,扩招学生因为基础差,可能有一半无法满足高等性要求。如何进行课程体系及教学方式改革,匹配高职扩招学情变化和生源特点,重构课程体系、创新教学方法、构建课程资源,是保障这部分扩招学生培养质量的重要抓手。以笔者所在的食品类专业为例。

1. 构建"科普化"课程体系

食品类课程体系具有课程门类多、分科细,信息量大、内容繁杂、难学难记的特点,传统的食品类课程体系主要包括食品化学、食品加工技术、食品微生物等,这些课程主要涵盖了食品加工、检验检测、监管服务类职业素养的基础知识和技能,不仅直接影响学生专业课程的学习，同时对于职业能力的养成和未来职业生涯的发展具有重要作用，但"以学科为中心"的传统基础课程很难与岗位工作任务对接，学生也无法将相关知识融会贯通。根据扩招生源特点，从实践出发，结合食品生产、检验和经营等工作情况将食品类课程体系进行"科普化"构建，按"食品原料—生产加工—检验检测—经营管理—安全保障"为逻辑主干线展开，符合常人认知规律，将原有课程内容模式从分子层面解读到实际应用评价，满足实际生产中对食品原料品质控制的合理应用，适应当前食品生产岗位对知识和素质的需求。同时弱化理论课程分中的生物化学、物理化学和化工原理等基础内容，以应用为本，对食品生产、检测和监管的知识进行融合与重组，打破了传统按学科设置课程体系的模式。

2. 实施"项目化"教学改革

由于扩招生源的学习基础不高，食品类基础课程对于扩招学生而言过于枯燥，学习难度大。对于习惯于从事具体项目实施和事务劳作的退役军人、下岗失业人员、农民工、新型职业农民等四类来源学生来说，传统的课堂教学方式比较难于接受，他们更习惯于教学做一体化，而不能忍受孤坐在教室里接受枯燥的理论灌输。通过项目化教学改革，使知识具体化、形象化，从被灌输被填鸭的被动式学习行为，转变为合作的、探索的主动式学习行为，通过教法改革引导这些学生积极主动地参与到学习过程中。根据课程标准优化课程内容和教学情景，组织教师团队设计课堂教学方案，实施项目化教学改革。

3. 完善"真实化"实训项目

结合食品生产、流通和监管等领域的职业规范，按照食品行业实践认知，将原有的食品加工和食品理化检验课程的实验进行重组改造，实践教学改革的特色突出在于将内容单一、纯验证性实验改造为综合性、研究性和设计性实验。加强实训，完善实验、实训项目和方式，构建理论与实践相互渗透而又相对独立的实践课程体系，培养学生的专业能力、职业素养和职业能力。

同步工程理论视阈下的职技教育
高水平课程建设新模式研究

金泽龙[①]

（广东轻工职业技术学院 广东 广州 510300）

摘要： "十四五"规划明确了"建设高质量教育体系"的政策导向，对职技教育高水平课程提出了高标准新要求。基于同步工程理论，阐述我国职技教育高水平课程建设的特质与未来趋势，坚持同步工程各要素整合观点，建构职技教育高水平课程新模式。通过变革传统的目标、内容、组织与评鉴，实施现代的研究、发展、执行与评鉴，在高水平课程建设中心协调下，创新推进不同高水平课程设置进程，有效率开展可执行策略，最终实现职技教育高水平课程建设产出目标。

关键词： 同步工程；职技教育；高水平课程；建设模式

一、国内外职技教育课程建设演进

职技教育课程建设演进大致分成三个时期：初期以学徒训练职业内涵建构为主，目的是满足个体就业所需技能；中期则将学徒训练职业内涵纳入学校正式课程，反思变革传统课程设计，将产业人才需求与学校教育衔接起来；后期则以创新、革新、质量为导向，重点发展任务驱动型的职技教育课程。

1. 国外职技教育课程建设演进

职技教育早期是以学徒制形态直接在职场学习相关技能与专业知识。18世纪60年代到19世纪中期，第一次工业革命兴起，机器取代人力以及廉价和非技术性劳工特性缩小了传统学徒制度培育人才的范围。但随着社会进步发展，人力资本理论逐渐盛行，雇主开始认识到技术性员工是公司重要资产，间接引起了教育界的重视而将学徒制作为了学校实施教育的主要功能之一。1917年，彼时的新兴工业国家美国通过了《史密斯—休斯法》（Smith—Hughes Act），规定联邦必须拨款建立职业教育课程。该法案标志着职业教育体系开始形成，正式强调职技教育过程中技术学院、行业学校及其他特定专业类科学校必须开展一种学徒制形式的新课程建设，提供年轻人在学校学习一般课程外的另一项选择，目的是使年轻人具备工作的各种技能。之后，联邦政府又相继出台了与职技教育相关的一系列

[①] 作者简介：金泽龙，1965—，男，北京人，副研究员，副教授。主要研究方向为软科学分析、文献信息检索、高职教育，发表文章70余篇。

法规，强调课程质量重要性和必要性。时至今日的新经济时代，美国仍然十分重视职技教育课程建设与改革，关注着职技教育课程对社会就业率、信息科技创新等发展的影响。

2. 国内职技教育课程建设演进

我国职技教育课程建设受国外尤其是美国和德国影响甚深。70 到 80 年代，我国整体经济较为落后，社会生产力水平不高，职场中企业行业的传统训练课程基本能够满足当时国家经济发展的技能需求。进入 21 世纪，随着时代进步、科技迭代、网络盛行以及部分时段世界经济低迷等影响，这种仅靠企业或行业自行开展的传统职技教育已经无法满足当今职场的各种需求。此外，我国教育体制中教育机构组成多样、归属管理复杂、教育资金来源不一等缘由，造成我国技工学校、中等职业学校、高等职业院校、本科等职技教育体系中与职教课程相关的教学内容重复较多，课程设计未能真实反映职场导向的能力需求；实际职技教育课程内涵仍与业界需求有落差，尤其是高水平课程建设未达预期成效；职教高水平课程各类科发展机制仍不够健全，学生学习意愿与学习成就逐年低落；职校学生多以升学为导向，而升学导向的教育体制又被普通教育所挤压；理论学术课程和专业技术课程各自为政，课程衔接常有脱节、倒置或过渡重叠；课程设置未能兼顾学生就业与升学发展需求，各类学科教育上下无法连贯、左右缺乏统一整合、不适应时代发展等问题频现，影响了我国职业教育培养适应能力强、实践能力强、创新能力强的高素质复合型人才的正常良性发展。

二、我国职技教育课程建设模式与变革

1. 我国职技教育课程建设传统模式

早期专家学者将课程视为一种物品或一组教学目标，课程建设是生产这些物品的活动或根据目标设计学习的蓝图。我国传统职技教育课程设计架构是依照组织特性来进行的，由目标、内容、组织与评鉴四个阶段组成，通过需求评估、设置目标、选择适当教材、组织学习等活动，最终达成教育目的。相关内容如图一所示。这种以行为导向为目标的模式，所设定课程目标虽然具有由上而下结构性与阶层性特征，且学生学习结果可被复制，但却忽略了教育的价值性，减少了师生的互动。

2. 我国职技教育课程建设创新变革

受七十年后现代思潮影响，课程的理论研究与实践实施有了长足的发展，尤其是高水平课程建设逐渐成为了新的关注点。在高水平课程理论典范转向微观出发、高水平课程意义由静态转为动态、高水平课程教育强调与环境及文化关联、高水平课程设计重视学校知识组织分配与师生互动过程、高水平课程方式以严谨动作寻找不同选择方案为基础等方面的探讨，对我国职技教育高水平课程建设模式产生了较大启示。高水平课程建设不再依靠既定理论进行，而是面对外部环境改变，兼顾反映当下社会、学校、教师的需求与互动的结果；高水平课程建设由目标模式移转至

历程模式,将社会历史发展与政治实践视为高水平课程研究的重心。

三、同步工程理论与运作方法

1. 同步工程理论的概念

起源于90年代的同步工程理论(Synchronization Engineering or Simultaneous Engineering,SE)又称并行工程理论,是在开发时就考虑到整个产品生命周期内所有因素(包括质量、成本、进度和用户要求)的一种系统方法。含义:以市场为导向,整个产品开发过程的各个子系统同步进行,产品工艺、工装开发、质量目标等同步规划,使开发者从概念开始就考虑其他子系统的接口和需求,考虑后续工艺和工装的水平和能力,考虑质量目标的实现要求。

2. 同步工程理论的运作

全球一体化与竞争化时代缩短了企业产品生命周期,产品发展复杂性也因市场需求的多样化而逐渐提高,创新遂成为企业提高竞争力的唯一途径。许多企业为寻求利润,整合跨部门的功能,制定同步发展产品策略,以应对市场需求,其中又以同步工程理论应用最为常见。强调跨部门的整合,即设计、分析、生产、测试、品管及营销都在同一时间内进行,目的是减少产品进入市场的时间、提升产品在市场上的占有率,在产品质量上也希望赢得客户的口碑,进一步提高品牌价值。

四、同步工程理论建构职技教育高水平课程新模式

"十四五"规划中提出职业技术教育要重点处理好"普职、产教、校企、师生、中外"五大关系,要更好地长入经济、汇入生活、融入文化、渗入人心、进入议程。落实这些要求,迫切需要加强职技教育高水平课程的研究,通过构建职业技术教育的学术体系、话语体系和教学体系,进一步巩固适应职业要求的高水平课程类型定位,提升学校教育质量与竞争力,让学校发挥职业教育的作用,凝练中国特色职业技术教育的道路与制度。

高水平课程模式是高水平课程设计实际运作缩影或理想状况指引,是能够直接呈现、介绍、沟通、示范的未来高水平课程。借鉴同步工程理论建构职技教育高水平课程新模式,首先要在高职院校设置高水平课程建设中心,其次要变革传统的目标、内容、组织与评鉴等四个独立且不联结的工作程序,创新开发研究同步、发展同步、执行同步、评鉴同步等四个新的高水平课程建设步骤。

1. 同步工程理论建构职技教育高水平课程的步骤

高水平课程建设中心是研究与评鉴阶段的主导者,目的是协调并统一整合四类专业团队专长,确定符合社会期待的高水平课程建设目标及强化高水平课程建设结果的可执行性。学术单位与教学单位分别是发展阶段与运行时间主导者,在行政单位与业界专业咨询合力支持下,夯实高水平课程建设理论与实务基础。

"研究同步"是指经高水平课程建设中心协调,四类专业团队各自发挥专长,以规划符合社会期待的高水平课程目标。"发展同步"是指在学术单位主导下,

以创新观点整合决定高水平课程设计因素，兼听其他三类高水平课程建设专业团队提供的必要专业咨询与建议，形成完整高水平课程体系。"执行同步"是指在其他专业团队配合下，由教学部门主导新高水平课程的推广及运作。"评鉴同步"是以高水平课程建设中心为核心，由其他四类专业部门同时给予高水平课程建设中心反馈，以发挥高水平课程建设最终的效能与效率。

2. 同步工程理论建构职技教育高水平课程的特征

从以上分析可见，以同步工程理论建构高水平课程新模式具有三项特色：（1）具备实时反馈与自我评鉴功能：在高水平课程建设历程中，虽然四类专业团队在不同阶段各担任主导或协助角色，但在同步观点下，各专业团队必须给予该阶段主导高水平课程建设团队实时反馈。可减少理论学习与实务之间落差，直接在各阶段进行自我评鉴，提高高水平课程产出的价值性；（2）高水平课程可执行性高：以同步工程理论建构的高水平课程模式将行政支持元素纳入其中，目的是缩小教育行政主管与教育执行单位之间的认知差距，强化行政支持教学的观念，实现教育政策目标与教育执行结果绩效。在高水平课程推广中，既可进行局部实验，也可再次强化高水平课程实际教学时符合教育目标的期待；（3）符合企业需求与社会期望：职技教育高水平课程内涵必须满足业界需求及社会期待，将高水平课程建设团队同步、互动、统一整理，融入学校本位高水平课程发展。

"以写促学"助力《英语写作》"金课"建设

王　莉[①]

（河源职业技术学院）

摘要： 英语写作课程教学把培养"四有"好老师作为育人目标，运用"以写促学"，从课程设计，内容选择、教学实施、课程评价等方面向"两性一度"的"金

[①] 作者简介：王莉，1979年3月，女，河南信阳人，河源职业技术学院英语教师，副教授，硕士，研究方向：高职英语教学。

基金项目：2020年度教育部人文社会科学研究项目《乡村振兴背景下乡村教师精准培养的协同机制与策略研究》（项目批准号：20VJA880036）。

广东省教育科学"十三五"规划2020年度研究项目《基于成果导向（OBE）视角下的师范委培生职前职后培养体系研究———以河源职业技术学院为例》（项目批准号：2020GXJK548）。

课"靠拢，力争提高教育教学水平。

关键词： "以写促学"；思政育人；《英语写作》金课

一、问题提出

英语写作能力的输出一直是教学中费时费力，效果甚微的难点。究其原因，一是学习者自身英语知识和技能的储备量有限，有效的输出欠佳，输入和输出处于不对称状态，学习主动性受阻，学习的成就感不强烈；二是授课教师本身的英语素养各异，写作能力参差不齐，"教"的表层多，"育"的深层少，改进教学方法，提升教学能力，突破职业倦怠的藩篱是教学生命线的重要补给。鉴于此，在教和学的基础上推动课程改革，向"两阶一性"看齐：即"高阶性、创新性与挑战度"。师生协力打造"金课"，改变教法学法、更新内容，端正态度，淘汰掉"教师不用心、学生不入心的课"。

二、理论依据

2000 年王初明教授提出"写长法"，从"以写促学""以续促学"角度，进行教学改革和研究，教与学的"双赢效果"良好，"从学生情感需要出发，通过设计能激发学生表达真情实感和写作冲动的任务，在一定的学习阶段，按照外语学习规律。通过调节作文长度要求。逐步加大写作量。促使学生冲破外语学习的极限，加速外语知识内化为外语运用能力的过程，由此增强学习成就感，提高自信心"。"写长法"以作品创作获取成就感，释放潜能，培养和保持学生强烈的学习兴趣和动机，从外在关注（字数、文体、语言形式等）转向内在追求（自我体验、情感表达、信心获取等），"学习结果体现探究性和个性化"。

三、具体运用

1. 设计背景

英语写作能力是一名合格的小学英语教师应具备的专业基本能力，应具备用英文进行写作，教授学生用英语进行简短英语写作的能力。《义务教育英语课程标准》（2017）明确基础教育阶段英语课程着力使学生掌握一定的英语基础知识和听、说、读、写技能，培养爱国主义精神，形成健康的人生观。《高等学校课程思政建设指导纲要》提出在教学中落实立德树人根本任务，培养"有理想信念、有道德情操、有扎实学识、有仁爱之心"的"四有"好老师。

陶行知先生说过"以情动人，以行带人，以智教人，以德育人"，教师是塑造灵魂、塑造生命、塑造人的工作。一位好老师应该是智慧型的老师，具备学习、处世、生活、育人的智慧，既授人以鱼，又授人以渔。

2. 设计思路

基于足够的输入才能有定量输出的理论，针对性的布置阅读名著并诵读，熟谙模仿句型，学会谋篇布局，精细夯实语言功底；依托贯穿项目和任务，弱化困难，具象写作成果，突破学生"畏写"情绪，体验写作的愉悦。

（1）双线并行

教学内容以岗位需求为核心，含感谢信、求职信等实用英文写作，以及记叙文等四大文体。教学以贯穿始终的线上、线下任务为载体，线上观看《走遍美国》或其他相关视频，辅之完成撰写系列"小论文"，以学生视角，围绕大学校园生活、学习、兼职、交友、师生关系、大学教育等主题，环环相扣，梳理大学中所见、所闻、所学、所思，汇聚成个人成长演变史。课下编写 Mini—novel（章节书），体裁，题材不限，字数 2000 字。

（2）Mini—novel（章节书）创演

根据Mini—novel(章节书)进行期末汇演，自编自导自演，以演促练，以写促学，演写相长，调动学生的积极性，转变"怕写作"的思想包袱，演变到"爱写作"，在合适的场合用恰当的语言"会表达"，享受写作创造过程带来的体验式感悟，找到"能书写"的自信。

（3）《以写促学》汇编

课程结束后，全班同学将各自作品汇编成一本《以写促学》班级杂志，通过纸质版和电子杂志呈现出不同的视觉效果。

3. 实施过程

（1）教学过程

第一阶段情景导入（任务驱动），课前超星平台发布任务，观看《走遍美国》或其他相关视频，将其转化为学习情景，提出思考问题。第二阶段探索练习（自我驱动），独立思考、分析并尝试解决问题，进行针对第一阶段学习任务的写作练习，呈现初步成果。第三阶段策略构建（案例驱动），对学生的初步成果评估反馈，进行优劣评析，提出改进方向，展示最佳解决方案。第四阶段完善创作（情感驱动），学生通过已获得的策略重新审视、修改、完善自己的作品，灵活地运用到实践中。第五阶段实践检验（情感驱动），学生进一步将分散的理论知识和已习得的技能整合、重组、优化，进行"系列小论文"和 Mini—novel（章节书）创作。

（2）具体运用

下面以人物记叙文为例，在完成教学内容的基础上，凸显"以情动人"，引导学生延展并完善 Mini—novel 的创作，思考系列小论文之大学里对我影响至深的人。

读一读。快速阅读 lead—in 故事，初步感知人物描写，了解所用记叙方法。Lead—in 故事让学生尽快聚焦内容，头脑风暴式地启动知识储备，为后续创作打开大门。

猜一猜。即兴观察，对象是本班同学或舍友，选其最突出的特点，如，外貌、穿着、发型、面部表情或行为。引导学生学会细致入微的观察的意识，发现他人不同之处，进而反思人与人之间的相处之道，学会包容，学会换位思考。

演一演。构思演写内容，随即进行作品展示。学生在短时间内，运用所有的英语词汇、句型结构、篇章组织等知识，呈现出创作初稿，激发自我展示欲望，消除胆怯，增强信心。

评一评。归纳作品观察切入点，亮点和不足之处，可改进之处。引出人物描写可借助"人物形象、所言、所做、所感"等方面进行发展，也可通过创作生动对话，凸出人物年龄、生活区域、说话场景、交流对象、沟通方式、人物情绪。

人物的言语是刻画人物、表达内心世界的重要手段。如，简·爱和表兄的一段对话，简·爱的愤怒之情、被欺凌之态，和表兄的骄横霸道形成鲜明对比，跃然纸上。

4. 教学效果

（1）育人层面

围绕"一个核心，二条主线，三项融合，四个驱动"，饮"平凡生活"之源泉，借英语之笔，书生命之美，从平凡之中寻找美，引导学生积极向上的生活态度，善良温暖的为人处世方式，用英语书写生活中所遇到的人、事、景，从中汲取生命的力量，感受生活的美好，获取内心的充盈；培养一双发现美的眼睛，从"熟视无睹"的身边挖掘美景、美物、"美人"，如：挖掘学校最美的景色、最具有代表性的建筑、最难忘的地点、最有影响的老师，最难忘的同学等；唤醒学生对美好事物的细微观察，关注国家大事，感叹祖国大好河山，感知学校的美，加强"爱国爱校爱师爱友"深厚情感。

（2）教学层面

① "一个核心"：紧扣岗位核心能力，提高学生的教育教学能力。

紧扣岗位核心能力，围绕着英语写作能力的训练，全面夯实学生作为一名合格的小学英语教师必备的英语写作能力和教育教学能力。通过习作训练，使学生学会关注有关社会、经济、教育、文化等方面的现象，能进行自我辩证看待，形成积极向上的世界观和价值观。

② "两条主线"：双线并行，突出学生的主体地位和参与意识。

主线一紧扣"大学生活"话题的系列小论文撰写，主线二贯穿整个课程教学的综合项目 Mini—novel（章节书）创作并汇编成一本《以写促学》班级杂志，展示实际学习成效。通过以写促学，以演促练，演写相长，扭转学生的学习态度，消除畏难情绪，提升自我肯定。

③ "三项融合"："读伴写随、以背促写"相融合。

"以写促学"是基于大量的输入，"如果没有充分的语言输入作为储备，写长法就得不到有效运用。唯有读得多、读得好方能写得多 、写得好。唯有使语言输入与输出协同互动，将二者紧密结合，才能促进语言综合能力的协调发展。因此，读写结合的促学方式理应得到大力倡导"。将"读名著"，"背经典"和"写作品"三项内容相融，读伴写随，以背促写，夯实英语写作基础，提高英语写作能力，增强英语创作的自信心。

智能化驱动下的机器人餐厅顾客体验的
感知、满意与行为意向研究

王建玲　曾国军[①]

（广东碧桂园职业学院 智慧管理与服务系　广东　清远　511500
中山大学旅游学院　广东　珠海　519000 ）

摘要： 机器人餐厅的人机交互服务模式对消费者体验产生了巨大影响，但研究较少关注机器人餐厅消费者的行为逻辑。本研究基于线上网络评论提炼消费者感知因子，采用结构方程模型验证消费者行为意向及其影响机制。研究发现：第一，基于机器人餐厅顾客的线上评论，发现了顾客行为意向的三个测评维度：智能化环境设计、智能化协同服务、智能化食物控制。第二，智能化食物控制、智能化协同服务、智能化环境设计对顾客感知和满意度的影响均正向显著。第三，重新提炼了基于机器人餐厅语境的消费者服务感知维度，发现了智能化食物控制对顾客满意度影响最大，验证了机器人餐厅顾客感知、满意与行为的逻辑关系。

关键词： 机器人餐厅；顾客体验；感知；满意；行为意向

　　"人工智能"兴起于 20 世纪 50 年代，"无意识形态"的弱人工智能体现了早期人工智能的开端；其后具有一定自主意识和决策能力的强人工智能呈现出机器"思维"特点。近年来，机器人餐厅的出现是人工智能技术赋能传统餐饮业转型升级的革新需求。餐饮机器人能有效避免"人—人、人—食"接触，重构了疫情时代餐饮生态。人工智能载体在特定酒店餐饮业应运而生，从早期行李运送、问询指引到如今客房服务、食物烹饪等深度智能操作。基于消费者视角下对机器人餐厅的服务环境、基础设施的研究形成了"反馈—优化"闭环改进措施。消费者视阈下的传统餐饮业研究已经较为成熟。这些研究多数局限在传统餐厅语境中，机器人餐厅业态的迅速发展，有必要重新思考机器人餐厅消费者行为的影响因素及其机制。因此，本研究遵循"感知—态度—行为"研究逻辑，在归纳传统餐饮业消费者感知维度的基础上，基于网络评论提炼适用于机器人餐厅情境的感知评

---

① 作者简介：王建玲（1986-），女，河南新乡人，讲师，硕士，研究领域是酒店管理，E-mail：415511376@qq.com

曾国军（1977-），男，湖南岳阳人，教授，博士，研究领域是酒店管理和饮食地理，E-mail：zenggj@mail.sysu.edu.cn；

基金项目：国家自然科学基金面上项目（42071174）；广东省教育厅科研项目（2020WQNCX258）

价体系，采用结构方程模型验证机器人餐厅消费者行为意向及其驱动机制，该研究将有助于指导机器人餐厅提高顾客就餐满意度,推动人工智能餐厅可持续发展。

一、文献综述与概念模型

1. 消费者视阈下机器人餐厅智能化因素的研究

智能化环境、食物和服务是影响机器人餐厅消费行为的重要三大因素。基于文献报道和前期小样本网络词汇分析,智能化食物控制、人机协同服务和环境因素是影响机器人餐厅顾客行为三大核心维度。

（1）智能化食物控制 智能化食物烹饪调节系统起源于上个世纪末,它依赖于机器和网络智能化,可以使食材加工精准化和标准化。与传统餐厅相比,机器人餐厅智能化烹饪系统实现了味道和口味的标准一致化,同时,也降低了经济、社会、文化因素对食物加工口味变迁的影响。目前已有相关对机器人餐厅智能化食物的研究,主要集中于智能餐厅机器人的送餐系统设计、智能轨道优化设计等科技创新和工程应用。研究发现,智能化食物烹饪系统会提高餐厅顾客满意度。而智能化烹饪系统长期会损失口味的随机性和多样性,而口味多变会部分影响顾客二次选择。虽然目前餐饮业界已出现了碧桂园天降美食王国、海底捞、上海盒马智能化食物控制系统等研究案例,但对这种新生前沿业态的研究仍比较笼统,缺乏细致、数字化的定量模型研究。

（2）智能化协同服务 智能化协同服务是机器人餐厅区别于其他餐厅的一个关键特征,人机协同界限体现了机器—人、"冷—暖"服务特色。消费者满意度是一个认知判断过程,也是一个情感反应过程。智能化协同服务会提升顾客满意度。人机协同在机器人餐厅中担负制造—消费中的"桥梁"角色,其智能送餐系统联系食物运输和顾客饮食。然而,人机服务协同程度不足或过高均会影响顾客心理和行为,不足体现在时间长或效率低直接降低服务质量;过高往往刻板、机械化使顾客饮食感知缺乏"人情味"。情感交流在消费者饮食体验中有着杠杆作用,情感交流会达到事半功倍的效果。目前,机器人餐厅中的智能化协同因素系统深化的研究仍然缺乏。

（3）智能化环境设计 机器人餐厅的布局卫生直接影响顾客消费心理,合理的布局和良好的卫生会增加消费者舒适度,提升满意度。餐厅中总体的智能化环境设计给消费者呈现出"软—硬"的消费感知;根据其功能特点可分为功能性环境布局（如交通、停车、厕位等）和感知性环境设计（如科技、装修色调、音乐、温度控制等）。功能性环境布局在早期餐厅布局规划基本确定,而感知环境设计则需要进行研究分析,其影响消费者二次选择。基于人工智能和机器人技术快速发展,就餐大环境的智能化和餐位小环境的个体化设计可能是未来机器人餐厅持续发展的方向。

2. 机器人餐厅顾客感知、满意、行为意向的逻辑关系

机器人餐厅顾客感知研究方法主要是工程方法,少部分采用实地或实验法,

但调查和访谈法日益增多。顾客感知价值是一个综合概念，被认为是顾客对所得和所失的感知，尽管学者们对感知价值的界定有争论，但学者们普遍认为感知价值和满意度更能准确预测顾客的重复购买意向。机器人餐厅就餐体验是一个多维概念，决定顾客感知的属性分为三大类：环境、食物和服务，这些属性被视为餐厅体验质量的成熟指标。

机器人餐厅满意度是消费者对产品或服务的实际感知与预先期望的差异；目前学界普遍采用期望—感知差异模型来测量顾客满意度，也一致认为用顾客感知来测量顾客满意是合理的。根据机器人餐厅技术特点，餐厅机器人可以服务、烹饪、招待客人等；机器人厨师可以准备面条、汉堡、咖啡。然而，已有研究表明，并不是所有的任务在机器人餐厅都适合智能化。Ivanov & Webster（2019b）对全球1000多名受访者的抽样调查发现，顾客最满意机器人餐厅的如下活动：清洁桌子、提供菜单信息和点菜；最不满意烹饪食物。因此，针对影响顾客满意度的变量进行定量研究，寻找哪些因素能促进机器人餐厅顾客满意度将具有现实指导意义。

二、研究对象与研究过程

1. 案例选择

本研究选取佛山顺德FOODOM天降美食王国机器人餐厅作为案例地，它是碧桂园集团第六家机器人概念餐厅，也是碧桂园千禧机器人餐厅的旗舰店，更是众多知名媒体争相报道和年轻人的网红打卡地。这家机器人餐厅面积约2000平米，共有20余种、共40余台餐饮机器人厨师集中"上岗"，如前台接待机器人、煲仔饭机器人等，集中餐、快餐、火锅多业态为一体，供应近200个菜式，部分菜品最快实现秒出，可同时为近600客人提供服务。该餐厅实现了全自动无人化和个性化定制的就餐需求。这家机器人餐厅的服务员占40%，机器人占60%；以年轻人消费为主，人均客单价85元左右；菜品口味丰富，炒菜、煲仔饭、鸡汤菜心、等菜品是其主要受欢迎餐食；回头客占30%左右，与全国其他机器人餐厅相比该机器人餐厅的人机配置、消费方式、食物设计均具有一定代表性。

2. 变量来源

因为网络评论相较于传统访谈和问卷调查数据而言，样本容量更大，顾客点评范围、内容、结构不设限，更能客观全面反映顾客的关注和感受。本研究选取大众点评网和美团网作为数据来源，将碧桂园天降美食王国机器人餐厅的752条顾客评论（美团346条 + 大众点评306条）借助八爪鱼采集器摘录，整理归纳提炼有效数据后，运用ROST CM6.0内容挖掘系统进行文本分析，进而对评论文本的分词、无意义词语过滤等预处理，选取文本中出现频次大于50的词语进行汇总，得出高频词表。

3. 问卷设计与变量衡量

本研究借鉴西方学者测量机器人餐厅顾客体验感的维度和指标，并结合智慧餐厅案例实际适当新增和删减，形成机器人餐厅顾客体验的3个自变量：智能化食物控制、智能化环境设计、智能化协同服务；2个中介变量：感知价值和顾客满意度；1个因变量：行为意向。这一点在前文2.3处已详细阐述，此处不再赘述，各变量的具体测量指标如表2所示。采用李克特7级量表进行测量，7分代表完全赞同、1分代表完全不赞同，分数越高表明顾客对该题项的赞同程度越强。

4. 问卷预发放、数据收集与样本概况

本研究首先发放45份预调研问卷以检验数据的有效性，根据结果确定问卷，其中预调研对象均为在碧桂园的机器人餐厅就餐过。之后，笔者分不同时段分别向餐厅内就餐结束的顾客发放正式问卷380份，共回收380份，筛选掉81份无效问卷，实际有效问卷299份，有效率78.68%。样本概况。

三、研究结果

研究使用SPSS23和Amos23统计软件完成实证分析，计算各个变量指标的平均值和标准差，样本均值大于4，说明顾客对机器人餐厅的体验感是认可的。其中智能化环境设计的平均分高于5，说明顾客对餐厅的环境设计的科技感认可度很高。

本研究变量的可靠性采用内部一致性系数（Cronbacha值，即α值）测量，结果显示所有隐变量的α值均>0.8（0.860—0.983），可认为本研究的数据信度相当好。因子对变量的α值都>0.8（最高为0.983）。KMO和Barlett球形检验的值为：KMO检验系数远大于0.7（=0.925），基于此可进一步进行因子分析。

"双高"建设中的应用文写作教学

向建新[①]

（广州东华职业学院）

摘要：课程建设是"双高"建设的重要任务，在课程建设中要以"学生发展需要"为引领，以增强针对性为重点，才能创建高水平的课程。而作为公共基础课的应用文写作，涉及面广、实用性强，在促进学生发展中意义重大，务必强化其建设力度。本文从对应职场需要、专业需要和学生能力提升需要三个方面，结合课程内容的设置、教学重点的确立和教学方法的选用，探究增强应用文写作教学的针对性、提高应用文写作的教学效果，旨在探求建设高水平课程的途径和方法。

---

① 作者简介：向建新，男，广州东华职业学院，教师，高级讲师。

关键词：课程建设；应用文写作；教学设计

课程建设是"双高"建设中的重要任务，只有高水平的课程才能支撑起高水平的专业。在课程建设中要以"学生发展需要"为引领，以增强课程的针对性为重点，全面打造助力学生专业成长、促进学生心身健康的课程。应用文写作是高职的公共基础必修课程，尽管学分占比不高（一般设定为2学分），但因其语言工具特性，对学生成长有着极其重要意义。因而在高水平课程建设中，应高度重视应用文写作的课程建设。现从"对应职场需要，设置课程内容""对应专业需要，确立教学重点"和"对应能力提升需要，恰当选用教学方法"三个方面阐述增强应用文写作教学的针对性，切实提高应用文写作教学的水平。

一、对应职场需要，设置课程内容

应用文是人们在工作和日常生活中互通信息、处理事务等的重要工具。作为高职的公共基础必修课程，重点在提高学生的书面表达能力，以适应未来工作的需要；通过读写思维的综合训练，提升学生的思维水平，促进学生可持续发展。在设置课程内容时，应着眼于学生职业发展需要，合理设置课程内容，使课程内容具有广泛的适应性。

首先需要我们进行职场调查，深入职场了解应用文文种使用的现状，主要包括各类文种使用涉及的面和使用的频率，以此作为我们设置课程内容的重要依据。其次是依据学校所开设的专业，分析人才培养方案的目标、要求，设置相应的内容，增强课程内容的针对性。再次是对未来职场的发展要进行预测性思考，设置前瞻性内容，使课程内容具有发展性。

二、对应专业需要，确立教学重点

在上述课程内容建构中共有五大项目40个学习任务，就其内容的实用性来说，无疑是学生必须要掌握的。但是作为公共基础课的应用文写作，根据人才培养方案，本课程只设置2学分、32学时，课堂教学大概只能完成24个左右的学习任务。对此我们可以将40个学习任务设置为"课内讲读内容"和"课外阅读内容"两大类。"课内讲读内容"作为专业必学的内容，"课外阅读内容"作为学生拓展学习的内容。这样既满足了专业成长的需要，又能满足学生全面发展的需要。

如何确立"课内讲读内容"和"课外阅读内容"，这应该主要根据学生专业发展的需要而定。学生所学专业不同，在未来的职业场上需要的能力和素养也不同。这就要求我们任课教师在教学过程中，务必根据各专业职业发展的需要确立教学重点。与专业发展关系密切的学习任务设置为"课内讲读内容"；与专业发展关系稍远的列为"课外阅读内容"，这样才能使教学内容更具有针对性，更适应专业发展的需要。

根据我校专业设置的现状，文科类大致可分为管理和财贸两大类，工科类大致可分为机电、信息工程和建设工程三大类。其中管理类专业以"公文文书"和"工作事务文书"为教学重点。如："会议纪要""计划""总结""通知""通报""通告""请示""报告"等学习任务,设置为"课内讲读内容",其余学习任务列为"课外阅读内容"。

财贸类专业以"经济文书"和"传播文书"为教学重点。如"商务函""产品说明书""广告文案""意向书""协议书""合同""市场调查报告""商业活动策划书"和"商务演讲词"等学习任务,设置为"课内讲读内容",其余学习任务列为"课外阅读内容"。

机电类和信息工程类专业以"经济文书"和"工作事务文书"为教学重点。如"计划""总结""请示""报告""条据""启事""意向书""协议书""经济合同""市场调查报告"等学习任务,设置为"课内讲读内容",其余学习任务列为"课外阅读内容"。

"建筑类"专业以"经济文书"和"工作事务文书"为教学重点,如"计划""总结""请示""报告""条据""启事""意向书""协议书""经济合同""招标书""投标书""市场调查报告"等学习任务,设置为"课内讲读内容",其余学习任务列为"课外阅读内容"。

三、对应能力提升需要,恰当选用教学方法

衡量应用文文稿质量的优劣,主要看文章是否具有严密的逻辑性和高度的思想性。而目前学生的逻辑思维能力和认知能力普遍较弱,因此,在应用文写作课程教学中,要高度重视学生的逻辑思维能力和认知能力的培养。运用"比较教学法",通过文种的异同比较、例文与病文比较、典型案例比较的教学方式,能有效提高学生的思维水平和思想高度,帮助学生在应用文写作实践中正确地选择文种、恰当地运用材料、准确地表达观点。

1. 文种异同比较

要写好应用文首先要正确选用文种,这是写作的基础,也是必须具备的基本能力。要做到正确地选择文种,需要对文种的特点比较精准地掌握。在教学中可以运用"比较教学法",通过对相关联的文种的异同比较,能准确地掌握它们各自的特点。例如,"通知""通报"和"通告"三个学习任务,重点从告知对象、告知目的和发布时间三个方面对三者进行比较,能让学生既了解三者的联系,双能区分辨三者的不同点。在应用文众多的文种中,几乎每种都可以找到相对应的比较对象。例如,"请示"与"报告""计划"与"总结""会议记录"与"会议纪要""竞聘报告"与"述职报告""广告文案"与"商品说明书""意向书""协议书"与"经济合同""招标书"与"投标书"等等,都可以通过"比较教学法"帮助学生分辨文种特点,提高正确选择文种的能力。

2. 例文与病文比较

在应用文写作教学中,要避免枯燥的解说,尽可能地运用实例组织教学。尤其是要善于运用"例文"与"病文"比较进行教学,能起到较好的效果。在具体的教学环节中可以。充分利用"例文"与"病文"的比较分析,让学生通过对比

找出病文存在的问题，认识到例文的优点是什么。尤其是要侧重在文章结构和语言表达方面的比较，学生更能够清晰地辨析出二者的优劣，从而提高逻辑思维的水平和语言的表达能力。例如，在"广告文案"的教学中，以"王老吉"与"加多宝"的"广告比拼"典型案例引出广告文案教学项目，通过解析双方在"广告比拼"的文案，让学生把握广告文案的特点和写作要领，并能在比较中感知到语言运用的技巧。在教学中我们要为学生提供同一文种的病文和例文的案例，以便学生在比较中掌握文种的结构要素和表达技巧，快速提高文章的组织和表达能力。

3. 典型案例比较

学生在撰写应用文时一定站位要高，也就是对问题认识清晰，理解正确，分析透彻，判断精准，推理严密，从而使所写的应用文文稿具有较高的思想性，较强的表现力。在这方面，教学中运用典型案例比较的方法能起到事半功倍的效果。

例如，在"建议书"的教学中，以"魏征《谏太宗十思疏》"与"韩愈《论佛骨表》"两个典型案例进行对比分析，引导学生掌握建议书的表达，要"因人置宜""因事置宜"；理解"合理""合情"的表达，不仅能体现个人的价值，更有助于团队（公司）的发展。

在"广告文案"的教学中，运用同类产品的广告文案比较分析方法，能让学生具体地感知其各自的表达力度。例如，通过美的空调广告语"每晚少至一度电"与格力的电器产品广告语"格力让世界爱上中国造"进行比较分析，就能让学生清晰地感知到后者的表达力度较前者有了质的飞跃。

在运用典型案例比较教学中，还可以通过对同一文稿多次修改变化的分析，提升学生的认知水平。例如，对伊利牛奶同一产品三个不同时期的三篇广告文案的变化进行比较分析，让学生感知到广告所倡导的消费理念在步步提升，广告的影响力在不断扩大，从而提升学生的思辨能力和思想水平。

在应用文写作教学中，比较教学法的运用能有效地帮助学生提升思辨能力、写作能力和思想水平。

高职院校的专业课程建设，课程多，任务重，是一项繁重复杂的工作。在课程建设中，要始终坚守"着眼学生发展，按需因材施教"的理念，以增强课程针对性为突破点，定能打造助力学生可持续发展的高水平课程。

"课程思政"视阈下高职
公共计算机课程教学的探索与实践

阳晓霞[①]

（河源职业技术学院 河源 517000）

摘要： 高职院校的公共计算机课程，是一门全校性的必修课程，该课程在要求学生掌握必需的知识和技能以外，更应该注重课程思政的融合，有效地提高学生的综合素养，培养学生具备正确的理想信念、良好的职业素养、伟大的爱国情怀、精益求精的"工匠精神"和勇于开拓的创新精神等。本文将从课程思政教育在高职公共计算机课程教学中面临的困境出发，提出有效的实施策略，并从整体上和单元课上分享了融入了课程思政元素的教学设计案例，给课程思政实施处于困境的人员提供了有效的参考。

关键词： 课程思政；潜移默化；融入

一、引言

2019 年 3 月，习近平总书记在学校思想政治理论课教师座谈会上提出，思想政治理论课改革创新要坚持显性教育和隐性教育相统一，挖掘其他课程和教学方式中蕴含的思想政治教育资源，实现全员全程全方位育人。对此，国务院、教育部先后下发文件要求贯彻落实习近平总书记的要求，深入推进课程思政建设。

高职院校的公共计算机课程，是一门全校性的必修课程，该课程内容涵盖计算机基础知识、计算机网络基础知识、操作系统基本操作，Office 常用软件的应用以及新技术的应用。本课程除了教会学生必需的知识和技能外，更应培养学生具备高尚的理想信念、良好的职业素养、伟大的爱国情怀和勇于开拓的创新精神等，成为一个对社会有用的人才。在课程的教学中，教师要巧妙地融合思政元素，将社会热点、身边鲜活案例、职业素养、行为习惯等思政元素有机融入课程，切实提高课程思政的实施效果，实现教书育人的课程目标。

① 作者简介：阳晓霞（1982—），女，湖南衡阳人，河源职业技术学院，专业主任，副教授，硕士研究生，研究方向为 Web2.0、大数据。

基金项目：2020 年河源职业技术学院课程思政示范课程建设项目《计算机基础及信息素养》课程；2020 年度广东省普通高校特色创新项目《"新时代高校思想政治教育"交互式新媒体数字作品集的设计与应用研究》（2020WTSCX253）。

二、课程思政教育在高职公共计算机课程教学中面临的困境

目前，全国各大高职院校都在努力尝试推行课程思政教育，但尚未达成共识，还没有形成完善的课程思政育人体系。这使得首先尝试课程思政教学改革的高校教师面临较大的困境，在教学改革中也只能完全凭借自己的理解进行，不能很好地把握方向。总的来说，主要存在以下几大困境：

1. 课程思政理念未转变

有的老师认为思政教育是思政课堂应该传授给学生的思政理念，作为公共计算机课程教师，与思政教育的关系不大，主要任务是教好本课程的知识，没有必要让出课堂上宝贵的时间来进行思政教育，且重新设计课程的难度加大，因而不愿意甚至是非常抵触重新设计课程。

2. 教师的思政知识储备不足

有的老师比较关注时事，也看到了社会上发生的一些事情，如香港青年学生暴乱等事件。虽然本人认同课程思政很重要，但没有参加过系统的思政素养的培训，所以在实际课堂中贯穿课程思政，存在较大难度。

3. 课程思政无法巧妙融入课堂

还有的老师走在了时代的前沿，已经通过自学，了解了思政课程的理论知识，但对于如何将思政理论深度融合到计算机公共课程教学中，还是有点茫然，有些老师只是简单粗暴地在授课过程中穿插了部分课程思政理论，但无法真正地做到"润物细无声"，能潜移默化地影响学生的人生观和价值观。

三、课程思政教育在高职公共计算机课程教学中的实施策略

针对以上的几大困境，我认为高职院校应该实施以下几条策略来解决以上困境：

1. 邀请课程思政专家讲座，覆盖到全体教师，以便全体教师清楚地认识到课程思政与思政课程是截然不同的概念，是通过两种不同的途径来影响学生的人生观和价值观，老师不仅仅只传授学生知识，更应该作为学生人生道路上的引路人。

2. 尽最大的努力组织教师自学《思想道德修养》等思政理论课程，有效提升教师个人的思想道德素养，只有自身的素养足够好了，才能更好地影响学生。

3. 通过培训的方式，让教师学习优秀的课程思政案例，从而思考所授课程的课程思政该如何巧妙地设计。

4. 可以尝试"一课两授"的模式实施课程思政教学改革，即一堂课由思政老师和专任老师共同授课完成，前面二十分钟可以是思政专任教师针对本次授课知识内容的思政理论传授，剩下的时间由专任教师进行知识的传授。

四、高职公共计算机课程思政教学设计案例分享

高职公共计算机课程作为一门全校性公共必修课程，覆盖面广，学习人数众多，因此开展该公共计算机课程的课程思政教学设计有着更为现实和广泛的意义。

在"PPT演示文稿制作与美化"课次教学内容中，采用五阶教学法实施，分别为：

引、思、学、练、评。

1. **引**，通过观看视频，引发学生思考，引出本次课程任务背景；

2. **思**，学生通过观察优秀案例总结要点，带着要点完成动画视频的学习；

3. **学**，学生根据原理动画初步完成原理性知识的学习，老师通过板书总结知识要点，并通过示范进行操作过程讲解，掌握教学难点；

4. **练**，学生通过模拟场景的小组实战任务，掌握教学重点；

5. **评**，通过阶段性的测评，理解掌握知识点，弱化教学难点。

教师以课前布置的作业为切入点，引导学生发现问题：（1）图文混排，主题不突出。（2）色彩混乱，风格不协调。引出本次课的学习内容为图文之美——PPT排版美化技巧，授课案例以"主题教育党史宣传教育"的演示文稿美化为例。

五、结束语

教师在高职公共计算机课程教学中，应该运用多种资源整合，将思政理论课知识、社会热点、身边鲜活案例、社会主义核心价值观等内容有机融入公共计算机课程，积极寻找思政教育的渗透点，巧妙设计融合了思政元素的课程教学案例，探索行之有效的教学方法，进行社会主义核心价值观的有机渗透，潜移默化地影响学生，引导学生成为一个对家庭、对社会、对国家有积极贡献的，能担负起历史使命、社会责任的，有远大志向、有抱负的社会主义好青年。

战"疫"故事进课堂
线上线下拓展《创新思维》思政金课

——《创新思维》课程思政教学设计初探

古青菲[①]

（广东农工商职业技术学院　广东　广州　510665）

摘要： 解决好培养什么人、怎样培养人、为谁培养人是目前高校素质教育面临的根本问题。本文通过分析课程思政教学改革的意义、现存问题，探讨实施课程思政教学的必要性。进一步以公共基础课《创新思维》第一节为例，紧跟时政热点，通过战"疫"故事进课堂的特色案例教学法，结合信息化技术手段实现混合式教学，将"思政元素"融入"创新思维课"课程教学中，提升学生素养能力。

关键字： 课程思政；创新思维；线上线下教学；信息化教学

一、引言

中共中央办公厅《关于深化新时代学校思想政治理论课改革创新的若干意见》，该意见指出各学校需要全面贯彻党的教育方针，解决好培养什么人、怎样培养人、为谁培养人这个根本问题，用"习近平新时代中国特色社会主义思想"铸魂育人。因此，将思想政治融入专业教学的"课程思政"是执行立德树人任务的重要途径。

习总书记提出"创新是一个民族进步的灵魂，是一个国家兴旺发达的不竭动力，也是一个政党永葆生机的源泉"。李克强总理在 2014 年 9 月夏季达沃斯论坛上提出"大众创业、万众创新""人人创新"的新态势，创新在实现中华民族复兴之路上举足轻重，还承载着我们这个时代的爱国情怀。

而《创新思维》课程则是在国家和时代号召下开设的，以理论与实践相结合的，以培养学生创新能力与创业能力为目标的理实一体化公共课程。针对该门课程具有的时代性、特殊性，本文以会计专业学生公共基础必修课程《创新思维》课程作为课程思政教学设计的对象，探索如何在知识点中融入思政元素、如何实现素

[①] 古青菲（1989），女，汉，广东广州，广东农工商职业技术学院，专任教师，硕士研究生，专业骨干教师。

基金项目：广东省高职教育财经类专业教学指导委员会课题（编号 CJ201932），"移动互联"背景下，高职财经类专业在线开放课程研究与实践，2020.04—至今，阶段研究成果。

质教学目标、如何做到"润物细无声"的效果,打造既有"有温度"又有"高度"的课,为其他课程的课程思政教学提供借鉴。

二、课程思政的意义

1. 是实现"三全育人"的必要途径

通过在不同专业开设"课程思政",能实现专业教师、思政教师、辅导员、行政人员等联动,达到共同育人的效果。通过深入推进"课程思政"建设,发挥教师队伍"主力军"、课程建设"主战场"、课堂教学"主渠道"作用,使思想政治教育贯穿人才培养全过程,促进各类课程与思想政治理论课程同向同行,构建全员全程全方位育人大格局。

2. 是落实立德树人根本任务的战略举措

通过探索《创新思维》课程"课程思政"的改革,在传播创新创业专业知识过程中,寓价值观引导于知识传授和能力培养之中,帮助学生塑造正确的世界观、人生观、价值观。将立德树人的任务落实在日常财务教学的过程之中。

3. 是培养合格高技能会计人才的主要方式

国家经济腾飞,会计人员的整体素质对于整个国民经济尤为重要。会计专业的特殊性,使学生在毕业以后有更多的机会与金钱利益接触,思想道德一旦动摇,就极有可能会触犯法律。通过会计专业学生公共基础必修课程《创新思维》落实课程思政,培养学生认真严谨的工作作风和艰苦奋斗的工作态度,教育学生诚实守信、尚真拒假、遵守职业道德法规,进而为社会培养适应经济发展需要的合格的会计人才。

三、《创新思维》课程思政教学现状分析

目前关于创新创业类公共课程的课程思政教学研究文献较少,大多数教学探索以专业课为载体,或探索内容大多以提升专业教师思想政治素质为出发点进而探讨如何在专业教学中加入思政元素。同时,在实施教学的过程中不少老师将"课程思政"与"思政课程"的概念混淆,选用的思政案例过时,缺乏时代特色,因而让学生感到乏味甚至反感。现大多数教学改革项目以研究课程思政教学目标、课程思政教学内容、知识点与思政元素结合点为主,极少研究以下几个方面:如何让学生更好地吸收?"思政元素"在课程教学当中的比例该是多少?如何在教授专业知识同时融入"思政元素"而不显得突兀、牵强?如何考核素养目标和教学目标?

综上所述,本文将以《创新思维》第一节"走进创新、认识创新"为例子,紧扣当今热门主题"新形势下的战争——抗击疫情",将新冠肺炎疫情防控融入专业课堂教学内容,充分发掘疫情防控中的思政教育元素,做到因事而化、因时而新,通过线上线下混合式教学引导学生在创新实践中融入四个思政元素,"民族创新""国家情怀""社会责任"与"艰苦奋斗"。

四、《创新思维》课程思政教学设计理念

教学设计将现代信息技术与教育教学深度融合，以建构主义理论为基础，融入以学生为中心的教学理念，以培养学生爱国情怀与艰苦奋斗精神为目标，实施"任务驱动""在做中学"教学模式，开展新型的混合式课程思政。该课程通过实践授课与在线教学平台共同推进课程教学，同时利用在线资源实现战"疫"故事进课堂，让学习该课程的学生在攻坚新冠肺炎这场人民战"疫"中做到了不忘初心、牢记使命，激发自身爱国情感，主动站在思想舆论的最前沿。

1. 创新设计课程思政教学目标

（1）教学"双目标"，能力本位提升素质

首先，在课堂的教学实施前，必须明确《创新思维》课程第一节"走进创新、认识创新"的两个目标，选用合适的方法与手段实现教学目标。设计教学双目标如下：

德育目标：通过创新技能学习增强爱国情操、民族自豪感、艰苦奋斗精神和社会责任感。

专业技能目标：创新思维训练、创新能力提升、多角度解决问题、团队合作与创新。

（2）以社会主义核心价值观为依托，深入挖掘符合课程特色的"思政元素"

该课堂设计通过研究实践由社会主义核心价值观统御，依托互联网教学平台建设，将课程总体设计分为"课前2→课中4→课后2"三个阶段。全程根据知识的特点，合理融入社会主义核心价值观，通过两步引导自主学习、四步推动课堂教学、两步构建知识体系的"课程思政"教学结构模型实施课堂教学，经历了疑、议、导、学、练、用、评等流程，协助提升学生职业能力和素质水平，以达到教学目标。

（3）实践"三位一体"教学模型，融通会计技能、文化素质、思想政治

课程设计通过创新实践"三位一体"教学模型，在课程实施过程中融通创新专业技能、综合文化素质、思想政治。在专业教学过程中，极力打造有"高度"的课程，提升学生的专业知识、实践技能。同时在教学过程中合理融入思想政治内容，包括马哲模型、党政知识、时政热点等提升学生思想政治素质。结合德育目标，融入素质内容包括中国传统文化、中外对比、民族故事等增强学生爱国意识、民族责任感，打造有"温度"的课堂。在课程设计时，做到专业教师与思政教师联动，共同打磨"课程思政"课程结合点，教学手段。由本专业双语教师（多名留学归来人员）共同对比中外文化差异，扩展全球视野，让学生从中体现制度优越性，增强道路自信。

2. 创新设计课程思政考核方式

创新实践"双考核指标""三全评价""校园文化积分调色盘"考核体系

该课堂通过创新实践"双指标"考核标准体系、"三全评价"评价模式、"校

园文化积分调色盘"学生成长记录,全面考核学生文化素质、"课程思政"教学成效,有机融合课程教学和文化素质培养,如图五所示。

"双指标考核"是指创新技能考核指标与素质考核指标,创新考核指标如创新能力提升、多角度解决问题、团队合作与创新等。而素质考核指标对应的则是增强爱国情操、遵守职业规范、艰苦奋斗精神和社会责任感等。

"三全评价"评价模式指全员评价、全程评价、全方位评价。全员评价是指包括学生、教师、辅导员、家长、工作企业等反馈效果。全程评价是指课程学习前、学习中、学习后、毕业后。全方位评价是指考核维度包括课程学习、生活、工作和校园实践等。

"校园文化积分调色盘"指通过颜色积分收集学生在实施"课程思政"后的成效,每一模块对应一种颜色,每种颜色设计多档评价指标。通过课程考核、社团活动、专业技能竞赛、自愿服务等构建"积分调色盘",记录与评价学生文化素质成长轨迹与社会主义核心价值观的养成。

混合式教学模式在高职篮球高水平课程建设中的应用研究

张原平

（河源职业技术学院）

摘要： 随着互联网的发展以及教育信息技术的广泛应用,线上篮球教育教学内容得到了丰富,学生可以通过线上的课前预习来建立技术动作的初步模型,进而在线下学习中进一步巩固技术动作,提高技术动作掌握的熟练程度。这种线上线下混合式教学模式是以学生为中心、以学习效果为驱动的教学理念,能够促进线上线下的优势互补,对于高职篮球高水平课程建设具有非常重要的价值。

关键词： 混合式教学；高职；篮球教学；高水平课程建设

当前,互联网被充分地应用到了教育教学之中,由此推动了国内教育逐渐由传统的线下教育发展为线上教育与线下教育相融合的混合式教学模式,特别是在新冠疫情的影响之下,混合教育得到了进一步发展,即便是在难以实施线上教学的体育课堂中,混合式教育也得到了充分的应用,并发挥了一定的作用。在这一背景之下,高职院校篮球教师应当深刻认识到混合式教育带来的全新发展机遇,充分利用混合式教育模式促进高职篮球高水平课程建设。

一、混合式教学及其在篮球教学中的应用概述

从混合式教学模式的发展历程来看，此种教学模式最初诞生于美国，历经多年的发展，此种教学模式现已被引入到企业人力资源培训、学校教育等领域之中。此种教学模式通过对互联网技术的应用，为教学内容增添了素材，并提供了全新的教学渠道，有效地增强了教学效能。从篮球运动教学的角度来看，以三步篮为例，这一上篮动作需要持球者在行进过程之中完成动作，传统的教学模式当中，篮球教师需要通过亲身示范的方式为学生完成三步上篮动作讲解，不过这种教学模式的缺陷在于，无法对于其中的每一个动作要点进行定格讲解，学生如若对哪一项技术要领存在不解之处，只能等待教师的再次演示，而通过借助线上教学，则能够通过图片、视频、微课等，将持球上篮的每一个动作进行分解，教师亦可以在每一个动作节点进行定格处理，以便学生能够细致观察。

二、混合式教学模式在高职篮球教学中的优势

在高职篮球教学中，应用混合式教学模式有利于突破教学重难点，提升篮球教学效率，提高学生技能动作的熟练程度，因此是具有一定优势的。

1. 混合式教学可突破高职篮球教学的重难点

在常规的高职篮球线下教学中，演示、讲解是最常见的授课方式，很多动作部分只能通过语言来描述，难以实现定格讲解。比如，在讲"三步上篮"的时候，重难点在于使学生掌握运球和控球的能力，以及三步上篮的动作要领。而利用混合式教学模式，则能够将这些动作要领进行视频编辑、定格讲解，能够很好地突破教学重难点。

2. 混合式教学可有效提高高职篮球教学效率

传统的大学体育教学模式往往导致学生参与体育锻炼的热情不高，效率低下，难以发挥主观能动性主动去进行体育锻炼。而混合式教学能够充分发挥线上教学与线下教学的优势，在优化篮球教学课堂结构、提高学生对于篮球学习的兴趣、提升学生的篮球技能上，取得了非常好的成绩，因此大大提高了高职篮球教学的效率。

3. 混合式教学可有效提高学生技能动作的熟练程度

在篮球教学中，有一些动作技能是比较复杂和难以掌握的，混合式教学能够通过线上教学拆解动作、进行慢放、回放等，线下教学又可以对其进行巩固、训练，可以通过小组合作、比赛等形式来巩固学生所学到的理论知识，还可以用计算机的参数分析功能来找出学生技术动作的差异与不足，帮助学生改进动作，促进学生形成正确的动作概念。

三、混合式教学模式在高职篮球高水平课程建设中的应用策略

作为篮球教学活动而言，以往遵循技战术训练为主的授课模式有待进一步改革创新，如果不加以改变，势必会削弱学生对于篮球运动学习所投入的热情和兴趣。为此，教师可以充分利用混合式教学模式，更好地促进高职篮球高水平课程建设。

1. 打造高职院校体育课网络教学平台

为了确保混合式教学模式最大限度地发挥出预期的教学效用,高职院校应当组织体育教师先行对现有的体育课程资源加以整合,并在此基础之上打造体育课网络教学平台,将各类体育教学资源上传于平台之上,供教师教学和学生自学之用。同时,高职院校应当组织专人调研学生的体育知识学习兴致,以便可以据此为学生定制体育知识以及体育技能学习方案,使学生身体机能差异化的情况得到兼顾。在日常授课过程之中,教师应当积极引入翻转课堂教学模式、微课教学模式,这样将会让学生能够更好地掌握体育动作学习过程当中的技术要点以及技术难点,同时亦可以推动教师同学生之间实现高效互动,从而构建和谐的课堂氛围。在打造体育课网络教学平台时,教师应当联合技术研发人员,对平台的功能模块加以丰富化处理,使教师能够借助平台完成在线点名、在线教学互动、在线测试等功能。在线上教学时,教师亦可以借助平台为学生细致地展示体育运动技术动作要点,展示的素材可以是依托互联网搜集的体育教学资源,也可以是教师自行录制的运动视频。此外,教师亦可以在课后为学生安排习题或者测试,并借助平台完成习题或测试的回收与批阅,从而帮助教师实现对学生学情的了解和把握。

2. 课前教师发布任务、学生自主学习

在课程开始之前,教师可以通过线上教学平台来上传教学视频、发布自学任务,便于学生进行课前的预习和初步接触。教师应当借助互联网搜集有关篮球运动的教学视频,在对这些视频进行必要的剪辑处理之后上传到教学平台的数据库之中。这样学生便可以根据自身对于篮球运动的个性化学习诉求自行选择观看。同时,教师亦应当将篮球运动的技术动作制作成视频,并依托教学平台或者是公众号向学生进行分享和推送,学生只要利用平台账号以及在关注微信公众号后便可以自行观看和学习。以单手运球章节为例。笔者在教学之前要求班级学生登录和注册超星学习通,并在学习通中对篮球单手运球动作加以学习,以此来帮助学生初步了解该技术动作的相关要领。其后,在教学当中,教师应当随机抽出几名学生展示其自学成果,这样将会让教师实现对学生课前自学情况的摸底,从而为实现有效课堂教学奠定基础。

在篮球教学之前,教师必须充分考虑到学生身体机能的差异性和对篮球技战术掌握的差异性,设计具体的自主学习任务,从而提升学生的篮球动作学习效度。如教师应当组织学生利用教学平台在线观看篮球比赛片段,其后就比赛当中的相关问题向学生进行提问,或者在学生观看比赛视频片段前,先行为学生布置好学习任务,以便促使学生能够带着学习任务,更有目的性的观看视频。比如,学习篮球行进间高低手投篮之前,教师可以利用教学平台发布了预习微课,要求学生提前进行观看,总结技巧,并在上课之前自由练习。

3. 注重培养学生的主观能动性

当代的高职学生出生和成长在网络时代,网络技术对其而言并不陌生,在其

成长的过程之中，逐渐形成了互联网思维，也掌握了越来越多的利用互联网资源学习的方法。为此，高职院校篮球教师应该认识到线上教学的优势，立足于高职学生的特点，改革传统的教学理念，针对学生的兴趣设计教学内容，充分发挥学生的自主学习意识，培养学生主观能动性。如，教师可以在课前为学生布置篮球自学内容，并在在线教学的过程之中，允许学生将自身的自学成果进行展示，也可以选取学生的精彩上篮、运球或者扣篮动作视频，上传到教学平台之中，通过这些方式，将会让学生受到肯定和鼓励，从而能够激发出学生的主观能动性，最大限度地调动和激发出高职学生对于篮球运动的学习热情。在线下教学过程中，教师可以引导学生谈一谈自己对于动作技术的了解，也可以组织学生进行比赛，通过比赛来激发学生篮球的学习兴趣。

课程思政背景下的高职英语课程改革

朱蓝辉 刘 坤 王 莉[①]

（河源职业技术学院 广东 河源 517000）

摘要： 本文根据国家对课程思政的要求，结合《高等职业教育专科英语课程标准》和高职英语课程的特点，从课程内容、教学过程、教材改革、评价改革和教师发展等方面探讨课程思政背景下高职英语课程改革模式和途径。

关键词： 课程思政；高职英语；课程改革

一、引言

2020年5月，教育部印发了《高等学校课程思政建设指导纲要》，要求全面推进高校课程思政建设，发挥每门课程的思政作用，提高人才培养质量。课程思政并不是专业课内容加上思想政治教育，不能将思政教育和外语教学看作"两张皮"（文秋芳，2021），而是结合课程特点、思维方法和价值理念，将思政元素有机

————————————————————
① 作者简介：朱蓝辉（1982—），女，湖北随州人，河源职业技术学院，讲师，硕士。研究方向：英语测试与教学。广东省河源市，邮箱：124478194@qq.com。

基金项目：本文系广东省教育科学"十三五"规划2020年度研究项目《基于成果导向（OBE）视角下的师范委培生职前职后培养体系研究——以河源职业技术学院为例》（项目批准号：2020GXJK548）、河源职业技术学院2019年教改课题《基于中国英语能力等级量表的高职学生英语阅读能力调查研究》（项目批准号：2019_jy02）研究成果。

融入课程教学，达到润物无声的育人效果（孙有中，2020）。

外语界对如何实施外语课程思政教学进行了热烈的讨论和研究。有的从宏观的课程体系角度探讨课程思政背景下的外语课程改革（石坚，2020；姜智彬，2020；洪岗，2020；蔡基刚，2021；文秋芳，2021），有的从单门课程探讨课程思政的思路和方法（余睿，朱晓映，2021；杨婧，2020；杨金才，2020），有的从思政视角探讨外语教材设计（孙有中，2020）。这些研究主要是面向本科高校英语课程，缺乏针对高职院校的外语课程思政研究。

无论是中国文化走出去、讲好中国故事、还是"共建一带一路"，都离不开优秀的高素质外语人才。2021 年新推出的《高等职业教育专科英语课程标准》要求高等职业教育专科英语课程的目标，是"全面贯彻党的教育方针，培育和践行社会主义核心价值观，落实立德树人根本任务，在中等职业学校和普通高中教育的基础上，进一步促进学生英语学科核心素养的发展，培养具有中国情怀、国际视野，能够在日常生活和职场用英语进行有效沟通的高素质技术技能人才。"这与《高等学校课程思政建设指导纲要》的立德树人要求同向同行，高度一致。本文根据国家对课程思政的要求，结合《高等职业教育专科英语课程标准》和高职英语课程的特点，从课程内容、教学过程、教材改革、评价改革和教师发展等方面探讨课程思政背景下高职英语课程改革模式和途径。

二、课程内容改革

高职英语课程是非英语专业的公共课和必修课，课时多，周期长，学生多，受众面广，将课程内容与立德树人目标相融合，有利于充分发挥英语课程的育人功能，把单一的英语技能课程打造成品格塑造和价值引领的高地。

《高等学校课程思政建设指导纲要》指出，课程思政的核心内容包括推进习近平新时代中国特色社会主义思想进教材、进课堂、进头脑；培育和践行社会主义核心价值观；加强中华优秀传统文化教育；深入开展宪法法治教育；深化职业理想和职业道德教育等（教育部，2020）。《高等职业教育专科英语课程标准》提出四项学科核心素养：职场涉外沟通、多元文化交流、语言思维提升、自主学习完善。其中，职场涉外沟通目标包括：有效完成日常生活和职场情境中的沟通任务，践行爱国、敬业、诚信、友善等价值观。多元文化交流目标指通过英语学习获得多元文化知识，理解文化内涵，汲取文化精华，树立中华民族共同体意识和人类命运共同体意识，形成正确的世界观、人生观、价值观；通过文化比较加深对中华文化的理解，继承中华优秀文化，增强文化自信；坚持中国立场，具有国际视野，能用英语讲述中国故事、传播中华文化；掌握必要的跨文化知识，具备跨文化技能，秉持平等、包容、开放的态度，能够有效完成跨文化沟通任务。语言思维提升目标锤炼尊重事实、谨慎判断、公正评价、善于探究的思维品格（教育部，2021）。由此可见，《高等职业教育专科英语课程标准》把价值塑造、知识传授和能力培养融为一体，充分体现了《高等学校课程思政建设指导纲要》的立德树人的要求。

内容是课程目标的主要抓手。要实现这些目标，必须改变高职英语课程内容。高职英语课程内容六大要素包括主题类别、语篇类型、语言知识、文化知识、职业英语技能和语言学习策略。其中主题类别包括职业与个人、职业与社会和职业与环境三个方面，涵盖了人文底蕴、职业规划、职业精神、社会责任、科学技术、文化交流、生态环境和职场环境等专题（教育部，2021）。这些专题包含有多个主要话题。高职英语教学内容应围绕三大主题类别，依托职场情境任务，以话题为主线，通过不同职业情景的语言活动，使学生掌握与主题相关的语言文化知识和职业相关的沟通任务，同时也渗透了多元文化和职业理想、职业道德教育等育人目标。

高职英语课程涉及大量英语国家的语言、文化、社会、政治、经济、法律等内容，这对英语课程思政既是挑战也是机遇。文化知识包括世界多元文化和中华文化，尤其是职场文化和企业文化，是学生形成跨文化交际能力、坚定文化自信的知识源泉。高职英语课程内容融入中华优秀传统文化、革命文化和社会主义先进文化，有助于学生形成正确的价值观，成为有文明素养和社会责任感的高素质技术技能人才。

三、教学过程改革

第一，《高等职业教育专科英语课程标准》在主题类别模块提供了多个职场情景任务，这些任务并不是固定的，具有开放性，不同专业的职场情景有所不同，教师要发挥自己的主观能动性，根据本校专业设置情况和学习现状，选择、补充适合本校和本专业的职场情景任务来组织教学。第二，在教学中，教师要引导学生认真研读和分析学习材料，挖掘适合的语言思政元素，将语言学习和思维训练相结合，落实培养学生英语学科核心素养的目标，引导学生将英语语言知识转化为职场英语应用能力。第三，在教学过程中，通过多种教学方法，如：体验、探索、比较等方式，加深学生对中外文化异同的理解，正确认识和对待文化差异，帮助学生了解和感悟中外优秀文化的内涵，培养学生用英语讲述中国故事的意识和能力。比如：英语课程包含大量英语国家的文化信息，教师从跨文化视角展开教学，引导学生比较、反思，英语学习成为培养学生人文素养、价值取向、国际视野和文化自信的思政育人过程。第四，教师应有意识地把策略教学有机融入语言教学，如元认知策略、认知策略、交际策略、情感策略等，引导学生自我规划，自我调整，提升学生自主学习能力。第五，充分利用信息技术手段，提供丰富的英语学习资源，为学生营造主体活动的时间和空间，提升教学过程的趣味性和学习效率。

四、教材改革

长期以来，英语教材部分来自引进的原版教材，部分来自国内学者编写的英语教材，这些教材内容大部分直接取材于以英语为母语的作者撰写的材料，没有经过改编，充斥着大量西方政治、经济、文化和价值观的介绍，缺少中国优秀文化的内容，不利于学生形成正确的价值观和文化认同。同时，高职英语教材偏重语言知识传授,轻视语言应用能力,缺少职业英语内容,和职场情境联系不够紧密。

《高等职业教育专科英语课程标准》指出,高职英语教材编写要围绕高职英语学科四项核心素养编排,有机融入中国优秀文化,积极促进学生思维、体现文化差异、形成正确的价值观,这对高职英语教材选用和开发提出了新的要求。

1. 高职英语教材编写应坚持立德树人

教材内容要与课程标准和课程目标保持一致,将立德树人作为根本任务,融入中国优秀文化,中外职场文化和企业文化,有利于学生形成正确的职业理想和职业道德。

2. 高职英语教材应体现职业特色

教材内容要围绕三大主题类别(职业与个人、职业与社会和职业与情境),选取涵盖日常生活和职场的典型语篇,设置职业情景和职场活动。尊重语言学习规律和学生认知特点,系统设计教材结构和内容,使学生掌握职场关键英语能力。

3. 高职英语教材应提供丰富的学习资源

编写配套的工具书、练习册、教师用书、课外读物、文献资源、职场语言材料,开发数字化资源,实施线上线下混合教学,方便学生随时、随地获取学习资源,满足不同水平学生及个性化学习需求。

五、教学效果评价改革

评价是课程的重要组成部分。《高等职业教育专科英语课程标准》指出,评价是为了促进英语学习、改善英语教学、完善课程设计、监控学业质量。评价学生英语学科核心素养情况。通过收集分析学生学业表现数据,将形成性评价和终结性评价相结合,适当吸纳校外第三方(如;相关行业、企业和社会组织)参与学习效果评价。高职英语课程思政评价方式和内容与以往的英语课程有所不同,不仅要评价学生语言交际和运用能力的发展,还需多方面评价课程对学生的思想品德、价值观等方面的积极影响(刘建达,2020),这些需在实践中不断完善。

六、教师思政育人能力

教师是课程改革的主导者、设计者和实践者。《高等职业教育专科英语课程标准》强调,高职英语教师应有理想信念、有道德情操、有扎实学识、有仁爱之心……教师的理想信念、育人意识、教学艺术和师德风范影响着思政育人的效果(文秋芳,2021)。教师要提高思政育人能力,积极参与思政背景下的英语教学改革,与思政课教师开展合作,经常参加相关培训、交流。学校要常规开展校本培训,收集思政育人典型范例,举行集体教研活动,利用信息技术,促进优质思政资源共享,支持教师提升思想素养、思政意识和教学能力。

七、结语

新时代赋予英语教学新的使命。高职英语课程要积极服务国家战略,发挥语言课程的思政优势，落实立德树人这一根本任务，使学生形成正确价值观、必备品格和关键能力。本文针对课程思政背景下的高职英语课程，根据《高等职业教育专科英语课程标准》，从课程内容、教学过程、教材、教学评价、教师发展6个方面分析了高职英语课程改革的方法和建议。如何将思政元素有机融入语言课程，如何评价课程思政育人效果，需要广大外语教师共同努力。

信息化元素在大学英语智慧课堂构建中的应用

张闯艳[①]

（广州东华职业学院　广东　广州　510540）

摘要： 当前时期，高职院校的英语教学过程中，要明确认识到信息化元素与大学智慧课堂之间的紧密连接度以及大学英语教学的信息化智慧课堂的教学作用，结合学生的整体学习情况来展开有效的优化更新。要做好信息化元素的渗透引导，根据学生的知识学习情况来展开，这就需要紧密地结合学生的知识学习情况，促进学生知识的进步和提升，本文分析了大学英语教学过程中信息化元素融入能够有利于提高学生的学习主动性和扩展学生英语学习渠道的优势，并且提出信息化元素融入教学过程中的途径。

关键词： 信息化元素；大学英语；智慧课堂；构建应用

在现阶段大学英语的教学过程中，应当要明确认识到大学英语的重要作用，同时，积极探索全新的教学模式和教学方法，帮助实现英语教学目标，在大学英语智慧课堂的构建过程中，做好信息化元素的有效渗透，往往涉及多方面的内容，如何有效提高智慧课堂的设计效果是值得分析的问题，基于此，下文首先阐述了信息化元素在高校英语智慧课堂构建中的重要作用，并分析了提高信息化元素在英语智慧课堂构建中应用水平途径。

一、信息化元素在高职院校英语智慧课堂构建中的重要作用

当前时期，在大学英语教学过程中，应当积极发挥高校学生的主观能动性，

① 作者简介：张闯艳，（1975.12—　），女，黑龙江省，广州东华职业学院，语言教研室主任，硕士，研究方向：大学英语教学改革、英语语言文学。

基金项目：2020年度校级教科研项目——课程思政视阈下的大学英语教学改革研究与实践（DY202010）

不断增强高校学生的自主学习意识和效率，高校英语教学构建过程中，应当要积极地重视信息化元素的融入，才能够有效将高职院校英语智慧课堂真正地构建起来。

1. 有利于提高学生的学习主动性

首先，通过高校英语智慧课堂的打造，能够有效增强学生的学习主动性，也能够带动学生对于英语知识学习的认识和理解，以此来强化学生对英语知识的掌握，而在大学智慧课堂教学应用过程中，应当要明确认识到信息化元素的构建，能够有效地带动学生学习主动性的提升。同时，信息化元素自身的多样性和快捷性也能够有效丰富英语课堂知识内容，通过做好信息化元素的运用，能够有效活跃知识发展范围，也能够提高课堂元素多样化特征；同时，随着现阶段电子设备技术的普及，在针对高校的英语课堂教学过程中，必须要推动电子设备与英语知识教学有效结合，并且根据学生的差异化情况来展开有效教学，帮助带动英语知识学习以及学生学习水平的提升，不断优化英语智慧课堂的效果。

2. 扩展学生的英语学习渠道

在大学的英语课堂教学过程中，搭建起智慧课堂并不是仅仅用于课堂教学，更多的是能够有效丰富和拓宽学生对英语知识学习的渠道，有效带动学生自主学习能力的进步和提升，在信息化元素的运用过程中，通过这种方式能够为学生创造出更加便捷、高效的渠道。另外信息化技术的不断完善，学生可以积极地借助英语知识学习来了解到更多的元素，同时通过一些信息化、智能化的设备和软件，加强与其他国家和地区沟通和交流，并且能够带动自身的英语口语能力和熟练程度的进步和提升。

现阶段，互联网技术的发展，多样化的英语知识学习软件也在不断推广，越来越多优秀的英语学习软件，帮助带动学生的英语知识学习效率的提升，也能够促进学生的英语学习质量的提升，所以在针对高职院校英语的智慧课堂构建过程中，必须要有针对性地扩展学生的英语知识学习渠道。

二、提高信息化元素在英语智慧课堂构建中应用水平的途径

现阶段，随着信息化技术的不断发展，在高校英语教学过程中，要明确认识到信息化元素与高校英语知识课堂教学的紧密度，由于信息化元素在现阶段的英语知识课堂应用中，教育水平有待提升，所以也会影响高校英语智慧课堂教学进步，所以院系领导和教师应当要积极重视信息化元素的应用，要打造信息化元素与高职院校英语课堂的紧密连接度，才能够将英语智慧课堂的作用充分发挥。

1. 提高学生的课堂参与度

一方面，在针对信息化元素的运用过程中，需要带动信息化元素应用质量的提升，不断提高学生的学习参与度，在英语知识学习过程中，还应当明确认识到学生的课堂参与度，能够有效地增强学生的学习水平和学习效果，通过信息化元素的融入也能够带动整体学生学习进步提升，教师应当要强化对于英语课堂教学

PPT 演讲的环节，将英语知识通过 PPT 演讲的方式与学生进行有效展示、沟通和交流。

这样，学生借助 PPT 演讲来增强对英语知识的理解和掌握，同时，通过英语演讲方式来强化自我的英语口语能力和对英语知识的融会贯通，另一方面，英语教师通过做好英语软件的应用教学来强化做好软件的互动沟通，以此来不断激发学生的学习兴趣，通过这种方式来让学生增强对英语知识的理解，并且掌握英语知识，提高整体的课堂教学效果。

2. 帮助学生合理地划分自主学习小组

在针对高职院校英语教学过程，必须要明确认识到信息化元素在成为课堂构建的重要性作用，通过这种方式，要结合学生的知识学习情况对学生做好有效的分组，这样来说，根据学生的学习能力和英语知识学习水平，并且搭建更加良好的、科学合理的智慧信息平台，让学生根据信息平台来展开英语知识学习，通过这种方式来有效带动小组学习内部的学习积极性的进步和提升。当然，通过这种方式，也能够强化学生学习小组间的合作意识，提高团队合作意识。发挥出信息化元素的总体性作用。

3. 信息化技术的多重应用

在针对信息化技术的运用过程中，必须要明确认识到现代技术与教学知识改革之间的紧密联系，现阶段国内学者往往推出多样化的智慧课堂理念，同时，更多的是针对技术知识来展开，而且智慧课堂更多的是要帮助促进学生实现有效成长，教师应当积极把信息化技术运用到课堂教学过程中，为学生搭建起智能化和互动化的教学环境，通过这种方式来启发学生展开思考，并且进行创造性的问题分析和解决。

当然，随着不断变化的信息化方式来推动现代信息化理念的研究和推动，教师在智慧课堂教学过程中，也应当要发挥出自我的学习主动性作用，来帮助学生从传统的、被动的知识学习转为主动的知识学习。

另一方面，在智慧课堂的应用过程中，通过多样化的新媒体新技术以及做好对学生的教学引导，来帮助学生能够更加高效地进行情境化的知识学习，有效调动学生的学习感官，也能够强化学生之间的沟通和交流，提高学生的发展能力和创新能力。

三、大学英语智慧课堂的特征

1. 个性化的学习需求

实际上，传统的大学英语课堂往往是以大班的方式来展开教学，部分院系是不同专业进行合班上课，这样会导致每个学生的学习综合性水平和能力各有差异；而且，由于课程教材是统一的，这种密集型的教学方式，教师并没有针对性地了解到不同层次学生的学习差异，很多教师往往会针对学生的学习需求展开统一教学，但是由于受到时间和地方的限制，这种统一的教学方式会导致教学目标难以有效达成，大学教师更多的是为了完成英语的应试教育，在针对教学设置过程中，往往难以实现有效设置，所以智慧课堂的教学方式是以学生的需求为导向来激发学生的学习动力。一些学习主动性不强以及能力较差的学生，往往在教学过程中存在边缘地位。

2. 开放的教学环境

智慧课堂的重要特点更多是以学生的学习基础展开，而且是让学生能够在一种开放的时间和空间内进行知识学习，能够打破传统意义上时间和空间的限制⑤。现阶段的英语教学方式，更多的是要结合学生的知识学习情况来有效帮助带动学生自主性的探讨，能够有效加强学生与教师之间的沟通和交流。同时，学生也能够借助电脑或者智能手机，快速便捷地访问学习平台，打破时间和空间的限制，为多样化课堂教学工作开展打好基础，创造了条件。

3. 多元的课堂活动

实际上，在现阶段大学英语教学过程中，应当要明确相应的教学方式，尤其是在智慧课堂开展过程中，教师完成对知识点的教学讲解，同时还应当要结合学生的知识学习情况，鼓励学生展开参与，并且做好对问题的分析，要让学生能够共同完成教学环节和任务，比如针对翻转课堂的应用过程中，通过这种翻转课堂的项目方式来对学生进行知识的教学考核，也能够让学生发现自己在知识学习过程中存在的薄弱之处；在分组合作竞争过程中，激发学生能够实现相互合作，并且主动探究，这样能够有效带动学生学习效率的提高和自身学习思维的发展，以此来实现知识、技能、情感的多角度统一。

高职院校《旅游与会展产业概论》
课程思政的融入探索

刘旭华 ①

（广州东华职业学院）

摘要： 高职院校旅游管理类专业如何开展课程思政，是专业教学中迫切需要解决的现实问题之一。通过对《旅游与会展产业概论》课程实践的挖掘，显示在会展策划与管理专业中融入课程思政大有可为。为了将课程思政贯穿于会展策划与管理专业教育的全过程，并使之系统化、制度化和规范化，需要在培养学生家国情怀、团结协作、职业素养、工匠精神等方面进一步做出努力。

关键词： 高职院校；旅游与会展；课程思政；会展策划与管理

习近平总书记在全国高校思想政治工作会议上指出高校立身之本在于立德树人，强调要用好课堂教学这个主渠道，各类课程都要与思想政治理论课同向同行，形成协同效应。随着我国会展行业的兴起，高职院校的会展策划与管理专业有了长足的发展。与其他高职专业一样，对会展策划与管理专业课程思政的开展有较为迫切的现实需求。从现有实践看，会展策划与管理专业如何开展课程思政，还在摸索之中，可以借鉴的经验还不够丰富。我院会展策划与管理专业在新一轮人才培养方案修订中，强化了课程思政的要求。本文以《旅游与会展产业概论》为例，以近年来的实践为基础，对相关做法进行总结，为高职院校旅游管理类专业如何开展课程思政提供借鉴。

一、《旅游与会展产业概论》课程的地位与核心内容

《旅游与会展产业概论》是高职会展策划与管理专业中必修的专业基础课，在所有专业课程设置中属于先行课。随着我国会展旅游活动的迅速发展，掌握"会议""展览""奖励旅游""会展旅游市场运作"等相关知识和技能，已成为对现代旅游管理和服务人员的基本的素质要求。通过本课程的学习，要使学生获得有关旅游与会展产业的概念、会展旅游的历史和现状、会议旅游、展览旅游、奖励旅游等方面的基本知识，掌握必要的基础理论和应用技巧使学生了解会展旅游

① 作者简介：刘旭华（1983.11—）女，福建龙岩人，广州东华职业学院，会展策划与管理专业负责人，讲师、经济师，硕士，研究方向：旅游企业管理、旅游与会展教育。
基金项目：本文受广东省普通高校创新团队项目（人文社科）"会展产业融合创新发展研究团队"资助。

的市场运作机制和管理模式,初步具备参与会展旅游活动策划、组织和服务的能力。

二、《旅游与会展产业概论》课程思政的融入点及其实施要点分析

在专业基础课程教学中嵌入思政教育,做好这个环节,专业教师应遵循"培养什么人、怎样培养人、为谁培养人"教学设计思路,即需要专业教师对旅游与会展产业概论教材进行二次开发,对每个知识点结合历史或者时政热点进行充分的挖掘映射与融入,将思政教育渗透到专业课程教学中,形成协同效应,达到思政教育润物细无声的目的。

1. 融合社会热点,培养家国情怀

历史发展的规律表明,民族复兴的实现在很大程度上取决于这个民族的青年一代尤其是大学生的状况,特别是他们的社会责任感,而培养家国情怀是中国传统文化中富有生命力的精神资源。因此,作为对大学生思想言行和成长影响最大的是专业课教师,应该将"社会责任感,家国情怀"原则贯穿整个课堂。在课堂实践中,将本门课程的会展与会展旅游、会展旅游的历史与现状、展览旅游、会展旅游市场运作机制与管理模式等六大模块中努力地挖掘该课程的思政,融合社会热点,培养家国情怀。

2. 体会会展业先辈们自力更生、艰苦奋斗的作风

我国作为早期展览会雏形的集市始于公元前11世纪的商、周时期,到现如今,我国正在大力发展"一带一路"建设,国家也积极鼓励各大企业"走出去"迎接更多的国际市场,打响国际品牌,让越来越多的人使用中国制造。如在讲述"会展旅游的历史"时,通过思政教育元素引导学生了解前辈们的"自力更生、艰苦奋斗"的作风。

3. 培养学生岗位职责意识,提高学生法制意识

突如其来的疫情对我国产业经济运行态势产生了巨大的影响,在讲述"会展旅游发展现状"内容时引入案例,在疫情期间会展业积极响应李克强总理的号召,支持国内外企业参加在线展览平台。面对疫情成为常态化的情况下,展会工作人员为会展业的复苏在各自的岗位贡献着自己的一份力量,这份执着和坚守值得点赞。在讲述"展览旅游的运作模式"内容时,引入一些展会公司违法的运作模式案例来提高学生的法律法规意识。

4. 增强团队意识,树立团结协作精神

课程教学内容中涉及很多人们日常生活中举办的活动。无论什么活动,在举办的过程中都不是容易的。在讲解会展旅游活动的操作流程时,教师应告诉学生:团队之间的协作非常重要,因为任何一次会展活动的筹备和举办都是一个复杂的系统工程,需要很多人一起来完成。无论是活动前的筹备、活动中的服务、活动后的善后,以及全过程的统筹安排,如果缺少任何一个环节,会展活动就不可能顺畅地举办。除了知识的讲解之外,也要通过让学生亲自策划、举办会展活动的

方式，比如，策划和举办校园展会，让学生亲自体会到"团队协作精神"的重要性。

5. 注重礼仪，弘扬传统文化

中国素来被称为礼仪之邦，在讲述会议旅游服务客人时，自己并提醒客人应尊重对方风俗习惯。文化是节事活动的灵魂，独特文化更是一个成功节事活动的关键。中国传统文化博大精深，对传统文化的肯定和宣扬能够推动学生对中国传统文化的继承，提高学生的文化自信。在讲述全国地方节会旅游文化时，引入山东曲阜国际孔子文化节、山东潍坊风筝节、安徽淮南中国豆腐文化节，福建湄洲妈祖文化旅游节，江西景德镇国际陶瓷节，淄博国际聊斋文化节，南宁国际民歌节，中国吴桥杂技节，海口冼夫人文化节等。

6. 树匠心，育匠人，弘扬工匠精神

匠心首先是虚心、细心，不断追求的执著精神，而工匠精神是对自己的产品精雕细琢，精益求精、更完美的精神理念。进入新时代，老师和学生都应树匠心，弘扬工匠精神。"育人先育己，育才先育心，身不修则德不立"，作为一名老师，上好课是最基本的素养，也是最高的要求，以身作则，给学生树立良好的世界观、人生观、价值观。作为学生，要时刻保持虚心好学、精益求精、不断追求完美的工匠精神。每年省里都要举行展会技能大赛，旅游与会展概论知识经常是大赛纲要的热点，老师与学生一起为比赛准备的过程中要经过几十次甚至上百次的情景模拟，才能出水平。在这过程中，师生把匠心和工匠精神发挥到了极致，这是一场超级震撼的思政教育课。

三、《旅游与会展产业概论》课程思政融入示例

教学实施重点需要教学组织设计、学习项目设计、教学方法、教学手段、信息化技术手段、教学资源、实施考核与评价情况等内容，要结合所教学生的学情和课程特点，以本课程知识点中的"会展旅游的历史与现状"为例。

1. 教师布置课前任务

教师在教授新的知识点前通常会布置课前任务，讲授"会展旅游的历史与现状"时，切入今年热点，先让学生分组，在网络平台学习通发布课前任务。任务是：在建党一百周年之际，2021年7月1日，一群风华正茂的青少年在天安门广场庄严地许下"愿以吾辈之青春 捍卫盛世之中华"，"请党放心，强国有我"的承诺。各小组分别在网上搜寻这首"请党放心，强国有我"致献词，然后各小组分角色进行反复朗诵练习并录制成视频。

2. 教师课中组织教学

首先观看各小组的录制视频，师生共同评比出最佳朗诵小组，在这过程中老师进行简要点评并给最佳小组增加5分的平时分鼓励。接着观看纪录片《中国共产党百年瞬间》中介绍我国第一届广交会，1957年4月25日，第一届中国出口商品交易会在广州中苏友好大厦拉开帷幕，成为新中国冲破西方经济封锁与政治

孤立、打开通向世界大门的重要窗口，周恩来总理亲自定下展会的简称——广交会。广交会不仅是一个贸易的桥梁，更是一条增进中国与世界各国人民友谊的纽带，周恩来总理曾先后八次亲临广交会指导工作。之后请学生畅所欲言，说说"广交会"在我们中国扮演什么角色？发表对"世界旅游博览会"和"中国国际文化旅游博览会"的看法？接着引出新课的课题"会展旅游的历史与现状"。

3. 教师对学生课堂外开展思政融入

"课程思政"不应仅仅局限于课堂，还应该深入学生生活，教师通过课间交谈、QQ、微信互动等，以学生喜闻乐见的方式拓展"课程思政"。比如通过微信班群转发了一则最近即将在广州要开幕的"2021广东21世纪海上丝绸之路国际博览会"视频，激发学生为国家的发展做出贡献的激情和主人翁意识。

另外，为了帮助学生更好地实现自我发展，借助旅游专业校外的资源优势，积极为更多学生创造实践机会，推荐学生帮某红色旅游景点展馆做志愿者讲解员。通过此次实践，很多学生志愿者纷纷表示：更加了解了中国的历史，更加坚定了对会展策划与管理专业的喜爱，更多的则是变得更有自信、更有责任感、更加热爱祖国。

财务共享服务趋势下的
高职财会专业人才培养模式研究

陈汉成[①]

（广州华立科技职业学院　广东　广州　511325）

摘要： 随着财务数字化的飞速发展，财务共享服务在很多大中型企业实施，企业的财务工作发生了翻天覆地的变化。企业对财会人员的需求也相应地发生变化。企业财务工作的创新性发展对高职财会教学工作产生了深刻的影响，"十四五"期间广东高职院校应密切关注并结合企业关于财务共享服务的要求，加强人才培养模式的改革，改革人才培养方案，改革课程体系，改革实训条件，加强校企合作，

① 作者简介：陈汉成（1986.11—），男，广东信宜人，广州华立科技职业学院，专职教师，会计学讲师，管理学学士，研究方向：会计学。
基金项目：广东省高等职业技术教育研究会2019年一般课题"基于财务共享背景下的粤港澳大湾区高职财会专业人才培养模式研究"（GDGZ19Y013）研究成果。

协同育人，培养满足社会和企业需求的高质量专业人才。

关键词： 财务共享服务；培养模式；财会人才

一、财务共享服务中心的含义

财务共享服务是新时代的发展潮流，它起源于上世纪 80 年代的美国。信息技术的发展，使得企业财务共享服务中心在全球得以快速建立与扩张。近年来，财务共享服务中心在国内很多企业实施，蒙牛集团、万科集团、合生创展集团等大中型企业都建立了财务共享服务中心，大大提高了管理的效率。财务共享模式将公司大量简单，又重复同时又具备标准化的业务集中整合到财务共享中心集中处理，可以大大提高处理的效率，同时可以减少基层财务人员的数量。节省了公司的人工成本，同时提升会计业务的标准化和程序化，提高了工作效率。

二、实施财务共享服务企业对人才的需求

基于财务共享的时代背景，会计人员的转型迫在眉睫。财务共享服务对会计人员提出了更高的要求，要求会计人员具有财务分析、数据分析、管理会计、风险管理、战略管理、投资运营决策等综合能力。企业财务人员应提高专业素质，学习财务共享的知识，争取熟悉财务共享系统。财务共享服务中心需要财务人员不但要具有会计核算的基本知识，还要具有风险管理、管理学、统计学、公司战略与风险管理等知识，这样才能适应财务转型。因此会计人员不再是从事传统会计部门的算账，报账，报税工作，而是需要既熟练掌握会计实操技能，又掌握战略管理，财务分析，大数据技术原理，管理会计等经营决策理论，并且熟练运用信息技术、人工智能技术，大数据分析技术处理财务业务的高端会计人才。

三、高职财会人才培养面临的问题

当前我国高职院校会计人才培养存在一些问题。财务共享模式对企业财务人员提出了新的要求，基础财务人员的需求大幅下降，具备信息化处理、制度设计、数据分析、战略分析型的高端会计人才需求上升。因此应重新构建财会专业人才培养模式。改变传统"订单式"和"工学交替"的培养方式，建立基于财务共享服务下的人才培养模式。

当前高职财会人才的培养仍是以传统的课堂理论教学为主，课程设置注重于理论知识的传授，注重于传统的财务会计、财务管理、审计等教材理论知识的传授，没有将大数据、人工智能、信息技术等新兴技术纳入专业知识中，在实践环节上，缺乏企业信息化技能训练，只是机械地注重传统的手工纸质实训。学生在学习知识的时候，往往以考试为导向，对学习普遍缺乏兴趣，缺乏学习的主观能动性和创新性。重理论，轻实践，与企业的需求出现了偏差。当下高职财会人才的培养已不适应企业的发展需要，也不适用人工智能时代的发展需要，更不符合"十四五"期间人才高质量发展的要求。重新构建人才培养模式，创新教学方法，规范课程设置，加强师资队伍，加强校企合作已经成为摆在高职院校的一个重要课题。

四、财务共享服务趋势下高职院校财会专业人才培养模式构建

1. 优化人才培养目标和方案

为了适应财务共享服务趋势，高职院校应紧跟社会与企业的需求，改革人才培养方案，优化其会计人才培养目标。当前，高职会计专业教育过分强调理论知识学习，不注重社会需求，重理论，轻实践。教学与社会需求脱节。随着财务共享服务中心的建立，会计人才需要具备业财融合能力、大数据分析能力、决策分析能力、战略分析、风险管理能力。因此高职院校应制定合理的会计人才培养方案。转变传统的理论教学模式，加强实践教学，可以通过校企合作的模式，尤其加强与已实施财务共享服务的企业的合作，通过派学生到企业顶岗实习，熟悉财务共享服务流程，提高人才培养质量。另外可以在人才培养方案中，增设"财务机器人应用与开发""python在财务中的应用""大数据财务分析""战略分析""信息技术"等课程，提高学生的分析能力，数据处理能力，培养复合型高端应用人才。

2. 课程体系建设注重多元化，专业知识和综合能力培养并重

在财务数字化发展潮流下，对我国高职院校的课程体系提出了改革要求。既要加强专业理论知识的传授，又要扩宽学生的知识面，逐渐加大人工智能、信息技术、大数据技术与运用、战略分析、决策分析等知识素养，让学生具备战略分析、决策管理、数据分析、战略决策等能力。要对教学大纲进行改革，教学大纲不仅包括理论，还应包括实训内容，同时整合课程资源。鼓励财会专业教师下企业调研，暑假下企业顶岗实训，或通过参加实践学习研修班，提升实践教学能力。遵循教育教学规律，结合中国企业财务共享服务的业务实践，基于未来商业的新内涵，采用新技术，开发新课程，共建新专业，培养新人才。此外教师可以和企业共商课程标准，共同开发教材，校企协同育人，提高人才培养质量。

3. 加强师资团队建设

当前高职院校教师工作繁忙，教学任务多，有老师一周上课24课时，用于科研的时间有限。新引进的教师存在理论水平高，实践能力不足的问题，很多新老师是刚毕业的研究生，"从校门到校门"，缺乏企业实际工作经验。有部分老师教学理念陈旧，热衷于"填鸭式教学""满堂灌教学"。这些都不利于教学质量的提升。高职院校要加强师资团队建设，特别是新引进教师的实践教学能力建设。高职院校应保持与企业的紧密联系和合作，利用暑假时间安排老师下企业顶岗实训，帮助专业老师提高实践能力，反推教学。组建教学团队，组建教研室，合理安排团队师资结构，通过实践公开课现场观摩，集体备课，开研讨会等活动，提升教师整体教学水平。培养"双师型"教师团队，鼓励教师考取会计师，经济师等行业类证书，为教师提供课程赋能、企业实践、产业拓展、教育技术及信息技术应用等师资研修活动，并进行分级考核认证，教师持证上岗。

4. 教学方式和方法改革与创新

以往的高职课堂存在较多的问题，重理论，轻实践，不能把课本知识和社会

实践有机结合，学生对学习缺乏兴趣。在财务共享服务趋势下，应创新教学方式与教学方法，尝试按课内与课外相结合，线上线下混合教学，提高人才培养质量。在线课程大大提高了计算机辅助教学手段的利用程度，提高教学灵活性。线上资源丰富，学生学习更灵活，提高了学习兴趣。同时将课程内容任务化，采用项目导向、任务驱动、"教、学、做"一体化教学模式，丰富教学方法，改变过去单一的教学方式，采用讲授法、任务驱动法、项目教学法、启发式教学法更能激发学生上课的兴趣。在条件允许的情况下，开展竞赛活动，激发大家学习的兴趣。同时对评分考核机制进行变革，实训成绩作为平时成绩的一部分，激发学生参与实训课的兴趣。

5. 加强校企合作，创新实践教学体系

高职院校要加强与企业的合作，深化产教融合，校企协同育人，在人才培养，学生实习，学生就业方面加强合作，可以校企共商建立学校财务共享服务中心，企业提供真账资源，由学生进行实操，企业派师傅到学校进行指导。突出职业院校应用型特色，将创新思维和技能培养相结合，基于企业真实业务场景，校企双方共建财会专业创新人才培养所需的融教学、实训、校内实习为一体的"财务共享服务中心"。按课内与课外相结合，将理论知识学习、职业技能训练和实际工作体验结合在一起，通过与企业专家共商课程标准，共同探讨人才培养方案，安排学生到企业实习实训，让学生掌握实操技能，增强职业能力。在实践课程的开设上，除了开设基础会计手工模拟实训，财务会计综合实训，会计电算化模拟实训，ERP 沙盘模拟实训等实训课程的基础上，尤其要加强与已实施财务共享服务的企业建立合作。

第四章
"十四五"期间广东高职院校
高素质师资队伍建设研究

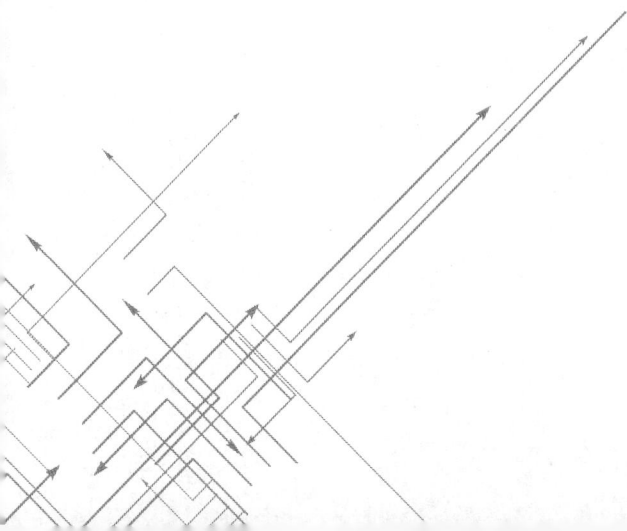

高职院校教师企业实践制度
落实困境及对策研究

高燕林　何　艳　谷摧摧[①]
（广东科贸职业学院　广东　广州　510430）

摘要：职业教育和普通教育对教师要求上的最大差异在于前者需要更丰富的实践经验。职业院校教师如何获得企业实践经验必然成为其能否胜任专业教学的关键。我国职教教师企业实践制度的演变历程可分为萌芽阶段、建立阶段和完善阶段。职教教师企业实践制度建立以来存在制度设计主体不明确、保障制度措施不到位、实践评价体系不科学等问题。需要搭建内外部制度设计主体、建立教师企业实践内在保障机制、构建科学教师企业实践评价指标体系。

关键词：高职院校；教师；企业实践制度；校企合作

一、高职院校教师企业实践制度运行问题分析

尽管我国职教教师企业实践制度经过 20 多年发展，教师企业实践制度在内容结构、组织管理等方面逐渐完善，提升了高职院校教师企业实践能力，推动了"双师型"教师队伍建设，但仍存在制度设计主体不明确、保障制度措施不到位、实践评价不科学等问题。

1. 制度设计主体不明确

职教教师企业实践是一个系统的工程，涵盖多部门、多层级管理，纵向涉及中央、部委和地方等关系，横向包括教育、人事、财政等部门关系。从职教教师企业实践制度的发展历程来看，可以发现职教教师企业实践制度主要是国家教育行政部门为设计主体，执行该制度的主体主要是省级教育行政部门，职业院校及其教师是该制度的目标主体。而在制度设计过程中，设计主体和执行主体均出现了工信部等部门的缺席，企业界和行业界亦没有充分参与。

① 作者简介：高燕林（1987—），男，广东广州人，广东科贸职业学院，讲师，硕士研究生，主要从事职业教育政策研究；何艳（1992—），女，广西贵港人，广东科贸职业学院教师，主要从事高等教育研究；谷摧摧（1989—），女，河南商丘人，广东科贸职业学院教师，硕士研究生，主要从事教师教育研究。
基金项目：本研究为 2020 年度广东省科技创新战略专项资金（"攀登计划"专项资金）项目"欠发达地区中小学教师资源配置现状与均衡化研究——基于广东省 16 个市县 239 位教师的调研分析"（pdjh2020a0998）。

从职教教师企业实践制度设计实际来看，只有部分主体参与，尚未形成全部主体齐参与的格局。在设计过程中，过分强调某一方的责任或义务。如我国《职业教育法》中指出"企业、事业单位应当接纳职业学校和职业培训机构的学生和教师实习；企业应该承担社会责任"。可以发现，与此相对应的企业保障利益等内容并未明确规定，长期实现"行政式命令"制度，容易导致企业出现"消极"态度，使企业被动合作。虽然政府尝试出台优惠政策激励企业参与职教教师企业实践，但此类制度最终并未有效落地，收效甚微。长期以来，职教教师企业实践制度设计主体不完整，出现监管不到位、实施成效不佳、利益主体不协调等现象。同时，由于缺乏利益主体的参与监督，上级出台的实施办法出现层层衰弱，导致政策未能按照既定目标要求执行。

2. 保障制度措施不到位

从国家政府部门层面看，尽管国家教育行政部门出台了实施办法、总体规划，省级教育行政部门制定了实施细则、管理办法，但是在实施过程中，出现了"逐级衰弱"现象，抑或流于形式、缺乏创新，甚至模仿照搬现象。导致教师企业职教制度无法按照要求执行。从学校层面看，高职院校保障措施不到位，部分高职院校教师企业实践管理不健全，如未设立专门机构负责这项工作，相关部门职责不明晰，出现推诿、踢皮球现象，不能高效推进教师企业实践工作。在教师企业实践过程中，未能以有效的制度进行跟踪和考核。此外，由于学校经费短缺等因素，教师企业实践的激励政策也不能真正落实。从企业层面看，依照教育部"关于企业接纳职业学校学生顶岗实习岗位"原则，理论上我国现有企业数能匹配职教教师企业实践的人数，基本能够满足职教教师企业实践基地的需求，但在实际运作上，往往受到规模较小、地理位置等因素的影响，导致部分企业不能满足职教教师企业实践需求。

3. 实践评价体系不科学

高职院校教师企业实践评价体系是按照一定标准和指标对高职院校教师企业实践的过程进行价值判断，如对实践的内容范畴，实践目标的完成情况、完成水平、完成质量等，是高职院校教师企业实践的"指南针"，有利于对教师企业实践过程进行调整和纠偏。

高职院校教师企业实践评价难以打破专业壁垒的限制。高职院校以专业为单元进行人才培养，对于专业培养评价，高职院校已形成了一系列较为完善的评价体系，而对隶属于不同专业的高职院校教师企业实践进行评价时，则发现不同专业群、专业之间教师企业实践的评价体系几乎相同。不同专业群、专业间的特性决定了教师企业实践的方式、场所、要求不尽相同。如医学类专业的实践地点通常为医院，计算机类专业的实践场所通常为互联网公司等。此外，专业间的差异性导致教师企业实践时间也有所差异。

其次，评价主体权力结构博弈失衡。高校是科层组织和学术组织的综合体，形成了行政权力和学术权力二元结构，在评价主体上则出现二元权力结构的博弈。

当前，在我国大学运行机制上，行政权力超越学术权力，学术权力往往服从于行政权力，高职院校同样如此。高职院校行政人员是高职院校教师企业实践评价的组织者和实施者，他们可以凭借自己拟定的评价标准，夹杂个人主观判断对教师企业实践活动进行价值判断。双方容易受到同事关系、利益得失等因素的影响，使得评价的结果往往受到质疑。

二、高职院校教师企业实践制度优化对策

1. 搭建内外部制度设计主体

职教教育具有"跨界性"，因此，职教教师企业实践制度的设计离不开中央和地方教育主管部门、职业院校教师、企业等方面的协同参与。职教教师企业实践制度的设计思路和发展路径主要由政府统筹协调，在制定职教教师企业实践制度时，政府要思考如何将企业的外部性内部化的问题。即要将企业外部利益机制和市场经济规律糅合，充分调动企业参与教师企业实践的内在动力，完善教师企业实践制度设计主体，侯建教师企业实践的内在利益长效机制。

一是优化政府在制度设计中主导作用，强化政府在资源配置中的作用。统筹教育主管部门、人社部、发改委、工信部等政府部门及企业界和行业界等各方代表力量，在制度设计时，能体现决策方、实施方和评估方的规范标准。同时要明确相关利益主体的责权利，避免制度制定和实施过程中出现逻辑交织、功能重叠的现象。二是政府要发挥在职教教师企业实践制度的统筹协调作用。成立职教教师企业实践制度制定领导小组，负责教师实践具体工作，如实践方案制定、实践过程管理和实践效果评估等。充分考虑我国产业结构、企业类别、职校类型和教师需求等因素，使政府、企业、学校、教师之间的需求信息完整匹配，搭建职教、职教教师和企业的沟通平台，确保制度设计的科学性和完整性。

2. 建立教师企业实践内在保障机制

建立和完善职教教师企业实践内在保障机制有助于进一步激发职教教师企业实践的内在动力，是保障职教教师企业实践质量和成效的有力举措。一是转变政府在教师企业实践组织管理中的角色。理顺政府在职教教师企业实践制度更迭的主导作用，避免在管理过程中出现执行和监督机构不到位、主体责权利模糊等问题，从健全法律法规、规范实施标准、完善监督评估等方面发力，为企业、职校、教师等层面提供必要条件，确保职教教师企业实践制度的有效畅顺进行。二是构建教师企业实践信息平台。国家、教育行政部门要凝聚社会力量，搭建政府、企业、职校、教师联动机制，畅顺职教教师与企业实践路径，以专业群、专业为单位，匹配各行业企业信息，同时结合双方意向，灵活调配职教教师企业实践资源。遴选和培育职教教师企业实践定点基地，稳定教师和企业间合作伙伴关系，最大程度保障教师和企业利益。三是提升高校在教师企业实践中的管理和服务水平。强化教师企业实践的重要性，明确校内相关职能部门责任分工。

3. 构建科学教师企业实践评价指标体系

评价是管理的重要组成部分，是管理的重要手段和工具。教育评价是依照一定的评价标准，对教育活动是否满足社会和个体需要，教育活动的价值做出判断，评价体系是检验高职院校教师企业实践成效和实践质量的关键要素。随着高职院校和企业的交流和合作程度日渐加深，建立科学的评价指标体系是高职院校教师企业实践质量评价的现实需要。高职院校教师企业实践的场所是企业，企业是教师企业实践的评价主体之一。教师在进行实践前，要与企业取得联系，沟通实践过程等事宜；在实践过程中，要依照企业的实际需要，制定和调整既定的计划和目标；最终实践评价标准和方式等，均需要与企业进行协商。在构建高职院校教师企业实践评价主体时，可以将学术人员吸纳其中，使行政人员和学术人员分别基于自身的角度，依照评价标准和评价体系做出价值判断，从而使行政权力和学术权力达到相互制衡，合理分配。

高职创业素质教学的分析研究和对策建议

陶泽邦 ①

（广州华立科技职业学院 广东 广州 510000）

摘要：创业教学现在在我国高职院校越来越流行，但大部分高职院校的创业教学都过于偏重实践教学，而忽略了素质教学。忽略创业素质教学有非常大的影响，最直接最大的影响就是创业实践的不长久。本文通过分析高职院校创业教学中忽略创业素质教学的现状和影响，探讨相对应的对策建议，呼吁重视创业素质教育，促进创业教学的整体发展。

关键词：高职院校；创业素质教学；分析研究；对策建议

一、高职院校创业教学忽略创业素质教学的现状

创业教学现在在我国高职院校越来越流行，有些高职院校是以兴趣班、训练营的形式开展创业教学，有些比较名牌、实力较强的高职院校甚至还设立了专门的创业学院。

---

① 作者简介：陶泽邦（1983—），男，广东广州人，副教授，研究方向：经济贸易、经济管理。

纵观现在的大部分实施创业教学的高职院校，都倾向于对创业实践的教育，把大部分的精力、时间、资金、师资放在创业实践的教育，以创业实践的成果作为衡量创业教育的效果，这当然无可厚非。但过于注重创业实践的教育，而忽略创业素质的教育，则就显得了顾此失彼了。

我们细看各高职院校的创业教学课程，绝大部分课程都倾向于创业实践，而关于创业素质的教育则少之又少。例如某省属高职院校，在其创业教学课程设置中，总学时1350，其中开设《创业精神与创业故事》为36课时，创业素质教学只占到创业教学总学时的3%不到，而其创业实践教学则至少为740学时，占到创业教学总学时接近50%。

二、高职院校创业教学忽略创业素质教学的影响

创业素质的培养是基础，它是推动创业实践的动力，然后通过创业实践最终产生创业成果。而忽略了创业素质的培养，创业的基础不扎实，它所产生的最直接的最大的影响就是创业实践的不长久。这是因为：

1. 在校生的创业难度较低

高职院校创业教学针对的是在校生，而在校生的创业实践是发生在校读书的阶段，由于角色定位为学生、创业环境单纯、创业协助较多、创业方案较易等各种原因，这种创业实践的难度是比较低的。一旦在校生毕业成为一个完全的社会人，在校期间的各种有利条件完全消失，学生完全进入一个高度商业化的竞争社会里面，创业难度急剧上升。如果前期的创业素质没有培养好，学生就会因为难度的上升放弃创业，这个时候创业实践就会中断。

2. 在校生的生活条件好

当代大学生，大部分由90、00后组成，他们的生活环境比父辈、前辈要好得多、舒服得多，特别是一些来自经济发达地区的学生、民办高职院校学生，这种倾向会更加明显。同样，当他们毕业后，真正接触高度商业化的竞争社会，开始进行独立创业，创业难度急剧上升，而他们的抗压能力比较弱，创业实践也就随着他们的抗压能力的崩溃而中断。

三、高职院校创业教学忽略创业素质培养的案例

A同学，男，佛山市人，某省属高职院校2016级高职应届毕业生，国际经济贸易专业，同时就读于该校创业管理课外班。一直以来该同学都对创业有浓厚兴趣，积极参与创业学习、培训和实践，家人也非常支持他创业。该同学有一个非常好的创业方向，并且已经带领着一个五人的创业团队，开展了半年的创业尝试。现在，他在离大三毕业还有三个月的时间，突然准备解散团队，放弃原来的创业计划。在彻底放弃之前，他找到指导教师进行沟通。

A同学对创业有兴趣、有方向、有基础，家庭也支持，突然间放弃创业计划，令同学和教师都非常惊讶。指导教师在与该同学沟通期间，发现该同学比较焦虑

烦躁,心情起伏不稳定。经过指导教师的耐心沟通,详细深入了解该同学的内心世界,发现该同学主要问题集中在"创业素质"方面。

1. 该同学为应届毕业生,主流为找工作

应届毕业生主流为通过找工作实现就业,该同学身边大部分同学都实现了稳定就业,而他却还处于一个创业不稳定的阶段,从原来的班级精英成为"待业者",给他造成了一种心理恐慌。

2. 该同学为95后,抗压能力弱

95后由于生活环境的改善,抗压能力比较弱。该同学刚开始接触创业时的身份是在校学生,所进行的创业实践也比较简单。当面临毕业,角色一下子从学生转换为社会人,真枪实弹面对一个高度商业化的竞争社会,创业的各种压力剧增。随着创业实践程度的加大,各种困难同时冲击,同时也看到了身边非常多的创业失败案例,这些给他造成了非常大的心理压力。

3. 该同学家庭环境不错,不创业也能生活好

该同学来自珠三角发达地区,父母自己经营一家小企业,家庭环境不错,即使不艰苦创业,一时半会也能生活得不错。而且父母年纪逐渐增大,该同学希望继承家族企业,多陪伴父母,为父母分担压力,因此对创业产生了一种心理惰性。

四、高职院校创业教学中如何培养创业素质

1. 选人,创业教学班学生的选择很重要

开展创业教学前,我们第一步首先会挑选教学面向的对象:学生,这个时候的挑选就非常重要了。把握选择学生的原则一定要是"学生的意愿"。我们可以通过学生的前期创业经验、创业经历、创业知识的了解等各方面的观察,去分析学生的创业意愿到底达到那个层次、那个阶段,然后选择创业意愿非常强烈、至少是比较强烈的学生进行培养。而对于创业意愿一般,只是报名玩玩、志在参与之类的学生,如果没有非常大的潜力,则可以直接淘汰,保证创业班学生都是对创业有非常深厚的兴趣,有非常强烈的意愿,有非常强大的动力,宁缺毋滥,这是创业素质培养的基础。

2. 独立,创业教学中有专门的、独立的创业素质教学课程

选择合适的学生进入到创业班之后,他们是有一定的创业基础素质的,但不成系统。可能是某些同学创业素质相对好,某些同学创业素质相对差,可能是在某些方面的创业素质相对好,在另外一方面的创业素质又相对差。这个时候就要进行系统的创业素质教学、强化和提升。但有些高职院校的创业教学课程设置中根本就没有对创业素质方面的单独课程安排,有些高职院校的创业教学课程设置中把创业素质的课程融进了其他的创业课程里面,没有专门开展创业素质教学,这些都是不利于创业素质的培养。专门的、独立的创业素质教学课程,这是创业素质培养的保证。

3. 数量，创业素质教育要有一定的数量

有些高职院校也设置了专门的、独立的创业素质的课程教学，但课程安排往往就一次课，总共才90分钟不到。有的相对重视一点的高职院校，也只是安排一个学期的课程，而不是每个学期都安排，所占的比例小，而创业实践教学则每个学期都有，而且每个学期不止一门，所占的比例大。创业的一个最基本的基础，才安排90分钟不到的时间教学，或者一个很小的比例教学，是非常不合理的。合理的创业素质教学应该根据总的课程设置安排一定的教学数量，至少达到每个学期都有课，在创业课程设置中占到不少于创业实践的五分之一。因为，创业素质的培养不单有一个培养，还有一个强化，更有一个提升，单单一次课程的教学，是很难做到这几点的。

4. 质量，创业素质教育要有一定的质量

对于创业素质的教学，如何才达到有效，出效果，在教学方式方面是非常重要的。我们除开对创业素质的课堂理论讲解，还可以通过案例分析、小组讨论、现场操作、拓展训练等方面去加深创业素质的教学，更可以通过加大创业实践的真实性去促进创业素质的提升。例如，我们说到创业者的冒险精神这方面的创业素质。首先，第一次课程，我们可以先讲授理论知识。第二次课程，我们就可以进行创业者冒险精神的案例分享和分析，例如"史玉柱第一桶金案例"就是一个非常好的案例。第三次课程，我们就可以以上述案例进行小组研讨：假如你是当时候的史玉柱，你会如何处理。一步一步把创业素质教育的程度加深，从而提升教学质量。

5. 保护，创业素质教育特别关注关键期的保护

创业班的学生毕业的前后时期是其创业的关键期。因为，毕业前后他们所处的环境是完全不同，相差非常大的。如上文所分析，学生毕业后从比较单纯的学校环境的在校学生成为一个完全商业化竞争社会的社会人，各种压力一下子出现，急剧上升。这个时候对创业班学生采取紧密的事前提醒、事中辅导、事后辅导等措施，在学生临近毕业甚至毕业后的一个短时期内进行保护，支持学生度过创业困难期是非常重要的，往往在很大程度决定了学生的创业实践能否继续下去。

重构高职院校教学质量监控体系的策略研究

李爱玲 杨柳春[①]

（珠海艺术职业学院）

摘要： 从"教学有效性"的视角，重构高职院校教学质量监控体系，以改变目前以课堂"教学有序"为主导的，教学质量评价机制。通过对"教学有效性"的内涵梳理及现状分析，阐述教学质量监控，从保证课堂"教学有序"，走向确保课堂"教学有效"的缘由，提出"教学有效性""六维度"作为质量监控的关键因素，重构"教学有效性"的质量监控流程，由"确保有序"的开环模式，转变为"确保有效"的闭环模式，创新教学质量监控体系新的评价机制。

关键词： 教学有效性；高职院校；教学质量；监控体系；策略研究

有效评价教学质量，是高职院校教学质量监控体系的重要内容，也是高职院校提升立德树人教育教学质量成效的有效机制，当前课堂教学质量监控基本是围绕保证课堂"教学有序"来评价教学质量，局限了教学质量的进一步提升，如何顺应新时代，结合学校实际情况，蹚出教学质量监控体系重构的新路径是走向未来发展的期待。

经调查，大多高职院校教学质量监控体系，在保障教学质量的层面，目前处于只是保障课堂"教学有序"的低效状态；工作流程依照"督导监控→发现问题→恢复有序"的开环运行模式，这种方式有碍于教学质量监控体系在教学管理中的有效作用，影响了高职教育向特色化、多元化的发展。如何从保证课堂"教学有序"走向确保课堂"教学有效"，质量监控流程也随之由"有序"的开环状态变为"有效"的闭环状态，这是高职教育在新时代全面深化教育教学改革中亟待研究解决的问题。怎样才能更好地提升教学质量，办出特色，走内涵式发展道路，必须重构有用、有为、有效的教学质量监控体系，以此来保障适应新时代的高职教育人才培养新要求。

---

① 作者简介：李爱玲，女（1979.11—），珠海艺术职业学院教师、讲师；研究方向：高职教育教学研究及课程质量分析。杨柳春，男（1956.2—），珠海艺术职业学院督导室主任、教授；研究方向：高职教育教学质量监控及教学诊改。

基金项目：中国艺术职业教育学会 2020 年度教育科研课题"艺术职业院校创新教学质量体系和保障机制的研究与实践"（项目编号：CEFA2020079ND）；广东省教育科学"十三五"规划 2020 年度研究项目专项课题"教育督导体制机制改革视阈下高职教学质量监控体系完善与重构的研究与实践"（项目编号：2020GXJK587）。

一、"教学有效性"的内涵

"有效性"通常是指完成策划的某项活动具有预期所要达到的积极或肯定的策划结果程度。而所谓"教学有效性"就是在对社会有积极价值或意义的前提下，其效能在一定时域内高于平均水准的教学。若将"教学有序性"与"教学有效性"两者进行比较，那"教学有效性"显然更为优化，更能精准诠释教学质量的价值。其理由：

1. "教学有效性"更为关注学生的进步和发展，有助于增进教师的"服务"意识

教学不是教师自己在唱独角戏，离开"学"的"教"是毫无价值的。因此，教师必须时刻牢记以学生为主体，树立"一切为了学生进步与发展"的"教学有效"理念，在教学活动中，时刻关注有助于学生的发展和需求，因材施教，有效地帮助学生成长进步。

2. 评价"教学有效性"更注重教学效益，有助于提升学校立德树人的教育品质

教学效益其实就是"教学有效性"的另一种表现形式，教学效益的大小关键是看学校培养学生所产生的影响力和服务社会所释放的教育能量。而教学的效益关键是看学生学到了什么或学生掌握了什么，并能为社会服务释放怎样的积极能量。因此，"教学有效性"有助于提升学校立德树人的教育品质。

二、教学质量监控体系现状分析

1. 高职院校教学中普遍存在模仿普通教育、追赶学科教育的"邯郸学步"现象

教学实践表明，职业教育的教学主要内容是与职业岗位、职业技术等相关的知识与技能，完全不同于普通教育。职业教育的"教学有效性"取决于教学对专业知识与职业技能的有效处理，专业知识用来支撑职业技能，用"教学有效性"来评价课堂教学能否达成"专业理论够用，重在技能培养"的教学目标，应该是职业教育保障教学效果较为有效的措施和手段。就现状,高职院校课堂教学忽视"教学有效性"的主要表现有：

（1）课堂教学目标缺乏"教学有效性"的指向。教学目标是预期达到的学习结果和所要达到的标准，它使教学活动具有一定的指向性，即明确"为什么学"。教学设计以分析教学需求为基础,需求就是学习内容指向要"学什么"和"如何学"，从而达到预期的教学目标。

我国高等职业教育起步较晚，师资大部分是出身于师范院校后转型的，教学模式带有浓厚的普通师范教育的色彩——注重理论，规避技能，显得对学习内容指向"学什么"难以胜任。还有从企业转型的师资，明显对学习内容指向"如何学"尚需一段努力的路程要走。教师自身的专业素质就不能驾驭理实一体化的职业教

育，很难完成理实一体化教学，从而造成实现"教学有效性"的课堂教学目标的先天不足。

（2）课程设置缺乏"教学有效性"的要求。忽视课程为学生适应社会需求能力服务的要求，因人设课、因能力取舍课程内容等现象。导致学生专业知识结构不健全，就业用得上的知识与技能学不了多少，用一个弱能低效的课程体系来培养人才，显然不能满足社会对人才能力的需求，只能造成教学成效低下。

2. 高职院校教师的教学能力存在对职业岗位指导能力的"心余力绌"问题

"教学有效性"需要教师执教能力的支撑。教学活动是教师与学生面对面进行实时双向沟通，语言表达、情感表达以及沟通、组织、管理学生的能力都是教学执教能力非常重要的组成部分，对职业岗位知识与技能应用的指导能力更是高职院校教师必需的执教能力。目前教学中仍存在以下现象：

（1）"能讲课会实操"的"职业＋双师型"教师极度匮乏。鉴于高职教育对职业性和教育性并重的特点，高职院校教师所具备的双师型素质应该是"教师＋技师"，而不是"教师＋实验师"。仅给学生传授理论知识和指导实训教学并不能称为高职教育所需的"双师型"教师，还要具备对学生所学专业对应的职业进行岗位指导的能力，即："职业＋双师型"才是高职教育所期盼的专业教师。不是教会了唱歌跳舞就认为会舞台表演，也不是教会了艺术设计软件的使用就认为会艺术产品的设计制造了。"双师型"高职教师的教学能力应该是具有较深厚的专业知识和熟练的工作实践操作能力，加之对职业岗位的指导能力，才是"教学有效性"所具备的"职业＋双师型"教师。那种拥有"双证"的"双师"，还需在校企合作、工学结合教学实践中进一步体现职业、岗位、技能等因素。

（2）忽视教学反馈。大多数教师没有进行教学反馈，更没有深入了解学情，不知教的短板在哪里，学的问题是什么，更不知所教技能在职业岗位如何施展。其教学的有效程度也就不得而知。

三、结语

综上所述，"教学有效性"是一种概念，也是一种理念，以立德树人为根本任务，以立德育人为导向来关注教学是否有效，这就是以概念形成的策略。"教学有效性"是以遵守职业教育教学规律为前提，以达成教学目标为根本，以实现"教"与"学"的统一为核心的教学实践活动，也就是将策略落实到实践的过程。高职教育要始终以培养学生适应社会需求能力为教学目标，无须模仿普通教育，仅靠"教学有序"无法确保教学质量。高职教学内容的"职业成分"较多，需接工作现场的地气，不能用学科教育的"有序"来评价教学质量，必须用"教学有效性"方可确保教学质量。这就是建立基于"教学有效性"的高职院校教学质量监控体系重构的意义所在。

新时代背景下高职院校"双师型"
教师队伍建设困境与出路

刘　雷

（广州体育职业技术学院　广东　广州　510650）

摘要： 随着产业结构转型升级步伐的加快，行业企业对于高技能实用型人才的需求不断提高，这使得高职院校"双师型"教师队伍建设工作的急迫性日益突显。"双师型"教师是高职院校特色化发展的重要依托，也是高技能实用型人才培养的中坚力量。但就目前而言，高职院校在"双师型"教师建设过程中还面临着包括教师实践能力偏弱、评审考核失范、激励效果欠佳以及兼职教师队伍建设缓慢等诸多困境。为此，高职院校要加强教师实践能力培养，完善评审考核制度，建立健全激励制度，推进兼职教师队伍建设。

关键词： 高职院校；"双师型"教师；队伍建设；新时代

一、新时代背景下高职院校"双师型"教师队伍建设困境

1. 实践能力偏弱

现阶段，我国高等职业院校招聘的教师大部分是普通高校的应届毕业生或是具备一定企业实践经验的技术人员，具备"双师"素质的人员较少，大多数教师甚至还没有专业资格证书。针对该现象，高职院校制定了各类教师培养、培训方案，并鼓励教师参与企业实践，搭建教师与企业优秀技术人员学习、交流、沟通的平台，构建学习型组织，以期提高教师"双师"能力。但是，此类培训通常要求教师脱产到企业实践，而高职院校教学任务繁重，导致教师进行长期的企业实践无法实现。所以，从目前来看，教师的企业实践存在流于形式、内容空泛的现象，对促进教师实践能力的提升作用并不显著，难以改进教师自身在实践能力方面的不足，制约了教师"双师"素养的提升。

2. 评审考核失范

目前我国高职教育的评审考核制度过于形式化，许多高职院校未能根据自身特点与实际情况制定考核内容，对教师实用型论文及学术成果考察较少，对于教师的创新意识和能力也疏于关注；同时，高职院校对于表现良好的教师未能采取科学的奖励措施，使得教师对于评估考核不够重视，缺乏向"双师型"发展的积极性。另外，现阶段高职教育教学考核制度较为传统，无法适应市场用人标准及社会需求。一方面，未能有效引导学生参与考核工作，难以从学生视角发现高职

院校教师在"双师"素养方面存在的不足；另一方面，未能引导院校领导、院系领导、同行教师等相关利益者参与考核工作，难以对高职教师的教学工作进行全方位考察，无法客观反映教师的教学成果及"双师"素养，更无法针对教师"双师"素养的提升提出合理建议。

3. 激励效果欠佳

首先，高职院校缺乏"双师型"教师的激励制度，在薪资福利方面，院校并没有为"双师型"教师设置优越的条件，对"双师型"教师的吸引力不够；院校对在企业实习表现好的教师没有及时给予物质奖励，导致教师参与实习工作不积极；院校对于有深造思想的教师没有给予物质和精神上的支持，教师在深造过程中常常面对很多困难。同时，高职院校教师科研激励机制也不完善，相关科研项目资金链不够稳定，相关区域教学资源整合力度不足，难以有效发挥科研激励作用。

4. 兼职教师队伍建设缓慢

教师团队是高职教育发展的核心。现阶段，我国高职教育面临着全职教师数量不足以及教师质量、能力有待提高等问题，建设优质的兼职教师队伍成为"双师型"教师队伍建设的必然要求。但是，目前我国兼职教师队伍建设仍然存在很多问题。首先，院校与企业缺乏沟通，企业一线工作人员忙于日常生产工作，腾不出精力和时间来院校授课；院校缺少区域企业的实践技术支持，整合建设兼职教师团队面临较多问题。其次，院校对于兼职教师队伍的建设缺乏完善的激励机制，兼职教师学历较低，专业证书较少，且缺乏相关授课经验，在学生中缺乏威严，社会认可度低，导致兼职教师对自身授课缺乏自信，而很多院校面对这种情况很少及时提出改进措施，对兼职教师的支持工作不到位，导致课堂教学效果较差。

二、新时代背景下高职院校"双师型"教师队伍建设出路

1. 加强实践能力培养

（1）完善"双师型"教师队伍培训体系。第一，高职院校要建立完善的教师顶岗实习制度，鼓励教师在假期参与企业生产实习，并给予参与实习的教师一定的经济补贴，将教师的实习体验纳入教师评级、加薪条件中，使教师将企业成熟的工艺流程、新型生产技术与学校教育教学活动紧密结合，提升教师的实践能力和教学水平。第二，搭建教师与企业员工的沟通交流平台。高职院校在鼓励教师去企业顶岗实习的同时也要欢迎企业技术人员来校兼职授课，逐步形成同一专业由2个专业领头人授课的教学模式；增加教师与企业员工的交流互动，使理论教学与实践教学联系紧密，提高教学质量，实现院校与企业共建"双师型"师资团队的目标。第三，实行导师制度。

（2）以教学改革工作为载体，推进"双师型"教师队伍建设。高职院校不断深化教学改革，着力实现教学过程与生产过程的无缝对接。因此，高职院校要以教学改革工作为载体，在教学改革过程中了解企业需求，不断推进"双师型"教师队伍建设。第一，高职院校要引导专业课程教师熟悉当地产业结构，根据专业

所属行业对人才的需求科学制订人才培养方案，并随着用人标准的改变不断调整和改进，使专业课程教师在不断优化人才培养方案的过程中提升自身的"双师"素养。第二，高职院校要引导优秀骨干教师深入企业内部，了解企业的岗位技能要求，据此调整学校实践技能培养体系，并根据企业设置的岗位技能要求来培养学生的实践技能，使优秀骨干教师在调整实践技能培养工作的过程中提升自身的"双师"素养。

2. 完善评审考核制度

（1）改革教师评审考核制度，促进"双师型"教师队伍健康成长。高职院校要根据自身发展特色，制定完善的"双师型"教师职称评价体系，即科学合理地审核教师教学水平以及阶段性教育改革成果。高职院校要根据教师队伍发展的实际情况，调节研究型论文的标准，增加实用型论文在审核体系中所占的比重，将教师在专业学科教学方面的创新举措以及取得的学术研究成果作为职称审核的重点，对教师培养的学生进行综合素质评价。对于发表论文数量较多、教学质量较高的教师，院校可给予一定程度的奖励。

（2）创新教学考核制度，促进"双师型"教师队伍专业成长。高职院校要想保证人才培养质量，就必须不断深化教育改革，而教育改革的重点环节就是考核制度的改革。创新教学考核制度，目的是促进学生更好地掌握课堂所学知识技能，同时提高教师的教学水平和创新能力。一方面，学生是高职院校教师教学服务的直接受众，对于高职教师的教学工作具有重要的话语权。高职院校可以给予学生一部分考查权，由学生参与课程评价来反映高职教师的授课质量，对教师在理论和实践教学中存在的不足提出意见，为高职教师提升"双师"素养提供指导依据。另一方面，为了保障教学考核工作的全面性，高职院校还要建立多元化的评估小组，增加院校领导、院系领导、同行教师等相关利益者的参与，对高职教师的教学工作进行全方位考察，客观反映教师的教学成果以及"双师"素养，并针对如何提升"双师"素养提出合理建议。

3. 建立健全激励制度

（1）高职院校要完善"双师型"教师激励机制。第一，提升"双师型"教师的薪水福利，充分体现"双师型"教师与普通教师在薪资待遇上的差距，激发普通教师向"双师型"教师转型的热情。第二，以资金补贴的形式鼓励教师在假期期间参与企业的顶岗实习，以教师为桥梁，增加院校与企业的沟通，同时使教师在真实工作环境中接受岗位操作训练，切实提高实践动手能力，保证教师向高质量方向不断发展。第三，高职院校要支持教师深造，支持教师参与专业性培训，或者进入高校继续学习深造，不断提高教师综合专业素养。

（2）高职院校要强化科研激励制度。高职教育的科研激励机制要具备一定的实用性，能够对教师技术创新、应用、发展起到鼓励作用，从而将学习、生产与科研相结合，促进区域经济发展。第一，高职院校要制定完善的激励政策，鼓励教师积极投身于科研工作，在教师评级时，高职院校要着重考虑教师在科研成果方面的贡献，通过多种渠道鼓励"双师型"教师将科研和教学紧密结合。第二，增加资金链的稳固性，搭建科研交流平台。高职院校要做好实训基地的建设工作，配备完善的设备条件，为"双师型"教师提供良好的科研环境。

论高职教育者的初心
及其在高职教育中的践行

吕　晶

（广东农工商职业技术学院）

摘要："不忘初心"是习近平总书记提出的伟大号召，这一号召适用于各行各业。同时，各行各业由于其承载使命、历史积淀、行业特征不同，应该恪守和践行的"初心"也各不相同。本文拟从新时期高职教育的使命和高职学生的特征出发，深度剖析高职教育者的"初心"及如何将其有效践行于高职教育的工作实践当中。

关键词：初心；高职教育者；纯一之心；良慈之心；初学之心

一、引言

2016 年 7 月 1 日，在庆祝中国共产党成立 95 周年大会上，习近平总书记首次提出了"不忘初心"这一伟大号召。之后，在党的十九大报告中，习近平总书记进一步说明：中国共产党人的初心和使命就是为中国人民谋幸福、为中华民族谋复兴。

上述界定高屋建瓴、内涵丰富、透彻鲜明、思想深刻，不妨将其理解为全党、全国人民的"总初心"。总初心要落地，既需要"纲举"，也需要"目张"；既需要全局蓝图，也需要任务拆解。航空从业者认为：只有心存敬畏，才能有如履薄冰的谨慎态度，才能有战战兢兢的戒惧之意，因此他们的初心即敬畏生命、敬畏规章、敬畏职责（褚清静，2020）。2020 年 9 月 8 日，钟南山院士在全国抗击新冠肺炎疫情表彰大会上发表感言："健康所系、性命相托，就是医务人员的初心。"

同理可证，高职教育在"总初心"的宏大格局中也有自身的"拆解任务"。本文以高职教育为特定细分领域，拟从新时期高职教育的使命出发，深度剖析高职教育者应当具备和恪守的初心，并结合实际，深度探索如何将高职教育者的初心有效践行于纷繁复杂的工作实践当中。

二、高职教育的使命

1999 年,《中共中央、国务院关于深化教育改革全面推进素质教育的决定》出台,该文件指出:要大力发展高等职业教育,培养一大批具有必要的理论知识和较强实践能力,生产、建设、管理、服务第一线和农村急需的专门人才。

高职教育担负着培养各类技术性人才的重要使命,以适应产业结构升级,高新技术和现代信息技术的快速变化,为我国在生产的国际化、产品的国际化、投资金融的国际化、技术开发与利用的国际化、世界经济区域集团化过程中提高综合国力而发挥"动力站"的作用(杜爱平,2013)。

2019 年出台的《国家职业教育改革实施方案》微言大义地指出:把发展高等职业教育作为优化高等教育结构和培养大国工匠、能工巧匠的重要方式,使城乡新增劳动力更多接受高等教育。高等职业学校要培养服务区域发展的高素质技术技能人才,重点服务企业特别是中小微企业的技术研发和产品升级,加强社区教育和终身学习服务。

整合政府和学界的看法,笔者认为,高职教育的使命在于:聚焦高技能、实战型人才的培养,鼓励人才扎根生产建设、社会服务的基层一线,服务企业的技术研发和产品升级,助力"中国制造"在国际竞争中占领高地,并以生产服务实践为基础,培育一大批大国工匠和能工巧匠。

三、高职教育者的初心及其在高职教育中的有效践行

教育者是人类灵魂的工程师,对人类负有兴魂、育魂、筑魂、正魂的重任。因此,教育者是最应该恪守初心的群体。有学者认为:潜心教书、用心育人就是教育者的初心(冉继龙、李伟琼,2020)。笔者认为,基于高职教育的使命,高职教育者应当具备和恪守的初心可以从以下三个维度来呈现:

1. 纯一之心

2021 年,伟大的中国共产党即将迎来百年华诞,中国共产党的百年征程是一幅由小变大、由弱变强、由偏安一隅到造福亿兆、由服务国民到砥柱全球的壮美画卷。今天的人们很难想象,为这副壮美画卷起笔的仅仅是建党之初的几十名党员。在这几十名党员之中,首鼠两端者如周佛海、卖国求荣者如李士群、寡廉鲜耻者如陈公博,都因其累累血债、班班劣迹被永远地钉在历史的耻辱柱之上。

在这些叛徒之外剩下的几十名党员就是共和国的伟大缔造者。人们不禁要问,在荆棘满途、波谲云诡的革命救国道路上,到底是什么力量支撑着他们走过了如此艰难的岁月?

2. 良慈之心

良慈之心是大爱之心与慈悲之心的合称。

大爱之心是教育的基础,没有大爱就没有教育。这种大爱既包括对教师这份职业深入骨髓的热爱,也包括对学生发自内心、溢于言表的大爱。胸怀大爱的教育者会因为无法抗拒学生的可爱与好奇而付出自己。教育者以爱为核心做学生成

长的引路人,将师爱贯穿于学生的世界观、人生观和价值观的形成过程,孩子就会萌生爱的回报。只有教育者以爱培育爱、以爱激发爱、以爱传播爱,社会才会凝聚起真情大爱(高国君,2019)。

非但如此,高职教育者是身体力行、身先士卒的引路人;是砥学砺行、风雨同舟的学伴;是温沃人心、启擎众智的鼓励者。这三个身份都必须建立在大爱之心的基础之上:想引路,教育者必须无私付出爱,让学生乐于跟随;想在学习上陪伴,教育者必须以大爱让学生们感受到爱,进而为学生营造出一个支持他们进步、容忍他们试错的场域;想鼓励,教育者依然必须付出爱,让自己对学生的谆谆鼓励内化于心、外化于行。

3. 初学之心

随着我国人才培养层次的提升,如今越来越多高学历人才(硕士、博士)开始献身高职教育。正所谓"石蕴玉而生辉,水怀珠而川媚",高学历人才在给高职院校注入新鲜血液之时,也带来了各自专业领域深广的理论素养,但这点其实是一把双刃剑。

正向的方面在于:虽然高职教育致力于高技能人才的培养,但高职院校依然承载一定的科研功能。故此,高学历人才的加盟一定可以在高职院校的科研方面大放异彩。潜在的问题在于:高学历人才具备的理论素养和高职院校所需的技能培训之间存在一定的区别。

上述藩篱之间其实需要一个转化的通道:即如何将高学历人才具备的理论素养有效萃取,再与生产实践加以结合,然后用高职学生耳熟能详、易于理解、便于上手的方式呈现出来,进而帮助高职学生真正实现技能提升。要打通这一通道,高学历人才必须具备"初学之心":即暂时放下自己专业领域深广的理论素养,心甘情愿把自己当作高职教育的新兵,进而向高职院校的领导学习、向资深教师学习、向书本学习、向学生学习、向实践学习、向生产企业学习。

放下身段当新兵,说起来容易,做起来十分困难,因为英雄好汉素好追忆往昔峥嵘岁月。但是,无论过往如何煊赫、如何荣光,人唯有摆脱昨日羁绊,才能聚焦今日、布局明天。

《菜根谭》上说:"欹器以满覆,扑满以空全。"意思是:欹器(古代一种器皿)因为盛满水而倾覆,存钱罐因为内里空无而得以保全。如若高学历人才沉浸于自己过往取得的成就,就好像盛满水的欹器,时刻都有倾覆之虞;反之,应当永葆谦逊、空杯、开放、好学的姿态,这样"存钱罐"式的姿态其实就是"初学之心"。

进而言之,高学历人才投身高职教育实际上还会产生一个悖论,即他们绝大多数并未切身接受过高职教育,对高职教育缺乏第一手的认知。要完成"认知补课",高学历人才应当以"初学之心"认真学习国家有关职业教育的纲领性、指导性文件,例如2019年出炉的重磅文件《国家职业教育改革实施方案》,真正廓清高职教育为谁培养人、培养什么样的人、如何培养人的问题,以此为自身教学、科研实践提供纲举目张、举旗定向的引领。非但如此,党和国家领导人及相关部委(教育部、科技部、人力资源和社会保障部等）领导发表的重要讲话也能从不同维度为我们的高职教育工作实践提供有益的精神给养，值得我们密切关注。

四、结语

2018 年教师节，习近平总书记发表了重要讲话，对新时代的教师提出了具体的要求。他说："做老师就要执着于教书育人，有热爱教育的定力、淡泊名利的坚守"，这对应的就是"纯一之心"。他还说："每个教师都要爱惜这份职业，严格要求自己，不断完善自己。"所谓"完善自己"，其中就包括终身学习，这对应的就是"初学之心"。至于"良慈之心"，习近平总书记曾经勉励全国广大教师要做"有理想信念、有道德情操、有扎实知识、有仁爱之心"的好老师，其中"良慈之心"与"仁爱之心"异曲同工。

有鉴于此，认真恪守和努力践行高职教育者的初心（纯一之心、良慈之心和初学之心）是我们作为高职教育者对习总书记谆谆嘱托的积极回应。同时，只有认真恪守和努力践行高职教育者的初心，我们才能如习近平总书记所期待的那样：教育引导学生珍惜学习时光，心无旁骛求知问学，增长见识，丰富学识，沿着求真理、悟道理、明事理的方向前进（习近平，2018）。最后，认真恪守和努力践行高职教育者的初心，在我们的悉心培养之下，高职院校的学生在技能创新、技术研发、生产实践、服务基层方面人人皆可成才、人人都能尽展其才。

"十四五"期间广东高职院校
艺术设计专业高质量教学研究

莫 岚[①]

（广州科技职业技术大学）

摘要：本文主要以广东省的职院校艺术设计中的视觉传达设计专业作为研究对象，通过分析目前其在课程设计以及教学体系上的问题来找出针对性的教学改革思路，目的旨在为十四五背景下广东高职院校艺术专业的教育教学改革提供一些具有价值的建议，使其能够更好地构建多学科、多元化的人才培养路径，为广

---

① 作者简介：莫岚，生于 1984 年 12 月 14 日，女，广东四会人，艺术学硕士，广州科技职业技术大学专任教师，研究方向为视觉形象艺术设计与研究、服装艺术设计与创新。

东地区的区域经济以及文化建设做出一定的贡献。

关键词：高职院校；视觉传达；十四五规划；高质量教学

一、十四五带来的机遇与挑战分析

1. 十四五带来的机遇分析

十四五规划首先为视觉传达设计创造了更多的市场需要。十四五规划强调当下发展经济是解决我国一切问题的基础与关键，进一步强调在保证质量效益的同时优化经济结构、加快建设更高水平的开放型经济新体制。未来市场经济主要是由科技创新型产业为引导，这意味着视觉传达设计专业的学生最大的就业方向广告专业迎来了发展的黄金时期。虽然与国外相比，我国的广告行业由于起步时间比较晚导致在一些问题上仍然存在着一定的差距，但是改革开放以来特别是在十四五规划推出后广告行业的队伍可谓是迅速扩大，2015 年开始至今的六年时间是我国广告行业增幅最大的时间段，对比全球持续走低的广告市场低迷环境来说，中国的广告行业伴随着十四五的推广在不断地飞速发展。广告行业的快速发展对于视觉传达设计的学生来说意味着拥有着更多的就业可能。在广东经济快速发展的环境背景下，珠三角本身就处于十四五规划发展的核心地带，经济的发展势必带动着周遭企业的发展与变革。与传统的制造业不同广东的企业大部分以科技创新型公司为主，对于这部分公司来说广告宣传、企业自身形象设计是非常重要的，因此以广告传播、宣传展示、商品包装等等为主要设计内容的艺术设计专业所培养的人才就非常符合当下社会与企业发展的要求，从 2018 年开始广东就业市场对于视觉传达这一类艺术设计专业的人才需求量就以平均每年 15.6% 的增幅逐渐上升，故十四五规划的推出为高职院校艺术专业的学生带来了更多的就业机会。

2. 十四五带来的挑战分析

十四五规划为高职院校的艺术设计专业带来利好条件的同时在教育教学上也有着更高程度的要求。首先就是课程改革上的要求，广东高职院校艺术设计专业中接近 90% 以上的学校都开设了视觉传达设计专业。在信息化快速冲击的时代虽然这些院校都在进行教学方向上的改革，但不可否认的是相较于技术发展的速度，专业教育的改革步伐相对比较滞后。广东很多高职院校目前的教学主体、教学方法对于视觉传达设计内容的学科研究与拓展远远不足，许多高职院校依旧是通过教学成果的陈列和展示来进行日常的学科沟通与促进。教学方法与教育层面上的滞后性就会导致人才培养跟不上社会日益增长的劳动力需求，这也是当下视觉传达设计在教学方向上需要改革的首要问题。

二、广东高职院校视觉传达设计专业教育教学方面的问题

首先专业实际发展与课程设置的不合理，当下广东高职院校视觉传达设计专业在课程设置上与社会经济发展的需要不匹配，在经济快速发展的时代视觉传达设计专业的要求不仅仅在于专业性更在于灵活性以及可操作性上。但是当下许多院校的课程依旧将理论课与实践课的比例设置为 1:1，此外在开设课程时并没有与时俱

进跟得上时代发展的速度。例如市场上出现最新设计软件的时候，学校很难做到第一时间将其纳入自己的专业课程中，这就导致课程设置与市场逐渐变化的要求很难做到同步，对于学生来说需要耗费额外的时间去掌握新的技术，对于学校以及教师来说在人才培养模式上也很难满足社会经济发展以及用人单位的要求。

其次在教学方法上高职院校对于实践教学体系的建设还存在一定的局限性，对于视觉传达设计专业来说实践与操作就是人才培养的核心手段。但在目前一些高职院校的教学方法中依然缺失实践教学体系，在教学实践的过程中为学生提供的实训往往是学校内部的资源。无法真正满足职业行为导向的多样化实践需求，这就导致学生对职业岗位的感性认识不充分，在真正工作中需要花费很长一段时间去适应条件以及内容要求的变化。此外一些高职院校视觉传达设计专业在实践教学环节很难做到个性化匹配教学内容，视觉传达本身的专业特殊性就导致其在实际工作中存在着若干分支。

在教学方法上，高职院校视觉传达设计专业中许多教师依旧是按照传统教学方式授课，学生依旧不属于课堂的主体。课堂上教师只是简单通过口授的方式去将知识灌输给学生，忽视了学生主观的能动作用，造成课堂氛围枯燥、学生主动学习积极性缺失并且达不到学科设定的教学目标。与此同时高职院校内部在教育教学方法上忽视对于教师电子化教学水平的培养，导致许多教师对于信息化手段使用远远不足。例如对于艺术设计专业的学生来说非常重要的作品交流，许多高职院校目前仅仅通过展示作品的方式来进行而忽视了电子信息手段的运用，导致学生之间很难做到跨校、跨文化圈的学术交流，对于学生视野开阔以及十四五规划中培养全方位、综合型人才的目标存在一定的阻碍。

三、高职院校艺术设计专业高质量教学改革的有效性建议

1. 适应社会需要的课程设计改革

在课程设计上，高职院校艺术设计专业需要结合自身专业的特点围绕本专业发展的需求来设置专业的基础课程。在专业的初级以及高级课程中重视与市场的连接性。例如视觉传达设计专业在课程设置上就可以建立本专业的特色课程，并且还可以邀请行业内的资深人士以讲座的形式对学生进行实践性教学。在设置课程的过程中尽可能走在行业与时代发展的前沿道路上，结合广东省经济发展所需要的最新人才情况与专业能力来对教学内容进行补充，保证自身的教学课程与教学计划能够跟得上市场发展的轨迹。此外在教学课程体系模式的设定中，还可以通过整合相关专业课程的方式来搭建不同的课程群，以此来提高教学组为学生提供教学服务的效率，满足当下时代与社会对于人才培养模式的要求。

2. 实践性教学过程的改革

高职院校需要注重艺术设计专业对于实践行教学方法上的要求，学校应在现有实践教学的平台上进一步加大对于实践教学平台的改造与投入。通过校企合作等多样化的方式使实践教学方法能够成为日常教学的主流手段，此外高职院校还

可以通过优化校外实训基地的形式来引导学生进行职业导向的实践性教学。例如针对视觉传达专业的教学方法改革，高职院校可以将校外的实训基地进行层次化分类，从一般资质的设计公司到行业前沿的公司，在不同经营规模与层次的公司内都积极拓展自己的实训基地，并且让学生按照自身的职业目标去针对性的训练相关的专业素养与综合性能力，保证学生对于市场各个不同层次、不同行业内部岗位的要求与必备专业技能都有一定的了解与实操经验。在建设实践教学体系的过程中，教师也应根据学生专业能力的情况来进行针对性教学。

3. 建设符合新要求的教学方法体系

教师在开展教学工作的过程中，需要将传统的教学方法结合十四五人才能力培养的新要求进行改革，多元化的教学方法正在成为高职院校艺术设计专业中的重要教学手段。首先对于一年级许多专业理论与基础知识的课堂教学活动，教师可以采用课题训练的教学方法来完成教学目标，课堂主体也需要从教师过渡到学生以此来保证对于学生创新思维的培养。例如在视觉传达设计中对于平面构成这一门专业基础课来说，教师就可以让学生自主发挥合理运用 PBL 教学法调动学生的积极性与创新能力。其次在专业方向选择前的教学活动中，教师可以通过案例分析的方式以小组为单位来帮助学生理解基本理论知识并锻炼相关的实践技能。例如在视觉传达专业中，教师讲授标志设计课程时就可以通过案例分析的教学方法，这样学生不仅可以掌握更多的成熟案例设计，也可以进一步锻炼自己的专业技能与设计素养。

新时期高职院校"四位一体"
双师队伍培养模式研究

吕淑芳[①]

（江门职业技术学院）

摘要： 高水平"双师型"师资队伍是实现高职院校高水平发展的关键内容，高职教育的战略发展以及"双师型"师资队伍的培养都与行动学习理论的内在契

---

① 吕淑芳（1977.9—），女，安徽，江门职业技术学院副教授，硕士研究生，从事职业教育和人力资源管理研究。

合度很高。以行动学习理论为指导，创新了"四位一体"双师队伍培养模式。高职院校在运行该模式时必须围绕"行动与思考的统一性"而展开策略研究，从文化氛围、平台搭建、学习共同体、人本制度等方面推进新模式的实施。

关键词：行动学习理论；双师型；四位一体

一、理论引导：行动学习理论的内涵与特征

1. 内涵

英国学者雷格·瑞文斯（Rey Revans）提出行动学习理论，该理论于上世纪50年代在英国得到广泛应用，后陆续被许多知名公司引入企业培训，被称为实践教育和发展最有效的方法之一。Revans 的行动学习理论主要涵盖两个要点：第一、凡是学习必须建立在一定的实践基础上，通过行动构建学习过程；第二、最高效的学习是通过人际互动与社会交换实现的。有学者用公式"L=P+Q"（L 即 Learning；P 即 Programmed Knowledge；Q 即 Questioning Insight）表达，意在说明学习的真谛是程序性知识与解决实践问题的统一。总之，行动学习是学习主体以问题为导向，与小组成员形成学习共同体，在投入相应行动后，学习主体进行反思或思考，使具体问题得以解决，以至更新或丰富原有知识体系的过程。

2. 特征

行动学习理论的特征主要表现在以下四个方面：（1）问题引领性；行动学习要求以现实问题为主线，学习者被置身于问题情境中，对相关问题有一定的经验积累和基本的认知，且所在组织或环境也亟待解决这个问题。（2）小组合作性；行动学习突出学习的互助性，每个学习小组就是一个学习共同体。（3）主体参与性；行动学习的假设前提之一是一个人有意愿和决心改变个人行为，因此，其个体的学习态度十分重要。（4）反思质疑性；"反思"是行动学习过程的关键，是个体取得学习效果的决定性行为。

二、价值分析：行动学习理论与高职师资培养的内在契合

师资水平是衡量教育质量高低的关键要素，高职教育的高质量发展必须依赖高水平"双师型"师资队伍。职业教育的本质属性决定了其师资培养的专业实践性，这与行动学习理论的"Q"①要素是一致的。从行动学习发生的逻辑要点看，影响高职师资培养的内外要素与该理论形成了多个契合点。

1. 技术技能型人才需求环境营造了问题情境

中国是制造大国，但向"制造强国"迈进的进程中还存在不少"卡脖子"技术未能被掌握，解决这个问题的关键是技术技能型人才的培养。第一，科学技术迅猛发展，增强了人才培养复杂性。第二，争夺高端制造业高点的竞争激励，加剧技术技能型人才培养的竞争性。第三，我国企业行业的转型升级使人才培养过

---

① 此处"Q"是指上文提及的公式"L=P+Q"中的 Q，即 Questioning Insight，有洞察力的提问。

程处于动态变化中。

2. 职业教育体系的优化与发展明确了行动学习要点

一是高层次应用型人才培养体系的完善；国家正在从三个方面为高职师资指明学习方向：学历提升为教师专业理论水平的提升提出了学习要点；实践技能的提高对教师专业实践能力提出了新要求；军民融合为教师专业服务能力的拓展提出了新方向。二是国家各项教育标准的落实，包括专业、课程、教学、实训建设标准以及"1+X"证书制度等。三是产教融合校企"双元"育人模式，为"双师型"教师的行动学习提供了条件。四是社会力量的积极参与。

3. 高水平专业建设提供了学习契机

首先从专业化、结构化、高水平教学团队建设看，为高职专业教师实施行动学习提供了平台。其次从专家型、领军式的高层次带头人的培养看，"双师型"教师有了专业理论学习的标杆和方向。再次从行业顶尖高技艺"工匠师"的培养看，"双师型"教师有了专业实践学习的方向和动力。职业教育高水平专业建设目标是为产业发展培养前沿技术能手，因此其师资队伍中要有顶尖"工匠师"，即专业实践方面的能手。

三、模式构建：基于行动学习理论的"四位一体"师资培养

"双师型"教师在工作实践中学习与成长有一定的内部路径，准确把握其行动学习机制，是创新"四位一体"师资培养模型的前提和基础。按照建构主义学习原理，"双师型"教师行动学习机制应该是从"问题导向"开始，突破个人"平衡"点，小组或团队围绕问题研讨解决方案，此时个人知识体系处于"不平衡"状态，随着问题的有效解决，个人产生自我反思，将解决问题时的新收获与个人原有知识重新组合，使个人处于"新平衡"状态。因此，该模式包括个体行动层面和组织管理层面，每个层面都有四个环节，并且一一对应，四环之间形成各自逻辑上的闭循环。

四、策略实施：高职院校师资培养新实践

1. 营造开放包容的人文环境

一要塑造行政机构好风气。高职院校行政机构应带头移风易俗，以优良的工作作风带动校风和学风。首先应树立优良的服务意识。其次应树立清廉的好风气；即中高层管理者有清晰的道德底线，绝不以权谋私、权钱交易，做个公正廉明的好干部。最后应统筹好行政机构之间的工作职责，避免出现相互推诿、矛盾激化、资源浪费等不良风气。

二要塑造校园好学风。好学风是一所院校整体教风以及教师教科研氛围的体现，是一种激励学生奋斗、鼓励教师突破自我的精神力量。鼓励教师开设更多课程，扩充学生选课范围，创新授课方式，给予学生更多的考核机会。其次要加强师生间的互动，鼓励教师参与学生的各项活动，同时设置相应的考核指标。

三要提升院校好形象。一所能吸引各类人才的院校一定是社会形象好、百姓口碑好的学校。学院应建设好网络校园，及时挖掘校园亮点并更新网络内容，同时加强与各大媒体的合作，将学院充满正能量、有特色的信息频繁出现在权威媒体上。

2. 成立项目引领式学习共同体

首先要确定好合适的项目。所谓合适项目，主要考虑是否与现代职业教育、本院校、本专业等战略发展相一致，并且要考虑是否能组建好合适的师资团队。其次应考虑学习共同体的组合。从"双师型"教师专业发展角度看，应按照专业群或专业大类建立人才库，便于各类项目进行人员选拔。师资人才库除了包含专任教师外，必须建立与专任教师数量相当的兼职教师信息，同时使用管理软件进行信息更新及管理。成立学习共同体必须遵循以下原则：目的明确性，即成立共同体的目的是完成项目；分工协作性，即每位成员都有清晰的分工，同时彼此之间都必须有良好的合作与交流；因事择人，即项目负责人必须根据具体任务挑选合适成员，保障其共同体的工作效率。

3. 搭建产教融合、校企合作平台

产业企业是高职教育的适应对象，所以该平台必须对接产业企业的关键信息，主要包括：先进技术、岗位要求、文化理念等，而这些信息都集中在高水平技术技能型人才上，因此高职院校首先应搭建的是高质量发展或特色产业技术技能型人才与"双师型"教师的对接。其次，平台应考虑在产教融合、校企合作的战略联盟下召集人才，以此得到组织保障，人才对接就有了长效机制。再如实行换岗制度，双方互派技术技能人才到相应岗位，给予"双师型"教师更多机会参与到专业实践活动中；又如"双师型"教师带学生进入企业实习，了解企业文化和专业实践要求。最后，平台应以具体项目驱动学习活动的开展。实践活动是人才开发的主流，人的潜力需要通过持续不断的实践探索才能被挖掘。

4. 完善以人为本的师资管理制度

以人为本的师资管理就是一切以教师发展为中心，尊重教师的人品、满足教师的个性追求，将个体发展与组织发展相结合。这种制度本质上是对人性看法的转变，也是对管理者角色的转变，管理者不再是命令者、控制者、权威代表人，而是服务者、辅导员、责任承担者。以人为本的师资管理制度主要体现在以下几个方面：一是注重制度形成或完善前的深度调研和科学分析，积极了解广大教师的需求和想法。二是主体归位，明确职责，不求全能；从制度层面对教师个体进行职业发展的引导，及时让每位教师找准自己的方向，明确其发展路径中的职责。三是动态管理，创新激励机制；动态管理的实质是要求教师"能上能下"。

新时代职业院校教师教学创新团队协作共同体的建设路径研究

马仁听　周世平

（广州铁路职业技术学院）

摘要： 在全面建设社会主义现代化强国新征程中，职业教育对我国经济社会发展起到非常重要的推动作用，现代职业教育体系全面建成。新时代开放创新、合作共赢成为主旋律，职业教育的发展也要合作创新。基于此，本文针对全国职业院校教师教学创新团队协作共同体的建设任务，分析了协作共同体的基本内涵，构建了协作共同体形成结构图，将协作共同体从校校及校企协作共同体两个维度开展了建设路径研究，为促进成员间的合作落到实处提供参考。

关键词： 新时代；创新团队；协作共同体；路径研究

一、引言

改革开放以来，职业教育对促进我国经济社会发展起到了非常重要的推动作用，现代职业教育体系全面建成，服务社会经济的发展能力和社会的吸引力不断增强。2021 年 4 月 12 日，全国职业教育大会在北京召开，习近平总书记强调，在全面建设社会主义现代化国家新征程中，职业教育前途广阔、大有可为。要加快构建现代职业教育体系 培养更多高素质技术技能人才能工巧匠大国工匠。李克强总理作出批示指出，职业教育是培养技术技能人才、促进就业创业创新、推动中国制造和服务上水平的重要基础。由此可见，职业教育的重要地位和作用越来越凸显。然而，在新时代发展背景下，国内产业不断升级，经济结构不断调整，各行各业对技术技能人才的要求也在不断更新与提升，职业教育也要应时代的发展与变化不断进行改革，这样才能适应时代发展的需要，促进社会的全面进步。为此，国家出台了一系列政策文件以促进办好新时代的职业教育，2019 年 1 月，国务院印发了《国家职业教育改革实施方案》，提出将启动实施中国特色高水平高等职业学校和专业建设计划；2019 年 6 月，教育部制定了《全国职业院校教师教学创新团队建设方案》，旨在打造一批高水平职业院校教师教学创新团队，示范引领高素质"双师型"教师队伍建设；2020 年 9 月，教育部等九部门联合印发了《职业教育提质培优行动计划（2020—2023 年）》，这标志着我国职业教育正在从"怎么看"转向"怎么干"的提质培优、增值赋能新时代。教育部从 2019 年至今，重点打造了 364 个高水平国家级职业教育教师教学创新团队，强调创新团队之间要搭建协作共同体的建设平台，加强团队之间以及校企之间的深度融合发展，形成共研共建成果，共同促进职业教育的改革发展。为此，如何按照专业领域，建立院校协作共同体及校企命运共同体，完善校企、校际协同工作机制，推进专业设置与产业需求对接、课程内容与职业标准对接、教学过程与生产过程对接。基于此，本文将结合新时代经济社会发展特点，对新时代职教改革背景下高职院校教师教学创新团队协作共同体的建设开展研究，旨在构建具有示范且通用的协作共同体框架模型，推动团队合作发展。

二、研究综述

职业教育改革实施以来，从国家到地方把职业教育放在了前所未有的高度，理论界开展职业教育相关的研究也越来越多。近两年对教师教学创新团队的研究主要有：曾照香、李良明（2021）指出打造高水平职业教育教师教学创新团队是引领新时代背景下教育教学模式改革创新的重要举措，给出了职业教育教师教学创新团队建设路径策略。李国成、徐国庆（2021）认为高水平结构化教师教学创新团队是新时代职教改革的基石，高职院校需要在科学理念、协同创新、文化和制度建设等方面着手团队的建设。李晶华、侯国强、柏秀元（2021）结合"双高计划"建设背景，认为新时代下教师团队的建设要引培并举、扩优并举、内外并举，保证师资数量充足、结构合理和素质过硬。易雅琴、冯天祥（2021）职业教育的提质培优行动计划是增值赋能、以质图强，加快推进职业教育现代化的一项重大战略性举措，教师教学创新团队建设与行动计划具有内在的一致性。陈旭，和震（2021）为职业院校教师教学创新团队绩效评价构建了具有国际视野和国内特色的考核指标体系，为团队建设工作任务的开展提供考核指导。余荣宝（2020）认为教师教学创新团队建设中"双师"结构和协同工作是主要特征，课程标准和课程体系是重要任务，教学改革和质量提升是根本目标，并在此基础上为团队给出了建设路径。隋秀梅、高芳、唐敏（2020）分析了在"双高"背景下，针对师资团队建设中面临的新问题以及新的建设视角，提出新时代要开展分层分类教师培养工程，建立校企校协作共同体，搭建教师发展创新平台。欧阳波仪等（2020）指出高职院校教师教学创新团队建设应从塑造团队发展愿景、研制一流建设标准、构建卓越的共生体、完善发展保障机制等方面着手。李梦卿、陈佩云（2020）认为高职院校教师教学创新团队的建设要健全体制机制，建立资格认证标准；深化产教融合，优化团队结构，开展针对性高级培训，增强团队建设的合力与创新力。白星良、牛同训（2020）指出教师教学创新团队建设是职业院校教师队伍政策安排的重要内容，文章详细分析了教师教学创新团队建设的主要任务及建设的保障体系。范蓉、曹晔（2021）对职业教育教师教学创新团队协作共同体的建设基本问题开展了研究，分析了协作共同体建设的意义，构建了运行机制。程红红、李志红（2018）认为产学研共同体可以有效促进政府、科研机构和企业深度融合，实现从研究到生产再到市场，有效提高科研的质量和效率。

从上述文献综述可以看出，新时代背景下理论界主要从宏观方面对职业教育教师教学创新团队建设以及绩效评价进行了研究，形成了系列研究成果，少量研究关注到职业教育教师教学创新团队协作共同体的构建，并且也基本上是从宏观层面开展协作共同体的构建研究，较少文献从微观具体做法方面对职业教育教师教学创新团队协作共同体的打造展开研究。为此，本文基于理论界已有的研究成果对协作共同体的实际操作层面开展详细研究，希望能够给职教改革背景下职业教育创新团队的发展提供借鉴。

三、创新团队协作共同体内涵

互联网的今天，万物相连，相互之间共同协作，共同影响并共同进步。传统的个体发展已经无法适应社会的进步，个体之间不断协作从纵向形成协作共同体，相互之间的个体竞争已经转为协作共同体之间的竞争。我国在全面建设社会主义现代化国家新征程中，职业教育前所未有得到高度关注，职业教育前途广阔、大有可为。这对高职院校来说是一种发展机遇，但同时也是一种巨大的挑战，高职院校若想在这种高度竞争的环境下保存竞争优势，一方面需要加强自身的内涵建设，但另外也同时需要与相似专业领域内高职院校或企业开展协作，形同协作共同体，相互之间开展竞争与合作，促进高职院校发展。

协同是一门科学，德国斯图加特大学著名理论物理学家赫尔曼·哈肯（HermannHaken）创立了协同学，它是关于系统中各个子系统之间相互竞争、相互合作的科学，即协同作用的科学，是研究协同系统从无序到有序的演化规律的新兴综合性学科。从协同学来看，协作共同体是一个有机整体系统，任何一个整体系统都是由各个子系统组成，子系统也是由其他的子系统组成，各子系统之间是相互依存，相互作用，共同维持系统的整体平衡，促进系统的有序发展。为此，对协同系统开展研究，不仅要了解整体系统的子系统组成，分析各子系统特征及发展规律，而且要了解子系统与整体系统之间的关系，他们之间也是相互依存，相互作用。

协同系统强调系统内部各子系统有共同的信念、共同的工作方式、生活方式以及相互之间经常互动，按照这个逻辑，职业教育教师教学创新团队协作共同体也即是一个协同系统。教育部将立项为国家级职业教育教师教学创新团队按照某一类专业方向并基于该类专业建设和创新为目标分为若干个协作共同体，每个协作共同体又由若干个职业院校组成，协作共同体系统内各成员单位按照纵向分工合作，横向协作竞争原则，以项目研究确定协作共同体的牵头单位，建立共同体规章制度，通过项目研究、合作培训等各种形式，不断促进校企深度融合，相互合作，建立协作共同体共建共享共管的运行机制，共同促进专业向高质量高水平方向发展。教育部为国内职业教育院校搭建协作共同体平台，旨在解决由一个创新团队难以解决的问题，但可以通过协作共同体集中力量来加以解决的目的。为促进协作共同体的建设，教育部搭建了合作平台：一是设立了研究项目，分为重点课题和一般课题，重点课题立项单位即为同类专业协作共同体的牵头单位，牵头负责协作共同体的各项工作。二是建立了培训基地，教育部遴选了18家本科院校作为创新团队的培训基地，负责对协作共同体成员的培训和协调工作。

四、创新团队协作共同体建设路径

通过上述分析可以看到，职业教育教师教学创新团队协作共同体是一个协同系统，现实中为促进协作共同体的建设，教育部给协作共同体搭建了项目研究平台以及培训基地平台，为系统内各职业院校相互促进，相互竞争，相互合作与依存提供舞台。协作共同体的搭建主要是为了完善校企、校校协同发展机制，提升创新团队建设的整体水平，不断推进专业设置与产业需求的对接、课程内容与职业标准的对接以及教学过程与生产过程的对接。为落实协作共同体具体建设路径，以下将从校际协作共同体、校企合作命运共同体两个方面开展研究。

1. 完善制度，健全协作共同体运行机制

按照"资源组建网络式、成果共享辐射式"思路，打造校校、校企团队建设协作共同体。践行"生源链—产业链、师资链—实训链—信息链—科研成果转化链—就业链"多链衔接原则，建立校校、校企"协同决策—执行实施—指导服务—监督管理"合作体系，规范共同体内部治理，形成完善的决策、执行、协商、投入、考核、监督等日常工作机制。制定《校校、校企共同体章程》，完善联席会、理事会、秘书处及各分支机构等，以下设的各专门项目组为纽带，推动校校、校企形成命运共同体。

2. 校校协作共同体建设路径

在协作共同体运行机制的引领下，设立团队协同专项经费，校际协作共同体的建设可以通过增强院校之间的人员交流、项目研究合作、资源共享，在团队建设、人才培养、教学改革、职业技能等级证书培训考核等方面协同创新，形成系列协作共同体建设成果。在人员交流方面，协作共同体院校之间可以通过每年定期开展教师横向交流，分享团队建设经验；或者协作共同体之间通过召开学术交流会促进人员的交流，以共同构建专业人才培养方案、共同开发教材与资源课程、共同建立考证培训中心、共同打造应用技术协同创新中心或教师协同发展中心为纽带，将协作共同体成员间交流落到实处。在项目研究合作方面，协作共同体院校之间可以相互联合申报各级各类教科研课题，如开展教育部专项课题面向立项建设的第二批国家级职教团队课题研究，分为重点课题及一般课题，如创新团队协作共同体建设研究、创新团队建设的组织制度和运行机制研究、团队协作的模块化教学模式和方法研究、新形态教材开发研究、创新团队教学质量评价体系研究、新时代课程思政改革方法与路径研究、专业群双元育人模式探索与实践研究等。同时，协作共同体院校内专业教师可以联合申报专业类科研课题研究。在资源共享方面，协作共同体院校之间可以共享师资，如每年安排协作共同体内院校教师共享相互授课，可以线下串校授课，也可以线上共享授课；协作共同体院校之间可以共享教学资源，这些教学资源除了理论性的教学资源，也可以共享教学实训基地，也即协作共同体内的学生串校参加课程实训；协作共同体院校之间也可以

共享企业资源，学生可以共享企业参加顶岗实习、就业等。

3. 校企协作共同体建设路径

校企合作作为职业院校与产业、行业、企业之间的直接关联环节，其在新时期发展过程中将面临新的机遇和挑战，为适应我国经济发展新常态，服务优化经济结构、提升创新能力的需求，职业院校应借教师教学创新团队平台，与企业形成命运共同体，校企双方在人员互聘、技术创新、教师培训、资源开发等方面开展全方位深度融合，将学校与企业"双元"共同育人落在实处，不浮于表面，切实提高复合型技术技能人才培养成效。在人员互聘方面，校企协作共同体双方职工相互聘请，院校方聘请企业技术人才担任学校兼职教师、客座教授等，每年与校内教师共同教授一定课时的专业课程、开展一定量第二课堂讲座、为学校教师开展技术培训等；学校教师主动下到企业，投入到企业实际岗位上，参与企业工作的实际运营，为企业开展员工培训等，通过双方人员互聘，企业要建立院校教师绩效考核方案，学校建立企业员工绩效考核方案，促使双方员工都具有"双重"身份，真正融入对方的发展建设中去。在技术创新方面，院校教师在参与企业岗位运营过程中，应积极主动与企业开展技术研发工作，共同开发专利、软件著作以及国家与行业标准等。在资源开发方面，协作共同体要促进企业积极参与学校课程资源、教材资源、网络资源以及实训资源的开发，学校要为企业开发人力资源、培训资源以及产教融合实训基地等。协作共同体校企双方通过共建产业学院、产教融合实训基地、双师工作室、企业工作站以及技能大师工作室等合作平台，将校企双方在人员互聘、技术创新、教师培训、资源开发等方面落到实处。

高校教育"智慧教与学"教学方法的研究

王保生[①]

（广州东华职业学院 广东 广州 510000）

摘要： 高校学生普遍存在缺少社会阅历、实践经验，缺少运用智慧的能力，有人说："任何事物都可教，只有智慧无法传授"，"智慧教与学"教学方法的研究，

---

① 作者简介：王保生，1974年2月生，男，河北，广州东华职业学院，工商企业管理专业，讲师，研究方向教育学、管理学、产业研究。

力图论证智慧是可以传授的观点，同时，解决智慧如何教、学生如何学、智慧如何传递的问题，从而培养高校学生成为社会所需要的智慧型人才，教学方法的研究填补了高校教育"智慧教与学"教学方法空白，填补了高校教育"智慧教与学"教学教材空白，为其他高校提供参考借鉴，为相关教育部门提供决策依据。

关键词：高校教育；智慧教与学；教学方法

一、智慧可传授

如何论证智慧具有传授性，研究认为，只要能够将智慧转变成能力、能力转变成知识、知识转变成课程、课程传授给学生，便可实现智慧的传授。因此智慧可传授的论证聚焦在四个里程碑：智慧、能力、知识、课程。智慧，"智"由日、知组成，意思是，每日求知为智；"慧"由丰、心组合，意思是，心灵丰满为慧。智慧，需要的是个人通过个人的能力，基于已有的知识，进行对比分析，是个人创造价值的过程。在高校教育"智慧教与学"教学方法的研究中，我们细致全面地分析了古今中外有关智慧的思想、理论、工具，包括：孔子思想、智慧的定义、智慧体系、智慧系统、智慧与智力区别、智慧质点系统组织结构、智慧的内精神场与外精神场、Gene Bellinger 等人的人类思想内容（数据、信息、知识、智慧和理解）和 DIKW（data-information-knowledge-wisdom）金字塔模型。通过对智慧细致全面地分析研究，我们对智慧有了深刻了解，从而得出智慧应具备的能力汇总，包括：一是智慧重要核心（29项）、二是智慧体系（6大体系）、三是智慧综合能力（15项）、四是智慧理解范围（8范围）、五是智慧拥有能力（3种）、六是智慧、七是智者。智慧应具备的能力汇总即是包含关系，同时又具有逻辑先后顺序。通过对智慧的认知，寻找到拥有智慧所需要能力的汇总，我们再将能力转化为知识，根据周爱保《认知心理学》，知识可以分为陈述性知识、程序性知识和策略性知识，并且知识可以传递，知识可以编码、可以传递、可以转移，编码的载体是语言、文字、图像等，那么知识可以传递给学生，从而使学生获得智慧，并成为智者。依据大学课程设置与智慧重要核心对应、大学课程设置与智慧体系对应、大学课程设置与智慧综合能力对应、大学课程设置与智慧理解范围对应原则，制定出不同高校不同专业的智慧传递课程体系，为"智慧教与学"教学方法的后续研究打下基础。

二、智慧如何教

"智慧教与学"教学方法适用于各类高等教育学校（3年制专科、4年制本科），不同性质学校在学习时间上有所不同，但可以在课时及教学计划上进行调整。智慧教与学所涉及的教学方法适用于现有高校各个专业学科、各专业大类、专业。智慧教与学的教学方法的研究是面向3—4年的智慧课程体系，跨院系课程调整灵活，为研究如何学校和教师如何传授智慧打下基础。智慧教与学的教学方法具有行业普遍性，首先必须掌握行业环剖析理论，目前关于行业划分存在不同方法，有按产品行业划分、服务行业划分、企业组织形式划分等多种形式，本研究提出了创新的行业环划分理论,即社会分工由 N 个行业环组成,N 个行业环代表 N 个不同的行业,某一个行业环又包含生产型企业、贸易型企业、工程型企业、服务型企业四种类型企业。N 个行业环彼此之间相互关联,四种类型企业保持相互关联,N 个行业环及其行业环包含的四种类型企业均服务于最终用户,同时最终用户也与之相关联。因为高校所设置的专业是为社会输出人才而设定,直接服务于社会,所以每个专业的学生都可找到某个行业环中的某个企业、某个岗位进行匹配,同时,也需要学校统筹安排。智慧教与学的教学方法把人才培养分为四类,即专才、多才、全才、通才,掌握了四种类型企业之中的某一企业的某一岗位的技能,比如掌握了贸易型企业的销售岗位技能的人,可以称为专才;掌握了四种类型企业之中的某一企业的多个岗位的技能的人,比如掌握了贸易型企业的销售、市场、财务等岗位技能或管理技能,可以称为多才;掌握了四种类型企业的多个岗位技能或管理技能的人,即某一行业环的岗位技能或管理技能,可以称为全才;掌握了两种或两种以上行业环的多个岗位技能或管理技能的人,可以称为通才。本研究的核心在专才。

三、智慧如何学

"智慧教与学"教学方法是以实操作为各专业、学科的主线;各专业针对实操课程各行业中的四类企业的不同部门分配角色,确认自己所在的企业类型和部门位置;各专业学生针对所属专业课程进行理论学习,各专业又通过方法流程进行专业的案例练习,同时又与其他专业(部门)有业务往来,有利实践企业整体运作机会;结合编著的教材方法可以与各院校的专业课同步进行,既有练习又相对独立;采用全面的实操体系,模块化组合,不同学校可以根据自己的需求和实际投入资源情况选择适合自己的实操模式,并选择不同模块进行组合,从而达到灵活组合、因地制宜的目的。

四、智慧教与学的传递

"智慧教与学"教学方法步骤包括:学校—专业—行业—企业—岗位(职位)—确定实操资源—岗位技能实训—企业部门之间业务运行—企业环企业之间业务运行—跨行业企业之间业务运行—毕业(就业)。"智慧教与学"教学方法过程包括:资源计划、资源组织和控制阶段。资源计划阶段包括组建实操运营公司体系所需资源(人、财、物、时间、信息)、组建公司组织架构(人力资源、行政、财务、销售等)、实操运营公司的业务运行(采购指令、订单指令、退货指令等)、公司运营活动(推广会、新闻发布会、展会等)。资源组织和控制阶段包括编制任务,每任务标明目的、流程、如何实现、设计问题、如何组织、控制等知识点、编排课时等,制定好各项任务便于教学。智慧教与学教学时间资源安排包括:第一学期,组织建立内部各部门岗位职责演练。教学学期,指令下达(演戏—印刷名片)或参加展会和案例实操及行业实践活动,演练、实操贸易型公司的常规活动、考核。实习学期,进行企业实习(结合案例行业或实操经验)和总结。毕业学期,最终实现顺利就业并融入社会和企业。教与学流程包括高校确定开课专业，例如：工商企业管理专业计划按照《智慧教与学》课程方法开课。高校选择相关行业，例如：电子信息行业。确定实操企业，例如：电子信息行业的监控产品领域的贸易公司。学生选择企业某一部门，例如销售部门。学校确定实操资源，例如人、财、物、时间、信息、其他。实训岗位技能演练，分为实习企业实训岗位技能演练、学校虚拟企业岗位技能演练。通过创新智慧教学方法及考评，使学生完成企业部门之间的商务运行、企业和企业之间的商务运行、跨行业企业之间的商务运行，实现智慧的"教"与"学"的传递。

五、结语

高校教育"智慧教与学"教学方法的研究填补了高校教育"智慧教与学"教学方法空白、教学教材空白；创新教学方法结合教材编写同步，论证了智慧可以传授，阐述了教师如何传授智慧、学生如何取得智慧，缩短学生到企业的上岗时间，达到不惧怕走向社会，成为社会所需要的智慧人才，通过理实结合及模拟操作，掌握岗位专业技能，能够胜任各高校不同专业的相应岗位工作，消除同学们对岗位的神秘感、恐惧感，树立各高校不同专业的相应岗位职业自信，培养学生对各高校不同专业的相应岗位体验认知，树立正确的各高校不同专业的相应岗位定位及理念，实现专业知识、岗位实践、智慧能力融会贯通。为其他高校提供参考借鉴，为相关部门提供决策依据。

新时代高职院校师资队伍
建设的现状及对策研究

林 淑[①]

（揭阳职业技术学）

摘要： 人才是第一生产力。高素质的师资队伍是高职院校立德树人的重要前提，也是高职院校保持高水平发展的重要保证。本文以揭阳职业技术学院为例，分析了师资队伍建设的现状及存在的专职教师数量、高层次人才数量欠缺、教师培养

---

① 作者简介：林淑，1984年11月生，男，广东揭阳人，揭阳职业技术学院组织人事处，高级工程师，主要从事人事管理工作和电工电子、信息系统的教学研究。

等问题，提出了建设高素质师资队伍的对策。

关键词：高职院校；师资队伍建设；现状；对策

为了能够准确摸清新时代高职院校高素质师资队伍的现状，选择揭阳职业技术学院为研究对象。揭阳职业技术学院建于 1999 年，是揭阳市唯一的公办全日制高等职业院校，学院现设有电子商务创业学院、思想政治理论课教学部、师范教育系等 10 个院系（部），是地方人才培养的重要基地和高层次人才汇聚的战略高地，为揭阳市乃至全省各行业培养了高素质技能人才逾 20000 人，是特色鲜明、具有一定影响力的区域性高职院校。

一、学校师资队伍现状

1. 学校师资队伍的总量规模

截至目前，学校在编教职工 432 人，其中男教职工 220 人，占在编教职工 51%；女教职工 212 人，占在编教职工 49%。

2. 专任教师队伍的年龄结构

专任教师有 367 名。35 岁以下有 85 人，占在专任教师 23.2%；35 至 39 岁有 137 人，占专任教师 37.3%；40 岁至 44 岁有 81 人，占专任教师 22.1%；45 岁至 49 岁有 20 人，占专任教师 5.4%；50 岁至 54 岁有 27 人，占专任教师 7.4%；55 岁至 59 岁有 17 人，占专任教师 4.6%。中青年教师是学校师资队伍的主体。

3. 专任教师队伍的学历结构

具有博士学历 2 人，占专任教师 0.5%；具有硕士研究生学历 142 人，占专任教师 38.7%；本科学历 223 人，占专任教师 60.8%。

4. 专任教师队伍的职称结构

高级职称 97 人，其中教授 7 人，副教授及其他系列副高职称 90 人，高级职称占专任教师 26.4%；中级职称 186 人，占专任教师 50.7%；初级职称及其他 84 人，占专任教师 22.9%。

二、学校师资队伍建设工作主要做法

新时代，学校在师资队伍建设工作上进行了积极的探索和实践，初步形成了一条"走出去、引进来、多尝试、传帮带"的特色路径，不断创新师资队伍建设工作，拓展师资队伍建设培养平台，师资队伍建设工作取得扎实的成效。主要做法如下：

创新丰富师资队伍建设模式，首先，开展高端培训和对口培训。近三年来，依托广东省高等职业院校教师培训和高校、科研院所等合作平台，先后推荐青年骨干教师到国内知名大学当访问学者；先后选送管理人员到市委组织部跟班学习、到市政府电商办跟班学习，到市扶贫办跟班学习；选送青年教师到深圳职业技术学院、广东科学技术职业学院、香港理工大学等参加研修学习，引导教师用国际化的视野和创新思维开展工作，全面提升教师的综合素质能力。其次，加强与企业建立产学研联系。把准当地经济发展对各类人才的需求，选派有潜力的年轻教师到企业一线锻炼和培训，鼓励并支持青年教师参与生产、管理一线的工程技术和科技研发活动，帮助青年教师在实践中不断提高专业实践能力，选送一批年轻教师下企业锻炼。

（1）坚持精心植梧桐，创造条件"引进来"，走出去的同时，积极创造条件，通过"广种梧桐树，引来金凤凰"的方式为全校人才队伍建设营造了一个"惜人才、聚人才、重人才"的良好氛围，进一步落实和完善人才引进工作，通过赴外地院校招聘和公开招考的方式，2015年引进市拔尖人才1名和4名硕士研究生；2016年引进副高职称人才1名和3名硕士研究生；2017年共招录14名硕士以上人才及引进1名法学教授，2018年引进人才29名、2019年引进人才27名，高层次人才引进的力度得到有效提高。

（2）坚持真心聚英才，错位引进"多尝试"，创新人才引进模式，尝试开展高层次人才错位引进，把专家学者、行业企业技术能手和能工巧匠请到、引到学校来，补足高层次人才不足的短板。在这方面，我校电子商务专业先行先试，抓住我市推进电子商务发展这一契机，推进部署落实电子商务"一基地、二大赛、三工程"，依托军埔电商村，利用电子商务高端人才在寒暑假、节假日、休假或休闲之余，邀请或聘用清华大学、华南师范大学等教授团队为学校客座教授或电子商务专业的特聘教授，以开展电商精英培训、电商专业学术报告、学术讲座、专业建设研讨会等形式，对专业建设人才培养给予指导，提升学校专业教师水平，同时提升学校电子商务专业人才培养质量。

三、学校师资队伍建设工作存在的突出问题

虽然近年来在引才、育才、用才等人才工作方面取得了一定的成绩，但仍存在一些问题，主要存在以下几方面问题：师资队伍是第一资源的理念还需进一步强化；师资队伍总量还需进一步有计划加大；师资队伍结构还须进一步优化；人才队伍相对比较年轻，队伍的年龄梯队也不够合理，老中青分布没能呈合理的正态分布曲线；高层次拔尖人才匮乏；引进高层次人才难度大，囿于地理位置、工资待遇和科研的软硬件环境，未能引进能在学科建设中起带头作用的省级乃至国家级拔尖人才。

四、加强学校师资队伍建设工作的措施

通过现状分析，主要是要从师资队伍梯队建设、学历学位提高、青年教师培训等方面着手开展工作，概括起来主要是做好以下3方面工作。

1. 强化适应地方高职院校师资队伍建设的基本理念

（1）进一步树牢对师资队伍建设的认识。紧紧围绕国家人才发展规划纲要和广东省人民政府关于全面实施"强师工程"建设高素质专业化教师队伍的意见，结合地市人才工作和学校发展实际，做到对人才队伍的建设有"任务书""路线图"和"时间表"。

（2）进一步落实人才队伍建设的责任。始终坚持"人才是第一责任""人才是第一任务"和"人才是第一目标"不动摇。学校各级领导班子带头重视人才队伍建设，进一步建立落实责任考核机制，把人才队伍建设情况纳入领导班子考核内容，更加有力地调动做好人才队伍建设的自觉性、积极性、主动性。

2. 营造适应地方高职院校师资队伍建设的良好环境

（1）营造良好的硬件环境。良好的环境是吸引和留住人才的一大关键因素。要进一步营造舒适、良好的工作环境，让广大教师生活工作在舒适优雅的校园环境中。同时进一步营造配套齐全的科研实验环境，进一步加大各类实验室的建设，努力打造"校中厂"平台，使得人才转化有土壤、有路子。

（2）营造规范的软件环境。学校由于建校历史不长，体制机制还不够健全，很多地方需要完善。在"放管服"背景下，要对现有的人才队伍建设制度进行全面梳理，进一步完善与建设高水平学院相适应的人事管理体制，逐步推进院系二级管理体制改革，搅活人才管理创新这一池"春水"。加快建立与聘任制相适应的师资队伍管理体制，积极推进教师职务聘任制改革，加快建立科学的分配激励机制，建立和完善领导联系优秀人才制度，真正做到以感情留人、以待遇留人、以制度留人，努力形成尊重劳动、尊重知识、尊重人才、尊重创新的良好氛围。

3. 下大力气建设"两支队伍"

（1）建设教学队伍。按照"充实数量，提高素质，优化结构，稳定骨干，造就名师"的思路，着力建设一支数量充足、老中青搭配、职称和知识结构合理、素质较高、适应高职院校可持续发展的教学队伍。

（2）建设科研队伍。努力建设一支由教授、学科带头人、骨干教师组成的结构合理的具有创新能力和科学精神的专兼结合的科研队伍，充分发挥教授和学术骨干的作用，围绕重点科研课题和重大科研项目的实施，组建具有鲜明特色和较强发展潜力的科研团队，力争大幅度增加科研课题，逐步达到能够承担国家、省级、市级大型攻关项目水平。

第五章
"十四五"期间广东高职院校
高质量产教深度融合研究

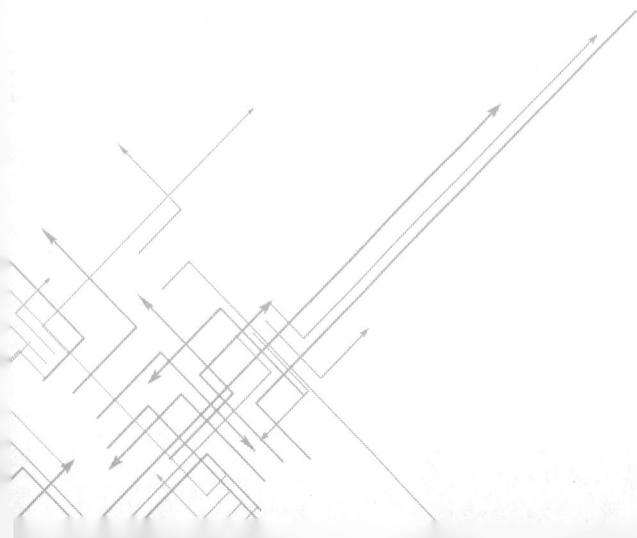

产教融合视阈下高职创业教育
"一主五翼"模式的构建

邵长剑[①]

（河源职业技术学院）

摘要： 产教融合背景下，高职院校开展创业教育具有重要意义，确立创业教育中思想政治教育为主体，实现"以创育德、以创启智、以创立体、以创审美、以创促劳"一主五翼的构建具有重要价值。

关键词： 产教融合；高职；创业教育；构建

一、产教融合背景下高职创业教育的内涵

产教融合是高职院校专业建设的重要内容，也是检视高职院校创业教育质量的重要途径。高职学生的创业教育已经发展到多元化的阶段，以产教融合推动创业教育更能突出高职教育的特色。推动高职创业教育高质量发展要借助产教融合平台，不断吸纳社会优质资源培养创业人才，整合校内外资源，形成产业和教育相互支撑的体系。创业教育强调实践性，操作性较强，通过产教融合不仅可以激发学生在校内实践课程中的参与热情，还能联动政府、社会、企业三方参与到学生的创业培养过程，促使学生在三方实践中培养创新精神，提升创业能力，从而获得全面发展。

创业教育体系有赖于院校和企业两大主体，高职院校发挥教育的优势，将创业教育与专业人才培养有机结合，在课程理论讲授和课下实践体验充分融合，为高职创业教育搭建丰富的知识平台。企业持续发挥实践平台优势，瞄准企业创新发展的现实需求，让学生的创业实践真正成为解决企业现实困难的有效尝试。

二、产教融合背景下高职创业教育的现状

1. 创业教育与学生全面发展的融合度较低

高校立身之本在于立德树人，高职学生的全面发展理应从五育中汲取营养，实现德智体美劳的全面发展。目前，高职院校的创业教育只是创业教育，游离于人的全面发展之外，无法贯穿于学科的人才培养全过程，也就无法形成系统的创业教育模式。部分高职院校重视创业教育"量"的堆积，而忽视了育人理念"质"

---

① 作者简介：邵长剑，1986年2月生，男，河南省辉县市，河源职业技术学院，辅导员，讲师，硕士研究生，研究方向为大学生创新创业教育与思想政治教育。

的提升，造成学生在传统思维中被迫接受新生事物，在大学生创业潮流中没有获得真正意义的全面发展。

2. 创业教育与产教融合目标的一致度较低

目前高职院校在进行产教融合的教育模式改革，但是要达到学校、企业的良性发展，还需要有一定的措施和制度支持。产教融合依托国家重大发展战略的趋势要求，为国家和社会提供优良的教育资源，高职的创业教育强调实践性的同时，也应与产教融合深度融合。目前，高职院校创业教育实践虚化问题时有发生，一系列创业讲座、创业大赛、创业课程等并不能真正提升或检验学生的实践能力，创业教育模式流于形式，没有和国家社会经济发展的新的要求相适应，缺乏对创业教育的深度思考，进而造成创业教育的目标效果和产教融合的发展难以融合。

3. 创业教育与思政教育理念的同构度较低

习近平总书记在 2016 年 12 月举行的全国高校思想政治工作会议上强调"把思想政治工作贯穿教育教学全过程，开创我国高等教育事业发展新局面"，思政教育贯穿于创业教育全过程是题中应有之义。创业教育既是一种实践教育，也是一种精神教育，高职院校在重视创业教育的同时，较少关注育人理念和理性精神的教育，部分学生将创业等同于赚钱，无法获取真正的价值意义，无法将创业融入国家大发展和社会服务需要。

三、产教融合背景下高职创业教育"一主五翼"模式的构建思路

1. 以创育德，提升学生德育水平

高职院校创业教育与德育是密不可分的，将创业教育理念和德育理念相融合，使学生在创业实践过程中提升德育水平。一个具有优秀创业潜能的人并定带有丰富的个人魅力和强烈的人格品质，创业无形中影响着学生的道德品质。以产业需求为导向，在创业教育中育德主要体现在：通过创业课程的教学培养学生敢于创新、勇于突破、持之以恒、务实认真等个人品格；通过创业实践的锻炼培养学生坚忍不拔、顽强拼搏、独立自主、相互合作等能力素质；通过创业思维的训练培养学生乐观积极、勇于担当、服务社会、无私奉献等思想境界。

德育中渗透创业教育对于提升创业教育的思想性和学科性很有必要。目前，国家创新驱动发展加速，社会对高职技能人才的要求逐步提高，需要他们在掌握技能的同时，还需要相对高尚的品格和精神，在高职院校，将学生的创业教育和德育相结合，通过德育的提升功能，敦促学生的主动创造精神，强化学生的以德立身技能。

2. 以创启智，培育学生良好学风

随着课程思政建设的逐步推行，高职创业教育依托多元化课程体系，加强与思想政治理论课协同育人的衔接，在创业教育中启迪学生心智，培养学生良好学风。一是注重创业课程本身的内涵建设和思政课程的有效衔接；二是注重思想政治理

论课中对创业素养、创业精神的衔接；三是注重两者衔接内容在学生教学实践中的激励引导。同时，思想政治教育在改革创新的进程中不断强化学生创新思维和创新能力，提升学生综合素质。此外，高职院校要积极推动校企合作、产教融合，鼓励创业成功的优秀校友来校开展思想政治教育的经验交流，激发学生创业潜能，培养学生学识素养。

3. 以创立体，激发学生强健体魄

高职创业教育除了培养学生完备的专业知识结构与技能，同时还能培养学生的强健体魄和合作体育精神。在高职体育教学中适当引入创业教育，按照学生的学情和身体素质，设立创新性的训练项目，引导学生在训练过程中习得团队合作等体育精神，进而让学生在团队合作中发挥优势、弥补不足、竞合共赢。体育教育作为对学生身体素质和心理素质强要求对学科，其中蕴含的激烈对抗、竞争合作、最优策略等内容和创业教育异曲同工，以创业教育的精神内涵为目标推动体育教育的创新性发展，为学生今后在创业意志力等方面奠定坚实基础。

随着我国体育教育改革的不断深化，社会对体育创新人才的实际需求量也在提升。因此，对于高职院校而言，通过改变体育教育的课程结构、在教学内容中融入有关创新创业教育的知识等手段，让高职体育教学模式丰富多彩。此外，创业教育过程也应根据学生的实际情况，采用有效策略将创业教育与体育教育进行融合，从而为学生的全面发展与创业精神的提升起到较好的推动作用。

4. 以创审美，促进学生美美与共

美育是高职院校思想政治教育的重要内容，创业教育贯穿美育，不仅能提升学生的审美能力，还能促使学生更好的就业，融合创造美、形式美、项目美等多项内容，为学生审美发展打下良好基础。高职学生想象力丰富，动手能力强，创造能力强，在兼顾个人发展特点的情况下，学校应创设育美情境，激发学生审美观念，通过具体的创业项目，使学生发现创意之美，感受创造之美，促使学生形成审美意识、审美方法和审美能力，提高学生对美的事物的感受和鉴赏能力。

高职的创业教育经过几年沉淀和发展，已经形成独具特色的创业形式，对促进高职毕业生更好就业和全面就业起到了积极作用。创新创业能力较强的高职毕业生具有较强的独立自主能力、自信心和成就感等能力，而这些能力所促进个体美育能力的重要因素，往往这类毕业生综合素养较高，发现美的能力也较强。以创审美，增进创业教育和美育的学科交叉，丰富学生的审美鉴赏力，释放创业潜力，以创业教育的方式推动美育的内涵发展，创新人才培养方式的创美协作，以美育的教学方式改进创业教育的教学模式，使美育和创业教育相互结合和促进，共同促进学生的美美发展。

5. 以创促劳，强化学生务实劳动

创新创业教育是高职教育的重要组成部分，是培养新时代高质量劳动者的重要平台。2019年，教育部在深化创新创业教育改革相关通知中将创新创业教育与

劳动教育紧密结合作为深入推进教育改革、全力打造创新创业教育升级版的基本路径。创造性劳动是实现人的全面发展的有效途径。提高学生的劳动能力要从创造性劳动入手,以创促劳是强化学生务实劳动的有效手段。第一,提高创新意识,为学生自主开展劳动提供智力支持;第二,提供创业平台,通过各级创业比赛、创新工场、众创空间等形式,使学生在这些平台中强化动手能力;第三,提倡创造出新,产教融合背景下,更加强调学生的实践转化能力,在劳动中创造出新,为学生职业化发展提供动力支撑。

围绕创业教育开展劳动教育,促进学生在劳动过程中创造性解决问题,深刻认识劳动教育的创造性价值意义。创业教育强调"做中学",劳动教育突出"学着做",两者在其实践属性上异曲同工,随着创业教育内涵的不断丰富,学生的实践能力不断增强,在实践中的劳动创造依然融入创业教育的整个过程。一方面,通过创业教育提升劳动教育的知识应用水平;另一方面,通过劳动教育强化学生的创新意识和社会责任,在务实劳动中推动创业教育持续提升。

高职院校产教融合产业学院由点到面建设研究

范 琳[①]

(广州科技贸易职业学院 广东 广州 511442)

摘要: 国家倡导"十四五"期间高职院校要实现高质量产教融合发展,建设若干与地方政府、行业企业等多主体共建、共管、共享的现代产业学院。该文以广东省"广州市产教融合示范区"产业学院建设为例,研究其由点到面推进的建设实践以及所产生的建设成效,以期为其他高职院校高质量产教融合的发展提供参考。

关键词: 高职院校;产教融合;产业学院;建设模式

国家倡导"十四五"期间高职院校要实现高质量产教融合的发展,探索现代产业学院建设模式,建设若干与地方政府、行业企业等多主体共建、共管、共享的现代产业学院,给高职院校产教融合产业学院的发展指出了更加明确的方向。

---

① 作者简介:范琳(1967—)女,四川射洪人,副研究员,硕士,研究方向:高教研究。
项目基金:范琳主持的广东省教育科研项目"扩招背景下高职多元化生源体差异化人才培养模式改革研究"(课题编号:2021GXJK734)研究成果。

在产教融合的道路上，许多高职院校在不断地探索产业学院的建设模式，并在实践中不断发展推进，为培养适应和引领现代产业发展的高素质应用型、复合型、创新型人才做贡献，为提高产业竞争力和汇聚发展新动能提供人才支持和智力支撑。本文将以广东省"广州市产教融合示范区"产业学院建设实践为例，阐述高职院校产教融合产业学院由点到面发展模式及所产生的建设成效，以期为其他高职院校高质量产教融合的发展提供参考。

一、广东省广州市产业学院建设模式

广东省广州市以国家中心城市为城市发展目标，正面临经济转型升级、智慧城市发展及城市文化国际开放等多重发展目标的调整与优化。其中，经济发展方式转变与产业结构的深度转型和升级是广州进一步发展的重大战略。职业教育坚持把"产教融合、校企合作"作为推动现代职业教育体系建设、体制机制改革和人才培养模式创新的重要策略，为广州实现职业教育发展战略提供重要的教育与人才支持。在国家产教融合战略背景与产业人才升级的要求下，2018 年 5 月广州市教育局与广州市开发区联合共建了"广州市产教融合示范区"。示范区以广州开发区高技能人才公共实训鉴定基地为依托，共立项建设广州市区块链产业学院（广州番禺职业技术学院）、广州市工业机器人产业学院、广州市物联网产业学院（广州城市职业学院）、广州市食品工程产业学院（广州城市职业学院）、广州市石油化工产业学院（广州工程技术职业学院）、广州市动漫游戏产业学院（广州科技贸易职业学院）、广州市健康医疗产业学院（广州卫生职业技术学院）7 个产业学院。同时对产业学院的建设提出了要求，通过校企精准对接，促进人才培养模式改革；校行企合作共同开发课程，完善实践教学；建立产业学院师资库，打造专兼结合的师资队伍；深化创新创业教育改革，积极促进科教融合等路径，落实职业教育的产教融合。通过广东省"广州市产教融合示范区"也就是开发区对高素质技能人才的集聚效应，产业学院以订单班、联合培养等策略进行推进，以实现产教融合的产业学院为开发区产业培养输送技术技能型及创新型产业人才的需求。

"广州市产教融合示范区"立项建设的 7 个产业学院，在广州市属各职业院校投放了产业学院的种子，也就是建立了产业学院的"点"，各职业院校以获得市级立项的产业学院作为"产业学院基础点"，围绕产业学院所在的开发区区域经济和产业发展战略，不断优化专业结构，主动调整人才培养方案，创新技术技能人才培养模式，把产教融合的思想落实到学校管理和人才培养的各个方面、各个层次和各个环节，提升学校专业服务区域产业的能力，增强人才培养的社会适应性。例如：广州城市职业技术学院，以"广州市产教融合示范区"立项项目：广州市物联网产业学院、广州市食品工程产业学院为依托，由点到面，不断扩大产业学院的建设。广州城市职业技术学院陆续成立了广电传媒新媒体产业学院、点都德产业学院、中酒·铂尔曼旅游产业学院、珠啤新零售产业学院、保利·恒福养老产业学院等。其发展模式为：依托广州市食品工程产业学院，发展建立点都德产业学院，再创建粤式点心大学生"学院派"创业实践基地，成立全国首家广式点心研究中心、广式点心推广交流中心；依托广州市物联网产业学院，招收现代学徒制学生，开发物联网系统集成综合实训一体化平台。

二、产业学院由点到面推进的建设实践探索

在遴选出 7 个产业学院之后，广州市属高职院校利用在"广州市产教融合示范区"入住的产业学院，作为各院校的一个点，随后又进行了专业产业学院由点到面的推进建设工作。具体以广州科技贸易职业学院为例论述。

1. 探索产业学院的发展之路

"广州市产教融合示范区"首批立项的产业学院，广州科技贸易职业学院的"动漫游戏产业学院"获批成立，学院开启了探索产业学院的发展之路。2018 年，广州科技贸易职业学院 11 个专业 789 名学生首批进驻产教融合示范区。进驻产业学院的各专业，充分发挥开发区雄厚企业资源和科研平台优势，推进"两对接、两访问、三落实"工程，即"两对接"为产业学院各专业的专业标准要精准对接行业标准，各专业的课程标准要对接企业岗位标准；"两访问"为产业学院各专业团队要全方位访问开发区的企业，全方位访问校友；"三落实"产业学院每个专业都要落实对接 3—5 家企业，落实校企互聘互用、共建共享师资团队，落实师生共同参与并完成校企合作项目，创新人才培养模式改革，夯实产业学院内涵建设。

2. 拓展产业学院的建设发展

广州科技贸易职业学院的产业学采用了学校层面＋企业→产业学院→二级学院，联合推进体系发展模式，不断拓展产业学院的建设。2019 年学院围绕"广州市产教融合示范区"将"产业学院建在开发区里，将专业建在产业链上"的建设要求，通过在"广州市产教融合示范区"立项的广州市动漫游戏产业学院不断拓展开发新的产业学院。在科学城开发区光宝科技园，学校与光宝科技有限公司合作又建立了"开发区科学城光宝产业学院"，学院 24 个专业近 1200 名学生进入了该产业学院。进驻开发区科学城产业学院的各二级学院相关专业利用科技园区及各对口企业雄厚的企业资源及科研平台优势，进行校企精准对接，促进人才培养模式改革，校行企合作共同开发课程，完善实践教学；建立开发区科学城产业学院师资库，打造专兼结合的师资队伍；深化创新创业教育改革，积极促进科教融合；持续推进"两对接、两访问、三落实"工程。学院各二级学院共访问企业 241 家，访问校友 157 位，对接行业标准 78 个，岗位标准 117 个，与企业合作落实的课程 87 个，开展真实项目合作 98 个、合作企业教师 109 位。2020 年，学院 24 个专业 2700 名学生再次入住光宝产业学院。

三、产教融合的专业产业学院建设与成效

"广州市产教融合示范区"首批立项的广州科技贸易职业学院的"动漫游戏产业学院"获批成立后面，广州科技贸易职业学院在此基础上建立了开发区科学

城光宝产业学院，随后在光宝产业学院的各二级学院，按照专业群设置与产业链需求对接、课程内容与职业标准对接、教学过程与生产过程对接的要求，积极建立"专业产业学院"。

"专业产业学院"以匹配广州市开发区产业发展与企业需求为建设前提，大胆探索实践，融入开发区产业园区打造开发区科学城各专业产业学院，依链建院、以链成院，形成同步运转、相互支撑的运行机制，实现教育链、人才链与产业链、创新链的有机衔接。构建"技能＋创新"人才培养模式，以专业群为依托，基于教学企业和工作室平台，以产业学院项目为载体，培养创新型高技能人才，包括创新课程体系、教学模式、学分制改革，教学运行管理、教学场所建设模式等。2021年广州科技贸易职业学院组织校外专家评审专业产业学院，评审出：动漫游戏产业学院（市级）、无人机产业学院、智能网联汽车产业学院、智能制造产业学院、跨境电商产业学院、智慧商旅产业学院、会展产业学院、电商物流创新协同产业学院、智慧财税产业学院、市场营销产业学院、数字媒体艺术产业学院、服装与服饰产业学院共12个专业产业学院。至此广州科技贸易职业学院产业学院由"广州市产教融合示范区"批准的"动漫游戏产业学院"这一个"点"，逐步推广成立了广州市科学城开发区光宝产业学院，再进一步推广成立了多个专业产业学院，实现产业学院由点到面的推进。

四、结　语

通过"广州市产教融合示范区"高质量产教融合产业学院的建设实践，促进了政府、学校、行业协会和企业多方的紧密合作，形成了"校企双主体"协同育人运行机制，提高了各方资源的利用效率，形成了产教融合、校企合作的人才培养模式，提高了技术技能人才培养质量，为广东省各区域企业培养了大量急需对口的专业技术人才。2020年7月教育部办公厅、工业和信息化部办公厅印发了《现代产业学院建设指南（试行）》的通知，明确了现代产业学院的建设任务是：创新人才培养模式、提升专业建设质量、开发校企合作课程、打造实习实训基地、建设高水平教师队伍、搭建产学研服务平台、完善管理体制机制，这对广东省"广州市产教融合示范区"的高质量产教融合产业学院的建设提出了更高的要求，进一步指明了产教融合产业学院今后建设和努力的方向。高职院校在建设高质量产教融合产业学院的道路上还需要持续推进与探索，以期为社会的发展培养更多高质量的人才。

高质量产教融合构建的困境与破解

刘小平[①]

（广东行政职业学院）

摘要： 高职院校动态能力素养对产教融合困境的破解具有重要的作用。从高职院校动态能力的视角出发发现产教融合面临的困境主要有：产业链与教育链目标的不一致；产教融合中多方主体协调性的问题；外部环境的复杂性；高职院校自身能力素养的问题等。高职院校应加强动态能力的培养，增强自身感知能力、获取能力和重构能力，进而促进产教融合高质量的发展。

关键词： 产教融合；困境；动态能力；高职院校

一、引言

产教融合是产业链与教育链的融合，是职业教育真正与社会经济衔接的重要举措，是高职院校实现转型发展，高质量发展的必经之路。为促进产教融合顺利开展，党和政府出台一系列文件和政策促进产教融合的实质性发展，诸如 2017 年的《关于深化产教融合的若干意见》（国办发〔2017〕95 号），2019 年国家发展改革委、教育部等 6 部门印发的《国家产教融合建设试点实施方案》等等；企业为响应号召纷纷加入产教融合的大军，投入诸如资本、人力、设施、技术等；高职院校希望借助产教融合的助力，改变教育类型、教育层次定位模糊的尴尬，实现华丽转型。但现实表现不尽如人意，目前我国高等教育产学合作深度不够，合作停留在表面居多，在课程设计、培养方案制定、为教师提供实践的机会，企业参与度普遍很低。

产教融合的关键不仅在于外部资源、政策等要素的获得，还取决于这些要素能否被高职院校有效利用。产教融合涉及教育领域、产业领域，是一种跨界的融合，国内大部分高职院校并未涉及过生产经营领域，对于这种需要主动去获取资源和利用资源的动态能力比较薄弱。如何促使产教融合这种跨界融合的生态系统正常运转，目前高职院校不管是在管理这个系统的理论知识方面还是技能方面都比较稀缺，而这种能力素养对于高质量的产教融合至关重要。因此，为更好地促进产

---

① 刘小平（1979.07—）女 江苏泰兴 广东行政职业学院 硕士 研究方向：投资、理财；广东行政职业学院。
基金项目：广东省高职研究会课题"用跨界思维推动广东高水平高职院校的建设——以高职金融专业为例"（编号：GDGZ19Y048）。

教融合深度发展，不仅需要加大外部资源政策的供给，还应该培育高职院校运营的能力、管理的能力和风险防范的意识，实现产业链与教育链的精准对接。

二、高质量产教融合构建的困境分析

产教融合是市场经济体制下不同组织间的关系，不再是计划经济体制下单纯行政命令的安排，而是在计算交易成本和收益曲线的基础上来评估各自的合作意愿。高职院校通过产教融合破解高质量人才培养的探索和实践面临一系列现实困境。

1. 最根本的困境在于目标的不一致

产教融合是产业链与教育链的融合，产业链和教育链分别属于不同的性质部门。产业领域中的企业是以追求利润为目的，只有盈利才是企业生存和发展的必要条件；而教育领域额的高职院校提供的是社会公共品，不以营利为目的，追求的是人才培养的可持续性、高质量性。目标的不一致性是实现两者融合的一个最根本的困境。周慧文认为产教融合的过程中短期内基本是"产"给予"教"有力的支持，并配合"教"重塑自身结构，变革人才培养方式，在此过程中"产"却需要耗费一定的人力资源、物力资源和经济资源去支撑产教融合的发展，并且看不到既得利益，因此不同的目标追求使产业很难愿意主动去融入教育。产教融合对于教育长远目标的实现有着积极重大的影响，因此如何化解这一根本困境，需要发挥高职院校的主观能动性。

2. 最关键的原因在于多方主体的协调性

高质量的产教融合是政府、学校、企业等多方主体进行协同创新、实现价值创造的相互依赖和共生演进的复杂网络系统。产教融合的质量越高，该系统越能够影响系统内各成员的学习能力，使各方主体获取异质性知识或资源的机会就越多，进而促进各方主体加深信任，愿意深层次的信息共享，形成良性循环。产教融合的正常运行需要政府、企业、学校、第三方机构等等各主体各司其职。许士密认为政府在产教融合中需要担当好的"教练员"和"裁判员"的角色，政府的"放任"和"越位"都不利于产教融合的健康发展；行业企业主动承担相应的社会责任，服务国家重大战略，努力获取人才培养的"技能红利"；高职院校转变固有的思维模式积极参与产教融合。但现实是各参与主体间的关系失衡，信息不对称，价值观的不匹配、利益分配不到位等各种原因都有可能使各主体在产教融合的过程中忘记自身角色，纷纷扮演"经济人"的角色，各自追求自身利益最大化，妨碍多元共治。探寻如何让各方主体在产教融合过程中互动结合、相互协作是一个关键点。

3. 外在的原因在于不确定的大环境

产教融合并不是在象牙塔中完成，而是在复杂多变的市场经济环境中形成。企业为了生存必须保持对市场变化高度的敏感性，市场需求的变化和人才输送的饱和度，都可能改变企业的经济行为，高职院校主要为社会培养中低端人才，往往成为企业最先削减成本的一部分。但是产教融合不同于一般的市场交易，企业不能直接按照市场的价格引导进行最好的资源配置。在产教融合的过程中，企业需要考虑契约、人才培养的成本、内部机密甚至企业形象等问题，复杂多变的市场环境使企业心生担忧，阻碍着产教深度融合。

4. 内在的原因在于高职院校缺乏运营管理的经验

产教融合的初期不能满足企业相关经济利益的诉求，导致企业对发展产教融合并不热衷。为了更好地推进产教融合的发展，在产教融合初期基本需要由高职院校主导产教融合的实施。而国内的高职院校主要专注于高素质的人才培养，并没有从事运营管理方面的经验。不管是对外的治理制度，还是高职院校内部关于产教融合的人事、薪酬、教学、科研等现存制度也是参考人才培养的模式设置，这种安排的残缺导致高职学校治理体系无法促进高职学校深化产教融合改革。

三、产教融合困境的突破路径

产教融合是一个生态大系统，为保证生态系统健康有序运营需要各方各司其职，共同努力来击破产教融合的现实困境。在这个过程中高职院校是主动建设者的角色，需要不断加强思想意识，培养动态能力，为破解困境当好先头兵。动态能力是指企业为适应动态环境变化而调整相应的问题解决方式或操作流程的能力。Teece指出动态能力可以通过三种主要机制使企业能够创新和适应环境的变化。其中感知能力强调"识别、开发、共同开发和评估与客户需求相关的技术机会"；获取能力强调"调集资源以应对需求和机遇、并从中获取价值"；重构能力是指企业组织持续更新的能力，即"资源被重新配置以战略性地抓住机会并应对威胁"。

1. 感知能力

感知能力主要体现在对内外部资源的识别能力、产教融合困境的痛点的观察能力、外部发展机遇的感知能力等。首先，辨别市场机会的能力，找到痛点的能力是高职院校能够感知市场变化，并响应市场和企业的真正需要的能力。产教融合中出现高校热、企业冷的困境并不意味着企业不需要产教融合，而是现有的产教融合的同质化让企业的需求和利益得不到满足。高职院校培养的人才达不到企业"基本工作"的技能要求。

2. 获取能力

获取能力是指高职院校在感知能力基础上积极响应市场的机会与威胁，吸收异质性知识，内化为产教融合发展的动力。产教融合涉及众多利益相关者，高职院校想要通过整合异质性资源形成产教融合的前提条件是获取资源的能力。例如政府在产教融合的过程中主要发挥引导和监督的工作,保证产教融合规范化运作。但是我国区域差别较大，各高职院校资源和发展各异，需求差异也比较大，因此在推进政府政策落地方面，需要高职院校联系实际,发挥主动性,将政府的各项"支持、鼓励、引导"等政策转化为目标可量化、有具体时间表、有执行路线图的产教融合推动方案。

3. 重构能力

重构能力指高职院校有机整合自身和外部资源，重构竞争优势，促成产教形成一个高效运转，弹性灵活的生态系统。高职院校独特的制度环境、思维模式、文化理念对于重构能力有着重要影响。想要达到产业链与教育链的融合，高职院校需要转变理念，提高自身跨界运营的能力、加强风险防范的意识，当外界环境发生变化的时候能够迅速剥离冗余资源，重组内外资源以抵御外界环境的变化。

产教融合背景下高职院校
酒店英语精品课程建设探索

胡宝菊[①]

（广东碧桂园职业学院）

摘要： 产教融合，校企共育的办学模式要求职业教育教学树精品、育人才，实现优质课程资源共享，提升教育教学质量和人才培养质量。本文通过对酒店英语精品课程建设与实践的探索，完善酒店英语课程建设的整体性与全面性，实现技术技能培养与思想政治教育的有机统一，采用现代化信息技术手段实现开放共享，深化酒店英语教学改革，提升教与学的质量，为酒店行业输送高质量复合型人才。

关键词： 高职院校；酒店英语；课程建设

一、酒店英语课程性质和作用

酒店英语是高职院校酒店管理专业的专业必修课，从学生入学开始进行专业技能类语言培训，一般来说需要进行四个学期理论加实训的学习，学习内容包括前台服务、客房服务、餐饮服务和商务中心服务四个部分。本课程教学任务授课计划是每学期完成一个大模块或者两个小模块的学习。课程教学过程相关视频资

① 作者简介：胡宝菊，1978年出生，女，辽宁开原人。工作单位：广东碧桂园职业学院公共课教学部，英语教研室主任，讲师，课程与教学论（英语）硕士研究生，研究方向为英语教育，职业教育。
基金项目：2021年广东碧桂园职业学院院级"课程思政"示范课程《酒店专业英语口语》建设项目，2021SFKC11。

源由教师教学视频和学生实训视频两部分组成，建设完毕后面向社会开放，供大家参考学习。通过酒店英语课程的学习，提高学生酒店英语的听说能力，培养学生的酒店英语对客服务能力和对中西文化的深入理解力，提高学生的文化自信和跨文化交际能力，培养理想信念坚定，身心健康，具有良好的人文素养、职业道德和创新意识的酒店专业基层一线技术骨干或管理干部。

二、酒店英语课程建设目标和设计

1. 课程建设目标

酒店英语的教学总体目标体现在知识目标方面是学习酒店服务相关英语背景知识，了解中西方文化差异，学习酒店服务实用情景英语表达。在能力目标方面是掌握酒店服务英语背景知识，掌握酒店服务实用情景英语表达，用英语进行酒店对客服务。在素质目标方面是拓宽学生国际视野，培养学生跨文化交际能力，在酒店英语对客服务中用英语讲好中国故事。在思政目标方面培养学生跨文化交际能力的同时培养学生的职业素养、工匠精神和文化自信，把立德树人作为教育的根本任务。

2. 课程教学设计

（1）课程设计理念

酒店英语课程建设聚焦职业教育人才培养目标和企业岗位要求，契合学院产教融合，校企共育改革实践背景下提出的"三段式"提质培养人才模式。课程建设结合酒店专业人才培养方案，以岗位需求为导向，充分利用校内实训基地，坚持边学边做，反复训练，理论与实际相结合，突出能力的培养，提高学生"通"与"专"两方面的能力。课程建设坚持以学生为主体、以能力培养为中心的原则来设计课堂教学，在学生就业岗位需求分析的基础上确立能力目标，将能力培养贯穿于课程教学之中，实现由传统的以教师为主体的知识传授型教学模式向以学生为主体的能力培养型教学模式的转变，以任务驱动、项目驱动、角色扮演、案例教学法引导学生在教学过程中进行"手、脑、心"全方位的学习。

（2）课程课前设计

以第一章酒店前台服务为例，本章节的教学内容包括客房预订、礼宾服务、登记入住服务、结账退宿服务和处理投诉服务。首先各个小组负责人提醒组内成员完成问卷星上发布的关于中国传统文化知识的调查问卷，调查问卷结合中国传统节日、饮食文化、建筑文化、旅游文化、民俗民风以及重大历史事件等线索，挖掘教学当下课程思政元素，进行"用英语讲好中国故事"的线上演讲准备。课前小组负责人提醒组内成员观看教师上传到线上教学平台的相关预习资源，并根据教师布置的任务进行小组课前探究，了解酒店前台服务背景知识，学习酒店前台服务相关英语表达，每个小组由小组负责人进行任务探究成果汇总，以文字或者视频形式上传到线上教学平台。授课教师分析学生课前任务探究成果汇总情况以及学生预习情况，作为课堂教学设计的重要依据。

（3）课程课中设计

课中以"学生为中心"进行教学实施，理论知识讲授学习与学生学习效果展示相结合，酒店前台服务部分要求掌握客房服务、礼宾服务、登记入住服务、结账退宿服务和处理投诉服务的英语对客服务。教学过程中组织线上随堂测试，学生根据所学知识进行回答，教师以此检测学生对酒店前台服务基础知识的掌握情况，及时调整教学策略。课堂进行酒店前台主题英语情景剧即兴创作和展示，小组自评、互评，老师点评，发现的问题和不足在课后进行实训基地情景剧创作过程中进行修正和完善。

（4）课程课后设计

课后，学生完成"用英语讲好中国故事"音频作业，发布到线上教学平台。学生在校内实训基地进行酒店前台主题英语情景剧的创作和展示，小组分工合作，将创作成果拍摄成视频，按要求剪辑后发布到线上教学平台进行展示，线上作业任务采取学生互评、教师总评等多种评价方式。课程建设过程中将课前、课中和课后学生的表现形成过程性评价，同时注意考查职业素养、工匠精神和文化自信等思政目标在课程建设过程中的隐性教学是否达到预期效果。

三、酒店英语课程建设内容

1. 视频资源建设

课程建设内容包括将酒店英语课程每一章节内容的讲解和分析，所涉及的知识点和岗位技能点讲授部分进行视频录制，每个章节知识点和技能点视频录制时间在 75 分钟左右，录制过程中结合本课程教学的知识目标、能力目标、素质目标和思政目标，培养学生跨文化交际能力的同时培养学生的职业素养、工匠精神和文化自信，把立德树人作为教育的根本任务。课程建设视频资源内容中学生视频录制包括课前和课后两个部分，课前部分为"用英语讲好中国故事"部分，课后部分为"酒店主题英语情景剧创作和展示"部分，将所学酒店英语主题和中西方文化结合起来，促进中西方文化在教学中的生态平衡，提升国家文化软实力，塑造国家的硬形象，会讲中国故事，讲懂中国故事，讲好中国故事，让世界看到可亲、可敬、可爱的中国。

2. 教学活动和评价

教学活动采取线上和线下相结合的模式，线上教学活动直接在线上教学平台进行展开和汇总，线下教学活动充分利用校内外教学实训基地，将百分之五十的教学学时安排在校内教学酒店和机器人餐厅等实训基地完成，课程建设中体现完整的教学实施和活动过程，从培养学生的职业岗位能力分析出发，聚焦职业教育人才培养目标和企业岗位要求，最后将线下教学活动整合成视频资源作为线上课程建设的拓展资源。学生的成绩评定由课堂表现、小组讨论、"讲好中国故事"、主题情景剧创作和展示、团队合作等方面考核组成。整个课程建设过程注重过程性测评，提高学生实践操作能力考核力度，将形成性评价与终结性评价相结合，更加综合性地反映出学生的专业知识点和技能点的掌握情况，极大地调动学生学习的积极性和创造性，提高学生学习能力，并且能为教师提供及时动态的信息反馈，对教学起到积极的反馈作用，以评促教，以评促学。

四、结语

通过酒店英语精品课程建设，使课程涵盖酒店专业英语对客服务所需的基本知识点和口语技能点，通过完整的教学内容和教学活动来支撑酒店英语线上、线下的教学，完成培养学生良好的酒店英语听说能力的知识目标，培养学生在酒店一线工作岗位完成英语对客服务工作的能力目标，培养学生具有良性竞争意识、善于沟通合作的团队精神的素质目标以及培养学生的职业素养、工匠精神和文化自信的思政目标。通过本课程建设使酒店英语能达到"能学、辅教"的建设目标，使有学习意愿的学习者能通过本课程实现自主的、个性化学习，能够帮助有需求的教师在组织教学内容、辅助教学实施，实现教学目标方面提供一定的借鉴和参考，协助学生可以在课堂教学以外，通过使用精品在线开放课程巩固所学和拓展学习。

广东民办高职院校校企合作"五育并举"
人才培养路径探索

李君　程艳　李方敏　杜威　陈书礼[①]
（广州科技职业技术大学健康学院）

摘要： 以某大学健康学院为研究对象，探讨广东民办高职院校校企合作"德智体美劳五育并举"人才培养实施路径。构建了"德智体美劳五育并举"人才培养体系、课程体系及具体实施方案；探索了校企合作高质量人才培养有效实施路径，主要包括开发校外实习实训实践教学基地、校企协同创新项目、协同开发教学资源、开展社会服务、校企共建"双师型"教师、订单班培养等，将校企合作全程融入人才培养全过程，以提高民办高职院校技能型人才培养质量。

---

① 作者简介：李君，1965年生，女，河北人，健康学院院长，三级教授，硕士，从事高等医学教育教学管理33年。主要研究方向：高等教育研究及管理。
课题项目：2021年度广东省教育研究院民办教育研究基地课题：民办高职院校健康学院校企合作"德智体美劳五育并举"人才培养路径研究与实践（2021JD05）。

关键词：民办高职院校；校企合作；德智体美劳；人才培养

一、构建"德智体美劳五育并举"高质量教育体系

广州科技职业技术大学健康学院在建院伊始，按照习近平总书记在全国教育大会讲话精神、《国家职业教育改革实施方案》《关于全面加强和改进新时代学校体育工作的意见》《关于全面加强和改进新时代学校美育工作的意见》《大中小学劳动教育指导纲要（试行）》等文件及学校人才培养方案制定（修订）原则意见，探索构建"德智体美劳五育并举"人才培养体系和课程体系，制定"德智体美劳五育并举"人才培养实施方案，将校企合作贯穿于德智体美劳人才培养全过程。

1. 构建"德智体美劳五育并举"人才培养体系

构建三个课堂（校园第一课堂、校园第二课堂、校内外实践第三课堂）、五育教育（德育、智育、体育、美育、劳动教育）、校企合作协同育人实施路径紧密结合的人才培养体系，学院党建、教学、科研、学工、管理全员协同培养，企业合作在人才培养方案制定、新生入学教育、课程教学、见习、实习、就业等全过程深度参与人才培养。

2. 构建"德智体美劳五育并举"人才培养课程体系

（1）素质教育平台 ①通识教育必修课包括思想政治理论、公共外语、信息技术、体育、大学生职业发展与就业指导、大学语文、心理健康教育、劳动教育等；②通识教育选修课包括7个模块：艺术鉴赏与审美体验、家国情怀与文化自信、国际视野与多元文明、科学思维与科技发展、社会研究与公民责任、创新创业与职业发展、体育健康与身心发展；③素质拓展课程包括军事训练及入学教育、劳动教育、第二课堂、读书活动。

第三课堂形式多样，聘请医院和企业专家、经理、工匠入校，结合伟大抗疫精神和工匠精神，开展职业发展与就业指导及爱国主义教育；通过入学专业介绍及职业规划教育、"512国际护士节"授帽仪式、急救技能培训等特色专业活动，开设以审美和人文素养培养为核心、以创新能力培育为重点、以中华优秀传统文化传承发展和艺术经典教育为主要内容的公共艺术课程或讲座，提高学生的"德智体美劳五育"综合素养。

（2）专业教育平台 包括专业基础必修课、专业核心必修课、专业拓展选修课、专业集中实践必修课。专业教育课程包括理论课和一定比例的实验实训课。专业课教师50%以上为双师型教师；开展护师、工程师进校园、进课堂活动，聘请有医院和企业工作经验的优秀人员担任兼职教师，结合医院和企业实际工作需求参与部分专业课程教学。

（3）考证课程平台（必考证/选考证） 组织开展各专业1+X证书申报、教学和培训。与合作企业共同申报并开展在校生和企业员工培训，使在校生就学期间即可考取专业相关的职业技能证书，提高了学生的知识技能水平。

（4）实践课程　素质教育课程及专业课实践实验实训比例达到总课时的50%以上。专业实践采取组织学生深入医院、企业参观、认知、见习、顶岗实习、护理临床实习等形式；课外实践包括校内外公益劳动、志愿者活动等，通过实践课程和活动培养学生的劳动价值观。

3. 构建"德智体美劳五育并举"人才培养实施方案

（1）顶层设计　成立学院"德智体美劳五育并举"领导小组和工作小组，制定德智体美劳五育并举人才培养实施方案，并辅助配套方案：《优秀教风、学风评比管理办法》《教师教风管理规定》《实习指导老师管理办法》《学生学风作风管理要求》《德智体美劳优秀标兵评选办法》等。

（2）三全育人　党建、教学、学工、管理部门全员参与育人，三个课堂内外结合、校内外实训实践结合、专业课与考证课结合、德智体美劳优秀典型与日常育人紧密结合，将德智体美劳育人融合于从新生入学至毕业就业的全过程人才培养。

二、探索校企合作高质量人才培养有效实施路径

目前关于高职院校校企合作协同育人模式有不同做法，主要包括："订单式"培养模式、"准员工2+1"模式、工学结合模式、校企共建共享生产实训基地模式、产学研合作教育模式、产业学院等。在具体实施过程中，可采取"学年分段"（分2+1和异地分段两种）、"阶梯分段""半工半读""弹性安排"（根据企业生产经营的季节性或周期性灵活安排工学交替）、"教学工厂""厂内基地""行业主导""职教集团"等途径。健康学院在学习借鉴校内外校企合作成功经验基础上，积极探索有效的校企合作实施路径，将校企合作融于德智体美劳人才培养全过程。

1. 开发校外实习实训实践教学基地

双方签订《校企合作框架协议》或《校外实习实训实践教学基地合作协议书》，为最基本的合作模式，合作企业成为学校相关专业的校外实习实训实践教学基地。学校在不影响乙方正常经营的前提下，派遣学生到合作企业进行实习、实训、实验等实践性教学活动；企业根据学校实习实训等实践性教学的内容和项目、课题给予及时安排，并派专业技术人员作为辅导老师跟带帮教。企业在每年学生入学教育、顶岗实习前，安排企业人员到学校进行专场宣讲或参加学校的大型招聘会。

2. 校企协同创新项目

学院相关专业、教研室或专业老师与企业共同研发产品或技术项目，包括专利、开发教材、共同申报产学研合作项目等。遴选优秀学生参加教师项目，产出成果参加互联网＋大赛、"挑战杯"大学生科技作品大赛等。

3. 协同开发教学资源

校企合作共建专业，包含参与制定人才培养方案，共同研发符合职业教育特点和岗位要求的专业课程，共同编写专业课程标准、实训指导手册等，为人才培

养提供符合企业实际的教学资源，提高学生服务社会和企业的知识和技能水平。

4. 开展社会服务

利用获批的"1+X证书"资质，为在校学生和校企合作的企业进行培训，根据企业提出的培训要求或职业资格证书的培训要求，组织相关教学内容并按计划为学生和合作企业新员工进行上岗培训或职业资格证书培训或技能培训，使学生在就学期间获得职业技能证书，提高学生的岗位胜任力和就业竞争实力，充分发挥高职院校服务地方服务社会的作用。

5. 校企共建"双师型"教师

校企双方签订相关协议，企业接收专业老师下企业进行锻炼或参加实践活动，并为下企业的老师开具培训证明；企业高学历、高技能人才成为学校兼职老师，与学校签订兼职教师合同，为高质量技能型人才培养提供具有实践教学经验的教师资源。

6. 订单班培养

根据专业自身特点和人才培养需要，与具备条件的企业合作进行订单式培养。双方合作制定人才培养方案；合作开展教学过程设计；合作开发课程和教材；合作共建校外实习或校内实训基地；合作共建双师型教学；合作进行学生实习期专业技能考评；合作开发产品、技术或项目；合作对企业在职人员进行培训和继续教育，以及安排老师到企业参加1个月以上生产经营实践活动。行业企业深度参与人才培养实践技能培训，学生毕业后可迅速适应企业需求上岗，形成学校和行业企业的命运共同体。

7. 其他形式

企业冠名对相关专业进行学生奖学金、专业教学资源、科研教改项目、学生社团或竞赛等活动进行赞助。突显冠名企业的名字，在学校招生、新生入学教育、学生评优评先活动、网站进行报道宣传；引进企业与学校在校内共同建立技能实训中心、实体运营药房、化妆品经营店、婴幼儿服务机构等。

产教融合背景下高素质教师专业发展研究

刘细群[①]

（清远职业技术学院）

摘要： 本文通过对产教融合背景下的高素质教师专业方展面临的问题进行探讨，解决的途径主要从完善高素质教师保障体系、高素质教师跨界发展、与企业部门之间的技术合作、完善高素质教师培训体系、创设产教融合办学理念等方面研究。

关键词： 产教融合；高职；专业教师；高素质

一、引言

《中国教育现代化 2035》文件提出"建设高素质专业化创新型教师队伍"列为推进教育现代化的战略任务。我们要从战略全局高度充分认识教师工作的极端重要性，着力建设一支党和人民满意的高素质专业化教师队伍。2017 年 12 月国务院颁发了《国务院办公厅关于深化产教融合的若干意见》，提出深化产教融合，促进教育链、人才链与产业链、创新链有机衔接，是当前推进人力资源供给侧结构性改革的迫切要求，对新形势下全面提高教育质量、扩大就业创业、推进经济转型升级、培育经济发展新动能具有重要意义。

二、产教融合背景下高素质教师专业发展面临的问题

产教融合是指高职院校根据所设专业，积极开办专业产业，把产业与教学密切结合，相互支持，相互促进，把学校办成集人才培养，科学研究，科技服务为一体的产业性经营实体，形成学校与企业浑然一体的办学模式。产教融合作为一种人才培养模式，是职业教育与产业界为了推动技能养成与发展而进行的资源优势互补的合作活动、关系及其保障制度，更是融合了教育制度与产业制度的职业教育的国家基本制度。它打破教育相对封闭的发展方式，把职业教育放到经济增长的过程中，内化到产业链发展的过程中。

产教融合给高职教育发展带来了新机遇，也对高职教师提出了新要求。从产教融合内涵特征来看，当前我国高职教师专业发展存在以下几个问题。

一是高职教师队伍建设是培养"双师型"教师为主要方向，使教师既有理论

[①] 作者简介：刘细群，1978 年生，女，湖北黄冈人，清远职业技术学院教务科研处教研科科长，讲师，硕士，主要从事生物学教学及高职教育研究。

课题来源：清远职业技术学院 2019 年校级教育教学改革项目（JG19005）。

知识又有实践能力,这是高职教师的职业独特性的体现。但是,一直以来,对于"双师型"教师存在误解,经常把"双师"等同于"双证",认为教师要具有教师资格证书和专业技能证书。这种对教师专业发展内涵的误解,导致了高职教师专业发展目标定位的不明确。专业发展内容较为模糊,因而,较难反映高职教师应该具有的专业知识、专业能力、专业认知、专业态度。由此造成了大多数高职院校无法针对教师的专业发展需求,建立起旨在融合教师专业理论知识、实践应用能力、技术研发能力的教师专业发展体系。

二是高职教师的专业发展多以理论学习和培训为主,二者没有有效整合,教师在培训中科研水平难以得到提升。因而,高职院校须组织形式多样化的培训项目以促进教师的专业发展。特别是高职院校在企业发展实践实训基地、与行业协会加强合作的同时,更多关注的是学生的实习、就业情况,而少有考虑将教师专业发展的诉求融入这一过程中,教师对于自身专业发展的积极性和创造性没有受到重视。所以,我们更多应对行业协会与企业在与高职院校合作过程中所体现出的对高职教师专业发展全方位的支持,如在企业内部成立教师—工程师联合研发实验室、支持职业院校教师参与企业研发活动、高职院校中设立产业教席职位,以企业内部的中高层管理人员或技术研发人员对教师进行培训等多种形式。

三是高职教师专业发展缺乏系统的制度和路径的实施。教师专业发展的内源是专业内部结构的优化,外部结构则需一系列制度与环境来保证,二者能否有机的融合决定了教师专业发展的质量。但是,高职院校专业发展体系还不完整,较为滞后,存在着碎片化的态势,系统的结构整合较为迫切。

三、产教研融合背景下高素质教师专业发展问题的解决途径

1. 完善高素质教师发展保障体系

一是构建富有生命力的学习型文化,打造学习型组织。研究表明,教师之间基于共同信念、共享价值观念的互助合作文化最有利于教师发展。要注重培育教师共同发展理念,强化学习意识,形成自觉学习、主动提高的良好局面。二是建立和完善激发内生动力的环境。构建新时代尊师文化,弘扬中华民族尊师重教、崇智尚学的优良传统,提高教师社会地位;完善相关制度,保障和规范教师依法履行教育教学和管理职责;营造多元、开放、包容的教学环境,鼓励教师勇于探索创新,不断提高教学能力。三是着力打造教师发展平台。充分利用各种学科小组、学习小组、网络学习社区、学科交流群、慕课、名师工作室等资源,多借助现代化信息技术探索创新更多实践路径和方法,为高素质教师专业化发展创造更多条件和机会。

2. 高素质教师跨界发展

基于产教融合背景下,高职教师需要通过理论学习和专业实践活动,提升自身的教学能力、实践能力,以及科研能力。因为高职教育具有高等教育和职业教育的双重属性,决定了高职教师专业发展具有独特性,也即是教师的跨界特性。

第一，高职教师专业发展是一个长期的发展过程，它不同于一门课程的进修或短期的培训。目前，高职院校与产业部门的合作形式灵活多样，专业设置、课程设计、教学内容、教学方法都不断的改革和创新，教师不得不进行相应的提升。

第二，高职教师专业发展既要掌握扎实的理论，还要熟悉企业的生产过程，还要具备一定的研发能力，这些都需要与产业进行深度合作，提高创新能力。

第三，高职教师专业发展涵盖维度广泛，需要知识丰富、技能娴熟、能力提升、认知转变等，这些要求教师必须在专业知识、专业技术、科研能力、教育态度与情感等方面全面发展。

3. 高素质教师要加强与企业部门之间的技术合作

高职教师要通过在行业企业中的实践来达到提升自己的专业能力，旨在促进教师自我效能感、责任感和对自身职业的认同感，进而从心理层面增强高职教师的专业归属。高职学校要实施教师到企业实践的制度，参与行业企业实践是建设优秀师资团队的重要途径，同时也是培养高技能型人才的基础和前提。高职教师可以掌握岗位基本能力与素质要求、行业动态、专业前沿知识，以及专业技术流程，具备更高的生产实践能力。从而高职教师在传授学生理论知识时，可以配合产业和企业部门培养学生的实践操作能力以及开展相关的应用研究。高职教师要成为"三能"教师，就是基于此认识，即"掌握理论知识，能胜任理论教学；提高动手能力，能指导学生实训、实践；参与企业相关研发工作，能够帮助企业克服技术难题，开展应用研究"。

4. 改进高职院校高素质教师培训体系

高职院校有一套较为完整的理论知识、教育教学知识和科研能力的培训体系，但关于教师的专业实践能力和社会组织协调能力，以及资源整合的培养都有所欠缺，高职院校需要提升教师的三大能力并促进三大能力的融合，最终促进教师职业能力的融合。教师专业发展中心可以通过行业培训、企业的顶岗实践、课程的进修学习、论坛交流等多种创新型的方式发展全方位的培训体系，特别是在职期间对教师的培训和提升显得尤为重要。

5. 创设产教融合办学理念，助推高素质教师专业发展价值取向

知识—技能取向、实践—反思取向和社会生态取向是高职院校教师专业发展的三种重要价值取向。突出教师的教育教学能力和专业知识是知识—技能取向，也多指教师的学科专业知识的发展，但这一取向多被忽略，需要培训和进修来完成，因而培训和进修大都是这一取向。实践—反思取向是目前高职专业发展中为主要的，一般强调教师的专业知识、能力和教师的专业品质。社会生态取向则是对教师发展的环境进行要求的，要有良好的文化氛围。作为高职院校，要创设产教融合办学理念，就要加强校园文化和企业文化的融合，促进相互间的理解和沟通，形成共同发展的良好局面，并在合作中吸取企业在管理、技术、企业文化等方面的优点，最终达到相互融通。

产教赛融合视阈下"十四五"
职业教育提升毕业生就业指数研究

卢爱芬^①

（广州科技职业技术大学 广东 广州 510550）

摘要： 当前社会的发展催生了各种各样的新兴产业，一方面带动了社会经济的发展，一方面给大量社会剩余劳动力提供了更多的就业机会。然而新兴产业并非是普通传统职业的延续，而是需要有与之相关的专业人才能够胜任，因此，培养新兴产业所需要的人才是当前各职业高校所面临的问题，同时相关专业人才的培养要与新兴产业进行无缝对接，这样才能更好地满足社会新兴产业的需求，同时对毕业生未来的就业也提供了更好的发展机会，本文通过产教赛融合视阈下"十四五"职业教育的现状来分析对提升毕业生就业指数进行研究，以此来达到社会与高职院校以及毕业生三方共赢的局面。

关键词： 职业教育；就业；毕业生

一、产教赛融合视阈下"十四五"职业教育提升毕业生就业的意义

1. 对学生的职业素养提升有帮助

职业院校在培养学生与高校对学生培养的目标有所不同，高校是以科研型作为人才培养的目标，而职业院校是以培养高技能型人才或者说实用型人才作为培养的目标，因此，学生的职业素质的培养就成了职业院校培养学生的目的之一，这对学生在未来的就业过程中会受益匪浅。在培养技能型人才时，职业院校要与社会产业尤其是新视阈下的新兴产业保持一致，对人才的培养要从以下四个方面去满足这种需求，首先是培养的内容要与产业是相同的，有针对性地在产业内容上进行相互一致的培训，有利于将来毕业生在就业时能够用最短的时间去适应岗位的需求。其次是在培养的环境上也要与其就业的环境相同或相似，职业院校的实训场地与企业中的实际岗位还是有很多明显的区别，这就需要职业院校加强与社会企业的合作，实行校企合作的模式，使职业院校的学生下到真实的企业岗位中去，用真实的岗位来锻炼学生理论知识的运用，并在实践中用工作经验去巩固理论知识，从而加深对理论知识的理解，同时也可在实践中提出理论知识在实际

---

① 作者简介：卢爱芬（1975年9月），女（汉），湖南郴州，广州科技职业技术大学信工学院软件教研室专任教师兼教研室主任，讲师，硕士学位，研究方向为软件开发，职业教育教学教改。

工作中所遇到的问题，及时改正传统的理论知识在当前新兴产业中所遇到的问题，从而让职业院校的学生有了更多的实战能力，这对于学生未来的发展有利，这也是培养形式的一种，第三，培养的结果，对于职业院校来说，对学生的培养结果才是职业院校最后的目的，只有将毕业生在就业的过程当中都能够满足了社会需要，在各自合适的岗位为社会作出应有的贡献，同时也符合各企业用工的要求，使企业在最短的时间内获得想要的人才，这应是职业院校最满意的结果。高职院校要与产业，尤其是新兴产业高度融合，就需要时时关注社会动态，对当前新兴产业要开发更多的课程，融入具有时代烙印的产业元素，为学生提供更多的岗位实习机会，让学生在企业的岗位上去锻炼，并在锻炼中掌握更多的技能和理论知识的熟悉使用，不但如此，学生在职业环境中得到锻炼，无形中也提升了学生职业素养。

2. 对人才培养的质量有重要意义

产教赛融合视阈下"十四五"职业教育对提升毕业生就业的质量有一定的帮助，因为高职院校与企业进行合作之后，会将更多的科研以及企业的生产引入到职业院校的教学当中，这对以理论为主的传统教学模式是一次重大的改革和创新，同时也符合了当前新课改所提出的要求，就是让学生的综合素质有所提高，对于职业院校的学生来说，在理论基础之下加强了科研的实力又参与到企业的生产当中去，无形当中练就了学生的实战能力，大大提高学生的专业技能，使得学生专业技能的质量能够得到有效提升，对于职业院校来说，通过产业融合，培养出高质量的人才，使毕业生的就业能够得到保障，也符合职业院校的精神以及教学的目标。

3. 就业观念的改变

大多数职业院校的学生对个人的职业规划很迷茫，产生这样的原因与他们所属的学习环境有很大的关系，也与学生没有准确地对自我进行定位有关，职业院校的学生和高中生以及大学生都有明显的区别，职业院校的学生更容易受到社会因素的影响，当职业院校的学生无法把握个人的价值观，人生观，很容易被社会上的不良现象所带偏，从而错失人生的大好发展时机，同时也被社会所影响，过于看重工作的区域，薪资待遇以及工作的稳定性等，但是却很容易忽视对职业技能的提升追求，对未来没有一个完整的规划。在这种情况之下，产教赛融合视阈下"十四五"职业教育使学生对未来有了更多的希望，为学生提供了锻炼的机会，从实际的工作中去实现个人的理想，使更多的学生对未来就业增强了信心，同时也能够让学生提前了解行业知识，企业知识和求职的技巧，使学生更加清晰地认清自己未来的定位，未来需要走的路，未来的目标等，从根本上改变了学生对未来就业的观念，很好地帮助学生走出迷茫的职业教育，为学生未来的发展提供了更多可能。

二、产教赛融合视阈下"十四五"职业教育提升毕业生就业有效途径

1. 完善人才培养方案，优化课程设置

产教赛融合视阈下"十四五"职业教育实行校企合作，使学校与企业共同培养人才，从而为社会输出更多的实用型人才，在这当中，对职业院校而言，就要根据社会的实际需求以及企业的需要适时改变教学方案，优化教学的课程，并且要突出相关的专业特色，这样才能符合社会的要求以及企业的要求。在课程的设置过程当中，要经过合理科学的调研，通过各方面进行结合，如在知识、技能以及能力方面，使之形成一整套的系统，为学生培养优秀的人才而作出课程优化。职业院校要鼓励学生积极考取专业技能资格证书，只有获得国家认可的资格证书，才会在未来的就业中有一个前提保证，同时技能资格证书的获得也从另外一方面说明国家对学生技能的认可。职业院校还要积极举办各种比赛，使学生在比赛中使用更多的新标准以及新技术，通过最新的操作规范与所学专业进行结合，从而促进职业院校相关专业的建设，更好地促进相关专业的发展。

2. 对学生核心能力的培养

产教赛融合视阈下"十四五"职业教育对学生核心能力的培养不能只注重学生的通识课程的教育，还要对学生的职业素养进行教育，这对于新一代的职业院校毕业的学生来说，担负着社会发展的责任，而素质教育对于每名学生来说，其未来对社会发展的意义重大。另外，职业院校要通过丰富的第二课堂，对学生进行综合能力的培养，如鼓励学生参加更多的社会活动，从而提升学生的组织能力以及人际交往中的沟通能力，这在未来的就业当中能够使学生会更加适应社会的变化，从而及时通过改变自我来得到更好的发展。职业院校所要做的就是提供一个好的平台，加强与企业合作，让学生勇敢地走出校门，在实践中去锻炼自身所学的技能，并在实践中去学习更多为人处世以及沟通的技巧，增强学生的综合素质的培养，为学生的核心能力培养提供更多的机会。

3. 校企合作的方法

（1）校企对接：校企双方找准合作点，自行对接沟通，签订校企合作协议书，按协议书要求开展校企合作；成立就业办公室建立学生信息库，掌握学生实时动态。

（2）协调指导：校企之间要建立工作协调机制，加强工作的协调沟通，学校派专人到企业进行学生日常管理，企业各部门根据工作要求对实习学生进行技术指导。

结束语

产教赛融合视阈下"十四五"职业教育提升毕业生就业要坚持不断探索职业教育的新方向，及时关注社会动态，对新技术、新理念的出现，及时在教学计划当中进行调整，同时也要根据企业的实际需要，为企业量身打造专业性人才，通过校企合作，完善人才培养方案，优化课程设计，注重学生的职业素养以及核心能力的培养，提高学生的专业技术和职业技能，做好服务指导的体系，为学生的

就业作好准备,坚持社会、行业、企业和学校共同参与到职业院校的职业教育中来,为我国的现代职业教育体系更加完善而做出各自不同的努力。

职业本科校企深度合作保障机制的研究

韦一文　陈毓秀[①]

（广州科技职业技术大学　广东　广州　510550）

摘要: 职业教育的本质特征是校企合作,而校企合作的关键环节则是顶岗实习。校企合作实施的关键是学校要加强内部管理和运行机制建设,校企合作被视为职业教育发展的关键。本文从顶岗实习的视角出发探讨在顶岗实习过程中加强校企深度合作的必要性,分析顶岗实习模式下校企深度合作存在的问题及困境,笔者结合自身的实际工作经验,提出建构职业本科与企业深度合作的动力机制,以期为管理人员和同类院校提供借鉴意义。

关键词: 职业本科;校企合作;深度;保障机制

一、加强校企深度合作的必要性

近年来,随着国家越来越重视职业教育,重视职业技能型的人才培养,要求各职业院校培养人才的切入点要结合市场经济的需求,而不仅仅是理论上实现为社会输送人才,同时切入点要侧重校企深度合作,在校企深度合作的基础上探索与实践工学结合人才培养模式,实现企业真正需求的技能管理与实践相结合的复合型人才,从而推动学生实现更高质量的就业,而企业和学校也能更充分地监控顶岗实习过程,及时纠正人才培养模式,促进校企深度合作。可是,从当前我国校企合作的实践现状来看,职业教育的校企深度合作仍然处于探索的初级阶段,在校企深度合作过程中仍存在一定的难题急需学校和企业双方共同深究和解决。

① 作者简介:韦一文、1985、男、广州科技职业技术大学、助理研究员、工程师,研究方向:实习就业、校企合作,工作单位:广州科技职业技术大学。

陈毓秀、1985、女、广州科技职业技术大学、专任教师、助理研究员、教育管理专业硕士研究生学位,研究方向:职业教育,工作单位:广州科技职业技术大学。

基金项目:2021年度广东省教育研究院民办教育研究基地课题"产教融合视阈下职业本科校企协同育人的探索与实践"（2021JD19）、2019年第二批产学合作协同育人项目"粤嵌&广科大学生校外实践基地建设"（201902120065）。

因此，顶岗实习过程中如何加强校企深度合作仍是各职业高校研究的一个重要课题。

二、当前职业本科校企深度合作存在的问题及困境

1. 缺乏校企合作办学政策支持

由于政策缺失，导致教育的社会经济型功能未能有效发挥，产业、行业和教育之间的互动不足未能形成互惠互利的运行机制，学校办学与企业需求脱节现象较为严重。企业对于参与学校教育的积极性不高，存在一部分劳动密集型企业未能进行长远的规划，没有长远的眼光，一味追求眼前利益，把低成本的人力资源看得很重，致使大量未经培训的人员上岗，对学校教育的健康发展产生了一定的冲击力。

2. 校企合作缺乏一定的合作深度

校企深度合作是学校结合当前社会经济发展的需求而引导的一种新型的合作模式，一是可以使区域的经济发展能有人才支撑、技术支撑，二是可以改变印刷专业人才培养的模式；这种模式的形成既符合学校人才培养模式改革的具体做法，又符合社会发展必然需求。校企深度合作是培养应用型创新人才的继续教育模式，可以使学校和企业的资源得以整合，加快企业人才培养的步伐，满足经济发展对创新型人才的需求，校企的深度合作对专业人才培养改革具有一定的推动作用，但其突出的问题在于学校和企业合作缺乏一定的深度。

3. 校企合作方式分散和成果单一

职业院校的顶岗实习学生分散性强，给校企深度合作带来了一定的阻力。在只重入口的职业院校里，对校企合作和顶岗实习不是很重视，并没有设立保障机制。最根本的原因是受办学成本的制约。由于缺乏校企深度合作的保障机制，大部分的校企合作仅是形式上的合作，校企合作也只是由企业或者学校单一组成的，合作过程仅流于形式。在这种方式中，有效的交流融合并没有在学校和企业双方体现，大部分仅仅是企业对员工的需求向学校发布招聘信息，而学校需要安排实习就业则是需求企业岗位。这种合作仅仅处于表面上的合作，造成了分散的校企合作的方式，所产生的校企合作成果也是单一的。

四、建构职校企深度合作的动力机制

1. 创建有效的管理沟通机制，完善制度保障机制

有效的管理沟通机制和完善的制度保障机制是确保校企合作工作顺利开展的前提。学校应根据自身的办学特点，深化校企合作机构改革，成立专门负责校企合作的工作领导小组，促使学校与合作企业及各教学部门职责能更加明确，学校、企业和学生三方的利益都能通过制度得到保障，有规可依。校企合作工作领导小组负责对学院校企合作工作进行宏观指导、协调与管理，研究决定校企合作工作中的重大问题和重要事项。领导小组成员由分管院董领导和校企合作与实习就业

处及各有关处室以及各二级学院领导组成。

2. 构建信息化沟通平台，实现校企合作资源共享

信息化沟通平台是能快速推动校企产学研合作的发展，促进校企合作的广度和深度能得到更加密切的链接，从而便利学校和企业联合全面开展学生定点培养和顶岗实习质量的监控。构建信息化校企沟通平台，能更容易将校园文化和企业文化进一步融合，稳步发展校企合作办学，促进职业教育的发展。

笔者走访发现，职业院校和企业未能深度合作的根本原因是未形成良好的沟通平台，导致学校无法全面了解企业对用人的需求，而企业对学校的人才培养目标不明确，在培养人才上出现一定的偏差。在信息网络化的当今社会，通过有效的沟通平台，加强顶岗实习工作、校企合作的信息网络建设，实现学校和企业的共同价值理念，学校与就业市场的时空差距从此得到缩小，为学生和用人单位提供方便、快捷的服务，从而实现职业指导、学生与用人单位的双向选择活动的网络化。

3. 引导企业参与职业教育，建立优势互补的共享机制和互惠多赢的利益驱动机制

学校要善于利用校企合作的关系，进行深度融合，与企业及时沟通人才需求情况，提高企业参与人才培养和职业教育的积极性，并通过建立相应完善的校企合作管理办法和制度，让企业认识到参与职业教育人才培养的重要性，达到提高企业参与的主动性的目的。同时校企双方要深入调研，共同制定专业人才培养模式、课程体系建设、师资队伍建设，进一步明确顶岗实习的形式与途径，过程监控和绩效评估能从不同角度有效科学地进行，以确保顺利开展校企深度合作，达到企业、学校和学生三赢的局面。

通过校企合作，企业为学生提供实习实训场地，学校为企业"量身打造"符合企业需要的高技能型人才，为企业员工进行培训，指导在生产实践中遇到的问题，为企业提高文化知名度。建立优势互补的共享机制与互惠多赢的利益驱动机制，学校与行业企业建立互兼互聘机制，形成良性的人才流动、使用机制。实现学院与企业优势互补的共享机制；企业为学生提供实习实训场地，学校为企业"量身打造"符合企业需要的高技能型人才，为企业员工进行培训，指导在生产实践中遇到的问题。建立多元评价机制，为加强质量管理体系建设，建立学院、行业、企业多方参与的评价机制，形成多元评价反馈系统，评价校企合作效果，从而推动行校企深度合作，促进课程教学改革和"双师型"教师队伍建设，促进高质量校外实习就业基地的建设，保障行校企合作的良好效果，全面提高人才培养质量。

4. 校企师资互换互训，营造"校企融合"共同体

通过产学研的合作，学院发挥专业优势，面向企业开展科研开发和服务，帮助合作企业解决相关的技术难题，服务产业；企业为学院课题研究提供环境和设备支持，签订相关协议商定校企双方协同创新开发课程等。根据学院专业发展、

师资队伍建设需求，选送教师深入企业挂职锻炼，深入了解企业生产管理过程，掌握行业发展动态，提高教师综合专业素质及执教能力；同时在企业组建教师工作室，与企业人力资源等相关部门共同承担职工培训任务，根据企业员工实际需要，开展各种形式的员工培训。解决了企业培训师资不足的难题，提高了企业员工的素质，进一步密切了校企合作关系。

"十四五"期间广东高职院校
高质量产教深度融合研究

邱云兰①

（佛山职业技术学院 广东 佛山 528137）

摘要： 当前高职院校高质量产教深度融合虽然取得了一定的成绩，但还存在一些问题，要解决这些问题，必须建立高质量产教深度融合的教育体系，营造高职高质量产教深度融合的教育氛围，提高学生创新创业能力。以高质量产教深度融合教育为依托，推进高质量产教深度融合的教育保障体系建设，完善高质量产教深度融合的教育的评价体系、师资队伍建设和实训实践体系建设。用好奖励之策，把好约束之规，提升学生的就业质量和水平。

关键词： 高职院校；高质量产教；深度融合；创新创业教育；体系构建

一、问题提出

教育部 2010 年提出"把创新创业（如下简称双创）教育有效纳入专业教育与文化素质教育教学计划和学分体系，建立多层次、立体化的双创教育课堂体系"，2012 年 4 月，颁发《关于全面提高高等教育的质量的若干意见》，要求各高校支持学生开展双创训练，开发双创类课程、制订高校双创教学基本要求，同年 8 月，颁发《普通本科学校双创教育基本要求（试行）》指出："创业教育教学纳入人才培养体系，首次系统提出我国高等学校创业教育的教学目标、教学内容、教学方法和教学组织，"并颁发了标准化的"《创业基础教学大纲试行》，"教育部

① 作者简介：邱云兰（1956 —），男，广东乐昌人，佛山职业技术学院教授；研究方向：数学教育．E—mail：szsfqyl@163.com。

基金项目：教育部人文社会科学研究规划项目（编号：IIYJA8800035）。

这几个文件的颁发出台，深助产教深度融合、校企合作的政策"组合拳"，是广东高职教育史无前例的政策系统的创新。这些举措有力推进了我国高等学校创业的科学化、制度化和规范化建设。双创教育是一种全员教育，涉及学校的各个单位各个部门。产教深度融合是国家创新发展战略角度上提出的兴办教育的指导思想，它是我国教育与生产劳动相结合的教育思想在教育实践中的创新，是广东高职院校为提高人才培养质量与行业共赢发展的深度谋划，是提高毕业生就业质量和水平的重要抓手。但如果高校双创视阈下尚未确立产教深度融合的办学理念，未将产教深度融合的办学理念融入学生双创能力的培养，造成"高质量产教深度融合、校企合作、工学结合"的办学模式难以取得实效，或只停留在口头上。

二、产教深度融合与双创教育的思考

1. 产教深度融合校企合作与双创教育资源共享提供保障

双创教育改革是时代赋予高校的历史使命，更是高校持续发展需要解决的迫切问题

产教深度融合、校企合作是产业与教育的协调融合。根据产教深度融合现状和要求，不断调整专业设计，建立三协同，四精准，七融合。提高专业的社会适应性，力促双创教育人才培养与社会产业对接，产教深度融合、校企合作无缝对接。校企合作遵循利益逻辑，利他惠人。政策给力成全合作，2014 年 4 月，教育部颁布《关于全面深化课程改革 落实立德树人的根本任务的意见》，该文深刻回答了教育"培养什么人、怎样培养人"。2016 年 12 月，在北京召开的高校党建工作会议，思想政治工作会议，习近平总书记做了重要讲话，讲话中对培养人的问题有新的说法。"为谁培养人"的问题。作为高职院校教师，一是要承担教书育人，立德树人教育的根本任务是新时代对人才培养提出的新要求。树人是立德的途径，立德是树人的追求，树人是为了更好的立德；二是教授学生创业知识、锻炼学生创业能力，培养学生创业精神，这与高职院人才培养标准以德为先，教师形象以道传文是一致的；产教深度融合与双创教育不能简单地停留在解决实习场所与师资队伍的短缺等浅层式的合作问题，它需要高校与企业的双主体逐渐深化内涵式发展"产教深度融合"，更不能流于形式，口头上的合作融合。三是加强双创课程体系建设，做到课程体系知德合一，强调以道德修养和实践能力作为课程的目的；四是师资队伍建设，强调教师形象以道统文，学校教化德行为要，将道德提升与知识学习有机融合；完善高职人才培养方案、教师队伍、课程目标、课程学习等体系建设的考核机制，真正把实施载体落实到专业的每一门具体的课程上，将课程教育与实训实践环节相融合，并与专业竞赛和科研创新相对接。否则，校企合作，双创教育与专业教育的资源共享就不能落到实处。造成学生难以对接市场需求和产业实践要求，造成双创教育服务经济社会发展出现偏差。

2. 产教融合视阈下双创教育不足

一是双创教育尚未确立产教深度融合的办学理念或落实机制，所谓"大众创业，

万众创新"沦为口号上，就无法进行双创教育教学改革。没有约束之力、强制性的文件约束，没有"不做或做不好将如何"的刚性惩处规定，产教深度融合视阈下的双创教育就会形同虚设流于形式。学校和企业作为办学的核心主体，承担教书育人，培养人才的职责和使命。人是有理性而懂得权衡算计的动物。如果产教深度融合与双创教育利大于弊、激励到位，会刺激去做；如果利小于弊，且付出太多回报太少，就会不屑于做，产教深度融合与双创教育就属于后者，没有约束之规、刚性制裁，校企双方难以积极投入，自奋其力地去做。有的虽然积极投入，自奋其力地去做也没有做好。其主要原因是，没有激励之策，智慧之灵，没有相互支持，资源共享，互利共赢，目标是难以实现的。二是"双师型、双能型"教师不足，重视"双师型""双能型"教师队伍建设缺乏，实施"本科生导师制"，制定"双师双能型"教师认定标准力度不足；三是引进高技能领军人才到学校讲学少，具有企业背景和实践经验的教师不多，指导学生的专业实践技能的培训欠佳，树立典型，以点带面，以面带片不到位。四是双创教育缺乏产教深度融合的结果要素制度改革与实践。五是双创教育匮乏产教深度融合的师资力量和评价体系。

3. 修订人才培养方案，确保双创教育课堂教学改革取得实效

人才标准以德为先，学校教化德行为要。在落实"立德树人"教育根本任务是新时代对人才培养提出的新要求，要求在教育观念、教育机制、教育评价等方面不断创新和探索。目前双创教育与产教深度融合、校企合作尚能满足高职院校人才培养之需，人才培养方案修订和完善以国标为准则，强调以道德修养和实践能力作为课程的目的，以市场需求为导向。做到：一是着力培养面向生产服务一线的厚基础、宽口径、强实践能力的高素质应用型、技术技能型人才，作为学校开设的《高等数学》《经济数学》《大学语文》《职业发展与就业指导》《大学生心理健康教育》等课程为各系各专业的学生到产学深度融合实习基地实训实践提供必要的基础理论知识。抓实基础知识，完善人才培养方案才能确保产教深度融合、校企合作的协调发展。从广州和珠三角地区经济社会发展需求、学校现状及发展出发，突出学校原来的目标定位，坚定走转型发展之路。

4. 产教深度融合与双创教育要有激励之策和约束之规

激励和约束是深化产教深度融合与双创教育互利共赢共谋发展的重要举措，激励包括管理性激励、手段性激励和精神上激励等。一是政策供给。体现在政策文件中的激励性条款或助益于产教深度融合、校企合作的肯定性规范。实施工资激励计划，提升技能和领军人才待遇。二是举措配套。推进具备条件的行业企业建立首席技师制度，开展职教论坛，展示产教深度融合、校企合作成果、产教深度合作论坛、校企合作成果展；三是融入专业，外引内培。推进双创教育师资队伍体系的建设。外引是从全国高校招聘在教学第一线的专家教授和博士到校任教，内培包括校内、校外的培训，邀请知名专家教授到校培训中青年教师。加强名师的培养力度，根据《广东省"强师工程"实施方案》的要求，结合我院青年教师队伍实际，设立"优秀青年教师培养计划"及"青年骨干教师培养计划"。让他

们更快成长、成熟、更快晋升高级职称，成为名师和技能大师。

三、结语

新时代，我国教育正处于关键的转型期，产教深度融合、双创教育既要植根于中国现实社会经济发展的沃土之中，又要根据学校的实际和企业的需求。产教深度融合与双创教育要政策供给，举措配套，奖誉跟进，责任担当，善于担当，勇于担当。学校是职业教育办学过程的实施者、办学质量的责任者、技术服务的提供者。如果做不好或做得不到位，考核就会亮"黄牌"，予以警示。企业是职业教育办学的实质性主体，它是职业教育办学成功的受益者，职业教育办学效果的评价者。政府作为职业教育办学行为的引导者，职业教育办学条件的保障者，职业教育办学环境的营造者，职业教育办学质量考核的监督者，应对其履职情况进行公平公正的全面考核。考核不佳和不合格者给予强制的追责等。

"十四五"期间广东高职院校
高质量产教深度融合研究

韦翠华[①]

（广东科技学院）

摘要： 随着《第十四个五年规划和 2035 年远景目标纲要》的发布，职业技术教育已赫然作为高等教育中的重要组成部分。创新办学模式、深化产教融合、校企合作是促进职业教育和企业协同发展的重要举措。本文重点分析了当前高职产教融合的困境，总结了当前高职产教融合的困境成因，并基于分析和研究提出了新形势下的高职教育产教融合实施策略，并重构了高职教育产教融合实施路径。

关键词： 产教融合；高职院校；协同教育；共同发展

一、前言

2021 年发布的《第十四个五年规划和 2035 年远景目标纲要》中提出增强职

---

① 作者简介：韦翠华，出生年份：1986 年 11 月生，民族：汉族，性别：女，籍贯：广东省信宜市，工作单位：广东科技学院，职务：专任教师，职称：讲师，研究方向：高职教育研究。

业技术教育适应性，明确提出创新办学模式，深化产教融合、校企合作，鼓励企业举办优质职业技术，探索具有中国特色的学徒制。我国教育部在2015年已在《关于深化职业教育教学改革全面提高人才培养质量的若干意见》提出了完善专业结构和布局的必要性。在2017年，国务院办公厅颁布实施了《关于深化产教融合的若干意见》。这些规划纲要及意见都明确表明了我国坚定不移将产教融合深化融合进行到底的决心，探索一条适合我国国情的具有鲜明时代特色的高等职业教育之路。

产教融合是教育部门（主要是院校）与产业部门（行业、企业）在社会范围内，充分依托各自的优势资源，以互信和合约为基础，以服务经济转型和满足需求为出发点，以协同育人为核心，以合作共赢为动力，以校企合作为主线，以项目合作、技术转移以及共同开发为载体，以文化共融为支撑的产业、教育内部及之间各要素的优化组合和高度融合，各参与主体相互配合的一种经济教育活动方式。所以产教融合是产业与教育的深度合作，是院校为提高人才培养质量另辟蹊径与行业企业深度合作的一种方式。

广东作为全国发展的前沿省份，不仅拥有实力雄厚的各行各业的技术创新性大企业，也拥有各种地区特色的中小型技术性企业，对产教融合提供了天然的基础，广东的高职院校产教融合合作成果在全国排名中都是斐然的，起到良好的带头模范作用。虽然广东的高职院校产教融合合作小有成效但并没有达到理想的效果，大多数的合作都是流于形式化，不够多样化与专业性。它暂时还没有有效地促进企业效率的提高，还没有培养出更多的高素质人才，在高职院校高等教育有序、长远发展中没有发挥应有的作用。所以继续将产教深度融合是培养优质人才，促进企业发展的有效途径。

二、广东省高职教育产教融合的现状及问题分析

近年来，广东省高等职业教育发展迅速，规模不断扩大，截至2019年年底，广东省共有高职院校87所，说明了广东省高等教育毛入学率的快速增长。但高等职业教育的发展需求数量和模式的发展也需要教育质量的提高。产学研一体化运作是高职院校与产业相互作用的过程，为共同发展、共同进步提供了有效保障。近年来，高职院校产教融合企业的参与数量增长速度较快，企业的参与积极性逐年增加，广东省高职教育产教融合企业参与前景比较乐观。

企业参与产教融合主导作用仍有很大的发展空间。企业参与广东省高职院校产教融合的内容众多，包括参与专业建设、课程构建、师资队伍建设、校内外实训基地建设、学生实习指导、技术研发、岗位实习等。其中，达一半以上的合作企业参与了校内外实训基地建设和师资队伍建设项目，20%多的合作企业参与了技术研发工作项目。那么企业在产教融合中的主导作用可以体现在专业建设、课程建设、校内实训基地建设、校外实训基地建设、教师队伍建设和在职实习指导等方面。在专业和课程建设上仍是以高职院校的办学目标为主，在校内外实训基地建设中，一半以上由高职院校自建或企业挂牌的形式建设的；在师资队伍的建

设和参与在岗实习指导方面，企业人员来学校参加兼职课程的人数较少。出现这些情况，主要是因为缺乏针对性的政策措施，导致高职教育产教融合的发展过程中开展不够深入。

企业技术人员到合作院校兼任教师和开展技能实践情况有待加强。因为开设科目多，而且与不同高职院校合作时，无法做到高度专业匹配，兼职的教师主要内容与教授形式有偏差，学生从产教融合中的受益还不够系统和全面。针对学生不同专业的课程实践形式单一，学生实习时能提供的专业岗位匹配度有偏差，没能使得学生所学的与所工作的内容相互结合起来。主因是企业参与高职教育产教融合的动力不足。学生培养周期较长，短期利益不可见，企业的投入未能及时产出，合作中政策未向企业倾斜等因素导致了产教不够理想。

三、广东省高职教育产教深度融合的优化策略

1. 充分发挥政府的主导和调节作用，为高等职业教育产学研结合提供支持

政府在高职教育产学研融合过程中起着重要的引领和调节作用，是高职教育产学研融合的引领者、调节者和支持者。政府的责任是发挥产教融合中主导地位和调节作用，提供各种支持给高等职业教育产教融合。广东省政府的政策应该符合粤港澳大湾区的发展战略目标，通过高等职业教育产教融合的方式，做到三位一体，促进高等职业教育的发展，为各行各业的企业输送优秀的人才，推动粤港澳大湾区的战略发展。地方政府要根据当地的发展产业，为高职教育产教融合提供更为具体、更有针对性的政策支持。根据区域发展的特点和发展程度制定微观层次的高职教育教学产教融合战略措施，在交流的基础上了解高职院校和企业的实际需要，建立政府、学校、企业为一体的发展目标，协助高职院校与相关企业搭建便于合作的产教平台，促进高职教育产学研一体化教学的创新与发展。对参与高职教育产教融合的校企提供优惠政策和各种支持，给予企业在产教融合培养人才方面付出的额外技术和财物支出更加弹性的补助。

2. 充分发挥校企协同作用，促进高职教育深度产教融合

高职院校和企业是产教融合最直接的参与者，重视校企合作，有利于促进高职教育产学研融合的深入发展。协同教育中，高职院校需要提高自身能力，积极吸引企业参与产教融合育人模式。吸引企业参与到产教融合中的关键因素是提高高职院校的科研能力。高职院校的现状是教师队伍建设水平继续有待提高与发展，科研研发能力有待加强。因科研开发能力对外供给不足，解决科研问题能力整体水平不高，导致在产教融合中处于劣势。所以高职院校不仅要重视教学，还要大力支持建设高水平的研究团队，不断地引进针对性的高科技人才，科研成果转化率节节高，才能吸引到更多的企业加入产教融合中来。培养以就业为导向的人才，合理设置符合粤港澳大湾区发展的专业和课程，注重理论教学与实践教学相结合，建立高水平的科研团队，将高职院校的作用发挥出来，是一种深化产教融合的优化方法。

3. 发挥行业协会的指导评价作用，确保高等职业教育产教融合顺利运行

行业协会在高等职业教育产教融合中有着不可忽略的地位，是产教融合的引导者和评价者。高等职业教育产教深化融合，需要行业协会发挥其引导和评价作用，确保融合的顺利进行。作为制定各行业职业资格标准的行业协会在产教融合中，应本着对各行业的技术前沿、人才需求和发展过程有着深刻的了解，发挥其引导作用，加强与政府的有效沟通，为高等职业教育产教融合创造更好的发展条件，促进其发展免于形式。

四、结论

深化产教融合是构建现代职业教育体系的重要路径，推进广东省高等职业教育产教融合，有利于培养适应中国特色社会发展的高素质技术人才。广东高等职业教育产教融合在运行中存在一些问题，例如企业参与积极性有待加强、学校主体之间的责任不够明确、高职院校之间的责任不够清晰等导致高职院校产教质量不高，发展资源不均衡。针对这些问题进行分析、归纳和总结，提出了广东省高职教育产教融合的优化策略，预期能实现产教深度融合，继续推进省高职教育更上一层楼。

产教融合背景下高职教育混合制办学：特征、困境与应对

伍百军①

（江门职业技术学院）

摘要：混合制办学是高职教育资源与企业社会资源相结合的一种必然选择。现代治理理论为高职院校混合制办学提供了新的研究视角，在分析混合制办学特

① 基金项目：2019年度广东省普通高校特色创新类项目：产教融合背景下高职院校产业学院建设研究与实践（项目编号：2019GWTSCX106，项目主持人：伍百军）；2019年江门职业技术学院教育教学成果奖培育项目"基于江职院—古兜产业学院'全过程·深融合·强技能'协同育人模式研究与实践'（项目主持人：伍百军）；2020年江门职业职业技术学院大学生校外社会实践教学基地建设项目（项目主持人：伍百军）阶段性成果。

征及其治理困境基础上，提出了混合制高职院校高质量发展的应对：明确善治取向、协调共治关系、创新治理机制及构建多元监督体系，以推进产教深度融合和高职教育高质量发展。

关键词：混合制；现代治理；产教融合

一、研究的缘起

2019 年 2 月国务院印发《国家职业教育改革实施方案》，明确指出要"建设多元化办学格局"，"鼓励发展股份制、混合所有制等职业院校和各类职业培训机构"，"推动职业院校和行业企业形成命运共同体"，最终"推进高等职业教育高质量发展"。混合制高职院校通过构建一种新的体制机制，彻底实现了产教的无缝对接与深度融合，从而达成共赢的战略目标。混合制高职院校为目前公办高职院校进行体制机制改革、提高办学质量、增强社会服务功能，指明了方向和途径。现代治理理论在世界发达国家的多个领域已取得了丰富的成果，尤其是在组织内部改革过程中，能有效处理各类复杂矛盾，提高组织的适应能力。从公办高职院校到混合制高职院校，不能仅仅停留在形式上的临时合作，而是需要从传统管理走向现代治理。

二、高职院校混合制办学的基本特征及其治理困境

混合制来源于我国经济体制改革中的一个概念，反映的是发生在经济单位内部的所有制结构状态。高职院校混合制办学以不同产权形式共存、共治的一种有机组合，通过互补合作以及理念的相互渗透，逐步构建真正意义上的产学研实体。

1. 高职院校混合制办学的基本特征

（1）产权结构多元化。混合制高职院校的投资主体一般包括地方政府、集体或国家所有权控制的企业、私营企业、行业协会、社会团体等，不同属性的投资主体构成不同的产权主体，彼此间有明显的互补性资源优势，如私营企业激烈竞争的市场机制与国有资产低风险间可以互补。高职教育的弱公共性决定了地方政府参与混合制高职院校治理的必然性，即多元化产权结构必须包含国有资产，由此更加明确了高职院校混合制办学多元化的产权结构。

（2）治理结构复杂性。传统体制下高职院校的治理客体比较固定，而混合制引进了市场机制，将市场竞争以及环境中的不稳定因素带进了高职院校的治理中，使治理对象也随之复杂而多变。混合制办学打开了高职教育原本较为闭塞的系统，使其治理手段在市场环境的作用下更具有创新性，尤其是借助先进的信息技术，开放性的治理方式为内部治理模式提供了更多的选择。

（3）权力运行互动性。权力运行是高职院校混合制办学过程中履行职责、共同治理的重要手段，是以权力产生、行使和监督为主要环节的动态过程。混合制高职院校治理权力的产生不再是行政命令的下达，而是由不同权力主体组建成的治理团队根据法律章程或规章制度共同协商产生，具有广泛的参与性和协调性。

2. 混合制高职院校的治理困境

（1）人性、人才观方面的理念及价值观的困境。高职教育一直将教育性作为第一属性，所以常常从培养对象的视角进行人本化的思考，认为人人皆可成才，再从职业性思考其职业发展方向，将技能培养作为培养重点，并以培养对象的终身职业发展为己任；而企业行业通常将培养对象看作工具人，以生产经营等事物为中心，满足其业务需求的便是人才，否则弃之不用；当员工离开企业后，其职业发展不再是该企业考虑的因素。这两种思想倾向是因行业性质或社会分工不同产生，但它们的碰撞可能会出现人才培养的职业素养广度和专项技能深度难以协调、培养应面向全体还是少数骨干、培养中的激励手段是以竞争促进发展还是以竞争达到淘汰的目的等。因此，混合制高职院校应在合作思想、办学理念上达成统一的认识。

（2）教育的公益性与市场的营利性相冲突的困境。高职教育的产品属性一般认为是典型的准公共产品，具有有限的非排他性和非竞争性，因而具有公益性，即高职院校办学必须是非营利性。渗透进高职教育中的社会资源则是市场机制下的产物，始终在市场竞争中历练与积累，所以营利性是维持其生存的基本法则。混合制办学中，高职院校一般会在具体事务中因把握不好两者间的平衡，而丧失各自原有的本性，以至于影响双方的合作效果。以学生专业实训为例，校方代表可能强调实践的过程，如学生采取了哪些方式解决问题；而企方代表则更多考虑实践的结果，如学生消耗了多少原材料。可见，高职院校采取混合制办学需要调和来自各主体本能的反应。

（3）科层治理结构与企业治理结构不相容的困境。我国公办高职院校一直是在政府行政权力的直接指挥下发展，内部管理也基本依照行政管理方式开展，从而形成了比较典型的官僚组织结构，即管理层次比较多、分工比较细、职位高低决定了权力大小。科层治理结构最大的优点是容易把控事物的进展，但缺点也比较多，最明显的就是运行效率低，另外对知识分子聚集地而言，这种行政权过大的组织结构不利于人才资源的开发。混合制办学所合作的企业一般是根据现代治理制度完善组织结构，其最大优势是便于信息沟通、提高行事效率。这两种治理结构最大的冲突是对权力功能的认识不同，前者认为权力是身份地位的象征，主要用于控制一切资源；而后者认为是分工和责任的象征，起着服务功能。尽管目前我国政府职能转变有一定的效果，但对公办高职院校而言仍然是一个挑战。

三、现代治理理论下混合制高职院校高质量发展的应对

1. 明确善治取向

2012 年 5 月，联合国教科文组织在上海举办的第三届国际职业技术教育大会所颁布的《职业教育的转型：培养工作和生活技能》中着重指出"善治"是职业教育实现成功转型的关键因素。高职院校混合制办学树立"善治"的价值取向，首先是用开放、平等的思想认识职业教育在整个社会系统中的地位，以积极心态鼓励社会资源参与职业院校的治理活动，将职业教育全面融合到社会大发展中；

其次是以资源有限性思想指导治理过程，做到物尽其用、人尽其能，有效开发与之合作的各项资源；再次是最大限度地满足各治理主体预期期望，实现其利益最大化，同时要达成公共治理目标；最后能将新治理目标与国家整体治理战略相统一，直至将高职教育的价值渗透到企业行业对社会和谐、国家发展的现实贡献中。

2. 协调共治关系

治理不是一套规则，也不是一种活动，而是一个过程，治理过程的基础不是控制，而是协调，协调的对象丰富多彩，但归根结底是共治主体间的关系。共治是指在多元化主体参与高职院校混合制办学中迫切需要构建的包括政府、教育主管部门、高职院校、企业、行业协会、社会团体等多元化力量共同参与的共同治理格局，其前提是各股力量以不同方式共同参与了混合制办学，从而达成共享。多元化主体组建的共治关系首先是平等关系，尤其是在公共事务的决策、共同利益的分享等方面具有相对的民主权，而这份平等共治关系必须明确各自的治理角色，才能形成较为稳定的治理关系。具体来说，高职院校自身扮演全面实施者的角色，负责具体制度、决策的落实；各级政府（尤其是地方政府）扮演宏观调控的角色，整合、调配办学资源，也是协调共治关系的主体；教育主管部门是共治过程的监督员，依据相关法律制度监控整个治理过程，并组织办学效果的评估；企业等社会力量则是信息中心，扮演治理过程的推动者和倡议者。

3. 创新治理机制

高职院校混合制办学是市场机制与官僚机制、行政机制的合作，其中因市场竞争而导致的权力失衡、行政命令运行秩序紊乱等是常见的问题。现代治理理论认为，任何合作或行动都不可能游离于制度之外长期存在，现代职业教育活动的开展要在制度与行动彼此平等的关系中摸索出多元共治之道。可见，高职院校混合制办学进行治理机制创新必须将制度建设作为重要的突破口，再疏通各种有效的沟通渠道，实现平等对话。

公办高职院校资产属于政府，通过行政任命制度选派合适人选进行各项管理工作，其最大的缺陷是国有资产不能得到有效开发和利用；混合制高职院校的产权已经多元化，必须实施委托代理制度才能实现公共利益最大化。委托代理制度应实施学院校长职业化，脱离政府行政级别，与政府签署合理的委托代理合同，将职业校长的职业价值与整个高职院校的经营效果紧密联系。混合制高职院校治理初期的激励制度应将工作重点放在企业行业等社会资源的主动参与性，因此改革激励制度要从两个方向入手，一是激励内部资源进行对外衔接或开发，如鼓励校内专任教师主动与企业行业互动；二是树立品牌意识，整合内部教育资源，将优质资源相对集中，并对其包装和宣传。

在产教融合视角下利用"互联网+"推动文创发展的策略研究

吴雪霏

（艺术与设计学院 广东 广州 510665）

摘要：改革开放以来，高职教育经历从无到有，从小到大，从弱到强的过程，随着我国高职教育改革步入攻坚期，高职院校协同育人，多举措进行产教融合创新已成为培养高、精、尖人才新趋势，如何利用"互联网+"，在产教融合的语境下，优化教学、深化企业合作、协助学生文创作品推广更是当下的热门话题。本文主要通过列举及剖析"互联网+"结合产教融合模式，立足于文创设计在教学中的一线实践，总结在产教融合的视角下利用"互联网+"推动文创发展的问题，提出相关的对策和建议。

关键词：产教融合；文创设计；互联网+

一、"互联网+"结合产教融合模式剖析

1. 产教融合的内涵

产教融合可剖析为"生产""教学"两个词，将生产与教学两者融合起来，让学生在学习过程中接触生产项目，寓教于产，启发学生创新能力，让教学与产出形成闭环，达到产教融合的目的。在高职院校开展产教融合的实践中，学校的课程内容、教学过程、专业设置等对标企业需求，学生可以了解行业的生产标准、生产过程、岗位需求等。

2. "互联网+"与高职教育的有机结合

根据《2021年政府工作报告》《国务院关于积极推进"互联网+"行动的指导意见》等纲领性文件要求，全面推进"互联网+"，将互联网有机融入各类业态，促进经济发展，改善就业结构，利用"互联网+"结合经济、文化、社会、生态等领域，注入新活力，迸发新需求，创造新经济，打造新的增长点。在这个大背景下，"互联网+"与高职教育的有机结合，通过互联网技术推动职业教育的转型升级，转变教学评价导向，优化资源配置，提高高校资源利用率，提升高职教育培养人才的素养素质和服务社会能力，达到推动办学模式改革创新的目的。

3. 利用"互联网+"进行产教融合的必要性

随着信息技术的发展，"互联网+"的已逐渐作用与渗透进产教融合中，但

由于教育观念的落后、实施方式的陈旧，"互联网+"的利用仍流于形式，对新兴的信息技术利用度仍较低。表现在教师局限于单一的授课模式，不善于利用互联网的高传播性等性质进行项目产出的推广，尚未利用互联网技术做好企业与学生、学校的沟通，尚未将线上优秀课程资源引入课堂等。利用"互联网+"进行产教融合，不仅仅可以解决上述问题，还可以通过"互联网+"对教学模式推陈出新，进一步改革教学评价机制，由学到研，由研到产，助力培养既有创造力又有动手能力的复合型人才。

二、文创设计在教学中实践的探索

1. 文创设计开发在教学中的现状

在广东农工商职业技术学院艺术与设计学院广告设计与制作专业实操中，文创开发渠道包括以下三类：第一类是学生通过专业课程或毕业设计，根据自主选择的题材，自行设计品牌文创产品进行售卖或展示；第二类是依据教师的要求，参加开发文创产品设计比赛；第三类是收集身边的非物质文化元素，结合自我认识，自主创作开发文创产品设计。

2. 文创设计实践教学中存在的问题

结合本校学生文创开发情况，经研究，存在以下几点问题：第一，学生文创产品流于形式，深入不足，欠创新。产品仅在模仿传统文化的形式、色彩、样式等元素，缺乏亮点，产品陈旧，上新速度慢。第二，文创产品销售渠道缺乏，欠客源。学生仅将开发的产品挂靠在校内实训创意区或自营微店进行售卖，浏览量少，销量不足，甚至进一步打击学生自信心。第三，与企业沟通不足，文创产品徒有外表，欠实用。校企合作项目开展不足，一方面，导致学生文创产品浮于想象，脱离市场；另一方面，未能将学生创作的富有价值的文创产品推送给企业进行资源整合与综合性开发。

3. 产教融合下的文创设计开发与未来发展趋势

我校深入开展产教融合，在文创设计开发方向加大师资投入力度，制定相关方案，积极联系企业，形成了以下两大模式。第一是依托企业项目开发文创品牌。学校牵头学生对企业原有的项目进行包装与优化，加大沟通，深化校企合作，由企业开发项目，由学校保障项目质量，专利共享，两头发力保障文创产品落地。第二是学校主动作为，深入研究本土文化，挖掘其文创价值，发动学生进行文创设计，使得利用文创设计、文创产品更好的传承传统文化。

对于未来发展趋势，笔者认为应进一步深化产教融合，利用互联网技术打破传统模式，让"互联网+"模式更好地推动文创发展，推动产教融合发展。一是拓展渠道，利用互联网，依托电商、微信、分销、直播等平台，创作有个性、定制化、有市场的文创产品；二是深化校企合作，利用微信课堂引入企业高管进行演讲授课，紧跟潮流热点，捕捉市场需求，培养讲创新、讲实用、有能力的复合型人才；三是与时俱进，挖掘本土文化中的文创元素及亮点，融入现代化审美和需求，有效利用互联网思维开拓设计范畴，关注文创产品的历史文化内涵和艺术价值，建立品牌文化。

三、在产教融合的视角下利用"互联网 +"推动文创发展的策略研究

基于上述分析，笔者从调整教学策略、深化校企合作、构建信息平台等五个角度入手，利用"互联网 +"等信息技术在产教融合的过程中推动文创更好更快发展，助力培养既有创造力又有动手能力的复合型人才。

1. 勇于创新——及时调整教学策略

以教学大纲为本，校企合作为信息获取源，动态调整为教学策略。利用互联网平台对课程进行整合，学校与企业共同搭建智慧树云端课程等数字化教学平台，拓宽学习渠道，扩大教学资源库。内容包括但不限于教学要求、企业网课、企业策略单、校企合作项目、企业比赛项目；注重个性化培养，线上预约时间，企业答疑，利用互联网直播与企业沟通教学过程中的问题，以便教师可以及时跟进学生与企业反馈的内容，根据教学大纲要求，动态更新教学计划。利用智慧树网络课程平台，教师发布教学任务，学生可以自行在智慧树平台搜集及下载有关项目具体策略单、企业项目规范、企业未来就业意向等辅助信息，教师通过后台查看学生的下载量，针对性不同的学生进行个性化辅导，激发学生主动学习的热情。

2. 与时俱进——加快人才培养模式的转型

以知识创新为导向深化校企合作。"广告设计与制作"学科特点决定要在获取新知识消化后转化为创造力，以设计公司为纽带，企业发出任务，设计公司与院校各展所长，帮助企业完成新品研发。以项目驱动式教学推动学生素质提高。一是以实际项目为依托的项目驱动式教学，课程设计由企业发派任务，教师组织与指导，学生"在干中学"，项目驱动式教学不再局限于课本的单项技能的培养，而是将重点聚焦于学生综合能力的塑造及创新能力的培养。二是以虚拟项目为依托的项目驱动式教学。虚拟项目驱动式教学是一种模拟实战的教学方法，以学生综合能力的提升与知识创新为根本目的，要求教师将实战的情境带入到教学过程中，用实际项目的验收标准来要求学生的设计成果。

3. 创建学校与企业良好的合作关系

在产教融合的过程中，学校与企业实现信息互通，学校的教学资源根据企业提供的市场数据而增加，学校充分推动学生对本专业、本职业的认同感。学校与企业签订相关的合同，共同构建"需求产生合作、供给创造需求、合作带来共赢、共赢促进发展"的良好校企合作体系。

4. 创建高效的信息服务平台

（1）创建智慧树网络教学平台

学校与企业共同搭建网络教学平台，利用智慧树建立远程教育课程，丰富教学资源，提供优质课程，制定个性化服务，构建以互联网为媒介的集教学资源、

教学平台和教学系统网络教学体系，给学生提供自主选择、自主定制的智能教学，学生可根据自身情况利用"互联网+"网络学习方式进行自主学习，线上学习与线下实操有机结合，巩固学习质量。

（2）创建有效的互利网售卖渠道

依托企业背景，学生的文创作品通过互联网正规的销售渠道售卖，使学生、学校、企业三赢。学生利用平台，或者企业规范的平台售卖，以正规的渠道售卖让学生的作品得到知识产权的保护。

第六章

"十四五"期间广东高职院校
高质量发展的治理机制研究

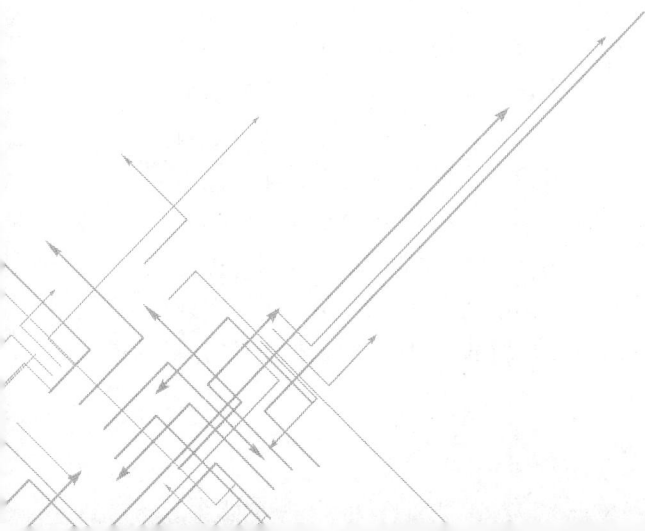

以职业能力为导向的国家专业标准研制路径

刘世明　陈惠红

（广州番禺职业技术学院　广东　广州　511483）

摘要：职业教育高度重视教育质量，建立科学、实用、严谨、规范的国家专业标准是提高职业教育质量的关键措施，而让标准研制工作成为一种标准化的活动是根本上解决各学科专业标准不一致的问题的解决思路，通过《高等职业学校电子商务技术专业教学标准》研制过程，提出以职业能力为导向的国家专业标准的研制路径，可以有效地解决专业标准研制工作的局部化，实现整体性；解决专业标准路径概念化，实现可操作性；解决专业标准技术方案的浅层化，实现深入性，实践证明，该方法能为国家专业标准研究过程提供国家视角、科学、可操作措施和路径，为国家专业标准的生成提供启示和指引。

关键词：国家专业标准；职业能力；电子商务技术

一、研究现状

1. 国家专业教学标准的研制现状

国外对职业教育专业标准的研究主要是从专业标准开发路径、呈现方式和课程体系等展开研究，美国学者的主要研究内容是以"课程依托"的专业标准开发路径，指出需要根据课程面向的职业，围绕职业特征综合开发课程体系和课程标准；英国学者主要以"证书依托"的专业标准开发路径，提出要按照职业资格证书和就业标准来设定课程体系和课程内容。近几年来，我国才逐步关注国家职业教育专业标准的研制和实践，学术领域对于从国家视角进行专业标准研究的文章并不多，更没有研究专业标准研制路径问题的有效方案，笔者以"专业标准"为关键字进行搜索，整理分析后发现，国内对专业标准的研究基本是从标准理论、标准制定流程、标准内容结构、课程设置、课程内容等方面展开，孟刚和谢文静强调专业标准和职业能力之间不可分割的关系，指出开发国家专业标准过程中应对职业标准进行深层次的分析；陈国亮以开发模具专业标准为例，主要经历了专业特征和现状分析、课程体系和课程内容开发、人才培养方案制定等几个方面。综上所述，对于职业教育专业标准的研究缺少从国家层面的有效研究，研究实用和深入性需要加强，本文通过《高等职业学校电子商务技术专业教学标准》研制过程，提出职业教育国家专业标准的研制路径，解决专业标准研制工作的局部化，实现整体性；解决专业标准路径概念化，实现可操作性；解决专业标准技术方案的浅层化，根据每个步骤深入探究操作方案，并产生相应成果，实现深入性，为国家专业标准研究过程提供国家视角、科学、可操作措施和路径，为国家专业标准的生成提供启示和指引。

2.《高等职业学校电子商务技术专业教学标准》研制背景

电子商务技术专业是 2015 的高职专业目录中新增专业，根据教育部高职专业备案信息，2017 年全国共有 83 所院校开设了电子商务技术专业。同类专业中包含电子商务类专业的有四个，有 1154 所学校开设传统的电子商务专业、68 所学校开设移动商务专业、71 所学校开设网络营销专业、12 所学校开设商务数据分析与应用专业。调研表示，各学校电子商务技术专业都有专业人才培养方案，但是由于电子商务技术专业是交叉专业，且是大数据、VR 等新一代信息技术应用领域，各方迫切要求从国家层面研究本专业的教学标准，并希望国家专业教学标准能做好新技术应用和 IT 技术与商务的融合。2017 年 1 月发布的国家教育事业发展"十三五"规划提出"建立健全对接产业发展中高端水平的职业教育教学标准体系"。故在教育部领导下，由全国工业化和信息化职业教育教学委员会计算机专业指导委员会组建"电子商务技术专业教学标准"工作小组，按照电子信息大类专业教学标准开发规程研究课题组制定的相关工作方法实施，对 4 家行业协会、84 家企业、46 家院校、1 家研究机构深入的调研工作，采取文献调研、实地访谈、专家访谈、会议访谈、竞赛交流、填写问卷等方式，召开了 5 次研讨会，参与人员达 324 人次，以制订《高等职业学校电子商务技术专业教学标准》为目标，为各学校专业定位提供指南。

二、国家专业标准开发主要内容和基本路径

职业教育是为了培养面向生产岗位、管理岗位、建设岗位和服务岗位等，掌握成熟技术应用方法、具有较强的实践动手能力和岗位适应力的高素质专业技能人才，职业教育的专业特征是内容体系多样化，国家专业标准是对职业教育专业教学行为的指导性标准，规定了教育活动开展的内容、过程、状态和结果等纲要性要求和具体内容，包括专业名称、入学要求、基本修业年限、面向职业、培养目标、培养规格、课程设置及学时安排、教学基本条件和质量保障等方向内容，缺少任何一部分内容的规定，标准都是不完整的，在研制《高等职业学校电子商务技术专业教学标准》也要上面的方向进行调查研究、认真研讨。国家专业标准的研制工作是一个国家层面、完整的职业教育方向部署过程，专业标准研制工作和建设内容需要既职业能力，又体现教育水平，保证各专业标准建设水准一致性，国家专业标准研制过程需要遵循有章可循的研制路径，学习借鉴国内外专业标准研制工作的成功经验，根据标准内容要求，根据专业标准研制工作原理和要求，探索出如图 1 所示的专业标准研究工作路径，将标准研制工作定义为校企供需调研阶段、专业职业能力分解阶段、课程体系及课程内容构建阶段、专业标准编制阶段，该路径是一个循环系统，为电子商务技术专业教学标准研制工作提供全面、

客观和可靠的依据。

通过对电子商务技术产业和相关企业调研，了解电子商务技术企业的产业结构现状及未来发展趋势，厘清电子商务技术行业的人才结构现状和需求趋势，明确技术技能人才职业能力要求，掌握企业职业岗位设置情况和典型工作任务，了解如何使得学校培养的电子商务技术人才能够满足企业的需求；通过学校调研，了解各职业院校电子商务技术专业培养目标、培养方案、课程体系等内容，查找课程设置和教学中存在的问题，以及各方对专业教学标准研制工作的意见和建议等，部署开发主要过程，包涵确定职业类别和职业生涯发展路径、分析工作岗位/工作任务和核心职业能力、明确课程体系、制定课程设置和学时安排，确定教师基本条件和质量保障等主要技术路径问题，每个环节由专门的人员担当，并产生对应的研制成果。

三、校企供需调研阶段

该阶段主要对职业院校和行业企业进行调查、分析和总结，理清本专业的产业结构现状和未来发展趋势、人才结构现状和需求趋势等，掌握企业职业岗位设置情况和典型的工作任务，明确该专业技能人才职业能力要求，本阶段产生的研制成果为一个详尽的调研报告，得出职业岗位发展路径表，为后期的专业培养目标做扎实的准备。

首先在全国工业和信息化职业教育教学指导委员会计算机类专业指导委员的统一部署下，高职电子商务技术专业教学标准研究项目组于 2017 年 7 月至 9 月对全国范围内的电子商务技术相关行业、企业、院校进行了深入、广泛、细致的调研，本次调研采取了文献研究、现场访谈、在线问卷调查、个案分析法等调研方式，先后查阅和分析了国家《电子商务"十三五"发展规划》等相关文献 20 份、"电子商务标准化信息服务平台建设及应用研究"等相关论文 85 篇，调研浙江省电子商务促进会等行业协会 4 家，调研天猫、京东、上海商派科技有限公司等来自全国 12 个省市的 84 家企业，调研来自全国 23 个省市的 46 家开设电子商务技术专业或方向的高职高专院校，借助名科·职教桥数据中心将获得的调研资料进行汇总、整理、分析，形成调研报告，调研结果显示，截止到 2016 年 12 月，中国电子商务服务企业直接从业人员超过 305 万人，由电子商务间接带动的就业人数已超过 2240 万人。如图 2 所示，85% 电商企业存在人才缺口，超 4 成企业有大规模招聘计划。在当前电商企业急需人才上，被调查企业中，42% 急需电商运营人才，5% 的企业急需技术性人才，27% 的企业急需推广销售人才，4% 的企业急需供应链管理人才，13% 的企业急需综合性高级人才，9% 的企业急需产品策划与研发人才。

四、专业职业能力分解阶段

该阶段由企业行业和课程专家主导，对职业能力详细分析，得出职业能力表和典型工作任务表，为课程体系的设置提供线索。

首先职业能力分析注意如下事项：①分析全面，分析该岗位下的所有工作任务；②逻辑清晰，工作任务表述的是工作的实际内容，并且任务之间尽量无交叉；③表达简要，采用统一的表述语言精确的描述分解后的工作任务。针对电子商务技术专业所对应的岗位群及其发展路径，岗位职业能力调研分专业能力和非专业能力两个部分，依托行业企业专家和课程专家开展职业能力分析，借鉴国内外职业能力研究成果，对电子商务技术 10 个主要职业岗位的典型工作任务和专业能力进行了调研，经过对调研数据整理分析。

接着根据核心职业能力分解专业能力，专业能力分解过程中需要注意如下事项：①分解需要全面，保证每个核心职业能力都得到完整的分解；②突出如何培育专业能力问题，分解要求分项进行，内容深入、准确和具体化；③能力即包括专业知识，职业素养和操作技能也该考虑到；④描述简洁，采用统一的表述语言精确的描述分解后专业能力，尽量使用"能""会""熟练"等词。以运营数据分析岗位为例，对表 3 所示的核心职业能力运营数据采集 A4、竞争对手和竞品运营情况采集 A5、运营数据分析 A64 进行分项说明。

近十年我国职业教育研究的
特点、问题和趋势

孔巧丽[①]

（广州番禺职业技术学院　高职教育研究所　广东　广州　511483）

摘要： 分析近十年（2011—2020 年）全国教育科学规划职业教育课题立项的基本特点、主要特征和未来发展趋势，发现我国职业教育研究呈现出良好的发展势头，立项数量和立项率整体上呈现出波浪式上升，立项类别分布广泛，研究单位和主体多元化、高等学校成为研究主力，立项地域覆盖面广、华东和华北地区研究实力突出，研究主题广而集中、聚焦人才培养和国家重大发展战略。

关键词： 职业教育研究；立项课题；统计分析；研究趋势

---

① 作者简介：孔巧丽（1983—），女，河南兰考人，硕士，助理研究员，研究方向：职业教育管理。

基金项目：广东省普通高校特色创新类项目"人工智能时代高职教育的定位、功能和变革"（2019GWTSCX070；主持人：樊明成）。

一、近十年我国职业教育研究的基本情况

1. 课题立项数量和立项率呈现波动提升，研究形势大好

近十年我国职业教育研究的整体情况可以用立项数量和立项率两个维度来反映。立项数量可以直观反映我国职业教育研究的基本状况和变化趋势。由图1可知，2011—2020年，全国教育科学规划课题职业教育课题共立项489项，立项数量整体呈现上升趋势，"十二五"期间立项208项，"十三五"期立项281项，同比增长35.96%。具体在不同年份又呈现出小幅下降情况，比如"十二五"期间呈现上升、下降、上升、下降的情况，2013年30项是最低，"十三五"开局年大获丰收，达到60项，接下来呈现小幅下降、上升、下降的情形。立项率为职业教育课题占全国教育科学规划课题立项总数之比，可以反映职业教育课题的变化趋势及在全国教育科学规划立项课题中的重要程度。

2. 课题立项类别分布逐步广泛，研究潜力无限

立项类别按照国家招标课题、国家重大课题（2015年新增）、国家重点课题、国家青年课题、西部项目（2018年新增）、教育部重点课题和教育部青年课题划分。分析职业教育课题的立项类别、各类别占职业教育立项总数之比、各类别占全部学科同类别立项数之比，在一定程度上可以反映出职业教育类课题的研究广度和研究水平。由表1可以看出，近十年全国教育科学规划立项的489项职业教育课题，分布在国家重大、国家重点（含招标）、国家一般、国家青年、西部项目、教育部重点和教育部青年课题等全部立项类别中，立项数分别为1项、6项、131项、36项、6项、215项、94项。国家级课题立项中总数为180项，占职业教育类立项总数的36.81%，占比最高的是国家一般课题，为26.79%。教育部课题立项数为309项，占职业教育类立项总数的63.19%，占比最高的是教育部重点课题，为43.97%。

3. 课题立项单位不断多元，高等院校成研究主体

对近十年立项的489项全国教育科学规划职业教育课题立项单位所隶属系统进行统计，发现课题立项单位分布十分多元，具体涉及普通高等学校、职业高等学校、科研院所、教育行政部门和中职学校，其中普通高等学校包含"双一流"高校（包括"双一流"高校和"双一流"专业高校）、地方普通高校和职业技术师范院校，职业高等学校包含职业本科院校、"双高"院校（包括高水平高职院校和高水平专业高职院校）和普通高职院校。立项单位排在前三名的是地方高等学校、普通高职院校和"双高"院校，立项数分别为124项、102项和96项，立项率分别为25.36%、20.86%和19.63%。普通高等学校和职业高等学校立项数分别是220项和200项，占比分别为44.99%和40.9%，二者之和占比达85.89%，是全国教育科学规划职业教育课题立项单位的主力军。

二、近十年我国职业教育研究的现实问题

1. 职业教育课题整体立项级别较低，青年群体研究力量薄弱

近十年立项的 489 项职业类课题中，立项级别涵盖国家重大、国家重点、国家一般、国家青年、西部项目、教育部重点和教育部青年等类别。其中立项率最高的是教育部重点课题，占比达到 43.97%，其次为国家一般、教育部青年、国家一般、国家重点、西部项目和国家重大。教育部重点和教育部青年之和占比高达 63.19%，总体呈现出立项级别较低的情况。国家青年和教育部青年占比分别为 7.36% 和 19.22%，二者之和为 26.58%，青年研究群体力量较为薄弱。

2. 职业教育课题立项单位分化明显，职业院校研究力量分散

近十年立项的职业教育类课题隶属单位分化比较明显，普通高等学校和职业高等学校立项数分别是 220 项和 200 项，占比分别为 44.99% 和 40.9%，二者之和占比达 85.89%，是全国教育科学规划职业教育课题立项单位的主力军，相比 2011—2016 年之间全国教育科学规划职业教育课题的立项情况，高职院校的立项数量和占比明显提升。科研院所、教育行政部门和中职学校等单位立项率较低，在当前职业教育更多依靠政策导向的大背景下，科研院所和教育行政部门研究的弱势明显让职业教育的改革发展缺少话语权。

3. 职业教育课题研究区域分布呈现明显不均，省域差异较大

从地区划分来看，近十年职业教育课题的立项数量排在前三位的是华东地区、华北地区和华中地区，分别是 191 项、99 项、74 项，分别占职业教育立项总数量的 39.05%、20.25% 和 15.13%，三个地区立项之和占总立项数量的 74.43%，排在后面四位的依次是华南地区、西南地区、西北地区和东北地区，这四个区域的立项数量之和为 125 项，占比 25.57%，四个区域之和远少于华东地区。从省级行政单位来说，立项数量排在前五位的省份依次是江苏省、浙江省、天津市、北京市、湖南省，立项数量分别为 55 项、48 项、39 项、36 项和 36 项，五个地区的立项总数达 214 项，占职业教育总立项数的 43.76%，青海省、内蒙古自治区、甘肃省、海南省、宁夏回族自治区、云南省、西藏自治区、贵州省、安徽省、黑龙江和吉林省 11 个省（自治区）共立项 34 项，占总立项数的 6.95%。总之，不管是从地区划来看还是从省级行政划分来看，都存在明显的不均衡，各个地区和各个省份存在较大差异，这也说明了职业教育的科研与地区经济发展水平和职业教育发展水平密切相关。

3. 职业教育研究偏向政策热点领域，基本理论研究需要澄清重视

从近十年的研究高频词来看，产教融合、职业教育标准与评价、职业教育体系、职业教育治理和教师发展等都是职业教育政策中的热点和焦点，职业教育区域发展、农民工培训、职业教育扶贫等都是国家战略和社会热点问题，可见职业教育研究受政策导向和社会发展需要的左右比较明显。国家政策的强力牵引为职业教育的发展提供了前所未有的发展环境和资源支持，响应国家重大发展战略和社会

需求为职业教育发展增强了适应性和发展动力。然而，职业教育发展自身规律的一些问题，比如如何提高职业教育质量和吸引力、职教高考制度的改革、职业教育的历史传承与国际接轨等问题，本科层次职业教育发展逻辑及具体实践的诸多问题、职业教育的学科建设等深入探索职业教育本身发展规律的诸多问题，都需要加以研究澄清，引领职业教育的发展走向科学化、规范化和体系化。

三、我国职业教育研究的未来趋势

1. 支持重点群体：加大对青年研究群体的支持力度

近十年职业教育类课题的立项数量和立项率呈现波浪式整体上升的趋势，西部项目、教育部重点课题和教育部青年课题的立项率在同类别课题中立项率分别占到 13.04%，14.8% 和 12.53%，这说明国家、教育部对职业教育类研究的关注和重视，而国家重大、国家重点、国家一般和国家青年课题在同类别课题中占比普遍偏低，说明职业教育的研究实力有待进一步加强。国家青年课题和教育部青年课题立项数量在职业教育所有类别课题中立项率都是比较低，一方面说明在职业教育内部青年研究群体数量不足，需要加强对职业教育青年群体的培养，另一方面说明国家、教育部等课题管理部门对青年群体的关注和资助力度不够。

2. 协同研究单位：综合单位优势提升整体研究实力

通过分析近十年 489 项职业教育类立项课题，在立项单位的分析中，普通高等学校和职业高等学校立项数分别是 220 项和 200 项，占比分别为 44.99% 和 40.9%，形成了普通高等学校和职业高等学校势均力敌的两支重要研究力量。但是研究单位有 2 个的只有 1 项，即 2020 年立项的国家重大课题"职业教育类型特征及其与普通教育双轨制"，立项单位为北京电子科技职业学院和华东师范大学。由此可以看出，随着职业教育体系建设的加快完善，中职学校、高等职业院校、本科层次职业学校和普通高等学校、科研院所，甚至是行业企业单位的合作研究必然成为未来的重要研究趋势。

3. 拓展地域空间：利用地域特色强化不同区域合作

职业教育的课题立项数量和立项率和当地的经济发展水平、高校的数量、专业化的研究团队有密切的关系。华东地区的江苏、浙江，华北地区的北京、天津都是职业教育研究的重要地区，而西北地区、东北地区的研究实力就明显弱很多。各地区之间的经济水平和高教水平不可能快速消除，但教育作为阻断贫困代际传递的基础工程，尤其是职业教育作为与当地经济联系最为密切的教育类型，不可以因历史和现实原因不受到重视。西北地区、东北地区和西南地区有自己的地域特色和其他地区没有的产业优势，利用地域特色，加强不同区域的合作，互相取长补短。

4. 回归基本理论研究：凸显职教特点推动研究的科学化

职业技术教育学作为教育学的一个二级学科，需要构建起独特的理论体系，明确对"教/学什么""怎么教/学"及"谁来教/学"等的基本问题做出区别于其他二级学科的独特回答。纵观近十年职业教育立项的研究课题，职业教育在延续了人才培养、校企合作、专业和课程建设等基本问题研究的基础上，出现了比较明显的跟政策、追热点的现象，比如出现了大量的职业教育区域发展、农民工培训、职业教育扶贫等民众关注度比较高的问题，在职业教育研究上能及时反映该领域对国家重大战略和社会发展的需求，表现出与时俱进的倾向，这本身无可厚非，但是不能厚此薄彼，不能忽略了对反映职业教育本身发展的基本理论问题和重要研究内容的研究。

广东高职院校高质量发展：
机遇、挑战和治理机制优化

任岩岩[①]

（广州番禺职业技术学 广东 广州 511483）

摘要： 近年来，在国家的日益重视下，广东高职教育发展取得了一定的成绩，面临顶层政策持续供给、类型地位不断巩固、职教体系纵向贯通取得重大突破等新的机遇，和后示范时期需要探索和培养新发展动能、新发展阶段提出新的治理要求、百万扩招要求构建新的治理框架等一些新的挑战。要培育广东高职院校新发展动能，需要进一步优化传统治理模式，完善和落实以章程为统领的制度体系，加强利益相关方共同参与的多元共治，以现代信息技术赋能高职院校治理，以治理效能促进高质量发展。

关键词： 高职院校；治理机制；优化路径

一、新形势下广东高职院校发展面临的机遇

1. 顶层设计为广东高职教育发展指明了方向

《国家职业教育改革实施方案》《关于实施中国特色高水平高职学校和专业

---

① 作者简介：任岩岩（1983—），男，安徽阜阳人，广州番禺职业技术学院党委办公室助理研究员，研究方向：高等职业教育。
基金项目：广州番禺职业技术学院教育教学改革项目"'提质培优'政策背景下高职院校治理能力提升路径研究"（项目编号：2021JG30）。

建设计划的意见》和《职业教育提质培优行动计划（2020—2023 年）》等政策的连续出台，进一步展示了政府大力发展职业教育的决心，为新时代高职教育发展规划了蓝图，指明了方向。2019 年 3 月，教育部、财政部印发《关于实施中国特色高水平高职学校和专业建设计划的意见》（教职成〔2019〕5 号），提出要集中力量建设一批引领改革、支撑发展、中国特色、世界水平的高职学校和专业群，带动职业教育持续深化改革，实现高质量发展。2020 年 9 月，教育部等多部门联合印发《职业教育提质培优行动计划（2020 ~ 2023 年）》（教职成〔2020〕7 号），提出要办好类型特色突出、公平有质量的职业教育，提质培优、以质图强，加快推进职业教育现代化，更好地支撑我国经济社会持续健康发展。

2. 职业教育类型地位得到确立并不断巩固

2019 年 1 月，《国家职业教育改革实施方案》（国发〔2019〕4 号）出台，进一步明确了职业教育与普通教育是两种不同的教育类型，具有同等重要的地位，提出"要把职业教育摆在教育改革创新和经济社会发展中更加突出的位置"。这一重要定位，有利于职业教育进一步探索和完善其独特的人才培养模式，更明晰自己在社会经济发展中的功能定位，对于摆正职业教育的地位，发挥职业教育服务社会和个体发展的作用，具有重要的实践意义。随后，《广东省职业教育"扩容、提质、强服务"三年行动计划（2019—2021 年）》印发，以提升人才培养质量，扩大高素质技术技能人才供给，增强服务经济社会发展能力。

3. 现代职业教育体系纵向贯通取得新突破

发展职业本科教育是建设高质量职业教育体的关键步骤。2021 年 1 月，教育部办公厅印发《本科层次职业教育专业设置管理办法》（教职成厅〔2021〕1 号）。办法的出台意味着经过多年论证，职业本科教育开始从研究试点转向了全面实践，对推进不同层次职业教育纵向贯通有机衔接和现代职业教育体系的完善是一次重大突破。

二、新形势下广东高职院校发展面临的挑战

1. 后示范时期需要探索和培养新的发展动能

经过近年来不断的项目引领和持续的政策供给，现代职业教育体系建设的稳步推进，特别是实施示范性高等职业院校建设计划后，高职教育发展迅速，为社会培养了大批技术技能人才，成绩较为显著。但在示范性高等职业院校建设计划之后，许多高职院校建设发展面临瓶颈亟待突破，发展动能不足。在"双高建设计划"和"提质培优行动计划"实施后，为保障高职教育高质量发展，需要继续探索和培育新的发展动能。

2. 高职教育新发展阶段提出新的治理要求

从前期的示范校建设、骨干校建设，再到优质校建设，许多院校在办学实力、教学质量、管理水平和社会服务能力等方面显著提升，有力地推动了高职教育事

业的快速发展，为提高劳动者素质、促进就业创业和推动经济社会发展作出了重要贡献。"双高建设计划"和"提质培优行动计划"的出台标志着高职教育进入到新的发展阶段，同时也对高职院校发展提出了新的要求。在给高职院校发展带来较好机遇的同时，也给高职院校治理能力现代化带来新的挑战。

3. 百万扩招要求高职院校构建新的治理框架

随着办学质量的稳步提升，高职教育服务发展、促进就业的办学方向进一步明确，在服务现代化经济体系建设和推动更高质量更充分就业方面作用更加突出。在此背景下，国家出台了"百万扩招"政策。2019年《政府工作报告》提出改革完善高职院校招生考试办法，"大规模扩招100万人"。2020年《政府工作报告》再次提出"高职院校扩招200万人"的工作任务。扩招计划科学分配，并重点布局在优质高职院校，广东高职院校勇担责任作贡献。"百万扩招"为缓解就业压力、推进人才供给改革发挥了重要作用，但在贯彻落实上对高职院校治理提出了新的挑战。扩招生源包括退役军人、农民工、下岗失业人员、新型职业农民等群体，生源结构更加复杂多元。因为不同生源在成长背景、学习基础、年龄阶段、认知特点等方面存在差异，相应的教学模式、管理模式等方面也需要变革适应。

三、广东高职院校高质量发展的治理机制优化路径

1. 加强领导干部能力建设优化决策机制

如何领导治理学校和发展教育事业，是高职院校领导能力建设的重要内容。美国政治社会学家伯恩斯认为，卓越的领导者能"激发追随者的需要，提升追随者的期望，并帮助追随者形成各种价值观念——由此动员起追随者的潜能。"因此，高职院校治理机制优化首先需要加强高素质专业化的领导干部队伍建设，提升领导班子办学治校、战略规划、科学决策、资源整合的能力，才能更好地保障国家各项教育政策的执行效果，比如在积极融入构建新发展格局方面。"加快构建以国内大循环为主体、国内国际双循环相互促进的新发展格局"，是以习近平同志为核心的党中央根据我国发展阶段和发展环境变化与时俱进作出的最新战略决策，为提升我国经济发展水平指明了方向。而对于职业教育特别是高等职业教育，在新发展阶段与产业和经济发展关系尤为密切。所以广东高职院校领导在谋划学校发展中要以敏锐的政治判断力、政治领悟力和政治执行力积极融入构建新发展格局中来，勇当职业教育改革发展的先行者、排头兵。

2. 完善和落实以章程为统领的制度体系

高校章程上承国家法律法规，下启学校内部治理，是高校自主运行及规范内外各种权力行使的法律框架文件、具有法律效力的办学治校总纲。作为依法治国在教育领域的具体落实，依法治校依章办学是高职院校推进提质培优工作的重要前提。在章程建设发布后，学校要根据发展环境变化及时修订完善，使章程与时俱进，具有较强的时代适应性。同时做好落实工作，强化章程执行力度，严格以章程为依据，制定内部管理制度和规范性文件，为高职院校治理体制机制的变革

提供强大驱动力，促进学校各项管理和办学实践更加制度化、科学化、规范化。

3. 加强利益相关方共同参与的多元共治

完善的学校治理结构是提升治理能力和治理水平的关键。新时代背景下，外部环境变化和自身发展的内在需求，要求高职院校治理机构实现协同一体。要着重建立和完善以理事会为代表的各利益相关方广泛参与的各类治理组织，充分发挥广东高职院校的大湾区资源优势，构建政校行企四方联动的外部治理格局，进一步深化产教融合校企合作，提升多元协同共治能力和水平。坚持和完善党委领导下的校长负责制，突出学校学术委员会的学术治理地位，建立职权明确、独立运行的学术管理体系和组织架构。进一步发挥教职工代表大会、学生代表大会、校友会的作用，构建多方广泛参与、渠道畅通的民主管理与监督模式，实现不同权力主体在学校治理中各自作用的充分发挥。深化落实学校层面的"放管服"改革，建立扁平化的管理层级结构，充分调动各方在学校发展建设中的积极性和主动性，协同推进内外部治理改革，进一步释放和激发学校办学活力。

4. 以现代信息技术赋能进行科学治理

随着大数据、云计算、物联网、区块链等技术应用不断推进，广东高职院校的治理方式也要顺应信息技术发展紧跟技术革新的步伐与时俱进，以信息技术助推治理能力提升。在今年印发的《教育部关于加强新时代教育管理信息化工作的通知》中，对教育信息化工作提出了明确要求，要"以数据为驱动力，利用新一代信息技术提升教育管理数字化、网络化、智能化水平，推动教育决策由经验驱动向数据驱动转变、教育管理由单向管理向协同治理转变、教育服务由被动响应向主动服务转变，以信息化支撑教育治理体系和治理能力现代化。"

"双高"背景下广东高职教育资源配置的困境与优化策略

李存园①

（中山火炬职业技术学院　广东　中山　528436）

摘要： "双高"建设已经成为高职教育高质量发展的重要引擎。高效的资源配置是提升人才培养质量，推动高职教育高质量发展的重要保障。广东省高职教育资源配置存在高职院校分布广，优质院校集聚效应明显、专业设置与产业发展的动态匹配度偏低、"双师型"教师稳步提升，办学条件不断改善。同时，广东高职教育面临优质资源整体分布不均、资源配置协作程度不高、区域资源共享机制不畅等困境。从双高建设的基本要求出发，结合广东高职教育资源配置的现状，提出精准定位，走错位发展道路、转型升级，建立动态调整机制、统筹协作，搭建优质资源共享平台等优化策略，加快推进广东高职院校的双高建设，助力高职教育现代化发展。

关键词： 高职教育；资源配置；双高建设；粤港澳大湾区

一、问题的提出

高职教育资源配置优化问题已经得到学者的关注和重视，研究的主要问题集中在三个方面，一是高职教育资源与区域发展的互动关系；高职教育能够有效推动区域经济高质量发展已经成为本领域的共识，早在 1974 年，Becker 已经提出校企合作能够有效提升学校与企业之间的互动，促进技术技能人才转化为固定生产要素，且成为生产要素中最具能动性、创造性的生产要素。二是高职教育资源配置的优化；关于高职教育有效的资源配置是发挥高职教育服务区域经济社会发展的主要途径之一，如学者丁金昌（2013）认为高职院校专业建设是高职院校与区域经济发展的重要内容，是高职教育资源配置的重要抓手。三是高职教育资源配置效率问题，如学者王伟（2017）年通过投入产出指标构建，分析发现职业教育配置效率存在空间依靠性，其中经济实力和经费投入是配置效率的重要影响因素。从整体来看，高职教育资源配置研究集中在专业设置方面，对资源整体状况、优

---

① 作者简介：李存园（1989—），女，河南安阳人，中山火炬职业技术学院职教研究所，硕士，研究方向为职业教育管理。

基金："双高计划"下广东高职院校高水平专业群协同发展机制研究 广东省普通高校青年创新人才项目（2020WQNCX207）。

质资源分布以及区域特色的研究较少。因此，基于广东"双高"建设和提质培优行动计划的背景，聚焦高职教育资源配置的困境与优化策略开展研究，进一步发挥区域协同作用，促进广东高职教育实现高质量发展。

二、"双高"背景下广东高职教育资源配置现状分析

1. 高职院校分布广，优质院校聚集效应明显

广东省有 21 个地级市，目前高职院校有 88 所，每个城市均有设置，平均每个城市 4.2 所，其中广州有 46 所是最多的城市，河源、韶关等城市仅有 1 所，表明广东高职院校整体分布差异明显。就优质高职院校而言，广东一流高职院校有18 所，全部分布在珠三角地区，其中广州 10 所，深圳 2 所，佛山 2 所，中山 2 所，珠海和东莞各 1 所。"双高"建设院校共有 14 所，其中广州 8 所，深圳 2 所 东莞 1 所，佛山 1 所，珠海 1 所、中山 1 所。广州作为省会城市政治、经济、文化、科技、交通、历史等方面均具有明显优势，高职院校数量占据半壁江山，其中优质院校，如一流高职院校、"双高"建设院校等分布数量也最多。因此，高职院校在城市分布凸显了珠三角的集聚效应，在院校数量规模上，出现省会城市一家独大的现象，区域效应聚集明显，主要分布在珠三角经济发达地区，优质教育资源也呈现明显的集聚效应。这与粤港澳大湾区建设，推动区域一体化发展的战略目标相适应，与高职教育服务区域经济发展的战略定位相吻合。

2. 专业资源与产业发展的动态匹配度偏低

专业是高职院校与区域经济发展联系的重要抓手，是高职教育人才供给质量和结构的重要保障。产业是区域经济空间形态的重要表征。从广东整体的院校布局上看高职院校主要集中在珠三角地区，其中广州、深圳、佛山等地密度最大，因此可以从珠三角地区高职院校专业设置与产业结构匹配的程度分析广东高职院校专业资源配置与产业发展的状况。从珠三角城市的产业布局来看，产业基本形成了"三二一"的产业格局，其中第三产业的比重最大，这与国家发展现代产业的要求一致。深圳的产业特点是第三产业比较极高，以互联网、人工智能、大数据等知识密集型产业为主。佛山、中山、珠海三市以装备制造、生物医药、电子加工等技术密集型产业为主。广州由于历史、政治和区位影响，产业布局较为均衡。而根据高等职业教育年报数据显示，广东高职院校专业结构和规模中，财经商贸类和电子信息类规模最大，最小规模专业类别是水利类。这与粤港澳大湾区产业规划，要重点发展先进制造业、培育壮大新兴产业、构建现代产业体系的要求不符。高职院校专业建设资源设置上存在专业同质化、结构调整滞后、缺乏专业资源调配机制等问题。

3. "双师型"教师稳步提升，办学条件不断改善

办学资源是高职院校发展的前提条件，也是院校发展的外显表现，在一定程度上映射出院校的办学能力。根据 2021 年广东省质量年报显示，广东省教师规模在逐年提升，其中专业教师中"双师型"教师的比例中位数从 2018 年的 59.19%

提升至 2021 年的 66.7%，高于全国水平的 56.36% 和 54.42%。其中博士学位中位数为 11.5，远高于全国中位数 3。高职教育师资队伍质量较高。同时高职院校的办学条件中校园建筑、实训工位数、多媒体教室等各项指标稳步增长，为高职教育人才培养质量提供良好的物质保障。

三、"双高"背景下广东高职教育资源配置的困境

1. 优质资源整体分布不均

从广东高职院校整体分布状况来看，50% 以上的高职院校集中在广州省会城市，70% 以上集中在珠三角地区。对于优质教育资源来说，集聚效应明显，主要集中在珠三角地区，如广东 18 所一流院校、14 所双高院校均在珠三角地区，对于粤东西北地区，如河源、汕尾、揭阳、韶关等地，高职院校数量较少、优质教育资源基本没有涉及，对高职教育人才培养对区域贡献度产生负效应。同时优质高职教育涉及的师资队伍、生源质量、教学质量、社会声誉、企业评价等方面明显优于一般类高职院校，集聚效应更加明显，对于欠发达地区而言，对优质高职教育资源的需求更加迫切。优质高职教育资源的取得会形成更大压力，影响欠发达地区的经济发展。因此，从高职院校资源分布上看，广东高职院校区域差异显著，优质高职资源的分布不均，集聚效应明显。

2. 资源配置协作程度不高

粤港澳大湾区战略和深圳社会主义先行示范区即"双区"战略不断推进和深化，粤澳合作协议已经落地等等政策制度以支持珠三角地区，包括港澳地区朝着更强的方向发展。随之高职教育资源在区域协商上产生了对接不畅、统筹困难的状况，主要表现在两个方面，一是高职教育资源区域之间发展协作不力、各自为政，资源分散，缺乏统筹协调机制，如职业教育校企合作平台、师资流通政策、财税政策等等产生了行政屏障。二是专业资源同质化，缺乏调整机制。专业设置要考虑区域产业特点，具有一定的超前性，通过自身的机制调整，满足区域经济发展需求。

3. 区域资源共享机制不畅

广东高职教育空间布局的总体情况上看，主要集中在珠三角地区、粤东西北地区高职教育资源总量少、资源质量不高。区域分布差异显著。而高职教育是区域发展重要人力资源保障，能有效解决人才供应短缺问题。目前广东一体化建设的进程不断加快，高职教育内部资源分布不均、共享机制不健全成为粤东西北地区承接产业转移的重要障碍之一。主要表现在两个方面，一是硬件条件建设同质化，缺乏共享机制，如高职教育重要的实践基地和实习基地，产教融合教学平台、专业实验室等建设和维护成本较高，对于统一类型或是同一专业群的建设可以实现共建共享，提高硬件资源的使用率。二是对软件条件建设方面，缺乏政策支持，如在师资互聘，学分互认、线上课程资源贡献方面缺少制度保障。优质高职教育资源的服务贡献度的重要性不言而喻，广东地区优质的高职教育资源的共享共建机制尚未形成，加剧区域之间高职教育资源配置的不平衡。

三、"双高"背景下广东高职教育资源配置优化策略

1. 精准定位，走错位发展道路

要促进广东一体化发展需要避免陷入同质化发展的误区。产业发展是高职教育发展的重要基础，建设优质高职教育资源、形成高职教育品牌，需明确区域产业特点，走类型化、特色化、错位发展道路。同时树立共建、共商、共享的发展理念，促进广东高职教育形成高质量发展的态势。广东地区区域发展差异显著，要坚定走错位发展的高职教育发展道路，就必须明确产业布局，从高职教育产教融合、校企合作、人才培养、质量保障、课程建设、师资建设等方面建立统筹机制，发挥政府的宏观指导作用，转变角色，打破行政制度壁垒，统筹规划全省高职教育资源，形成规模适宜、结构合理、资源配置高效的现代化发展格局。

2. 转型升级，建立动态调整机制

粤港澳大湾区的建设产业结构清晰，同时广东产业处于转型升级的关键阶段，产业结构的调整必然要求专业结构的变化，以产业发展相适应。针对广东高职教育中专业结构不合理、同质化、滞后性等问题，应相应的建立专业设置的增设机制、优化机制、退出机制、预警机制等，形成动态的专业调控体系。同时，政府根据产业规划和布局特点，引导有条件、同质化的职业学校合并重组。整合一批专业设置相近的学校，或分别整建制并入有一定历史渊源和可衔接专业的高职学院，优先选择并入优质高职院校，同时实施对口帮扶，对粤东西北地区相同或相近的专业进行对口帮扶共享优质专业教学资源。

3. 统筹协作，搭建优质资源共享平台

广东省应立足区域比较优势、发挥粤港澳大湾区、社会主义先行示范区等重大国家战略的优势，保证区域发展特色的基础上，梳理共建共商共享高职教育资源配置理念，搭建高质量平台，主动服务产业，促进区域经济的一体化发展。一是建立完善的资源共享联动机制，从顶层设计层面，形成资源共建共享的制度体系；二是着力深化产教融合一体化发展，以产教融合平台建设为纽带，重点建设先进制造业、现代服务业、战略性新兴产业等校企合作职教集团，构建理事协商、共同研讨机制，分专项领域一体化对接区域产业发展和需求，建立广东技术技能人才培养精准供需对接、应用协同创新发展和校企合作共赢体系，着力推进高职教育更高水平的协作开放，构建产教融合创新发展示范区。

发展史观照下的集团化办学治理新路径

孙圣勇　周志武

（广东水利电力职业技术学院）

摘要： 各地职教集团化办学实践表明，其性质和法律地位模糊和社会政策有待进一步完善是集团化办学发展出现问题的主要原因。文章总结了曹妃甸等集团化办学的发展特色，采用治理理论工具进行研究，发现当前集团化办学与《教育部关于深入推进职业教育集团化办学的意见》和2021年全国职业教育大会精神存在较大差距。因此，在集团化办学下一步的工作中，必须优先开展办学方向与理念等五项治理。

关键词： 集团化办学；问题；原因；特色；治理

一、集团化办学的新内涵

随着我国经济体制改革和增长方式转变，职教集团化办学应运而生并迅猛发展。职教集团化办学是指多个优势互补的独立法人主体，以某种形成的纽带相联结，以集团章程为共同行为规范，以人才培养作为共同利益，以服务经济和社会发展为宗旨，整合政府、行业、企业、科研院所、职业院校各方面力量，而进行的集约化、规模化的多赢的职业教育办学行为，它是政府的一种教育宏观管理战略，它是职业院校的一种策略选择。通过集团化办学，职业教育资源得以整合，职业教育布局得以优化，企业、行业和社会力量办职教的积极性得以提高，多元主体办学格局顺势而生，规模优势作用展现，优质职教资源得以扩大，校企合作、城乡合作、区域合作、中高职关系也得以重构。

由此，集团化办学特征可以综合成以下几点：一是主体多元性。多元主体整合聚集，多元教育主体参与到职教中来，不同主体在职教中发挥独特的资源优势。二是资源共享性。不同的参与主体统筹起来后实现资源共享、优势互补和优势聚集，打破"孤掌难鸣"尴尬，形成强大合力，提升整体竞争力。三是管理协同性。牵头单位、成员院校、成员企业、行业协会、科研院所以及政府部门在集团中运行权利和义务，联合联动，发挥作用，有效运作。四是模式多样性。各个地区的社会经济和职教发展状况不同，可以形成区域型职教集团、行业型职教集团、复合型职教集团、特色型职教集团、涉外型职教集团等。五是利益共赢性。多层次、多样化的合作后的院校得到必要的支持，企业优先获得优质人力资源。

二、集团化办学发展特色概述

我国地方政府积极推进集团化办学是深化教育领域改革的重要举措。我国探索集团化办学，有特色，效果显著。

一是曹妃甸工业特色。河北省曹妃甸工业职教集团推行例会制度、议事规则，形成校企合作决策、协调和评估机制。理事会下设企业行家咨询委员会、专业建设委员会、校企一体管委会、中高衔接委员会。二是江苏商贸特色。江苏商贸职教集团探索出项目运行形式，理事会定年度项目，校企共同建立项目小组，以项目为平台，围绕项目开展合作，特定任务打包成项目，突破单位制的束缚。项目由理事会立项，实行项目经理负责制。三是企业法人特色。参与主体筹建公司企业，组建实体性职教集团，公司企业对外承担责任。各主体分别以出资额承担责任。依《公司法》由股东会、董事会、监事会负责行使权利、承担责任。由政府、企业、院校、科研院所、社会组织以契约合同的方式出资组建公司企业并参与集团活动。股东权利行使依公司法律和公司章程规定，各方利益在公司运作中实现。四是青岛西海岸"双法人"特色。理事会设企业法人和事业法人。企业法人配合事业法人完成学历教育，整合事业法人的校舍、设备、师生资源。事业法人完成学历教育，依托企业法人开展实训、成果转化。主要是靠基地建设推动集团运行，这些基地包括软件外包实训基地、与企业共建生产性实训基地、大学生创业培训基地、高端养老和家政护理实训基地和中德职业教育实训基地。五是事业单位法人特色。集团报事业单位登记管理机关核准，属事业编制，多家院校组建，产权国有，企业、行业、科研机构以松散形式参与集团运作，院校由教育行政部门管理，有效整合区域内的院校资源，扩大规模，增强实力。

三、集团化办学发展存在问题及原因

学术界对职教集团化办学的理论研究成果颇多，但存在对职教集团基本理论问题涉足不深等问题。尽管各省都展开了集团化办学，但是在进程中发展遇到不少问题。一是集团化办学性质和法律地位模糊，社会政策有待进一步完善。二是集团成员之间纽带松散，缺乏深度合作。三是组织架构随意设置，治理结构科学性有待进一步提高。四是内部管理制度松软，科学运行机制有待进一步完善。五是合作效果不尽人意，合作层次浅，行业企业参与度低，合作力度不够，缺乏长效机制，驱动无合力，合作平台不规范，合作制度环境差。

集团化办学发展之所以出现上述问题，原因是多方面的。一是成员行为动机各不相同。二是集团活动具有较大的不确定性。三是集团活动协调需要付出较高成本。三是专款专用没有预算投资。四是投入体制、资产管理体制、人事制度体制、组织形式等现实问题造成操作困难。

四、集团化办学的治理新路

1. 办学方向治理

加快集团化办学发展要坚持党的领导，坚持正确的办学方向，更好地落实立德树人任务，为党育人，为国育才。集团化办学要把培养拥护党的领导和社会主义制度的高素质技术技能人才作为根本使命。具体来说，就是要把立德树人贯穿到集团化办学的全过程，把立德树人成效作为检验集团化办学的标准，五育并举，德育首位，德技并修，工学结合，把职业精神融入职业技能。

2. 办学理念治理

集团化办学的新理念是共同治理理念和契约治理理念。共同治理理念即共同定目标、共同培人才、共同创价值、共同决策和共同发展。共同治理理念简称共治理念，它已成为美国大学内部决策权力分配的重要原则。贯彻这一理念要建立健全集团成员共同参与的制度体系、组织结构、激励与约束、议事规程等运行框架。契约治理理念即在市场机制条件下，集团成员关系是契约组合。契约是协议，对特定事项、行为担负责任，是集团活动协调机制。契约治理直接作用于项目治理绩效。确立两大新理念便于统一多元主体的价值观和发展目标，形成多元产权的核心利益链，便于统筹核心成员和边缘成员的利益分配，形成集团发展的内生新动力。

3. 体制机制治理

集团化办学建立起体制教育从而促进教育事业的发展和壮大，也就是说，加快集团化办学发展，务必深化职教体制机制改革，夯实发展保障基础。纵向贯通，横向融通。纵向打通职业类中专、专科、本科乃至研究生教育渠道，横向加强职教、继教、普教协调发展，打通职校毕业生成才通道，形成政企社促进职业发展合力。政府落实职责，做好规划，定好政策，统筹资源，加强引导，营造人人皆可成才、人人尽展其才的新环境，使全社会更加尊重职教、发展职教。

4. 办学定位治理

类型化是职教发展趋势，但是集团化办学普遍面临发展定位虚化等现实困境。职教类型定位是坚持开放办学，产教融合，校企合作，改革育人方式和办学模式。发挥教育评价的作用，遵循类型教育规律，服务发展，促进就业，面向国家、区域和行业需求找准集团化办学定位，走差异化、特色化发展之路，紧紧围绕产业升级和技术进步，实现专业升级和数字化改造，推进三教改革，形成中国特色学徒制和复合型双创人才培养的集团化办学模式，实现高质量发展需要的教育链、人才链与创新链、产业链的有效挂接。

5. 办学战略治理

职教集团化办学是改革和发展职教的重要战略。现代集团化办学是推进制造大国向制造强国转变、中国制造向中国创造转变的教育基础，是巩固脱贫成果，助力乡村振兴的教育手段，是数以万计有梦青年的圆梦教育平台。不仅是职教问题，而且是国家新战略，前途广阔，必将大有可为，大有作为。确保新战略实施，新理事会按照龙头大企业出任理事长、校方副理事长，企业人数多于校方的原则安排，保证企业对共同体的"主体发言权"和责任担当。新战略要创造师资共同体互补机制，建立校企"专业负责双人制"，实现双方"身份互认、角色互通"。新战略要培育专业共同体建设机制。企业提出最新岗位需求、标准和人才培养方向，增设专业和课程体系，共同组建课程开发团队。新战略要营造产学研共同体创新机制，建合作培训中心、合作研发平台、合作生产项目。新战略还建立资源共同体互助机制，企业资源和专业设置对接。

"互联网＋教学"的混合式教学探索与实践

汪　治[①]

（广东新安职业技术学院　广东　深圳　508022）

摘要： 互联网＋教学是信息化发展的必然趋势，根据现代教育信息技术应用与课程教学深度融合的要求，在学习理论的指导下，对高职院校经济学基础与应用课程，探索设计并实施了以问题导向的课程模式、翻转课堂的教学模式和移动混合式教学方式的"三位一体、三段协同"的教学方案。通过教学方案的实践，对实践的成效进行了分析，得到的结论是，对理论课程采用"三位一体、三段协同"教学方案并设计好实施的环节与策略，可以有效改变学生的学习行为、提升课程学习的成效。

关键词： 互联网＋教学；探索实践；"三位一体、三段协同"；成效分析

一、高职院校学生的学习困难与问题

对于高职院校的学生，整体认知水平偏低、学习行为与学习习惯不良，由于缺乏从事职业工作的体验和经历，对工作领域和工作内容不了解，所以在专业理论课程的知识学习上，他们无法深刻的理解理论知识的概念与意义，以及在解决实际问题中如何的应用。

高职学生相对而言他们的形象思维强于逻辑思维，对于理论性的课程，他们不喜欢也听不懂教师总是抽象地讲理论知识，既不积极参与教学活动，又不善于

---

①　作者简介：汪治 1958 年 1 月，男，安徽徽州，广东新安职业技术学院副院长、教授 管理学硕士 研究方向：职业教育管理与教学研究。

基金项目：中国职业技术教育学会信息化工作委员会 2020 年度职业教育信息化建设研究课题《基于云班课的现代混合式教学的学习行为分析与学习效果评估研究》（课题编号 XXHJS20—0018）。

总结和归纳，课堂上的注意力也时常分散。在传统的教学活动中，教师课前布置的知识预习，学生根本不理会，课堂上学生对要学习的内容毫无准备；教师组织的教学活动学生整体参与度很低，难以组织实现让学生实质性的全员参与学习活动，成为个别学生的学习活动；知识的测验无法在课堂上及时有效的反馈；这样的学习状况，学生基本上是没有留下什么知识的印象和记忆，更没有学习能力的培养和应用知识解决问题的训练，学生的不良学习行为与学习习惯也得不到有效的改善。

由于不能把所学习的理论知识联系与应用于实际，知识点的学习基本上又是一次性的、缺少反复，导致非常易遗忘，这是符合戴尔的学习金字塔理论的结论。所以虽然根据职业教育的要求、实践工作的需要与学生的实际能力，在理论课程的内容和要求上做出了较大的调整，但是，在传统的教学模式下，学生依然学的非常的吃力甚至是痛苦，实际的教学效果很差。

当然存在的这些困难与问题，并不全部是学生的问题，虽然他们不善学、不会学，甚至不好好学，但是根据麦可思公司的数据调查，高职学生对教学不满意的原因主要包括，无法调动学生的学习兴趣、课堂上让学生参与不够、课程内容不适应和陈旧、课程考核方式不合理，说明作为教师肯定也存在理念落后、观念陈旧、方式方法手段传统的问题；课堂上没有多少时间能够组织开展讨论交流活动。所以，这里既有学生的问题，也有教师的问题以及技术手段的问题。

二、"三位一体、三段协同"课程教学方案的设计

1. 基础理论课程教学的"三位一体、三段协同"方案设计

基于上述的问题导向，理论课程的特点，本方案的设计采用以问题导向的课程模式、合作性学习小组"翻转课堂"的教学模式和实施移动混合式教学方式，课前、课中、课后教学内容与教学活动有机协同的"三位一体、三段协同"的课程教学方案。

（1）基于问题导向的课程模式。主要是通过课前布置基于问题的学习任务、课上讨论解决现实问题、课后完成基于问题的大作业，来开展课程的教学活动。通过在学习任务、讨论解决问题、完成大作业的过程中，实现对知识的记忆，理解、应用。其作用是改变传统的知识学习方式以及仅仅侧重知识的学习，通过基于问题的学习，来引入知识的学习，通过解决现实问题培养应用知识的能力与方法。

（2）翻转课堂的教学模式。在实施翻转课堂时这里需要强调的是，课前并不能按照普通教育学科体系的翻转课堂单纯进行知识学习，直接布置新知识点的学习任务，直接发布关于讲授知识点的微课让学生看。对于职业教育的学生，课前应该布置的是基于问题的学习任务，以及发布启发引导学生学习的具有情景的视频和背景学习材料，让学生通过看这样的视频、材料和完成基于问题的学习任务去产生探究新知识的意愿和对解释不了问题的疑惑，促进学生的学习和思考。期间主要是以合作性学习小组的形式，通过小组的讨论、交流，合作学习，共同完成学习任务，促使学生能够带着思考、带着疑惑有准备的进入课堂。

（3）移动混合式的教学方式。基于移动课程教学云平台实施"小规模限制性

混合式教学课程（SPBTC）"的移动混合式教学方式。教师基于移动课程教学云平台开发出自己的慕课SPBTC，准备好基本的学习资源和学习活动，每一次课通过移动课程教学云平台，课前为学生推送相关的学习任务、微课、视频、阅读材料，组织学生线上讨论交流、线上测验等。

2. "三位一体、三段协同"课程教学方案教学实施过程设计

教学环节主要设计为：引导—做学—议论—点评—精讲—训练—评估7个环节。

（1）引导：课前根据学习目标，创设情境，提出基本性的问题，在线布置学习任务，并在线上开展辅导答疑、测验；

（2）做学：课前让学生以合作性学习小组带着问题做，通过看教材、看视频和参考资料、线上线下讨论等方式自主学习、探究学习，初步掌握知识、应用知识，解决问题，通过线上的测验或讨论了解学习的效果和存在的问题；

（3）交流：课上学生以小组为单位进行完成的学习任务的展示、汇报、讨论；

（4）点评：课上根据小组展示、汇报、讨论的交流情况，进行提问、质疑、点拨、一对一交流，对学生学习情况进行诊断和指导；期间也可以根据事先的安排运用移动课程教学云平台发起各种学习活动；

（5）精讲：课上根据学生对新知识的理解、掌握和应用的学习任务完成情况，进行有针对性、补充性、拓展性、总结性的讲授；

（6）训练：课上和课后再提出一些提升性的问题、推送学习资源，进行进一步的线上线下讨论和作业练习，强化知识的应用与问题解决，进行线上的阶段测验；

（7）评估：课上和课后对整个课堂内外的学习过程进行个人和小组的线上线下评价。

这个教学实施的过程，实现了教与学的个别化和差异化，体现了主动、合作、探究为特征的新型教与学方式。

三、"三位一体、三段协同"课程教学方案实施的成效分析

期末考试成绩平均提高了8个百分点，90分以上高分的学生，原来一个班只有1—2个，现在达到6—7人，40—50分数段的学生明显减少，上移到50—60分数段。

对这个结果的分析判断是，基于SPBTC开展移动混合式教学，更加符合理论知识教学的规律。首先，提供了更丰富的各类学习资源，提供了学习的背景材料，特别是微课和视频，学生喜欢看，促进对知识的理解和掌握。课程调查显示，通过看学习资源里的微课，27.27%的学生基本都可以看懂，收获大；66.67%的学生能部分看懂，有一定的收获。其次，实现了对学生学习过程的全程的跟踪记录，并生成形成性过程成绩，而这部分成绩要占总成绩的60%，从而提高了全体学生的参与度。课程调查数据显示，各种教学活动的平均参与度达到70%，对推送的学习资源基本上都看的超过42%，选择性看的超过54%，这在以前是不可想象的，改变了以往只能个别人或只有少数人参与的局面，也促进了学生对学习过程的重视。第三，采取经常的课堂小测验和阶段测验，马上出结果，学生既积极

参与，又可以实时看到结果，并及时地得到老师对错误点的反馈或自我纠正错误，加深了对知识和分析思路的理解与掌握。课程调查数据显示，你认为每个学习单元学习完成后的测验，对促进你对基本知识的掌握很有帮助的占76%，有帮助的占24%；有近73%的学生，会及时查看测验结果，并反思和纠正错误。第四，在课堂上每隔一段时间（15分钟左右）就开展一个线上活动，可以把学生分散的注意力又拉了回来。第五，既有在线的个人学习，又有在线的集体学习，通过讨论、作业的相互批改，可以互相地学习和分享、相互的促进。课程问卷调查显示，对于同学相互批改作业，非常喜欢的达到9%，喜欢的超过66%。

基于 CDPSE 国际认证标准的
数据隐私保护微专业构建研究

欧阳国军 赵艳玲①

（广东农工商职业技术学院计算机学院 广东 广州 510507）

摘要： 数据隐私保护微专业是以隐私数据和信息安全融合为研究方向，是典型的复合型新兴专业。各种法律和监管要求的执行，政府部门、企事业单位对数据隐私保护人才的需求非常迫切。充分考虑数据隐私保护专业特性，对数据隐私保护微专业的构建模式进行了探讨。通过对数据隐私保护微专业人才培养模式的构建，所学内容以职业和能力发展为导向，走产教融合道路，与国际标准接轨，学生能够在较短时间内掌握数据隐私保护技能，获得CDPSE认证，快速增强学习者的就业能力。

关键词： 微专业；数据隐私保护；CDPSE认证；专业构建

① 作者简介：欧阳国军（1964—），男，湖南宁远人，硕士，副教授，从事网络通信、信息安全教学和科研。
基金项目：教育部科技发展中心"云数融合 科教创新"基金资助课题（课题编号：2018B03009）；广东省第一批省高职院校高水平专业群建设（立项编号：GSPZYQ2020087）；广东省高职院校产教融合创新平台—数字媒体应用技术产教融合创新平台（项目编号：2020CJPT009）。

一、微专业培养模式

"微专业"这一概念最早是由美国 MOOC 平台 EDX 提出，2013 年 9 月，该平台推出"XSeries"（X 系列课程），定位于以职业为导向的大众化领域，学习系列课程后可获得认证证书。2014 年 1 月，Coursera 平台推出掌握特定领域专业技能的专项课程，强调专业技能与实践性，学习者参加毕业项目，可以获得认证证书。2014 年 6 月，Udacity 与 IT 科技企业共同研发"Nanodegrees"职业技能认证项目，学习者学习企业提供的与某职业岗位高度相关的课程，获得认证证书。

2015 年 4 月，网易云课堂推出《前端开发工程师》等 3 个微专业课程，是国内最早开设"微专业"的机构。网易云课堂将微专业定位于"针对职业岗位的体系化培训课程"，由多门结构清晰、逻辑严密的 MOOC 课程构成完整严谨的教学内容，为学员提供了一系列前沿、实用、专业的课程，直击就业痛点，行业专家亲授，企业真实案例实践，助学员成为企业关键性人才。目前，中国大学 MOOC、学堂在线等在线教育平台也开设了微专业，山东大学、华东理工大学、中南大学、同济大学和浙江财经大学等高校也根据各校实际情况与社会需求相继开设了"微专业"课程。

综合国内外微专业开设的现状，微专业的特点是：借助全社会优势资源的整合，整合高校、用人单位、社会机构和高级人才的优势，结合企业实际职业生涯项目的实践，培养适应社会需要的人才。"微专业"培养模式特征如下：

第一，专业内容以职业岗位和技能发展为导向。"微专业"根据社会需求，从市场和就业导向角度展开教学，以提升学员的实际操作能力和技能为最终目的，解决高校正常专业教育覆盖不到的新技术、新职业、新岗位的矛盾。

第二，专业课程体系性强。"微专业"由系列课程构成专业完整体系，保证学习者能够通过课程学习到完整的知识和技能，课程包含强实践项目，并且与企业接轨，与企业的人才需求相对接。从掌握某一知识点或技能角度出发，以半年或一年为授课期，选取某一领域内核心的 3—10 门课程，学员能够在较短时间内掌握某项技能，针对性较强。

第三，专业课程体现校企融合。由平台、企业、高校和行业专家共同参与设计和建设"微专业"的课程，内容以高校课程为基础，加大企业实战演练和实践项目的比重，体现了职业和能力发展的需求。

第四，具有专业认证机制。学员学习完"微专业"课程并通过考核后，获得相应的认证，以证明该学员掌握了相关的知识和技能，达到了该"微专业"的培养目标。认证机构最好是获社会广泛认可的，这样能够提高"微专业"的含金量。

二、人才培养模式设计

培养社会急需的 CDPSE 认证工程师，非常适合通过建设"数据隐私保护"微专业来进行：有鲜明的行业特色，社会急需的工程应用，技能适用面宽；专业内容根据 CDPSE 认证标准制定，与国际标准接轨；专业内涵和核心知识体系以职业岗位和技能发展为导向，应用发展迅速；新兴的职业岗位，教学资源严重不足（师资、实验条件）；通过线下、线上学习和培训，合格者获得 CDPSE 认证证书。

1. 专业定位

以大学计算机网络技术、信息安全、软件设计开发为基础，基于政府部门、企事业单位数据安全与隐私保护工作的分工对专业进行整合与细分，与数据隐私保护市场需求紧密结合，形成小而微的在线专业形态。在本科学校，从三年级第一学期开始开设，四年级进行 CDPSE 认证培训与考证。在高职学校，从第 4 学期开始开设，第六学期进行 CDPSE 认证培训与考证。数据隐私保护微专业的课程可以单独作为一个专业方向，也可采取课程对接的方式由学生进行选修。

2. 专业模型框架

（1）数据隐私保护微专业的构成要素

①专业基础知识：计算机网络技术、信息安全、软件设计开发；

②职业技能内容：按照 CDPSE 标准，主要包含数据隐私治理、数据隐私体系结构、数据生命周期；

③职业化的实践项目：与政府机构、企事业单位进行合作，建设实践教学基地；

④职业通道：数据隐私解决方案工程师，与企业合作打通招聘通道与认证的环节。

数据隐私保护微专业模型框架。

数据隐私保护微专业模型建构在以下方面有独特的特点：

（2）基于项目的真实情境学习模式

面向每一位学生的数据隐私保护领域职业生涯，以形成其职业生涯能力为目标，指导个性化的人才培养活动。以社会服务成果、真实企业项目、教学活动为横轴，以企业实践、真实企业项目、跨专业课程为纵轴，围绕项目开展真实情境学习，为教学活动的开展做好充分的准备。该项目借鉴了企业的实践经验，建立了校企合作教育和项目导师机制。跨专业课程支持项目开发，项目开发推动跨学科课程的建立。

（3）基于人才的职业能力的评价模式

以学生职业生涯发展作为评价核心要素，教育部门、高等学校、行业协会、用人单位、学生等利益共同体多方参与，"项目课程"评价与 CDPSE 职业认证融合，学习成果纳入国家资历框架，实现评价可测量和综合化。

三、课程体系构建

实现数据隐私保护微专业定位和培养目标的关键是课程体系的构建。构建数据隐私保护微专业课程体系的基础是 CDPSE 认证标准和数据隐私解决方案工程师工作任务。

分析 CDPSE 认证标准、数据隐私解决方案工程师工作任务，与大学计算机网络技术、信息安全、软件设计开发类型专业的课程体系比较，数据隐私保护微专业的专业基础课是计算机网络、网络操作系统应用（Windows、各型 Linux 等）、信息安全与管理、高级程序设计、数据库技术、云计算技术、大数据技术这几门基础课程。

四、实践教学设计

数据隐私保护微专业实践教学设施与实验课程开设依托网络工程（计算机网络技术，高职）、信息安全（信息安全与管理，高职）、软件工程（软件技术，高职）等专业。为了帮助学生建立起相应的数据隐私保护知识结构，在当前主流的课程模块实验中，要将数据技术的固有风险和控制措施嵌入实验过程中，注重数据隐私风险防范的实操，加强内嵌于信息处理设施之中的数据隐私技术性控制训练。一般而言，数据在政府机构、企事业单位中流动路径为数据中心、网络与安全设备、计算机主机/移动终端、操作系统、数据库系统、应用系统和业务处理系统，它们之间的关系。数据流各层都有对应的实践教学模块，一些常规的数据隐私保护项目，如账户和权限管理、密码策略、访问控制策略、系统与软件补丁策略、数据灾备方案、用户访问轨迹等，在相应的课程实践环节加以安排，在信息安全实训室进行或通过虚拟仿真系统进行。

五、结束语

为了满足政府机关、企事业单位对数据隐私保护人才的巨大需求，本文结合网络工程（计算机网络技术，高职）、信息安全（信息安全与管理，高职）、信息安全（信息安全与管理，高职）等专业的建设实践和人才培养目标，构建了"数据隐私保护"的微型专业人才培养体系，整合了计算机网络技术、信息安全、软件设计开发等专业资源，与 CDPSE 认证国际标准相接轨，多方参与共建人才培养模式；课程建设明确了专业核心课程的知识内容和技术要求，从知识内容和技术体系上实现了专业核心课程之间的深度整合；实践教学设计突出数据隐私保护技术与管理的特点；通过"数据隐私保护微专业"的建设与实践，可以快速培养学生的专业核心知识和技能，满足学生的个性化发展，弥补高校专业设置与企业就业需求的匹配问题，理论学习与实际工作相结合，快速提升学习者的就业能力。

扩招背景下具有广东特色的
1+X 证书制度的探索与实践

吴三美　　高俊文　　刘朝晖

（广东科技职业技术大学　广东　广州　510665）

摘要： 1+X 证书制度的实施，是促进技术技能人才培养培训模式和评价模式改革、提高人才培养质量的重要举措，是构建国家资历框架、推进教育现代化、建设人力资源强国的有力推手。本文从实施背景、探索与实践和有待解决的问题等三个方面阐述了扩招背景下具有广东特色的 1+X 证书制度的探索与实践，为 1+X 证书制度的改革和发展提供了一定的理论依据和现实参考。

关键词： 1+X 证书；书证融通；三教改革

一、1+X 证书制度实施背景

1. 国家和社会的发展对职业教育提出了新的要求

随着科技的进步，社会分工和产业分工更加具体化，岗位细分更加明确，对劳动力要求的专业性更高。同时，由于我国人口老龄化进程的加快，人口红利逐渐消失，转型升级成为国家促进经济发展的战略选择，推进转型升级要通过供给侧结构性改革，实现产业升级，核心是以技术升级为依托，发展高端制造业。我国的高端制造业是以生产线为基础，以人的机能为依托的制造业，需要使人的技能满足技术升级的需求，这种产业结构的特征需要庞大的高素质，高技能产业工人队伍的支撑。

2. 职业教育需要有契合的评价制度

《国家职业教育改革实施方案》明确了职业教育是类型教育，任何一种类型教育都要有与其教育功能和活动特征相契合的培养模式和评价制度。职业教育是使人与职业相结合的教育过程，不仅要具备正规学历教育的规范性、严谨性，也要有面向市场、服务发展、促进就业的灵活性、针对性。对学校职业教育学习成果的评价及证明应该是学校教育的普遍性与不同行业企业职业要求的特殊性的有机结合。

3. 人力资源开发需要适当的衡量标准

习近平总书记指出，职业教育是国民教育体系和人力资源开发的重要组成部分，是广大青年打开通往成功成才大门的重要途径，肩负着培养多样化人才、传承技术技能、促进就业创业的重要职责。在职业教育长期发展以来，作为国民教育体系的学历教育这一定位比较准，各类基础课、公共课、专业课的开设，学生通过学习后可提高其知识素养。

二、具有广东特色1+X证书制度的探索与实践

1. 1+X证书制度探索的实施路径

（1）建立试点证书与专业遴选机制。院校是1+X证书制度试点的实施主体，试点证书要符合试点院校实际情况和发展愿景才能将试点工作落到实处，发挥效果。国家自2019年起，重点围绕服务国家需要、市场需要、学生就业能力提升，从重点领域启动1+X证书制度试点工作，至今已开展了多项证书试点。

（2）加强师资队伍建设。教师是"1"学历教育与"X"职业技能等级证书有机融合具体落地的实施者，建设能够满足教学与培训需求的专兼结合的师资队伍是保证试点工作质量的关键。广东省试点院校通过"请进来""走出去"实现师资队伍质量提升。肇庆医学高等专科学校组合校内外优势资源，以学校为主体，"请进来"行业、医院和养老院专家与学校共同组建"双师"结构教学创新团队。

（3）优化人才培养方案。"1"学历教育与"X"职业技能等级培训的融合首先要确定培养目标，回答"培养什么人"。将试点证书的目标职业岗位和专业人才培养的职业面向进行匹配，将职业技能等级证书标准与专业教学标准进行比照，在保证目标匹配的前提下，查看现行专业教学标准能否覆盖职业技能等级证书标准。根据比对结果，针对初、中、高级证书的不同标准修订现行专业人才培养方案，实现书证融通。

2. 1+X证书制度实施的关键环节

（1）要落实校企全面深度合作，深化"双元"育人。培训评价组织以社会化机制公开招募及遴选，职业技能等级证书以社会需求、企业岗位（群）需求和职业技能等级标准为依据，强调引入社会力量参与教育与培训，这要求学校与企业联合起来全面加强深度合作是保证试点工作有效开展的必要条件。试点院校依托与企业共建的职业教育集团和特色产业学院，统筹用好学校和企业人力、技术、知识、资本、场地、设备等多要素资源，让企业在人才培养过程中有"话语权"，才能共同促进师资队伍建设、课程教材开发、课堂教学创新、人才培养质量提升。

（2）要与推进教师、教材、教法"三教改革"结合起来。1+X证书制度试点贯穿人才培养全过程，要将1+X证书制度试点与专业建设、课程建设、教师队伍建设等紧密结合；要大力动员教师参与试点工作，提高教师队伍培养与培训能力；要利用好标准开发能体现新技术、新工艺、新规范、新要求的新型活页式、工作手册式教材；要创新教学组织与实施，运用现代信息技术改进教学方式方法，通过育训结合达到证书培训和人才培养的有机融合。

（3）要做好"课证共生共长"，实现"书证融通"。"X"并非独立于"1"之外，是"1"的补充、强化和拓展。职业技能等级标准动态更新，及时体现行业的新技术、

新工艺和新规范，在与学历教育有机融合时，也要注意动态更新人才培养方案和课程体系。只有在专业教学标准与证书标准"互融互通"、课程体系与证书标准"共生共长"的情况下，1+X 证书制度才能真正发挥效能，有效推进人力资源供给侧改革。

3. 1+X 证书制度实施的保障机制

（1）健全 1+X 证书制度的协同工作机制。广东省教育厅将 1+X 证书试点工作作为深化职业教育改革、提高人才培养质量、拓展就业本领的重要抓手，集合各级、各类机构力量统筹试点工作，做好统筹、指导、推动、保障、监督等工作。

（2）完善 1+X 证书的相关制度保障。国家连续出台多部与 1+X 证书制度试点工作的指导性文件，如《国家职业教育改革实施方案》《关于在院校实施"学历证书 + 若干职业技能等级证书"制度试点方案》《关于职业院校专业人才培养方案制订与实施工作的指导意见》《关于推进 1+X 证书制度试点工作的指导意见》《关于做好扩招后高职教育教学管理工作的指导意见》等，为 1+X 证书制度试点工作指明了方向，提供了方法论，明确了原则性规定。

（3）建立健全 1+X 证书制度的投入机制。广东省教育厅会同广东省财政厅安排下达由中央通过转移支付至广东省的"第二批 2019 年现代职业教育质量提升计划专项资金（高职部分）"34310 万元，明确使用范围包含了"学历证书 + 职业技能等级证书"试点启动资金。同时，规范资金不得用于偿还债务、支付利息、对外投资、弥补其他项目缺口等，不得从中提取工作经费或管理经费，也不得用于基本建设。

三、1+X 证书制度有待解决的问题

1. 证书建设层面

（1）1+X 证书制定标准的可信度问题。培训评价组织是负责标准开发、教材和学习资源开发、考核站点建设、考核颁证以及协助试点院校实施证书培训，对证书的社会声誉和质量负总责。企业作为第三方培训评价组织，其制定的标准能否代表行业的进展和需求？前沿技术方法在不同企业中有不同的运用，单个企业标准较难为整个行业标准背书。

（2）1+X 证书中"X"的值域问题。1+X 是相生相长的标准体系，"1"是基础，"X"是"1"的补充、强化和拓展。在条件允许的情况下，学生获得"X"证书的数量越多越好。目前，一个领域的"X"证书分初、中、高三级，即学生在某一领域可以获得 3 本证书。专业课程多数聚焦对接一个领域的"X"证书，增大考取其他领域"X"证书的难度系数。有试点院校提出：将"X"证书拆解为更细的能力模块和更多的等级，与学校人才培养方案的学时相对应，即学生完成规定学时的学习，就可拿到一个等级证书。

（3）考证积极性的问题。"X"证书在考证者群体（目前主要是在校学生）中面临热度和冷度并存的问题。主要原因是：一是试点目录外的院校和学生考证

愿望强烈，目前部分证书的试点规模尚不能满足市场需求；二是部分师生对政策理解不到位，对"X"证书仍比较陌生；三是部分职业资格证书市场认可度不高、吸引力不强。

2. 院校实施层面

（1）教师参与试点工作的积极性问题。在日常教学任务已基本饱和情况下，教师参与培训学习的动力不足。当下实行的绩效工资制度限制了绩效设计的激励作用。

（2）新的校企合作推进问题。实施试点工作前，职业院校在校企合作、共建实习实训基地、育训结合等方面已有多元化的探索实践；实施试点工作之后，试点院校积极对接开发"X"证书的企业，深化产教融合校企合作。试点院校面临着继续巩固和深化现有校企合作成果、同时探索新的校企合作模式的双重任务。

（3）书证衔接融通滞后问题。要实现书证融通至少需要五个环节的对接：一是标准对应，职业技能等级标准与各个层次职业教育的专业教学标准相互对应。二是内容融合，"X"证书培训内容与专业人才培养方案的课程内容相互融合。三是教学统筹，X证书培训过程与学历教育的教学过程统筹组织与实施。

高职院校高质量发展的后勤治理研究与实践

廖远兵[①]

（河源职业技术学院　517000）

摘要： 高职院校高质量发展的后勤治理重点包括教育场所建设、后勤食育教育、后勤劳动教育、后勤健康教育等涉及后勤领域的工作路径选择，以此助推实践来解决高职院校高质量发展的后勤治理理论、治理规律、治理模式和创新改革等问题。

关键词： 高职院校；高质量发展；后勤治理；路径选择

① 作者单位：廖远兵，男，广东河源人，河源市学习型社会协同创新研究中心主任、河源职业技术学院资产后勤处处长、副教授，硕士，主要研究高职教育管理研究。
基金项目：2020年河源职业技术学院教改课题《学习型社会建设之高水平院校后勤治理研究与实践》（项目编号：HZJG202005）、河源市学习型社会协同创新研究中心研究成果。

一、研究意义

1. 高水平院校建设是教育之大计

高职院校高质量发展就要建设高水平高职院校，这有别于学术型本科的"双一流"建设，建设高水平职业院校是国家发展职业教育的重大战略，有利于国家教育事业发展过程中更好地提高教育质量、不断优化教育结构、全面促进教育公平，通过教育激发新动能，为产业升级带来新力量，为社会经济发展和实现中国梦提供全方位的人才保障。

2. 高职院校后勤管理服务育人的时代要求

高职院校后勤改革以来，后勤管理服务育人先后四次写进中共中央文件（1987、1992、2004、2017 年）。长期以来，高职院校后勤社会化改革过程中不断重视提升服务意识、经营意识、竞争意识和效益意识，但"育人"意识有所淡化。新时代背景下高职院校后勤具有服务育人、管理育人、环境育人的功能，关系到校园的和谐与稳定。

3. 高职院校育人体系完善的需要

高职院校育人体系是一个系统性工程，教书育人是这个系统工程的核心和关键，但不是全部。后勤保障是高职院校育人体系的重要组成部分，后勤管理服务育人是高职院校育人不可或缺的，在很大程度上影响和制约高职院校育人功能的发挥和育人目标的实现。当前，在高职院校扩招 100 万的背景下，高职院校发展迎来新的机遇，但也对高职院校后勤管理服务工作带来新的挑战，如何做好扩招背景下后勤管理服务保障工作，更好地发挥后勤管理服务育人功能，促进高职院校高质量育人体系的构建，这是高职院校发展重要的研究课题。

二、逻辑思维

1. 怎么样有利于学校发展

高职院校高质量发展的后勤治理要坚持有利于学校发展的逻辑路径。后勤治理是高职院校发展的基本保障，因此，后勤治理首先要在学校发展规划和发展战略下开展，要与学校的发展路径保持高度统一，要从后勤的建设上、管理的规范上、服务的水平上、治理的理念上深度融合到学校发展的各领域、全过程，推动后勤治理顺应和符合学校发展的步伐、发展的需要和发展的内涵建设，使后勤治理成为学校发展的坚固磐石。

2. 怎么样有利于人才培养

高职院校高质量发展的后勤治理要坚持有利于学校人才培养工作的逻辑路径。人才培养是高职院校的中心工作，后勤治理服务学校发展的本质和关键就是服务学校人才培养。因此，后勤治理过程中的各项工作要围绕怎样有利于人才培养来设计和实施，不断健全和完善后勤保障机制，提升后勤治理综合水平，为高职院校人才培养提供完善的后勤设施设备保障和良好的场所环境，推动后勤管理服务育人功能助推人才培养。

3. 怎么样有利于服务社会

高职院校高质量发展的后勤治理要坚持有利于服务社会这一逻辑路径。教育的目的就是为社会培养人才,人才则为社会所用,教育的另一大功能就是服务社会,就是要利用好现有的办学资源服务于社会经济发展。后勤治理要围绕服务高质量发展这个大局来开展,从更高的战略视野谋划和推动后勤治理现代化,促进高职院校在后勤领域的功能发挥,从而推动学校更好地服务社会。

三、实践探索

1. 高质量推动教育场所建设

(1)学习场所建设。学习场所建设要从场所布局上做好规划和建设,确保场所布局科学合理,方便广大师生;要从场所结构设计上下功夫,要适应教育和学习的规律和要求,提供舒适的教育学习环境;要从场所的文化环境建设上多花心思,以文化环境无形的熏陶强化文化育人功能;要完善各类场所的建设,保障各类教育教学的需求。

(2)生活场所建设。生活场所的建设要坚持安全性、便利性、舒适性和特色化原则,尤其要紧紧围绕将生活场所打造成学习天地的目标开展建设。既要从寝室内部的学习空间着手开展建设,又要从宿舍公共区域学习空间的建设着手开展专业特色建设,拓宽学生除了在教学场所之外的生活区域学习空间。

(3)体育场所建设。体育教育是人才培养不可或缺的重要组成部分,提高学生的体育综合素质势在必行。只有建设完善、齐全的体育运动场所,学生才能更好地参加体育运动锻炼,提高学生体育综合素质才能不成为一句空话、套话。除了常规性的体育场所建设之外,高职院校要结合学校实际和地方特色打造特色运动场所,同时利用现有的校园空间创新体育运动空间。

2. 高质量开展后勤食育教育

(1)食育教育概述

所谓食育教育,就是指培养学生良好的饮食习惯。食育教育通常在幼儿时期比较重视,其实大学生同样需要开展食育教育。正所谓从食育教育看教育,指的就是食育教育可以反映一个人的受教育水平,食育教育可以推动教育水平的提升。国家、教育部等一直大力倡导开展食育教育,积极培养学生良好的饮食行为习惯。

(2)食堂文化建设

高职院校高质量发展的后勤治理中,打造学习型食堂要从食堂文化建设着手。食堂文化的建设既包含饮食文化但又不限于此,要创新食堂文化建设就要围绕这饮食文化这一主题之外寻找新的亮点,如在食堂打造地方特色文化宣传阵地,又如利用食堂的条件打造学生学习天地营造良好的学习文化,再如结合党建需要在食堂打造党建文化和革命文化。

（3）食堂育人活动开展

食堂在做好就餐保障的基础上，要大力开展食堂育人活动。食堂是学生每日三餐必须到的场所，因此食堂开展育人活动具有覆盖性广、影响力大的特点，食堂要大力开展良好饮食习惯的公益活动，积极开展文化宣传活动，充分利用食堂文化育人阵地举办形式多样、内容丰富的育人活动。要利用食堂协同创新高职院校人文社科普及宣传、思想宣传教育、价值观宣传教育、法治宣传教育、文化宣传教育、健康宣传教育、党建宣传教育等。

3. 高质量开展后勤劳动教育

（1）后勤劳动教育概述。劳动教育就是要培养学生树立正确的劳动观和良好劳动行为习惯。劳动教育是新时代党对教育的新要求，是高职院校人才培养的重要组成部分。国家倡导在学生素质教育中要广泛开展劳动教育实践探索，要全面做好劳动教育顶层设计，各级各部门全力推动建立劳动教育体系。在国家重视劳动教育的背景下，高职院校后勤应担负起搭建劳动教育平台的责任，全力推动后勤劳动教育体系的建设。

（2）后勤劳动教育与人才培养关系。高职院校后勤劳动教育是学习型校园的重要组成部分，后勤劳动教育与人才培养关系密切，是培养德智体美劳全面发展的新时代大学生的重要手段。一方面，高职院校人才培养离不开劳动教育这一重要任务，只有完善劳动教育体系才能真正全方位地培养德智体美劳的优秀学生；另一方面，后勤劳动教育开展既是完善和拓展后勤功能的需要，也是人才培养的需要，后勤劳动教育工作的开展既有利于推动后勤工作上台阶，也有利于促进人才培养工作上水平。

（3）后勤劳动教育项目设计。高职院校高质量发展的后勤治理中搭建劳动教育的平台要结合专业实际来科学设计项目。后勤物业的环境卫生方面，可面向所有专业（当然重点可以是物业管理等专业）开设如公共卫生清洁项目、厕所革命项目、桌椅板凳清洁项目、设施设备清洁项目等；绿化管理工作可面向重点如园林设计专业的学生，开设草地管理项目、花木管理项目、造型管理项目、施肥管理项目等；维修维护工作可重点面向理工科类学生开设水网管理项目、电网管理项目、安全排查项目等。

用马克思主义新闻观统领高校融媒体传播

潘娉娉①

（汕尾职业技术学院　广东　汕尾　516600）

摘要： 新环境条件下对高校新闻媒体工作是一项全新的挑战，提出了更高的要求。为了更好地利用校融媒体开展高校新闻创新工作，保障校园新闻生态的纯正性，需要用马克思主义新闻观统领融媒体的传播。在融媒体环境条件下运用马克思主义新闻观对高校新闻传播工作所提供的方法论，分析当前马克思主义新闻观在高校新闻传播的现状、马克思主义新闻观融入高校新闻宣传工作的途径与技术、对新闻工作者需要践行马克思主义新闻观的要求。

关键词： 融媒体；马克思主义新闻观；高校新闻；传播要求

一、当前马克思主义新闻观在高校新闻传播的现状

1. 高校融媒体运行体系尚不完善

当前新闻传播工作是每个高校各项工作中的重要组成部分，贯穿各系统、各环节的全过程，但是因为涉及面广、内容众多、环境复杂、手段先进，而很多高校的新闻宣传机构不够完善，人员不足，且绝大多数是非专业人员。在设置新闻宣传机构的时候更多的是应付党委、政府和上级教育行政部门要求的硬性条件，并没有对学校新闻宣传工作的运行体系作出更加规范、科学、系统、具体的规定。而且各媒介载体之间缺乏有效的沟通渠道，并未建立起"资源通融、内容兼容、宣传互融、利益共融"的真正融媒体，未能形成较好的新闻宣传共同体，甚至新闻宣传工作与学校的教育教学、思想政治工作相脱节，相对于教学、科研、招生、就业等其他工作来说总是处于次要的地位。

2. 高校新闻宣传过程中马克思主义新闻观体现不够

形势在快速发展，环境在不断变化，新闻宣传方式也在快速走向多元化，新闻宣传工作作为党的喉舌，路线、方针、政策的导航者，许多高校的重视程度是不够的，在整个学校工作的过程中很多时候都是简单地作为配角出现，并未提到党和国家政治高度上来认识，未能充分地应用融媒体把党和国家的路线、方针、政策和社会主义核心价值观大力地宣传，强化广大师生的政治意识、责任意识、

---

① 作者简介：潘娉娉（1995.3—），女，汕尾职业技术学院，教师。研究方向：高校新闻宣传。

担当意识，反而把融媒体作为娱乐的平台，甚至宣传的内容变得无聊起来。中国共产党领导中国人民建立了新中国，尤其是带领全国人民大力推动经济建设，改革开放以后，经济迅猛发展，社会主义事业进入一个全新时代，马克思主义原理在中国的实践取得成功。如果能够将经济社会建设中应用马克思主义原理同高校新闻宣传工作结合到一起，用马克思主义新闻观指导高校新闻宣传工作，理论联系实际，不仅能直接提高高校新闻宣传工作的政治高度，而且有利于在校园内营造共产主义远大理想的氛围，有利于树立学生的社会主义核心价值观，也能够更好地帮助高校新闻宣传工作者践行马克思主义新闻观。

3. 高校对马克思主义新闻观重视程度不够

在当前体制机制条件下，因为学校新闻宣传机构设置、新闻工作人员、新闻媒介、新闻平台、宣传设备、宣传手段以及关注重点等多种因素，导致学校从领导层、职能部门、工作人员，对于马克思主义新闻观与新闻宣传工作的重视程度不够，而且在学校工作中习惯于通过会议、文件等形式贯彻党和国家以及上级的精神、学校的决策、部署各项工作，新闻工作人员更多的是将其作为学校工作动态进行简单报道，并未建立融媒介环境条件下运用马克思主义新闻观的新闻宣传机制，没有很好地将宣传党和国家的路线、方针政策、学校重大工作部署和思想政治教育有机地结合起来，使得新闻宣传工作缺乏马克思主义新闻观的指导、融媒体各平台技术资源的有效应用、思想政治教育的有效延伸，从而导致没有很好地体现高校新闻宣传工作中马克思主义新闻观的重要性。

二、马克思主义新闻观融入高校新闻宣传工作的途径

1. 高校要进一步完善融媒体宣传体系

高校对于新闻宣传工作的重视程度将直接影响到新闻宣传职能部门、新闻宣传工作者新闻宣传工作重视程度的全校师生员工对新闻宣传工作的支持与配合程度。而我们国家从最高层面一直高度重视马克思主义原理在中国的实践中的应用与发展。研究和掌握马克思主义新闻观的重要性，将马克思主义新闻观融入高校新闻宣传工作和思想政治教育首先就要从学校体制机制改革创新过程中充分体现对马克思主义新闻观的重视程度，才能构建以融媒体为平台的自上而下、纵横交错的高校新闻宣传立体网络体系，形成良好的、正确新闻宣传氛围。

高校要进一步加强融媒体平台建设，以马克思主义新闻观为指导，积极争取马克思主义新闻观研究和融媒体平台建设的课题经费，培养壮大新闻宣传队伍，完善融媒体平台建设，提升新闻宣传质量、效果和速度。通过优惠政策吸引学习马克思主义理论专业和熟悉融媒体技术专业的人才，研究分析学校在新闻宣传工作中的弱点，强化马克思主义新闻观、完善融媒体设备、改善新闻宣传条件、提升新闻宣传品质。同时也要高度重视在人力、内容、宣传等方面进行的全面整合，确保融媒体各平台之间的有效融合，实现"资源通融、内容兼容、宣传互融、利益共融"的合作机制。

2. 高校新闻宣传工作者应掌握融媒体技术

（1）加强新闻宣传队伍培训。由于各高校对马克思主义新闻观与融媒体技术的认识和重视程度不同，新闻宣传队伍理论水平与业务能力差异也很大，马克思主义新闻观的教育教学与科研成果也是各不相同，因此，应该加强新闻宣传队伍的骨干人员参与马克思主义新闻观的理论培训与实践锻炼。当前，有许多的培训机构、新闻院校和设有新闻传媒教学的院校新闻宣传工作者或融媒体爱好者开展马克思主义新闻观的短期培训班、专题研修班、学术研讨班等。

（2）创新新闻传播手段。高校已进入一个全新的时代，无论是教师还是学生，都不同程度受到快速发展的信息化的影响和融媒体冲击，习惯于采取和接受传播速度快捷、内容丰富、形式多样的信息表达方式，而并不单纯是一种的理论传播。作为与融媒体创新发展紧密相联的新闻宣传工作，以马克思主义新闻观为指导的新闻宣传在传播的全过程，必须该与时俱进、适应融媒体手段，丰富新闻宣传的内容和传播方式，增强宣传对象对新闻内容的新鲜感，包括马克思主义新闻观政治理论内容在内的新闻宣传较容易被大众接受。

三、新闻工作者要积极践行马克思主义新闻观

1. 积极主动地创新新闻宣传表达方式

马克思主义新闻观是发展的、与时俱进方法论，高校新闻宣传工作者适应时代的发展。从"被动式"向"主动型"转变的融媒体是联系党与民众的有效桥梁，传统时代的许多媒体在新闻传播处于被动的地位，宣传党的路线、方针、政策时，只起到承载内容的平台作用。而融媒体环境条件下，要求新闻宣传工作者主动去获取信息、创新工作方法，全面掌握新闻专业知识、现代信息技术应用，做到既精通新闻业务，又精通现代信息技术。因此，新闻宣传工作者既然要做好文稿内容的撰写创作，又要做好图片影像的制作与技术处理。不仅是内容创作者，也是信息技术能手，只有达到这种全能且精通的水平，才能真正体现马克思主义新闻观正确性，实现国家—民意畅通，保证新闻宣传工作开展得"有正气、有活气、有灵气"。

2. 正确传播新闻内容

坚持党性原则、坚持正确舆论导向、坚持正面宣传为主是马克思主义新闻观的核心，正确传播新闻内容是新闻宣传工作的重要责任。融媒体环境下，面对庞大而复杂的信息量，更需要运用马克思主义新闻观指导，提高新闻内容选择的能力。目前，中国正处于飞速发展势头，"中国方案""中国速度""中国力量"被世界所瞩目，中国的一举一动都展示着大国的形象，诸如，一系列具有国际影响力的举动，如一带一路倡议、海南自贸区建设、中国制造2025、抗击"新冠病毒"等。

3. 坚持新闻宣传客观真实的原则

客观性、真实性是新闻根本，是马克思主义新闻观的核心。缺乏客观真实的新闻是没有生命力的，坚持新闻的客观真实性是增强高校新闻宣传说服力重要保

证，也是诚信服务于全校师生的必然要求。坚持新闻报道的客观真实性对新闻宣传工作者提出实事求是的要求，根据客观真实情况开展新闻报道；既从个别事件上真实报道特殊事实，又从整体上揭示和传播问题的全貌；公正地反映事实真相等。融媒体环境条件下，信息来源渠道宽广、真伪信息交错复杂，让人眼花眼花缭乱，将导致许多信息是非难辨。这就要求高校新闻宣传工作者不断增强识别能力，坚持客观真实的新闻工作原则，惟其如此，才能真正发挥新闻传播正能量的作用。尤其是在报道重大新闻内容时，更是要求新闻宣传工作者具有客观公正的立场、实事求是的态度，做好新闻宣传工作。

"双高"建设背景下广东高职院校
混合教学评价"十四五"规划的建设

赵 烨[①]

（广东行政职业学院 广东 广州 510800）

摘要："双高"建设的推进对教学模式的改革与发展提出了更高的要求。传统的教学模式逐渐优化升级成混合教学模式，而对混合教学模式的改革也必然引起教学评价发生变化。为了顺应教学模式的改革与发展，本文从混合教学模式的活动过程入手，在"十四五"规划阶段从评价目标、评价主体、评价标准和评价方法四个方面设计混合教学评价的基本框架，从而为"十四五"期间广东高职院校混合教学评价的改革提出进一步的建议。

关键字：双高；混合教学；教学评价

一、混合教学的活动过程

教学活动是教与学的统一，如何做到教得轻松，学得快乐，如何改善教与学

[①] 作者简介：赵烨（1986—），女，福建平潭人，广东行政职业学院讲师，硕士研究生，专业方向为国际贸易。

基金项目：1. 2019 年度广东省高等职业技术教育研究会课题"'双高'建设背景下广东高职院校混合教学评价体系构建的研究"（课题编号：GDGZ19Y046）。2. 广东省党校（行政学院）系统哲学社会科学 2019 年度课题"国际贸易'单一窗口'平台的建设研究——以广州为例"（课题编号：19JJ06）。

的关系，是高职教育教学方式改革的重要内容。在"双高"建设的引导下，混合教学模式的开展既要求教师设置科学合理的"线上＋线下"教学内容，让学生积极主动地参与到课堂的教学活动中，引导和启发学生的学习思维，加强师生之间、生生之间的学习互动。因此，教师要以"问题引领，任务驱动，小组合作"的教学方法，把互动学习贯穿于"课前、课中、课后"的每一个过程，围绕学生展开教学，激发学生的学习兴趣，提高学生的学习效率。在课前，教师上传学习资源到课程平台，发布导学任务，明确学习目标。学生下载教学资源，自主探究学习，有疑惑在线发帖讨论，准备小组任务。教师根据评价系统和学生提问的问题，重新梳理预授内容，调整教学策略和技能点的教学时长。在课中，教师在课上反馈学生课前学习情况，设置案例情境，讲解重点、难点和易错点。通过在平台下发任务书，要求学生按小组为单位，开展学习任务。

二、混合教学评价模式的设计

1. 明确评价目标

评价目标是以教学目标为标尺，为教学目标的调整提供反馈信息。在传统的教学评价体系中，对学生评价的目的是仅仅只是考查学生知识的掌握程度，而这很多时候只需要一张试卷来评判，这就导致很多同学通过死记硬背获得较高评价。而混合教学模式遵循以学习成果为导向的原则，评价的目标主要是以提高学生的学习效果为主，通过对学生学习过程的监控监管，了解学生的个性需求，激励学生开展自主学习和小组合作学习，提高学生的学习效率，促进其全面和谐发展。

2. 界定评价主体

评价主体是指对学生的学习质量做出评价的个体或组织。混合教学模式是以学生为主体地位，学生在教学评价的活动中也充当着参与者和合作者的角色。在教学评价活动中，教师、同学，甚至学生自己都可以实施评价。每个主体在评价教学质量时，认知的水平不同，观察的角度不同，要得到科学合理的评价结果，需要这些评价主体们的分工与合作。实现教师、同学、自我等评价主体的多元化，就要让学生能够在开放、宽松、自由的评价环境中获得不断反思与学习的机会，从而实现学生自主学习和发展。

3. 制定评价标准

制定评价标准，是实现科学合理评价的标准。在混合教学模式下，评价教学质量的标准，是学生能否在教学活动中获得知识，取得良好的学习效果。一般而言，不同的评价主体参与的教学环节不同，因此有不同的评价标准。对教师的评价而言，教师主要是对学生课前教学平台的活跃度、课堂的讨论、问答、知识运用、实践能力等的评价。对同学的评价而言，主要是观察在小组活动中同学的学习行为、态度、协作能力、作品贡献等。对自己的评价而言，评价的标准是自己的学习感悟、学习的自律性、知识的掌握、方法的选择等。另外，考虑到学生个体的差异性和需求，不同的学生也要采取不同的评价标准。确定科学合理的评价标准，才能有效提高学生的学习效果，确保混合模式下的评价工作的顺利进行。

4. 调整评价方法

不同的评价主体不单单采取不同的评价标准，也意味着需要采取不同的评价方法。实施多元化的评价方法，除了要考虑学生的学习成绩，还要考虑学生的学习兴趣、心理素质、参与程度、合作意识、实践能力和创新精神等方面的发展。除了采用传统的观察、阶段检测、笔试考试等评价方法以外，我们也可以结合混合教学模式的特点，借助教学平台的后台数据来评价学生的自主性和反思能力。我们也可以结合学生学习作品展示，实训记录，成果汇报等方法进行评价，给每一个学生充分发挥特长、展示才华的机会，从而更加全面、客观、公正地评价学生的成长。

三、混合教学评价的改革

1. 线上评价和线下评价的结合

混合教学模式是传统教学模式和互联网教学模式相结合的一种新型的教学模式。它具有线下课堂学习和线上自主学习两种教学形式，这二者相辅相成，优势互补。同样，不同的教学方式，评价发生的空间也分为线上和线下两部分。在面授学习的教学环节，课堂上的评价会占用过多的课堂时间，因此需要线上评价作为补充，教师可通过在线学习时间、讨论区发帖数量、在线测验等方式掌握学生的学习情况。

2. 过程性评价和总结性评价的结合

传统教学模式的教学评价只注重总结性评价，评价标准忽视学生个体的差异性，这在一定程度上抑制了学生个性的发展，打击了学习的积极性。混合教学模式强调以学生的学习为中心，要求学生参与到教学活动的过程中，其教学评价不能忽视了对过程的评价。教师实时监控整个教学过程，观察学生的学习行为和学习结果，不仅要关注学生的学习过程，还要关注学生的个性差异与不同需求，立足过程，分层评价，实现每个学生最大限度的发展。过程性评价和总结性评价的相结合方式，既关注结果，又关注过程，确保了混合教学评价的全面性，鼓励学生发挥主观能动性，激发学生的学习兴趣。

3. 定量评价与定性评价的结合

混合教学利用信息技术开展教学，教师可以通过学习平台的后台数据统计结果，比如学生在线时长、观看次数，讨论区发帖量、回帖量、获赞次数、在线测验等量比指标，快速、准确地对学生的学习给出定量性的评价。但是，混合教学活动过程包括线上自主学习的课前阶段、线下课堂互动的课中阶段和线上拓展巩固的课后阶段三个过程，这是一个复杂多变的动态学习过程，一味追求线上的定量评价是无法评判学生的学习情况。

4. 他人评价与自我评价的结合

他人评价主要来自学校、教师、学生和教学平台的评价，这是一种客观性的评价。在传统的教学评价中，对学生的学习评价都只是局限在教师对学生的评价，教师掌握着评价大权，学生没有发言权，处于被动地位。这种片面性的评价很容易产生负面影响，影响评价的效果和作用。特别是在混合教学模式中，小组活动比较多，教师也很难全程跟踪每一个小组的学习动态，每个小组成员需要通过小组同伴的积极评价获得对自己优点和不足的充分认识，提升学习效果。混合教学评价具有多元化的评价主体，不仅需要来自教师和同伴的他人评价，还要充分发挥自我评价的作用。自我评价是主观性的评价，学生通过自我评价，能够消除相关疑虑，有利于他们在学习过程中不断的自我反思与总结，找到最佳的学习方法，提高自主学习的能力。

教学评价是对教学工作质量的测量、分析和评定，对整个教学过程具有监督、诊断、激励和调节的作用，是保证教学质量的重要环节。根据"双高"建设的目标，混合教学模式下的教学评价要充分利用现代信息技术，促进学生发展的多元化评价，保证教学评价的科学性和合理性，助推混合教学模式的高质量发展。

现代学徒制企业育人关键因素互动机理研究

周欢欢 [①]

（广东碧桂园职业学院）

摘要： 学生企业学习质量一直是职业教育界的难点痛点。文章以综合性学习理论视角，选取了工作场所学习 3—P 模型为理论研究基础，通过构建现代学徒制企业学习 3—P 结构方程模型探究学徒在企业学习中关键因素的内在机理及互动路径。研究发现，企业环境因素和学徒个人因素对企业育人过程均产生正向影响；集体指导是学徒在企业学习过程中影响最大因素，其次是导师教学和工作安排；学徒通过在企业学习获得能力提升要大于职业留存，且能力提升与职业留存具有正向相关性等。文章拓宽了职业教育企业育人研究视角，同时也为实践界精准定

---

① 作者简介：周欢欢（1984—），女，江西吉安，广东碧桂园职业学院，智慧管理与服务系讲师，研究方向：职业教育。

基金项目：粤港澳大湾区产业升级背景下的现代学徒制改革实践研究（2020GXJK317）

位优化措施。

关键词：现代学徒制；工作场所学习；3—p 模型；结构方程模型

一、引言

现代学徒制是产教融合、校企合作持续深化的产物，学徒需以双身份在企业进行岗位核心能力学习。从教育部推行现代学徒制试点开始，众多学者对现代学徒制企业育人开展了广泛的研究。有从校企合作管理机制（钟芝兰，2016）、协同育人机制（李传伟，董先，姜义，2015）、培养模式（刘群，元梅竹，2013）等宏观视角的研究，有从企业参与动力（孙君辉，徐坚，齐守泉，2018）、学徒管理（曲斌，2020）、课程体系（李桂芹，2020）、质量监控体系（史家迎，2020）等中观视角的研究，有从现代学徒制试点实践案例（阚雅玲、黄雪薇，2016）等微观视角的研究，但从工作场所学习视角的研究较贫瘠。由于工作场所中的知识类型、传递方式、学生的学习方式都有很大不同（谷丽洁，2016），学校学习背景下形成的主流学习成果不可移植到工作场所学习的分析中（Tynjälä，2008），需要以工作场所学习作为现代学徒制企业育人研究视角。

现代学徒制企业育人的本质即工作场所学习环境育人，本文主要回答以下三个问题：第一，现代学徒制工作场所学习包涵哪些关键元素？第二，现代学徒制工作场所学习关键组成元素互动路径如何？第三，提升学徒工作场所学习成果的有效改进方法有哪些？助力学者和实践者制定出更全面的职业教育工作场所学习措施。

二、理论基础

1. 工作场所学习理论

工作场所学习研究的先驱 Marsick、Watkins（1990）提出工作场所环境可以提供丰富的学习机会。工作场所学习与学校学习比具有自身独特性，Resnick（1987）是最早分析学校学习与校外学习差异的学者之一，她认为工作场所学习具有社会共享性、使用工具性、情境化推理性、培养特定情境的能力四个差异性特点。Hager（1998）提出工作场所学习是无计划的、内隐的、协作的、高度情境化的、技术理论不分、学习结果是不可预测的。Tynjälä（2008）也提出工作场所学习是一种高度社会化的活动，需要进行互动和对话。基于上述分析，工作场所学习的互动性、社会协作性、高度情境性、使用工具性的特点被学者们所认可。

2. 工作场所学习 3—P 模型

工作场所学习的定义及特点显示，学徒在工作场所学习具有多元性、复杂性和综合性，需要使用具有综合性的学习理论进行研究。但是国内外针对工作场所学习采取综合性学习理论模型进行研究的却很少。本文选择工作场所学习 3—P 模型为研究理论基础，3—P 即为前因（Presage）、过程（Process）、结果（Product）。此模型抓住了工作场所学习的整体现象，揭示了现象的复杂性以及呈现了学习的不同组成部分之间的关系（Tynjälä，2013）。

前因因素为学习者和工作场所两方面。学习者因素即是参与工作场所学习的人，除了人口统计学、教育背景、工作背景等基本条件外，不同学者提出不同的研究点，Kirby 等（2003）强调学习者动机和学习策略，包括学习动机、工作习惯、工作偏好、目标设定、自我效能、任务兴趣、思维习惯、自我评价、学习兴趣、职业兴趣和职业规划等。Tynjälä（2010）提出学习者因素由学习者能力、动机、自信、生活条件构成。工作场所因素是影响工作场所学习的情境和环境因素（Sunyoung，2018），包括社会性支持、工作特点、工作量、多种工作选择（Kirby，2003）、学习氛围（Bates，2001）、组织内部的支持（Sanders 等，2011）、专家型员工、合作氛围、企业学习创新环境等。

过程因素是指工作场所学习过程中采取的各种学习活动安排。Tanggaard（2005）提出学徒在学习过程中建立自己的学习网络、选择觉得舒服的导师、学习内容分散式、指导人员集体性、师徒情感劳动进行教学。Billett（2005）指出学习过程包括通过开展工作、与同事合作互动、处理具有挑战性任务、反思和评估工作经验、接受正式教育。Donkor（2011）研究得出学徒想退出学习是在学习过程中与老板或工作场所其他人相处不好、被视为廉价劳动力、被欺凌。不难看出，工作场所学习过程中学习者们主要是通过与公司同事合作互动的方式参与完成各项工作任务，通过自我学习、自我反思、集体性协作指导（包括师傅指导）、良好的人际网络建立等各种方式进行。

结果因素是学习者在工作场所学习所获得的各种结果。Eraut（2004a）把工作中获得的学习成果分为工作能力、理解能力、个人发展、团队协作能力、角色表现、判断能力。Harris(2005)指出学徒留在工作场所学习获得的成果为工作动力、继续学习、职业技能和知识、学习能力，同时工作能力的提高也伴随着职业认同和职业身份的形成。因此，能力提升和职业身份形成是主要结果。

三、研究方法与数据

1. 问卷设计与调查

基于以上文献研究及结合现代学徒制企业育人的特征，设计出适合本研究情境的问卷项目，问卷项目分为前因因素、过程因素、结果因素和人口统计学信息四大部分，除人口统计学信息外，设计了 13 个潜变量，涉及 70 个题目。其中前因因素部分分为学徒因素和企业环境因素，含自我效能、学习目标、生活环境、教学环境、社交氛围、学习文化 6 个潜变量；过程因素部分包括工作安排、集体指导、导师教学、自我学习、人际关系建立 5 个潜变量；结果因素部分包括职业留存、能力提升 2 个潜变量。问卷采用 5 分制 Likert 量表测量。

2. 验证性因子分析

本问卷的 Cronbach α 系数情况：前因因素部分为 0.944，过程因素部分为 0.921，结果因素部分为 0.935，说明问卷的研究数据信度质量很高。对问卷进行效度分析结果为，KMO 和 Bartlett 球形检验结果显示，KMO=0.911，χ^2 近似值为

11078.520，p 值为 0.000，表明数据效度非常好，且适合做因子分析。由于本问卷是根据多位学者的 3—P 模型指标设计，具有比较清晰的预期因子结构，适合使用验证性因子分析来检验最初的预期。通过对前因因素、过程因素和结果因素三个部分分别进行验证性因子分析得出，通过标准载荷系数值以大于 0.6 为标准，删除了不符合标准项。

3. 相关分析

通过验证各个因子之间的相关性得出所有因子之间都显著正向相关关系，特别是企业的学习文化与企业提供的教学环境相关性最大（0.864），其次学习文化与社交氛围（0.794），教学环境与集体指导（0.790），集体指导与导师教学（0.752），教学环境与导师教学（0.716），自我学习与集体指导（0.725），社交氛围与集体指导（0.705），教学环境与社交氛围（0.746）的正向相关性也很强。

四、研究结论

第一，企业环境因素和学徒个人因素对企业育人过程均产生正向影响，且企业环境因素的影响更大。企业提供的教学条件、学习文化和社交氛围具有很强相关性，其中教学条件对于企业开展育人影响最大，教学条件中包括企业为学徒制定的培养计划、考核制度、成立管理团队、安排导师、安排企业学习课程等。其次是企业本身的学习文化是学徒在企业学习的大环境，包括企业为自己的员工制定培养计划、管理人员鼓励和帮助员工提高能力、企业定期组织员工培训、企业鼓励且提供奖励员工参加学业考试等。再次是企业社交氛围影响，企业人际关系具有复杂、多元、多样，学徒在企业的社交环境对于学徒学习的兴趣及动力的影响很大。

第二、集体指导是学徒在企业学习过程中影响最大的因素，其次是导师教学和工作安排。集体指导突出了学徒在企业学习过程中，除了导师之外其他人的帮助作用，包括多个企业人员对学徒进行企业教学、认可学习者身份、同事的帮助和指导。其次是导师教学，导师是学徒制的核心基础。再次是工作安排，学徒承担的岗位决定其所学习的知识，岗位的安排也就是学生学习技能的安排，企业根据学生的成长从安排一些边缘工作到安排岗位核心工作，并且安排的岗位要与学生在学校学习的专业保持一致。

新学科核心素养下的高职英语作业设计

庄新月[①]

（汕头职业技术学院　广东　汕头　515000）

摘要：在高职英语作业设计中，我们应该以英语学科核心素养理念为引导，在巩固语言知识的基础上，以构建学生的职场涉外沟通、多元文化交流、语言思维提升和自主学习完善四个方面的能力为导向。本文通过对高职英语作业的现状进行分析，探索在英语学科核心素养四方面的指引下对作业进行改革创新，以期培养学生的英语应用能力，为学生未来的继续学习和终身发展奠定良好的基础。

关键词：高职英语；学科核心素养；作业设计

2021 年版的高等职业教育专科英语课程标准中指出：学科核心素养是学科育人价值的集中体现，是学生通过课程学习与实践而逐步形成的正确价值观、必备品格和关键能力。高等职业教育专科阶段的英语学科核心素养主要包括职场涉外沟通、多元文化交流、语言思维提升和自主学习完善四个方面。它们既明显区别，又相互联系、相互促进，构成有机的整体。在实际教学中，教师要引领学生职场涉外沟通、多元文化交流、语言思维提升和自主学习完善四项学科核心素养的融合发展。核心素养这四项内容应该体现在和贯穿于英语教学的全过程和各方面，这当然也包括英语作业。本文从作业设计这个教学中容易被忽略的环节来探究如何实施英语学科核心素养。

一、高职英语作业现状

作业是课堂教学的延伸，是检验教学效果的一种手段，有助于巩固学生在课堂上学到的知识和技能。在高职英语教学中，教师应该重视作业的布置。但据笔者了解，很多高职英语教师布置的作业主要是传统的书面作业，而且经常是教材里面的课后题。这样的作业形式单一枯燥，缺乏趣味性和层次性，学生通常都是马虎应对甚至进行抄袭，而教师给予的评价一般也是以对错的单一形式出现。这样的作业意义不大，既忽略了学生综合能力的培养，也不符合英语学科核心素养的理念。

---

① 作者简介：庄新月，女，1979 年，广东汕头，工作单位及职位职称：广东汕头职业技术学院外语系英语讲师，文学学士。主要从事的工作和研究方向：大学英语教学。

二、新学科核心素养下的高职英语作业设计导向

今年刚出版的职业教育专科英语课程标准中提到了英语学科核心素养的四个方面,即职场涉外沟通、多元文化交流、语言思维提升和自主学习完善。笔者认为,我们应以培养学生这四方面的能力为目标,在教学中包括作业布置中体现并实现这四个目标。作业的改革创新应以这四方面作为导向。

1. 以培养职场涉外沟通能力为导向

职场涉外沟通指学生在职场情境中,能够运用英语语言知识和语言技能比较准确地理解和表达信息、观点、情感,进行有效口头沟通和书面沟通。职场涉外沟通构成英语学科核心素养的基础要素。笔者所在高职院校采用的《慧通职场英语》是一套以培养职场通用沟通技能实务的高职院校职场英语系列教材。该教材以培养职场语言文化知识和职场交际沟通能力为主要教学目标,全面呈现真实的工作场景,大力培养学生通用的职场沟通技能,适用于所有工作岗位和行业。通过该教材的学习,学生不仅能学到地道的职场英语,而且能掌握与职场相关的文化知识和沟通技能,为将来走上职场做好充分准备。该教材能培养职业发展的各个阶段和重要环节的通用职场能力与沟通技能,从毕业生应聘入职,到个人业绩考核与发展;从公司内部沟通,到公共关系处理;从产品推介,到市场营销。每个单元的内容都围绕一个职场活动中最具代表性、最实用的情景主题来设计,包括课后的作业练习。如第一册第二单元求职应聘,在学完课文宝洁公司招聘流程后,可以让学生以人力资源部助理的身份,思考制定出一个招聘流程的方案,提供未排序的具体方案步骤,让学生进行讨论并排序。另外,在口语沟通方面,围绕该单元的应聘主题,让学生两人一组用简单英语进行角色扮演,轮流当面试官和应聘者,模仿面试应聘的过程。在书面沟通方面,可在写作部分提供招聘广告、求职信和简历等英语素材,让学生能看懂理解这些应用体裁,并学会撰写英语求职信及填写英语简历表。

2. 以提高多元文化交流能力为导向

多元文化交流指学生在学习和使用英语的过程中,能够识别、理解、尊重世界多元文化,拓宽国际视野,增强国家认同,坚定文化自信,树立中华民族共同体意识和人类命运共同体意识;在日常生活和职场中能够有效进行跨文化交际,用英语传播中华文化。多元文化交流体现英语学科核心素养的价值取向。《慧通职场英语》第六单元的课文是介绍中国的疯狂购物节光棍节。在课前可以先布置一个任务,把全班学生分为六个小组,每个小组负责准备用英语介绍一个传统的中国节日,如春节、清明节、端午节、七夕、中秋节和重阳节。各组可自由选择要介绍哪个传统节日、各小组成员的分工和具体介绍形式和内容。教师可给予一些引导和建议,如成员分工方面,可提议小组成员有的负责查找相关节日介绍的英语资料、有的负责筛选资料、有的负责设计提问的问题、有的负责制作介绍的PPT、有的负责做小组代表在全班同学面前用英语来介绍节日。节日具体介绍形

式和内容方面，可提议查找节日的起源、相关有趣故事、庆祝活动和食物、相关古诗词的文字材料、图片或视频，制作成PPT来呈现小组的成果。让每个学生都参与到任务中来，并采用小组合作的方式，培养学生的团队互助合作精神。让学生能用英语简单介绍祖国的传统节日，体会传统节日的源远流长及深厚底蕴，并将精华部分传承下去，把我们中华民族的优秀文化传播到全世界。比如介绍七夕时，让学生意识到七夕也是中国的情人节，对比西方情人节，七夕更加有历史内涵，借此提倡学生重视并庆祝中华民族的传统节日，支持汉文化，而不一味地崇洋媚外，不盲目被洋文化同化。另外，也可结合社会热点和国内外新形势，布置一些任务让学生课外思考讨论。比如，新冠肺炎疫情给世界发展带来什么影响？教师可提供一些有关新冠肺炎的英语词汇及表达，让学生分组讨论，让学生意识到疫情使全世界面临共同挑战，需要各国互助应对。人类已经成为一个休戚与共、密不可分的命运共同体。只有秉持人类命运共同体这个理念，世界各国团结一心、互助合作，才有可能战胜病毒和疫情。

3. 以提升语言思维能力为导向

语言思维提升指学生在系统学习和使用英语的过程中，能够识别和理解英语使用者或英语本族语者的思维方式和思维特点，提升自身思维的逻辑性、思辨性与创新性。语言思维提升体现英语学科核心素养的心智特征。比如，新冠肺炎肆虐的这一年多以来，中西方抗击新冠病毒肺炎的态度反应和措施截然不同，教师布置课外作业时，可让学生以"新冠肺炎"为题进行中西文化的比较和小组讨论，引导学生对比中西方价值观的不同，从中揭露出西方所谓民主自由的虚伪性，彰显出中国共产党的正确领导和中华民族的凝聚力和向心力，并以此为契机教育学生热爱祖国。

4. 以完善自主学习能力为导向

自主学习完善指学生基于英语语言学习特点，能够做好自我管理，养成良好的自主学习习惯，多渠道获取学习资源，自主、有效地开展学习，形成终身学习的意识和能力。自主学习完善构成英语学科核心素养的发展条件。《慧通职场英语》第四单元的主题是介绍公司，课后有一道相应的作业要求学生从所给的沃尔玛和7—11便利店的英文简介中提取出有关这两家著名连锁店的信息填表。教师可组织学生课后分组再进一步拓展这道作业，通过这两家商店的官方网页查找更多信息，如创办历史、业绩、经营理念、口号及目标等，并制造出宣传海报，以图文并茂的方式来介绍。也可让学生自由选择设计制作其他著名企业的海报，如联合利华公司、宝洁公司、华为公司、苹果公司等。通过该作业可锻炼学生通过线上渠道查找英文资料，理解并筛选合适的资料的自主学习能力。

第七章
"十四五"期间广东高职院校
职业教育精准扶贫研究

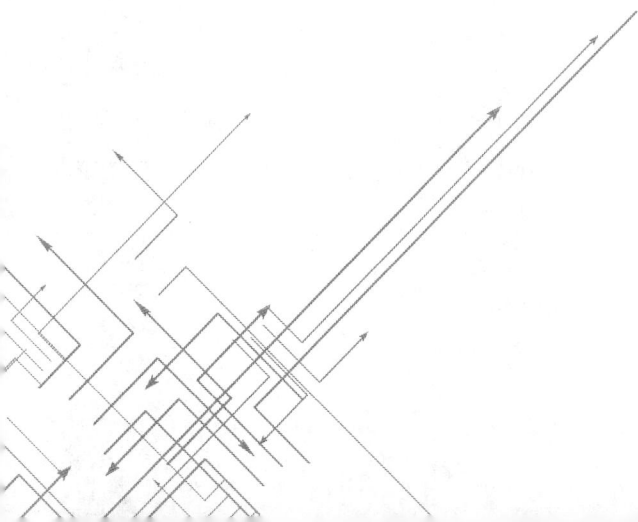

粤东西北农村地区学前教育精准扶贫的路径研究

郭新斌 [①]

（广东技术师范大学）

摘要： 随着我国教育事业的不断深化改革，各个类型的教育都发生了深刻的变化。学前教育作为人终身学习的开端，在国民教育体系中占据着至关重要的作用。我国学前教育的发展已有近七十多年的历史，从新中国成立初期到进入新时代，我国的学前教育发生了翻天覆地的变化。广东省作为中国经济发展的排头兵，在学前教育方面也应有较高的发展，但是粤东西北农村地区的学前教育的发展仍然存在着师资、教学、教育资源等方面的问题。本文通过提出当前粤东西北农村地区教育存在的问题，并提出相对应的解决方法，助力粤东西北农村地区学前教育事业的发展。

关键字： 学前教育；粤东西北农村地区

引言

习近平总书记谈到，扶贫必扶智，让贫困地区的孩子们接受良好教育，是扶贫开发的重要任务，也是阻断贫困代际传递的重要途径。"治愚"和"扶智"，根本就是发展教育，而教育的关键在基础教育，治贫先治愚。贫困地区的教育水平较低，历来是扶贫攻坚战中的短板，通过发力教育扶贫，让贫困地区家庭的成员有了文化和知识，持续发展就有了希望。近年来，经过政府、社会的共同努力，粤东西北农村地区学前教育虽然正在不断减小与城乡地区学前教育的差距，在发展中一些问题也越来越突出。

一、粤东西北地区概况

粤东地区主要指的是广东省东部地区主要包括潮州、汕头、汕尾、揭阳五个城市。粤西地区指的是广东省西部地区，主要包括湛江、阳江、茂名三个地级市，其中心城市为湛江。粤北地区为广东省北部地区，主要包括清远、韶关、河源、梅州、云浮五个地级市，其中心城市为韶关。粤东西北地区作为广东省欠发达地区，其发展程度与珠三角地区相差甚远，学前教育发展等方面也有很大的差距。

---

① 郭新斌（1995—），男，山东潍坊人，广东技术师范大学教育科学与技术学院 2020 级硕士研究生，专业方向为学前教育。

基金项目：广东省教育厅普通高校重点项目《乡村振兴战略下粤北地区职业教育精准扶贫实施方案路径与路径研究》，项目编号：2020ZDZXI019。

二、粤东西北农村地区学前教育存在的问题

1. 学前教育师资令人担忧

（1）农村地区幼儿园师资不足

师生比是影响幼儿园教育质量的重要因素，师资的数量对于学前教育的质量有着至关重要的作用。从农村地区幼儿园教师数量上来，根据廖勇，王一的地方城市学前教育均衡发展的困境与策略探析——以广东省肇庆市为例：肇庆市共有学前教育职工 13575 人，专任教师 7464 人，其中城区 3194 人，农村 4270 人，农村幼儿园师生比为 24.2：1。这与 2013 年 1 月颁布的《幼儿园教职工配备标准（暂行）》中要求的全园教职工与幼儿比应该在 1：5—1：7 之间的要求相差甚远，而且在农村地区幼儿园中，由于师资数量不足，部分专任教师还会承担起保育员的工作，这对于专任教师的职业发展是极其不利的，也是造成学前教师人员流动大的一个主要因素。

（2）学前师资质量不高

目前我国幼儿园整体的师资学历不高，一些幼儿园的招聘单位也基本以大专学历为主。粤东西北地区农村学前教育师资的学历情况令人担忧。根据邹小婷在粤东地区农村学前教育现状实证研究中的数据显示：在公办农村幼儿园的教师中，大专学历的人数占 61.4%，大专以下学历的人占 23.1%，本科以上学历的占 15.5%。而在民办幼儿园中，初中学历占比 21.2%，高中学历占比 30%，中专学历占比为 35%，大专及以上学历的只占比 13.8%。从这组数据我们可以看出，在农村地区公办幼儿园由于招考条件中学历要求的限制，其学历水平高于农村民办幼儿园，但是与珠三角地区的农村幼儿园师资学历水平还是有很大差距的，农村民办幼儿园教师的学历中专以下占比绝大部分。

（3）学前教师专业发展支撑不够

学前教师的专业发展是指学前教师在进入工作岗位以后，通过在实际的教学环境中不断成长，不断学习新的教育理论，树立终身学习的理念，包括教师信心的增强，教学技能的提高，相关专业知识的不断丰富深化等。学前教师的专业发展是非常有必要的，不仅可以通过学习不断涌现的新理论来帮助自己更好的教育教学，还能提高自己的终身学习能力。当前粤东西北地区教师的专业发展主要依靠群体培训和园所培训为主，而且培训大多集中在公办园中，根据《粤东地区农村学前教育现状实证研究》中的数据显示有 30% 的公办幼儿园老师近三年没有参加过一次培训。农村的民办园由于园所的逐利以及园所教师专业发展意识不强，而且缺乏专业发展的动力，觉得培训与不培训工资并为明显的变化，所以参加培训意愿就更弱了。

2. 农村幼儿园"小学化"倾向依然存在

幼儿园"小学化"是指给予幼儿年龄接受之外的社会期待，将幼儿园课程与教学方式等同于小学教学，重视知识的掌握，无视幼儿游戏的价值和幼儿的社会性发展，是一种功利化的教育倾向和现象。这种教育现象的本质是忽视了幼儿学

习和发展的特殊性，曲解了幼儿真正需要"学什么""怎么学""学习效果如何"等问题。表一为粤西某农村民办幼儿园大班的一日活动，通过与园所老师的交流可以得知，近几年该园所的"小学化"倾向比以往要减少了很多，家长不再强硬的要求幼儿园的教学内容，但是由于区域内有幼儿园还存在这"小学化"的倾向，农村家长也更倾向于此类幼儿园。这些民办幼儿园为了达到招生的目的，不得不迫使每周也要增加语文数学的课程。而且在教学过程中还存在着一些超前课程的授课以及死记硬背等强硬的教学方式。

表一　粤西某农村民办幼儿园大班活动表

	一	二	三	四	五
晨间活动	跑跑乐	滑滑梯	玩皮球	跳绳	拍球
上午	建构游戏	数学	数学	表演	美工
	课间操	课间操	课间操	课间操	课间操
	表演	社会认知	表演	美工	数学
下午	数学	区域游戏	语文	语文	区域游戏
	体能	体能	区域游戏	体能	语文
	阅读	健康活动	美工	语文	益智

3. 农村幼儿园教育资源匮乏

教育资源对教育的质量和教育的发展速度起着至关重要的作用。教育资源分类有很多种，从狭义上来讲，教育资源主要包括学习材料，师资资源，教学环境等，在幼儿园中主要包含幼儿活动的场所，幼儿的图书，体育用品，玩具的数量，课程，环境创设等等。农村公办幼儿园的教育投入有财政的拨款，而民办幼儿园由于没有政府的专项补贴经费，往往依靠园所的资金来购买，一些农村民办幼儿园为了逐利达到营利目的，便在这一方面减少相应的费用支出，以此来保障幼儿园的正常运作。

三、粤东西北农村地区学前教育问题解决对策

1. 加强农村学前教师队伍的建设

（1）扩大学前教育专业招生名额

随着我国"三孩"政策的开放，学前教育即将迎来一个新的风口，对于学前教育专业人员的需求也会越来越大。2015年教育部颁布《乡村教师支持计划（2015—2020年）》明确提出要解决乡村教师队伍建设存在的突出问题，吸引优秀人才到乡村学校任教。计划强调需加强师资培养的"本土化"，鼓励创新培养方式，定向培养乡村教师。例如贵州省立足实际，强调要着力提高乡村幼儿教师数量，建设立志扎根乡村、质量有保证，乐于在乡村奉献的教师队伍。通过创新培养方式，加大力度培养五年制的农村幼儿教师，并逐步扩大免费师范生的规模，建立并完善以师范院校为主体、综合大学参与开放灵活的乡村教师培养体系。广东省粤东西北地区可以结合自身区域内优秀的高职院校力量，扩大学前教育专业的招生名额。目前我国还并没有免费学前教育师范生的政策，粤东西北地区可以结合自身

区域经济，通过加强与政府教育部门，社会资金筹集来设定定向奖学金等多种奖助体制来招收农村定向学前教师，以此来提高粤东西北农村地区幼儿教师质量。

（2）举办多形式的教师发展培训

学前教师的专业发展对于奠定教师的终身学习理念具有深远的影响。学前教育虽然作为我国基础教育的起始阶段，没有中考高考的压力，但是这并不意味着学前教育的质量可以降低。学前教育质量的提升最重要的一个依靠力量就是教师的质量，这就对教师队伍的水平提出了更高的要求。教育部门以及园所要充分认识到教师队伍水平的提升永远是进行时，没有完成时。第一可以邀请专家型教师进园讲座辅导，真真切切的在园发现问题解决问题，第二可以通过一对一帮扶，农村幼儿园与城市幼儿园，省级示范园结对子，通过互派老师进行双向互动；第三现在是网络信息发达的时代，很多高质量的教育资源都可以实现在线共享，可以利用远程教育平台，在线会议平台等形式加强教师的专业培训。

2. 家园齐心协力，促进幼儿健康发展

家庭是幼儿最先接受教育的场所，那么父母便是孩子的第一任老师。父母的教育观念深深地影响着儿童的发展。"小学化"已经是被科学证明过了的对幼儿的发展是十分不利的，但是农村地区的幼儿家长多半并不能理解，他们希望自己的孩子比同龄人更为优秀，更为进步。但是我们教育工作者应该明确树立"以人为本"的发展观念，教育应有自己的规律，儿童的身心发展也有自己的特点，教育则要顺应儿童的发展特点。园所可以加强与家长的联系，通过播放学者访谈，结合实际案例讲述"小学化"对儿童的侵害，邀请一年级的教师进园举办讲座。要值得注意的是在日常的教学过程中，幼儿园教师要真正的使用合适的教学方法来促进儿童的发展，任何违背儿童发展、揠苗助长的教学理念、教学方式都应该坚决摒弃，做到将游戏贯穿儿童的发展过程。

3. 提高教育资源整合的能力

首先从政府层面来讲：各级政府要明确责任，加大对农村地区学前教育政策的倾斜，筹集社会各种资金鼓励民办园的发展，做到资金向农村地区幼儿园流通。其次从园所的角度来讲，幼儿园可以采取内外联动的方式，对内积极争取园内教师的参与，充分发挥教师个人的社会资源，对外积极地与地方区域优秀幼儿园，区域高职院校学前教育专业进行合作交流，汲取最新的课程资源。最后从家长层面来讲，鼓励幼儿家长参与到幼儿园的建设中来，通过家长切身参与园所建设，让家长对儿童的成长的认识达到新的高度。

4. 建立学前教育精准扶贫机制

学前教育的发展并不是一个短暂的过程，而是一个漫长的发展过程。要深刻理解教育精准扶贫不仅是临时救急的良药，更是促进其经济社会持续发展的慢性补药。政府除了上述要在教育资源向农村地区幼儿园倾斜以外，还想方设法地提高粤东西北农村地区学前教师的待遇福利，抓住教育精准扶贫这个契机，找准粤

东西北地区学前教育发展的切入点。通过政策的引导，措施的完善，资金的倾斜推动粤东西北地区学前教育质量的提高。

四、结语

本文基于精准扶贫的机制来发现粤东西北农村地区学前教育中教育资源，师资队伍，"小学化"倾向等问题，并提出相对应的解决对策。学前教育作为人终身学习的奠基阶段，此阶段养成的良好学习习惯，思考方式对以后的学习都产生着深远的影响。在推动教育公平，打好学前教育精准扶贫攻坚战这条道路上还任重而道远，必须打好这场硬仗，扎实推进脱贫攻坚工作，提高农村学前教育质量，助力乡村振兴。

精准脱贫背景下粤东西北地区
职业教育扶贫多重机制建构

黄文韬[①]

（广东技术师范大学 ）

摘要：后脱贫时代，职业教育作为精准扶贫的主要途径，在扶贫工作中起到了助力贫困地区产业发展、为贫困学生提供教育机会、为贫困群体提供技能培训的重要作用，目前粤东西北地区职业教育精准扶贫工作还存在部分地区职业教育精准扶贫政策未落实未完善、职业教育精准扶贫缺乏各方联动、职业教育精准扶贫缺乏持久性的问题，对此，应建立制度明确的职业教育扶贫政策机制、建立多元参与的职业教育扶贫行动机制、建立常态持续的职业教育扶贫保障机制等多重机制共同促进职业教育扶贫工作的展开。

关键字：精准扶贫；职业教育扶贫；多重机制

---

① 黄文韬（1997—），女，内蒙古呼和浩特人，广东技术师范大学教育科学与技术学院2020级研究生，专业方向为职业技术教育。

基金项目：广东省教育厅普通高校重点项目《乡村振兴战略下粤北地区职业教育精准扶贫实施方案路径与路径研究》，项目编号：2020ZDZXI019。

引言

2021 年,"在迎来中国共产党成立一百周年的重要时刻,我国脱贫攻坚战取得了全面胜利,现行标准下9899万农村贫困人口全部脱贫,832个贫困县全部摘帽,12.8万个贫困村全部出列,区域性整体贫困得到解决,完成了消除绝对贫困的艰巨任务"。2021 年 2 月 25 日,习近平总书记在全国脱贫攻坚总结表彰大会上的讲话中指出,脱贫摘帽不是终点,而是新生活、新奋斗的起点。解决发展不平衡不充分问题、缩小城乡区域发展差距、实现人的全面发展和全体人民共同富裕仍然任重道远。要切实做好巩固拓展脱贫攻坚成果同乡村振兴有效衔接各项工作,让脱贫基础更加稳固、成效更可持续。扶贫必扶智,治贫先治愚。贫困人口存在的原因复杂多样,受教育水平不高是重要原因之一,因此通过职业教育提供智力和技术支撑的"造血式"扶贫能够为脱贫致富发挥重要作用。职业教育是防止返贫,成效最显著的扶贫工作。

一、精准扶贫背景下粤东西北地区职业教育扶贫发挥的作用

1. 职业教育助力贫困地区产业发展

产业发展是建设宜居生活环境、重塑文明乡风、推动扶贫工作有效进行、促进生活富裕的基础和前提,只有让人民通过接受教育发挥劳动力获得相应报酬、让贫困群众通过自己的勤劳双手致富,才能从更深层次、更广范围内促进贫困地区物质和精神的全面繁荣,推动贫困地区地区的全面振兴。职业教育通过在贫困地区设立职业学校培养人才,为当地扶贫产业提供人力资源和技术支持,建立完善贫困地区产业链,技术链与人才链互相贯通的机制,助力贫困地区产业发展。

2. 职业教育为贫困学生提供教育机会

与接受普通教育相比,接受职业教育更加适合贫困地区学生的现状,贫困地区的学生可以通过接受职业专业教育掌握实用技能,在较短时间内投入到生产劳动中去,通过自己双手的劳动和头脑的技术摆脱贫困现状,地方政府通过制定与职业教育扶贫的相关政策,逐渐建立起了较为完备的学生资助体系,使职业教育发挥真正扶贫功效,通过减免学费,补贴入学,发放勤学补助等行为帮助贫困地区的学生接受职业技术教育,为贫困地区学生同样提供接受高等教育的机会,真正摆脱贫困。使他们享有平等的受教育权利,可以从根源上阻断贫困的代际传递,使受教育者获取就业和谋生的一技之长,职业教育对贫困适龄青年有着更强的吸引力,为他们向社会上层流动提供了重要平台和途径。

3. 职业教育为贫困群体提供技能培训

职业教育除了对适龄青年实施完整职业技能综合培训之外,还会设立众多面向社会群体的学历完善以及技能培训,不仅可以为青年学生提供接受教育的机会,还能为超过入学年龄的社会人群进行职业技术教育,使他们也能拥有接受系统职业技术教育的机会,通过掌握技术实现脱贫致富。《国家职业教育改革实施方案》界定"培训既是学校的法定职责,也是职业教育的应有之义",进一步要求"完

善学历教育与培训并重的现代职业教育体系";反复强调职业院校开展培训工作的重要性。位于贫困地区的职业院校,结合精准扶贫工作,为贫困地区各类人群提供丰富多样的、适合地方产业发展需要的职业技能培训,助力贫困家庭脱贫致富。

二、精准扶贫背景下粤东西北地区职业教育扶贫存在问题

1. 部分地区职业教育精准扶贫政策落实不明确

粤东西北部分贫困地区的职业教育精准政策在颁布和落实过程中,多数地区缺乏后续报道以及有关部门对政策执行情况的监督,国家出台了相关政策落实精准扶贫的监督,保证扶贫效果,2016 年中共中央办公厅国务院办公厅印发《脱贫攻坚责任制实施办法》中为政策监督落实指明了方向。在粤东西北部分地区内,例如根据揭阳市扶贫信息网站公开信息在 2018 年发布的《中共揭阳市委揭阳市人民政府关于新时期精准扶贫精准脱贫三年攻坚的实施意见》中提到"鼓励职业院校和技工学校招收贫困家庭子女,确保贫困家庭劳动力至少掌握一门致富技能"和"推动职业教育与精准扶贫对接,职业教育资源向贫困地区、贫困家庭倾斜。加强乡村教师队伍建设",目前 2021 年快要结束,对于意见中指出的职业教育扶贫政策执行情况并没有相继的监督报道后续。粤东西北地区职业教育精准扶贫政策实施过程中暴露出的政策落实偏差,地区颁布政策缺乏有效监督的问题表明,如果没有明确与政策相关的机制,会对于职业教育进行精准扶贫工作造成较大阻碍。成为扶贫面子工程,只做表面工作,没有真实深入群众,了解贫困群众所需,有可能会面临再度返贫的风险。因此造成政策落实不明确的一系列问题不仅需要配套相应的运行机制,更重要的是配套的运行机制要科学合理,保证精准扶贫政策真正有效地落实。

2. 部分地区职业教育精准扶贫缺乏各方联动

文献资料调查发现粤东西北地区 5 个城市的扶贫工作中,职业教育的发展与产业和政府的联系甚少。(见表 1)从表格中可以得知,目前抽取粤东西北地区 5 个城市中,唯有河源市在扶贫工作中提出要支持职业教育服务本市优势特色产业,建立实训基地。其余 4 市对于职业教育的发展还多集中在较为初步的工作中,例如招收贫困生入学和给予补助和进行短期职业培训方面。甚至有的城市暂时还没有把职业教育的发展列为教育重点发展计划中。例如在清远市的乡村教育振兴三年行动中,重点关注在义务教育的扶贫工作,暂时没有提及职业教育发展。同时职业院校之间也缺乏一定联系与合作。2017 年国务院办公厅关于颁布《深化产教融合的若干意见》和 2019 年国家发展改革委教育部关于印发《建设产教融合型企业实施办法(试行)》等政策文件的颁布都表明职业教育和产业融合以及政府的促进作用。粤东西北贫困地区职业教育与政府和产业之间的联动机制还未建立完善,根据三螺旋理论,建立政府、职业院校、行业企业之间的联合机制是推动经济发展,推进职业教育精准扶贫工作顺利进行的动力点。职业院校缺少与产业和政府的联系,就会存在问题,例如职业院校内专业设置与贫困地区产业发展不匹配,

可能会导致毕业生就业困难,对精准扶贫工作起到相反作用。

表 1 粤东西北地区 5 市扶贫工作内容

汕尾市	推动职业教育与精准扶贫对接,职业教育资源面向贫困地区、贫困家庭倾斜。
肇庆市	促进转移就业。加强家庭服务、农村 电商、转移就业、粤菜师傅等技能提升培训,确保有培训意愿的 贫困劳动力 100% 享受免费职业技能培训。
汕头市	加大政策宣传和招生引导力度,确保有就读技工院校意愿的贫困学生 100% 享受技工教育优惠政策。强化促进就业导向,针对贫困人员实际情况,因地制宜采取以工代训、集中培训、弹性培训、上门培训等方式。
河源市	大力发展高中阶段教育,特别是服务我市优势特色产业的职业教育。规划建设一批职业教育示范特色专业及实训基地,针对性地开展生产技能学习教育。面向就读中职的贫困家庭学生加大高职单独招生和注册入学比例,让贫困家庭的适龄学生进入职业院校学习,掌握专业技能,提高脱贫致富能力。
清远市	清远市印发的印发乡村教育振兴三年行动计划(2020 — 2022 年)的通知中乡村教育振兴计划只集中在义务教育阶段,职业教育没有涉及。

3. 部分地区地区职业教育精准扶贫缺乏持久性

粤东西北地区部分贫困地区政府和工作人员为了尽快帮助本地区贫困人口脱离贫困,采取短期资金支持和简单技能培训来提升贫困地区劳动力的技能。当地政府选择一些较为临时的方式,如选择某些民办培训机构,民办机构办学条件、师资、培训方式等良莠不齐,短期培训结束后难以保证持续培养。大部分地区通过这种短期的职业培训帮助贫困人口快速掌握简单技能,增加扶贫绩效,但并未从扶贫的长效发展来考虑,会影响职业教育精准扶贫效果长期发挥效益。部分地区政府在对某些贫困户的扶贫工作中并没有提供较为长远的技术支持或职业培训,只是对其进行医疗保险和资金的支持,例如低保户家庭胡女士的家庭情况和政府资助记录如下(见表 2),为保护隐私隐去当事人姓名。有些贫困家庭生活困难的主要原因是家中劳动人口文化程度低,并不是老弱病残,缺乏劳动力无法劳动获取报酬,没有接受过高等教育或职业教育,只能通过打零工勉强维持生活开销,政府的扶贫工作应从更深层次的方面进行帮扶,使家中适龄劳动人口掌握技术接受职业技术教育的培训,而不是简单的资金帮扶,资金帮扶极其容易出现返贫现象的再度发生,精准扶贫效果不持久。

表 2 低保户家庭成员基本情况及帮扶工作开展情况

姓名	性别	年龄	文化程度	与户主关系	健康情况	劳动力状况	从业状态	救济方式
胡★	女	40	初中	户主	健康	有劳动能力	打零工	1.医保救助购买重大疾病保险
王★	女	22	高中	之女	健康	有劳动能力	待业	2.救助金额:
王★	男	20	初中	之子	健康	有劳动能力	待业	1908 元

三、精准扶贫背景下职业教育扶贫多重机制的构建

1. 建立制度明确的职业教育扶贫政策机制

政策的制定需要法律法规作为保障。教育扶贫的法律体系是我国教育扶贫制度体系的重要组成部分。政策本身具有长期性，整体性等特点，纲领性的文件落实到具体贫困地区实施则需要地方政府制定更为详细更贴合的扶贫政策与计划，政策的贯彻和落实需符合本地区的实际。要明确指定本地区可以实施的职业教育精准扶贫政策，不要模棱两可无法推动落实的模板政策，政策落实下发符合贫困地区教育实际条件。因此在政策制定前期就要有相关机构进行调研，摸清本地职业教育实际情况后再进行相关政策制定。在制定政策时建议执行相关规定并建立一套执行机制，并且在政策实施过程中明确监督机制，保证政策顺利落实，及时修正实践偏差。保证精准扶贫政策制度落实明确。

2. 建立多元参与的职业教育扶贫行动机制

扶贫主体的协同效力表现在扶贫多主体的协同。建立政府、职业院校、行业企业的联合机制是职业教育精准扶贫工作顺利推进的保障条件。落实地方政府统筹的主体作用，动员和凝聚社会力量广泛参与，形成扶贫工作合力，调动企业参与的积极性，构建多方参与、协同推进的教育扶贫大格局，形成以区域职业院校为主体，企业合作参与的新型扶贫联动形式。除此之外多加重视校际合作，校际合作也是职业院校互相学习，促进发展的重要环节，粤东西北地区的部分职业院校可以形成高等职业教育人才培养联合平台，使贫困地区的职业院校水平进一步得到提高。精准扶贫是一项重要的民生工程，事关全体人民的幸福生活，精准扶贫的工作需要各个部门各个主体鼎力协助，相互配合，运用职业教育牵头，联合多方主体，建立多元参与的行动机制，确保精准扶贫工作取得人民满意的成效。

3. 建立常态持续的职业教育扶贫保障机制

职业教育精准扶贫没有形成扶贫的长效机制会导致返贫风险进一步增加，部分地区政府通过职业教育进行的短期培训一旦遭遇企业进行产业升级或新的技术更新换代，只掌握简单职业技能的贫困人口有可能因为再次被企业淘汰而失去收入来源，使得精准扶贫工作前功尽弃。因此，应发挥职业教育扶贫政策的延续性作用，留出缓冲期，适当延伸政策扶持力度与广度，进一步巩固脱贫攻坚成果，以不返贫作为最低底线，各级地方政府应做长期规划和行动计划。职业教育的扶贫与发展应立足地区经济社会发展实际，同时职业院校也要根据当地产业发展适当调整专业设置，淘汰老旧专业，真正提升贫困地区职业院校毕业生将就业率，通过人才长效培养助力扶贫产业长效发展，形成扶贫产业链与人才链的长效机制。

精准扶贫视阈下粤北地区职业教育发展的
价值、困境与路径

李神敏①

（广东技术师范大学）

摘要： 随着绝对贫困的消除我国进入后精准扶贫时代，职业教育致力于精准脱贫具有天然的耦合性。粤北地区属于广东省欠发达地区，发挥粤北地区职业教育实现精准脱贫是阻断贫困代际传递、促进区域产业转型升级及助推脱贫攻坚战略的完成的价值体现。本文将从职业教育参与精准扶贫的观念、院校整体发展水平、人才培养三个维度剖析粤北地区职业教育发展的困境所在。最后基于确立科学的职教观念、加大资源投入及完善人才培养的方式为粤北地区职业教育实现精准脱贫提供有效路径。

关键词： 粤北地区；职业教育；精准扶贫

贫困治理是人类发展的永恒主题，现阶段中国的脱贫攻坚取得举世瞩目的成就，但这并不意味着彻底告别贫困问题。粤北地区地处广东省北部包括韶关、河源、梅州、清远、云浮五个地级市。其中少数民族自治县包括乳源、连山、连南均分布在粤北地区。2020年根据广东省扶贫开发协会发布28个贫困县名单，粤北地区占有10个，其中属全国性扶贫县粤北地区就占有两个。职业教育精准脱贫是教育脱贫攻坚战的重要组成部分，现阶段粤北地区共有职业院校69所，其中高等职业院校6所，中等职业院校63所。后脱贫时代职业教育将大有可为，探索粤北地区职业教育精准扶贫的价值体现、剖析粤北地区职业教育的困境所在及明确职业教育精准脱贫的有效路径对于后脱贫时代职业教育的发展具有重要的现实意义。

一、粤北地区职业教育精准扶贫的价值所在

1. 阻断贫困代际传递，助推精准脱贫

"代际"的概念本属于生物学，后借用到社会学中便具有自然和社会学的双重属性，意指人类自身繁衍过程中祖辈及父辈等代际之间的关系。贫困代际传递则指贫困家庭内部由父母传递给子女，使子女在成年后重复父母的境遇。"职教

---

① 李神敏（1996— ）女，广东韶关人，广东技术师范大学教育科学与技术学院2020级研究生，专业方向为职业教育学。

基金项目：广东省教育厅普通高校重点项目《乡村振兴战略下粤北地区职业教育精准扶贫实施方案路径与路径研究》，项目编号：2020ZDZXI019。

一人、就业一人、脱贫一家"成为阻断贫困代际传递见效最快的方式。推动粤北地区脱贫致富、阻断贫困代际传递的各种因素中文化程度和劳动技术技能低下是造成贫困代际传递的主要因素。职业教育以就业为导向是改变粤北地区贫困问题最直接、最有效的教育类型,是阻断贫困代际、防止反贫困的有效途径。

2. 促进区域产业转型发展,培养本土化技能人才

发展粤北地区特色产业,促进区域产业转型升级亟须大量本土化高素质技术技能人才,提升贫困地区的职业教育服务水平。现阶段粤北地区基础设施水平偏低、人才储备不丰富、园区产业配套不完善等是制约粤北地区产业转型发展的瓶颈。2018年2月习近平总书记在打好脱贫攻坚战座谈会中强调"贫困地区最缺的是人才"。发展粤北地区职业教育结合区域产业发展定向展开培养本土化技术技能人才,牢固树立服务区域经济社会发展的办学定位,重点发展与粤北地区农业、旅游业、工业相匹配的专业。致力发挥养殖业、种植业、旅游、电子商务等粤北特色优势产业,采取理论与实训相结合的方式不断满足区域产业转型发展。建立与粤北地区经济发展高度耦合的专业体系,积极开展职业技能培训,参与优质教育资源输出,进一步密切学校与地方政府、行业企业的关系,扩大职业教育对粤北地区经济发展的影响力和覆盖面,赢得更好的建设发展环境,破解自身发展产业发展瓶颈,促进粤北地区产业转型。

3. 助推脱贫攻坚战略的完成

打赢脱贫攻坚战是党中央、国务院做出的重大战略部署。助推脱贫攻坚是职业院校必须承担的社会责任,也是粤北地区职业教育自我发展的良好契机。职业院校应充分发挥精准扶贫的潜力,承担发展职业教育脱贫一批的职责。发挥职业院校精准扶贫的独特优势将专业布局与产业需求相对接,学习情境与岗位需求相吻合,将就业与精准扶贫相挂钩,帮助劳动者实现顺利就业、稳定就业和体面就业是职业教育精准扶贫的重要途径和成果表现。目前职业教育在我国脱贫攻坚工作取得了一定的成绩,粤北地区在实现职业教育提质培优的计划进程中应向贫困地区予以倾斜,支持粤北地区中高职院校改善基本办学条件,大力培养技术技能人才把职业教育作为攻坚粤北地区精准扶贫的重点,巩固脱贫攻坚的成果,进一步助推脱贫攻坚战略的完成。

二、粤北地区职业教育精准扶贫的困境所在

1. 外部因素

（1）地域因素的制约

从地域条件上看,粤北地区处于广东省北部,北接湘赣、南邻河源及清远市,经济发展相对滞后并属省域集中连片贫困区。众所周知,广东省是全国经济发展大省,但由于受地域条件影响,导致的经济发展不平衡一直是广东省经济发展的重大问题。珠三角地区属沿海地带,港口汇集对外贸易发达。虽然近年来粤北地区经济发展水平逐渐提高但由于交通不便、深居内陆等内生型的贫困地理条件限

制粤北地区经济的进一步发展,由地域因素导致粤北地区与珠三角地区经济发展差距将进一步加大。

（2）传统观念的制约

粤北地区开展职业教育精准扶贫是消除贫困代际推进教育公平的重要举措。习近平总书记强调"扶贫先扶志",扶志就是扶思想、扶观念、扶信心,帮助贫困群众树立其摆脱困境的志气与勇气。扶贫先扶智是贫困地区改变自身阶级的内生原动力,而现阶段部分贫困地区学生群体依然存在信奉"读书无用论",这种因贫困导致的落后观念长期浸染在青少年的性格与人格中使个人发展受到束缚。除此之外,粤北地区部分少数民族聚集在此,少数民族依然固守在贫困地区,不敢于通过职业教育能实现脱贫致富,仍然坚持在原地区务农为主的传统观念依然会制约职业教育精准扶贫工作的开展。

（3）资源分配不均

资源分配不均主要涉及粤北地区教育资源分配不均的问题,这主要从教育支持的维度进行分析。现阶段粤北地区职业教育支持能力有待提高,主要包括:师资力量、教学条件、教学软硬件、实训场地等。与珠三角城市相比粤北地区职业教育支持力度方面的差异是显而易见的。资源的分配决定区域教育发展的质量,资源分配不均导致区域政府相关部门难以调动职业教育的发展,导致职业院校软硬件资源较为匮乏。在实际工作过程中职业教育资源的匮乏在很大程度上使职业教育实现精准扶贫成为"巧妇难为无米之炊"。因此,面对粤北地区职业教育因教育资源分配不均导致精准扶贫工作难以顺利开展,通过优化资源配置,破解粤北地区职业教育精准扶贫的困境。

2. 内部因素

（1）生源数量不足

2019年《国家职业教育改革实施方案》提出职业教育的受众群体将重点面向农民工、下岗失业人员、退役军人等。职业院校一直承担着为区域培养高技能型人才的职责,粤北地区职业院校面临的生源质量问题,在我国大力发展教育事业的背景下,普通教育逐年扩招,职业院校采取降低录取分数线的策略增加职业院校的人数,但在招生工作上依然面临着学生就读职业院校的积极性不高,生源短缺的局面。生源是粤北地区职业院校发展的生命线,是职业学校顺利开展精准扶贫的基本保证。随着粤北地区初中生源相对减少,高等教育从精英教育转向大众教育后,进一步加剧粤北地区职业院校的招生困境。生源数量不足问题影响职业院校自身的可持续发展亦降低职业教育振兴粤北地区发展的整体效能。

（2）专业设置与产业发展匹配性低

职业教育的专业设置是教育和经济的桥梁,是职业教育为经济发展与社会服务的具体表现。粤北地区深居内陆,山多地少是广东省发展林业以及进行环境保护的重点地区,具备发展农业条件的天然优势。但是通过对比韶关市、云浮市、河源市、清远市可知仅河源市职业院校设置了与第一产业相关的专业。其余院校开设专业主要聚集在第三产业的计算机应用技术、物流管理、会计等专业。在没有依据自身区域发展优势设置"热门专业"将导致学校专业设置同质化严重未能凸显出区域产业发展特色。对粤北地区区域发展优势考虑不充分，盲目开设热门专业浪费教育资源造成专业过剩的现象，最终将会导致职业院校吸引力与竞争力下降，职业教育发展受到影响。

（3）师资力量较为薄弱

粤北地区职业教育精准扶贫离不开一批强有力的师资队伍支持。目前粤北地区职业院校师资队伍的建设问题主要聚焦在师资总量不足以及整体素质不适应两大方面，本文以粤北地区各市高职院校为例，师资力量情况如表一所示。师资力量不足主要体现在师生比上，粤北地区师生比总体呈逐年下降趋势，但仍然较高。部分学校"双师型"教师不到20%，职业院校师资力量有待提高。另一方面，从师资队伍的整体素质上看，粤北地区职业院校的教师结构有待优化，粤北地区因为条件艰苦，教师待遇与珠三角城市差距较大，导致职业院校骨干教师外流较多，优秀人才引进困难。总体来说粤北地区师资力量面临的主要问题在于师资力量的供给不足，职业院校人才结构与师资力量间的满足是职业院校发展的保障，应完善粤北地区职业师资队伍的构成，提高"双师型"教师的比例。

表 1　粤北地区高职院校师资力量情况

学校名称	教职工总人数（人）	专任教师数（人）	师生比（%）	双师比（%）
清远职业技术学院	646	457	14.05	82.66
河源职业技术学院	974	556	15.27	87.53
罗定职业技术学院	546	433	15.46	53.41
广东松山职业技术学院	505	437	17.08	39.88
广东碧桂园职业技术学院	135	68	14.53	42.53

数据来源：收集与整理于各高职院校官网

三、精准扶贫视阈下粤北地区职业教育优化路径

1. 转变传统观念，统筹资源分配

灵活调整扶贫的内容与注重精神层面的扶贫是后精准扶贫时代粤北地区职业教育精准扶贫的重要内容。实践证明仅靠单一的物质扶贫难以从根本上实现精准脱贫，应重视物质扶贫与精神扶贫并重的扶贫方式，这是后精准扶贫时代职业教育实现精准扶贫的突破口。首先，搭建粤北地区职业教育精准扶贫平台，调动贫困人口参与的积极性。转变传统观念注重精神扶贫的前提是确保贫困人口具备较强的自我脱贫意识与脱贫的积极性。着力构建精准扶贫服务平台，向粤北地区贫困群众宣传、解读国家各项扶贫政策及职业教育在贫困治理的突出城乡，引导粤北地区贫困群众敢于通过职业教育脱贫。其次，统筹粤北地区职业教育资源分配。加大粤北地区职业教育政策支持及经费资源的持续投入，发挥政策文本的引导作用，在宏观层面将职业教育与粤北地区精准扶贫进一步细化成文。适度增大职业

教育发展的专项经费投入，用于支持贫困地区购置教学设施设备，开展相应的技能培训活动。在传统观念上进行调整与资源统筹分配相协调进一步释放职业教育精准扶贫的治理效能。

2. 调整专业设置与产业发展的适配性，吸引各类生源

注重专业设置的适配性，职业院校的专业设置在很大程度上决定着技能人才的规格与类型。根据地理区位可知粤北地区具有发展第一产业的天然优势，应紧紧围绕粤北地区的主导产业与特色产业匹配区域产业发展的需求，适当增加第一产业的相关专业设置，削减同质化类的专业，聚焦于种植业，形成优势互补的专业设置格局，满足粤北地区贫困治理实际产业发展的需求，吸引多类型的生源。其次，提高相关课程的针对性，将课程设置于粤北地区精准脱贫相联系，体现职业教育精准扶贫鲜明的就业导向，逐步引导粤北地区贫困学生掌握适应当地产业发展需要的技能。最后提升粤北地区教学内容服务于精准扶贫相关专业，着力突破贫困地区职业教育基础薄弱、人口素质相对偏低的现实困境，丰富拓展教学内容边界，为职业教育参与相对贫困注入心动力，开辟新渠道。

3. 优化师资队伍，满足区域人才培养需求

优化粤北地区原有的师资队伍是开展实际教学工作的重要保证。持续优化"双师型"教师队伍，在数量上要多渠道拓展职业院校师资来源，积极引进高素质、高技能的企业技术人员到校担任兼职教师，弥补粤北地区师资力量不足的问题。在教师发展上应着手构建师资队伍的终身培训体系，发挥职前、职中、职后的职业院校教师培养体系，满足师资队伍多样化的技能需求。在开展师资培训的过程中要根据扶贫实践需求优化培训内容，注重将理论只是与实践技能相结合，提高教师的知识迁移能力，不断充实粤北地区师资队伍，以此着力推进职业教育的整体质量，进一步释放职业教育参与相对贫困的治理效能。

粤北地区职业教育精准扶贫
现状、困境及路径探究

麦莱思①

（广东技术师范大学）

摘要：职业教育精准扶贫是国家扶贫工作的重要途径和举措。粤北地区作为广东省欠发达地区之一，其职业教育在帮助贫困学子顺利就业、为贫困地区培养本土人才和促进教育公平上取得了一定的成效。然而，在实施过程中，也依然面临扶贫对象精准识别不足，职教扶贫实施过程存在难度以及精准协同机制存在障碍等问题。对此，需要通过构建职教扶贫精准识别机制、强化职教扶贫宣传力度、加大资源投入和建设职教扶贫协同发展机制以促进职业教育精准扶贫工作的深化。

关键词：粤北地区；职业教育；扶贫路径

党的十八大以来，从中央到地方各级政府都为缓解贫困问题，实现精准扶贫出谋划策。精准扶贫是粗放扶贫的对称，强调针对不同贫困区域环境、不同贫困农户状况，运用科学有效程序对扶贫对象实施精准识别、精准帮扶、精准管理的扶贫开发模式。"教育扶贫"作为国家"五个一批扶贫工程"之一，通过教育精准扶贫能以最小的"投入"实现最优化的"产出"效能，精准帮扶贫困地区人民通过提升知识水平和技能水平改善自身生存状况。职业教育作为与经济社会发展联系最为密切、教育内容最贴近、社会贡献最直接的一种教育类型，对贫困地区群众脱贫致富成效最为直接有效。教育精准扶贫过程中，应充分发挥职业教育的独特优势及作用，以实现"培养一人，脱贫一户"。

粤北地区作为广东欠发达地区之一，无论在经济发展还是在社会基础配套等方面都与广东珠三角地区存在很大的差距，贫困现象表现明显，制约着全省经济的均衡发展。近年来，广东也逐步加大对职业教育精准扶贫政策的推行力度，但粤北地区在落实该项政策过程中仍面临诸多挑战。基于此，本文通过分析粤北地区职业教育精准扶贫的成效现状，以进一步分析粤北地区职业教育精准扶贫仍然面临的困境，进而提出可行性路径为粤北地区持续推动职业教育精准扶贫工作做

---

① 麦莱思（1996—），女，广东茂名人，广东技术师范大学教育科学与技术学院 2020 级硕士研究生，专业方向职业技术教育学。

基金项目：广东省教育厅普通高校重点项目《乡村振兴战略下粤北地区职业教育精准扶贫实施方案路径与路径研究》，项目编号：2020ZDZXI019。

出贡献。

一、粤北地区职业教育精准扶贫的实施成效

粤北地区位于广东省北部,主要包括韶关、河源、梅州、清远、云浮五个地级市,清远市和韶关市还分布有省和国家重点扶贫县。另外,粤北地区拥有74所中职学校,6所高职院校。因此,通过职业教育实现精准扶贫大有可为。

1. 帮助贫困学子顺利就业

扶贫不能仅限于钱款和物资的捐赠,更应关注的是如何有效提高贫困者独立生活的能力。而能力贫困在教育中主要表现为就业能力不足和就业质量低下。贫困家庭的学生由于家庭位置偏僻、经济条件差以及社会交往机会稀缺等原因,以致缺乏生产技能的指导,就业能力不足,难以精准识别岗位的优越性,实现高质量精准就业。这些问题可以依靠职业院校的社会属性达到目标,职业院校拥有优秀的技能培训经验、企业合作育人经验,无论是对岗位技术技能的要求,还是市场和企业对人才的需求都有丰富的熟知经验和培训能力。职业院校依靠其产教融合、校企合作等方面的优势,能够将知识、技术、市场等因素有效结合起来,提高人才培养对接社会需求的精准性,在技能培养、职业指导、创业发展等方面帮助贫困家庭毕业生顺利就业,以适应劳动力市场变化和劳动技能更新的需要。通过调查粤北地区4所高职院校毕业生就业情况可知,粤北地区职业教育精准扶贫工作的开展有助于提高学生就业率,实现高质量就业,通过广泛开展职业技能培训,为当地培养了大批经济社会发展所需的高技能型人才,帮助贫困人口就业,并取得了良好的成效。

表1 2019年、2020年粤北地区各地市高职院校就业率

院校名称	单位	2019年	2020年
广东松山职业技术学院	%	97.65	95.31
河源职业技术学院	%	97.86	82.47
广东碧桂园职业学院	%	100.00	100.00
罗定职业技术学院	%		93.56

数据来源:粤北地区各高职院校质量年度报告

2. 为贫困地区培养本土人才

教育和贫穷是相互影响的,教育越发达,贫困问题就越少,相反,贫困问题会越严重。职业教育在对提升贫困学子技术技能水平,实现其顺利就业的过程贡献了重要力量。同时,职业教育还能带动贫困家庭毕业生毕业后留在家乡,为贫困区域建设助力。仅通过外部引进人才,有可能面临无法融入本土环境、无法长期从事贫困村扶贫工作等问题,因此培养适应本土生活模式的本土人才,更能够促进扶贫工作的可持续发展。粤北地区职业教育培养的高技能人才,几乎均在本省就业,对本省贡献较大,其中有相当一部分学生留在当地就业,为粤北地区的经济发展和建设提供了充足的人力支撑。2020年,广东松山职业技术学院有超过

120 名的毕业生留韶就业，为地区经济建设服务。云浮中职学校留在云浮就业人数占直接就业的 74.41%，为云浮市提供充足人力资源，本土人才的留任也是对贫困村顺利脱贫后的可持续发展有建设性意义，避免因人才的流失导致返贫现象。因此，职业教育已经成为贫困地区留下本土化人才的培养基地，在输送毕业生返回家乡、扎根贫困地区的建设，实现脱贫攻坚中发挥了重要的人才支撑作用。

3. 促进教育公平

2019 年习近平总书记在考察西北地区中等职业教育发展条件落后的情况上提道："区域之间发展条件有差异，但在机会公平上不能有差别。"因此，职业教育的扶贫实际上是教育公平的体现，针对贫困地区的资助政策是实现教育公平的具体举措。而且，教育具有"溢出效应"，不仅能让受教育者受益，还能通过一定的方式溢出给社会，提升社会的生产效率。在职业教育资助政策中，政府通过对国民收入的再分配，缓解了受教育机会分配不均的现象，保障了贫困家庭子女接受教育的权利。同时，通过资金资源的合理配置，将资源有效地分配给最需要的学生，从而最大限度地减少资源的损失，促进教育公平，实现公平与效率的"双赢"。

二、粤北地区职业教育精准扶贫面临的困境

1. 扶贫对象的精准识别存在不足

精准识别扶贫对象是开展扶贫工作的前提，扶贫对象的模糊识别将导致职业教育在扶贫的过程中没有从根源上解决扶贫问题。根据调查，有部分村民认为扶贫开发政策的受益人主要为政府官员及其亲朋好友或者是个别贫困户，仅有少部分人认为有大部分贫困户从中得到帮扶。由此可见，扶贫工作成效不佳的根本原因在于靶向不够精准，即部分真正有困难的学生反而得不到补助。同时也反映出扶贫政策的对象识别机制存在漏洞，在前期，容易出现基层部门人员对关系户的有求必应，在后期，职校也仅仅资助申报者所填写的材料和相关证明来主观的判定和择取资助对象，并没有实际的调研，认定过程主观随意，导致真正贫困学子缺失教育机会。

2. 职教扶贫的精准执行过程存在难度

在实际的职业教育精准扶贫实践中，存在的问题可以从主观和客观两个方面具体分析。从主观层面上看，主要是学生对职业教育的价值认同度不高，粤北地区教育水平相对落后，职业教育在粤北部分贫困地区的人民群众心中地位较低，加之部分家长自身文化程度较低，所以对职业教育扶贫和改善代际贫困的重要作用认知不清晰，使得职业教育精准脱贫工作的实施难以开展。从客观上看，主要是资源分配不均制约了粤北地区职业教育精准扶贫工作的展开。因为粤北地区经济发展存在一定滞后性，导致其教育资源投入与珠三角地区存在一定的差异。从资金投入看，珠三角地区和粤北地区对教育的投入差距明显。例如清远市 2019 年财政预算支出显示，教育支出为 919,120 万元，而同年珠海市教育支出为支出

106，750，000 万元，差距甚大，进而导致职业学校的硬件设备配备、优质师资的引入都存在一定的困难，直接影响了职业院校在精准扶贫过程中对学生培养工作的展开。

3. 职业教育的精准协同机制存在障碍

扶贫工作不是一朝一夕的简单改革，需要长期的、持续的改革与跟进，也必须要有配套的管理与协调机制作保障。一是政府、职校、企业之间的协同问题突出。政府在精准扶贫的实践中占据主导地位，政府的过多干预或者不干预都会对职业教育精准扶贫进度造成影响。而职业院校和企业之间，企业或因利益关系而不愿协同职业院校参与职教扶贫。因此，各大主体之间的关系博弈容易导致职业教育扶贫主体的单一性，其长效协同发展机制不完善。二是贫困地区职业教育与发达地区职业教育之间缺少精准扶贫的协同与合作。粤北地区职业院校在发展的速度，规模和质量方面都难以与珠三角地区的职业院校匹敌，因此可能更多需要吸取先进地区职业院校的先进发展经验和办学理念，或者需要发达地区的师资或课程资源支持办学，提高粤北地区职业院校办学质量。然而，据调查粤北地区职业院校与发达地区的院校开展合作的情况还较少，区域职业院校之间缺乏必要的联动互动，限制了职业教育精准扶贫功效的最大化。

三、粤北地区职业教育精准扶贫的路径分析

1. 构建职教扶贫精准识别机制

精准扶贫的优势在于对贫困区域、群体的精准识别，是顺利展开脱贫工作的前提和基础。职业教育扶贫的对象为贫困地区人民，精准识别区域贫困群体是工作展开的首要前提。2020 年为全面脱贫攻坚的收官之年，使农村贫困人口全部脱贫摘帽，消除了绝对贫困人口。而面对当前的后脱贫时代，粤北地区对于扶贫对象的精准识别在于应建立一套贫困识别数据系统，由组成贫困人口识别小组，对粤北地区贫困村进行全面的摸底，构建贫困人口信息网，并且为贫困人口进行分类识别，针对贫困人口的不同情况进行针对性的职业教育，例如，文化基础薄弱的人群为其提供职业培训和就业机会，而在乡务工的新兴职业农民可以为其开设相关专业和课程，助力提升技能水平等，实现精准扶贫。

2. 强化职教扶贫宣传力度

目前，职业教育仍然存在社会认可度低的现状，导致他们对于通过选择职业教育实现脱贫的意识薄弱。只有省政府和地方政府通过宣传职业教育的发展前景，才能降低贫困生在职业学校学习的精神压力，增加他们就学的机会。因此，地方政府、职业院校等应该加大对职业教育的宣传力度。一是加强对职业教育精准扶贫的前景、意义和价值的宣传，尤其是宣传那些通过职业教育提升生存技能而摆脱贫困的经典案例，用榜样示范激发贫困家庭的子女入读职业院校的动力。二是提高职业教育的社会地位，加大职业教育教学资源的投入工作，明确职业教育类型教育的地位，不断提升职业教育的办学质量，保证职业教育的教学水准以提升

贫困学子入读职业教育的决心和信心。三是发动职业院校走进乡村，走进贫困家庭之中，与扶贫对象围绕职业教育进行面对面的沟通，通过耐心的解释消除扶贫对象对参与职业教育的顾虑，增强扶贫对象对职业教育精准扶贫的认识，改变扶贫对象的思想观念，争取扶贫对象对职业教育的认同。

3. 加大资源投入建设职业教育

针对粤北地区职业教育精准扶贫资源投入不足的问题，首先应从政策方面招收，继续加强政府财政补贴和资金投入，其次，在政府鼓励、职业院校主导工作下，通过多元渠道筹集社会资金以资助职业教育扶贫工作的展开。在教育经费分配方面，根据粤北地区各所职业院校基础设施建设情况、师资水平以及贫困人口所占比例，结合当地经济发展程度，做好资金分配，规划资金用途，确保每一笔资金都用在实处上。面对粤北地区职教师资力量薄弱，教学质量低下情况，可以通过"引进来"和"走出去"相结合改变师资情况。在"引进来"上，政府可以通过一些"三支一扶"项目等来鼓励优秀大学生助力乡村职业教育，储备贫困地区师资力量。另外，政府制定相关福利政策，例如住房补贴、交通补贴等提高乡村教师的工资待遇，引入优秀教师并提高他们留乡任教的意愿。在"走出去"上，可以搭建城乡交流平台，安排一批乡村教师到城市进行职业技能培训，提高乡村教师的专业教学能力和实践技能水平，采用多样化的培训方式提高其教学质量，支撑农村职业教育的发展。

4. 健全职教扶贫协同发展机制

职业教育精准扶贫是一个系统性、持续性的工程，仅仅依靠单一的职业院校主导是难以支撑职教扶贫工作的展开的，因此，在扶贫工作中，应构建政府为主导、多元主体参与的职业教育精准扶贫协同发展机制，实现教育扶贫效果的最大化。首先，政府应该完善职业教育精准扶贫的顶层设计，一方面发挥政府宏观调控的作用，整合扶贫开发资源，明确界定职业教育精准扶贫各管理层、执行层、监督层间的工作任务。另一方面建立信息公开平台，对教育扶贫政策的执行、财政资金的投入和使用情况以及扶贫项目的管理等实行公开化、透明化管理，建立健全动态监管机制，及时反映教育扶贫的最新情况。其次，社会主体作为教育扶贫的重要力量，需要职业院校为主体携手社会力量致力于精准脱贫，广泛动员社会团体组织、企业、个人等多方力量参与，通过相关政策保障各扶贫主体的合法权益，尽可能地满足其合理的利益诉求，充分发挥多元主体在扶贫工作中的主观能动性，形成政府、职业院校与社会力量共同参与、合作互补、发挥所长的职教扶贫协同发展机制，助力贫困地区早日实现脱贫，提升脱贫成效。再来，加强职业院校间的相互协助。粤北地区职业教育发展较为缓慢，通过校对校结对帮扶深入推进省内优质学校对口帮扶粤北地区职业院校的工作，能够更好地帮助贫困地区职业院校获得更丰富的办学经验，例如实施院校间的师资队伍建设帮扶、学科专业建设帮扶、技术技能培养帮扶、就业安排帮扶等措施加强粤北地区职业院校的师资、课程、基础设施等建设，支持粤北地区职业院校开展职业教育扶贫工作。

对职业教育服务乡村振兴路径的探索

王大洋　张智群

摘要："乡村振兴，人才是基石"，巩固脱贫成果，推进乡村振兴，不仅要让脱贫人口"站起来"，更要让他们"走得远"。职业教育是推进乡村振兴的中坚力量，能解决新时代"三农"短板问题，为全面实现乡村振兴提供有效助力。本文通过对职业教育服务乡村振兴的重要性阐述，分析其助力乡村振兴中存在的突出问题，并提出策略建议，希望能发挥职业教育作用助力乡村振兴巩固脱贫攻坚，促进学校职业教育高质量发展。

关键词：职业教育；乡村振兴；路径；探索；

一、职业教育服务乡村振兴的重要性阐述

1. 新时代乡村振兴赋予职业教育新内涵与新价值

乡村振兴是解决我国社会主要矛盾的关键，其不仅对城乡融合意义重大，对农村农业现代化发展也是影响巨大。习近平总书记曾强调"要加快构建现代职业教育体系，培养更多高素质技术技能人才、能工巧匠、大国工匠"，这为职业教育服务乡村振兴奠定了重要基础，也对推进新时代职业教育发展产生巨大影响。特别是职业教育的教育性、生利性、社会性更是要求学校助力学生成长、成才，为高校积极调整革新课程内容、强化教育规划、健全教育体系、创新教学方法奠定良好基础。

2. 职业教育满足乡村振兴的多元化需求

乡村振兴并非简单的农业发展，而是农村经济的整体进步，其既要满足农民对经济效益的追求，又要保证农民的高品质生活，因而必须要以农民为主体、以经济发展为阶梯、以教育价值体系相融合为手段来促进乡村振兴，解决"三农"问题。期间，乡村振兴的多样性、综合性和整体性对职业教育提出了多元化需求，而职业教育也成为进一步培养专业农才、扶持乡村工匠、提升"三农"水平、加速乡村振兴步伐的重要保障。以人才需求为例，农村产业结构的多样性决定了其对职业教育人才的需求也是多样化的，不仅需要传统农业技能人才，更需要新型职业农民和创新型、复合型、应用型人才，这样才能真正适合农村产业融合发展，才能实现乡村振兴。如乡村民宿的发展所需人才既需要懂得农业生产，也要掌握酒店经营的诀窍，更要精通网络销售，这样才能真正将乡村民宿发展起来，为农民带来更多经济效益。在技术需求方面，农村产业内容的综合性也对职业教育技

术提出综合性要求，不仅需要一、二、三产业融合发展人才，更需要多学科、多领域综合技术支持型人才，如生态农业发展所需人才既需要懂得生物养地、立体种养，还需要对资源再生、人工智能、大数据等技术了如指掌，这样才能真正推动其发展，带来应有的效益。

3. 职业教育解决农民工返乡创业就业问题

随着脱贫攻坚的胜利、乡村振兴战略的进一步发展，越来越多的农民工返乡创业就业。究其根本，在于农村发展前景广阔且符合农民故土难离的心理，使其在城乡一体化、乡村经济复苏之后出现大量返乡就业创业现象。职业教育不仅能有效解决农民工返乡就业创业问题，更能为其带来更好的生存技能，使其发展成新型职业农民，推进乡村振兴与发展。

二、职业教育服务乡村振兴发展中存在的问题

1. 职业教育趋向城市布局与乡村振兴以乡村为主体相矛盾

近年来，虽然党和国家一直在致力于城乡一体化建设，但城乡之间的发展差距依然让很多教育资源偏向于城市。特别是出于对就业、校企合作、社会服务以及师资引进等多方面的考虑，职业教育学校在整体上趋向于城市，远离乡村，导致教育断层，难以为乡村振兴提供有效人才培养战略。

2. 职业教育资源配备不合理，资源整合共享力不足

人力、物力、财力、时空、信息、精神以及制度等资源都是职业教育发展中不可缺少的重要资源，但因各地经济发展不同，不同职业教育院校所拥有的资源也截然不同，因而所产生的教育效果也大不相同。另外，教育资源的分散、整合利用不足等问题也导致职业教育院校间出现很多问题，造成职业教育发展不均衡，阻碍乡村振兴发展。不仅如此，职业教育专业布局与设置不精准，难以与农村需求紧密匹配也是一大问题。

3. 社会认可度低与认知不清晰阻碍职业教育发展

根深蒂固的"官本位"思想以及传统农耕经济发展模式导致很多人对职业教育培养的学生认可度极低，甚至会有歧视、偏见，导致很少有人愿意主动去了解职业教育功能与价值，甚至出现"去农化"发展现象，最终阻碍其人才技能发展与乡村振兴相结合。特别是在缺乏专业了解的情况下，很多人将职业教育与普通教育混为一谈，以普通教育的指标来评价，导致其围绕升学指标发展，忽视职业教育的真正意义。另外，很多家长都不愿让孩子选择职业院校，这也促使职业教育院校不得不以"升学率"来完成"招生指标"，最终导致其选择"去农化"，忽视其服务"三农"、解决农业农村发展问题的价值。

三、职业教育服务乡村振兴有效路径的探索

1. 统筹管理，实现职业教育资源共享

乡村振兴、职业教育发展都离不开政府的统筹安排与管理，各级各地政府要

积极提升职业教育高度，将其作为城市核心竞争力纳入经济发展总体规划，统筹职业教育发展、创新教育体制机制，积极推进产教融合、校企合作等模式，构建具有当地发展特色的职业教育。一方面，政府要改变传统管理、条块分割模式，要加大对落后县区的扶持，打破经济发展不平衡格局，优先发展落后县区职业教育。同时，还要加大对各地区师资力量的平衡与整合，打破隶属关系界定，以统一调配、合理分配为原则实现师资互动交流，为乡村振兴提供重要师资保障。

2. 创新现代学徒制，探索职教发展新路径

现代学徒制是职业教育发展中较为成功的一种人才培养模式，不仅能有效提升学生的实操能力，更能为乡村振兴培养一批专业、专注、高能力的农才，是全面提升"三农"服务水平、加快乡村振兴步伐的重要教学手段。职业教育顺时应势主动对接"三农"，并充分发挥三农发展中的现代化产业体系，以现代化、机械化、信息化、科技化武装、改造和服务农业，为全面建设小康社会奠定厚实基础。同时，职业教育院校在创新现代学徒制之时，需要结合农业发展现状优化顶层设计，并构建新教育体系与标准，以实训基地、名师工作室等为载体，健全德绩并修、工学结合的育人机制和质量评价机制。

3. 产教结合输送对口人才，培训服务助力乡村振兴

近些年来，特色职业教育院校不断涌现，职业教育与当地产业深度融合的模式也成为新时代职业教育学校教育发展的一大特色。学校在不断优化布局、积极对接产业过程中深化产教融合、校企合作，以现代化职业教育体系为社会培养并输送大批高素质、技术过硬、思想正的能工巧匠，也让学生创业就业方面更加得心应手。另外，学校还可以通过制定乡村振兴战略计划来培养高层次、高素质农民和乡村振兴产业带头人，以职业教育锻造人才，激发贫困乡村创新发展活力，为推进农业农村现代化、全面建设小康社会提供人才、智力支持。

4. 重塑价值认同观，构建文化体系保障

职业教育的重要功能之一就是促进农村贫困文化转型、提高农民文化素质、巩固脱贫攻坚成果，让农民可以站起来、走得远。在对学生施教期间，教师要不断强化其思想道德教育、职业道德教育，积极落实立德树人根本任务，并践行社会主义核心价值观，引导学生爱国爱党爱社会爱新农村建设，从思想上扎稳"篱笆"，为乡村振兴提供思想保障。同时，职业教育院校领导、教师也要积极深化"互联网""经济全球化""城乡一体化"等新理念解读，树立职业教育责任担当，通过交流探讨来汲取新经验，整合现有资源与力量，精准定位，谋求创新与发展新思路。学校还可以以院校发展为出发点、以乡村振兴为落脚点，构建利益相关共同体，形成新发展模式，构建全通道沟通，发挥职业教育特色与价值，助力乡村振兴发展、学校教育质量提升。

5. 立足乡村特色，建设农村农业创新创业基地

广袤的乡村孕育出很多能工巧匠，也创造了大量的民间艺术家、戏曲家、手

工技艺大师等，但伴随着人口的大量外迁，很多优秀物质和非物质文化遗产缺乏保护和传承，最终被逐渐废弃或遗忘。乡村振兴不仅要借助现代化力量，也要融合乡村古文明，在乡村文明的重新解读基础上注入"新鲜血液"、挖掘更多传承思想与文化，增强大众对乡土文化的认同感和自豪感，为乡村振兴发展奠定重要基础。

精准扶贫背景下乡村学前教育师资队伍建设研究

杨颖怡[①]

摘要：扶贫先扶智，治贫先治愚，教育扶贫始于幼儿教育，强于师资建设。目前我国乡村学前教育师资队伍建设中存在师资总量不足，师生比失调；教师专业素质不高，结构失衡和职业评定偏低，待遇较差等问题。从其产生背景来看，乡村学前教育经费和重视投入不足、师资队伍培育保障体系不健全是其根源所在。对此可从精准供给、精准培养和精准维稳出发，优化乡村学前教育资费投入和管理体制，明确乡村学前教育教师身份和编制标准，依托师范学院资源和生产力，多种形式加强在职师资培训，保障乡村幼儿教师应享有的福利待遇和提升教师自身教育情怀等策略进行精准建设。

关键词：精准扶贫；乡村；学前教育；师资建设

自改革开放以来，我国不断探索教育扶贫工程，在习近平总书记指导的脱贫攻坚战中，将教育扶贫带入了全新阶段，并得以科学精准的推进。农村学前教育的发展对整体教育扶贫起着牵一发而动全身的作用，因而农村学前教育的普及与发展一直是教育战略规划的重点和优先对象。2010 年 7 月《国家中长期教育改革和发展规划纲要 (2010—2020)》中明确提出："重点发展农村学前教育，努力提高 农村学前教育普及程度"；2018 年 11 月《国务院关于当前发展学前教育的若

---

① 作者简介：杨颖怡（1997-），女，广东茂名人，广东技术师范大学教育科学与技术学院 2020 级硕士研究生，专业方向学前教育。

基金项目：广东省教育厅普通高校重点项目《乡村振兴战略下粤北地区职业教育精准扶贫实施方案路径与路径研究》，项目编号：2020ZDZXI019。

干意见》中进一步强调了发展农村学前教育的重要性，并提出要建设高素质的幼儿园教师队伍，不断提升幼儿园教师的专业水平。在党的科学指引和各类政策文件的保障中，近年农村学前教育事业发展获得较好的发展态势，农村师资队伍亦获得相应的建设与发展。然而，由于政策保障落实和教育体系建设等因素，审视现下农村学前教育整体师资队伍建设情况，仍存在相对滞后的现象亟须改善。本研究旨在通过审视目前乡村学前教育师资队伍建设中存在的主要问题，提出精准建设农村学前教育师资队伍的有效策略。

一、精准扶贫下乡村学前教育师资队伍建设的必要性

"精准扶贫"重要思想是在 2013 年 11 月习近平总书记到湖南湘西考察时首次提出，他多次强调"扶贫必扶智。让贫困地区的孩子接受良好教育，是扶贫开发的重要任务，也是阻止贫困代际传递的重要途径。"在 2015 年全国两会期间，习近平总书记指出："绝不能让贫困家庭的孩子输在起跑线上"。农村学前教育作为农村教育的奠基石，影响整个农村地区教育扶贫的发展方向和成效，而学前教育教师是促进农村幼儿身心和谐发展的重要他人，是直接影响教育扶贫目标能否实现的关键。兴国必先强师，在精准扶贫过程中，不同于校舍环境、教学设备这些物质条件，教师作为教育发展的首要资源，需要长期的、高质的精准建设和培养，贯穿整个教育扶贫的始终。扶贫先扶智，治贫先治愚，教育扶贫的关键强于师资建设，始于幼儿教育。因而，建设高素质的乡村幼儿园教师队伍，不断提升幼儿园教师的专业水平，完善教师队伍发展所需的配套资源，是提高乡村幼儿园学前教育质量的关键所在，也是促进整个教育精准扶贫的根本保证。在我国实现全面小康社会，决胜脱贫攻坚战的冲刺时刻，深入揭示农村地区学前教育师资队伍建设的薄弱之处和主要困境，找到精准建设师资队伍的策略，是提高农村教育扶贫效率的必由之路。

二、当前乡村学前教育师资建设存在的问题

1. 师资总量不足，师生比失调

据已有统计数据，2019 年乡村地区幼儿园保教人员总数与在园幼儿总数比为 1：17.6，城区保教人员与在园幼儿比是 1：10.1。（见表 1）2013 年教育部印发的《幼儿园教职工配备标准（暂行）》中强调，幼儿园应当按照服务类型、教职工与幼儿以及保教人员与幼儿的一定比例配备教职工，满足保教工作的基本需要，并对不同服务类型幼儿园保教人员与幼儿配备比例做出以下要求："全日制幼儿园保教人员与幼儿比达到 1：7 至 1：9；半日制幼儿园保教人员与幼儿比达到 1：11 至 1：13"。以此为参考标准，可见目前城区学前教育师资数量相对比较合理，而乡村学前教育师资与配比标准差距较大，师资供给存在一定的缺口。若以 1：10 的配比标准进行师资需求数量估算，2019 年乡村学前教育师资的缺口达到将近 46 万人。随着"全面三胎"政策的推行和学前教育的普及与发展，在园的幼儿数量还将不断增长，乡村学前教育师资需求也将不断上升，供给压力进一步增大。

表 1　2019 年城乡学前教育师资总量和师生比情况表

区域统计项	城区	乡村
在园幼儿数	18819952 人	10537472 人
专任教师人数	1336427 人	448416 人
保育员人数	526552 人	147461 人
保教人员总数 （专任教师＋保育员）	1862979 人	595878 人
保教人员与幼儿比	1:10.1	1:17.6

数据来源：《中国教育统计年鉴（2019）》

2. 专业素质不高，结构失衡

《幼儿园工作规程》《教师法》和《教师资格条例》等政策文件强调，园长应当具备大专以上学历，幼儿园教师须具备幼儿师范学校毕业或高等教育学历的要求。以此作为参考标准，审视乡村园长和幼儿园专任教师的学历情况。据有效数据分析，2019 年乡村幼儿园园长和专任教师学历水平集中在专科毕业层次，占其总数比分别为 57.68% 和 54.87%，而园长和专任教师学历水平在高中及其以下的人数占比分别达到 25% 和 28% 左右，可见在乡村园长和专任教师群体中有 1/4 的职工学历不满足相关政策的要求。对比城区园长和专任教师的学历水平，城区园长主要以本科学历为主，高中及以下学历仅占 5%；专任教师学历水平在专科及以上的比例达到 83% 左右，整体学历水平较高。园长作为幼儿园教育、管理的领导者，是乡村学前教育的骨干师资，幼儿园教师更是学前教育的直接执行者，两者的专业素质、文化层次、教育理念必然影响着幼儿乃至所在地区的学前教育发展的质量。而从两者的学历水平看来，乡村学前教育师资队伍很可能存在理论与专业技能知识匮乏，专业素养不高的问题，师资结构亟须调整。

表 2　2019 年乡村幼儿园园长、专任教师学历层次表

职务	学历层次				
	研究生 毕业	本科 毕业	专科 毕业	高中阶段 毕业	高中阶段 以下毕业
园长	137 人	21511 人	4333 人	9141 人	990 人
占园长总数比例	0.18%	28.63%	57.68%	12.16%	13.18%
专任教师	206 人	70348 人	246047 人	114749 人	17066 人
占专任教师总数比例	0.04%	15.68%	54.87%	25.58%	3.80%

表 3　2019 年城区幼儿园园长、专任教师学历层次表

职务	学历层次				
	研究生毕	本科毕业	专科毕业	高中阶段 毕业	高中阶段 以下毕业
园长	2431 人	57601 人	57152 人	6243 人	400 人
占园长总数比例	1.96%	46.47%	46.11%	5.03%	0.32%

职务	学历层次				
	研究生毕	本科毕业	专科毕业	高中阶段毕业	高中阶段以下毕业
专任教师	4619人	378520人	801839人	142651人	8798人
占专任教师总数比例	0.34%	28.32%	54.87%	10.67%	0.65%

数据来源:《中国教育统计年鉴(2019)》

3. 职业评定偏低,待遇较差

从教师的专业技术职务情况来看,2019年乡村园长和专任教师在副高级以上的占比分别是4.47%和0.87%,达到员级之中级的有30.17%和20.32%,而65.35%的园长和78.8%的专任教师处于未定职级状态(见表4),教职工总体的职业评定情况较差,可见乡村学前教育师资队伍大部分是由经验不足的新入职教师或低于专业聘任标准的人员构成,缺乏工作年龄长、经验丰富、专业素养高的师资。此外,教师队伍还存在社会待遇较低的问题。工资待遇是直接反映乡村学前教育教师工作生活情况的重要指标,在已有的相关研究中表明,我国教师的工资水平在整个劳动力市场中处于中等偏下的水平,而幼儿教师的收入又低于整体的教师水平,与小学教师的收入待遇还存在很大并不断增加的差距,而乡村学前教育教师的收入情况更是低于当地人均收入。除工资收入外,乡村学前教育教师在医疗保险、养老保险和编制保障上都还有待改善。

表4 2019年乡村园长、专任教师专业技术职务情况表

职务	专业技术职务类型		
	副高级及以上	员级至中级	未定职级
园长	3359人	22664人	49089人
占园长总数比例	4.47%	30.17%	65.35%
专任教师	3932人	91123人	353361人
占专任教师总数比例	0.87%	20.32%	78.80%

数据来源:《中国教育统计年鉴(2019)》

三、乡村学前教育师资队伍建设滞后的原因

1. 乡村学前教育经费和重视投入不足

在我国,教育经费存在总体不足的情况,且国家财政教育经费主要用于高等教育和基础教育,学前教育经费一直未在未被在各级教育财政预算中进行单列,而是被包含在中小学的教育经费预算中。在财政部、国家统计局联合统计和发布的全国年度教育经费执行情况公报中,也并未独立展示学前教育经费投入情况。与此同时,学前教育经费主要流向于城市的幼儿园,乡村幼儿园的经费来源主要是镇(乡)级政府财政预算外经费,并仅用以支持乡镇中心园的建设以及日常维护,乡村私立园则完全依赖收取学杂费、保教费和赞助费来维持生存。而经费投入不

足导致了师资流失、对教师职业认同感低等系列社会问题。

2. 师资队伍培育保障体系不健全

首先,师资队伍的社会保障需要当地政府相关部门的支持,但有研究调查发现,较多地方政府对本地乡村幼儿园师资队伍建设没有具体的规划,在管理上存在缺位现象,没有全面掌握乡村幼儿园教师的人数缺口、教师素质、师风师德等方面的具体信息,导致教师招聘、考核以及管理等与乡村学前教育师资实际需求之间产生了明显的错位。在招聘时,没有细致考核本地空缺的教师编制数量,在考核和待遇保障等方面监管力度不足。其次,乡村缺乏科学的学前教育教师培养体系。从师范教育来看,许多专科或本科的院校培养出来的学前教育师资主要是为城市幼儿园服务,很少流向乡村幼儿园,尽管出台了"特岗计划""三支一扶""公费师范生计划"等政策,大多数非本土教师都会回到自己的原籍地或去往城区发展为终极就业目标,这就使得乡村幼儿园很难补充新教师或者教师存留概率低;从在职培训看来,乡村幼儿园教师较少途径参与教师继续教育工程中,整体研修意识薄弱,培训机会甚少,城乡双向学习互动机会较少,乡村教师缺少到城市幼儿园的学习机会,素质提升上存在一定限制。

四、乡村学前教育师资队伍"精准建设"的策略

1. 精准供给

(1)优化乡村学前教育资费投入和管理体制

教育经费是保障乡村学前教育发展、提升师资质量的重要保障。保证国家财政发挥主要作用,政府除以资金投入的方式外,可通过基于设施设备奖励,对贫困户小班幼儿不收取保教费等政策给予保障。在政府主导基础上,还可多渠道增加对乡村学前教育经费的投入,积极引导社会个人或集体组织投入资金共同促进乡村学前教育事业发展,改善由政府单一力量支持发展的局面,吸引社会捐资助学,更有利乡村学前教育优质发展。其次,需强化经费投入的管理体制,所收集的经费应当专款专用,公开经费使用详情,严格要求按时足额下拨乡村贫苦幼儿的生均公用经费,保障并逐步提升乡村学前教育教师的工资待遇。

(2)明确乡村学前教育教师身份和编制标准

教师身份的确定有助于乡村学前教育教师获得相应的职业地位,是专业资格认定亦是社会身份的象征。政府应当建立健全有关乡村学前教育教师身份的政策,确保乡村幼儿教师的合理身份,改变以往社会对其不合理的看法的认定,提升教师的职业认同感和自豪感。其次,需修订乡村学前教育教师编制标准。政府部门应重新核算乡村幼儿园教师规模和公办教师编制数目,整合现有教师编制资源,目前一些乡村小学出现编制过剩现象,为扶持乡村学前教育发展,可以面向小学招聘公办幼儿园教师,再进行专业培训,充分调用乡村现有编制总量,调剂解决乡村学前教育教师的编制问题。

2. 精准培养

（1）依托师范学院资源和生产力

当地相关政府、教育部门可大力加强专科及本科师范院校学前教育学科的建设，扩大招生规模，优化人才培养模式，提升当地学前教育师范生的专业水平和能力，为乡村学前教育输送数量充足、素质专业的高水平、高质量师资队伍。此外，应进一步加强院校和幼儿园之间的扶贫联动，定期鼓励和组织学生到乡村幼儿园进行实训实习、提供支教服务等。

（2）多种形式加强在职师资培训

相关政府、教育部门应当构建好幼儿教师培养院校、县级教师发展中心、乡镇研修中心、园本研修中心四位一体的乡村学前教育师资培训体系，充分发挥政府和教育行政部门的权威引导作用，确保乡村幼儿教师培训制度、目标、课程和考核的规范性、严谨性和实际性。加强乡村地区学前教育教师参与国培、省培等教师培训计划的出席率，提升教师研修意识和积极性。整合各种教研资源、开拓培训方式，如省、市一级幼儿园等先进园实地参观学习；邀请专家或经验丰富的教师到乡村幼儿园开展培训；采用线上线下混合式学习，自助研修；开展乡村园本教研等，切实提高培训的实效。

3. 精准维稳

（1）保障应享有的福利待遇

保障教师应享有的福利待遇，是防止乡村优质师资流失的有效方式。明确教师具体应享有的福利待遇，如公费医疗制度、住房公积金、子女教育和养老制度，使得乡村幼儿教师的经济待遇能与当地城区的相应待遇保持一致，工资标准应当客观合理，并根据相关法律法规完善教师社会保险制度。此外，相关政府部门应当建立健全乡村幼儿教师特殊津贴制度，以实地经济发展水平和教师素质为重要标准。经济越是落后的地区，津贴补偿力度越大；教师职称、专业素质、学历教龄越高，特殊津贴相应提高，以政府、社会等投入融资的方式，吸引和保留更多乡村幼儿师资安心在乡村任教。另外，也应响应党的十九大提出的乡村振兴战略，发展农村经济、翻新农村面貌，完善乡村基础设施建设，改善乡村幼儿教师的工作与生活环境，以乡村魅力留住人才。

（2）提升教师自身教育情怀

除了保障乡村幼儿教师的物质待遇外，教师本身应当具有强烈的教育情怀和教育信念。教育工作者被人们赋予了"人类灵魂工程师"的崇高称号，其地位和重要性不言而喻。教师是促进乡村幼儿身心全面和谐发展的关键，又言少年强则国强，乡村教师应当意识到自己在振兴国家、实现中华民族伟大复兴中的重要作用。作为影响我国乡村地区年轻一代身心发展水平和整个民族素质的核心人物，乡村教师应当树立起高度的责任感，忠诚于人民教育事业，志存高远，勤恳敬业，甘为人梯，乐于奉献。

高职学历新幼师的主要职业压力及对策分析

邵依娜①

摘要： 随着学前教育事业的不断发展，越来越多的新教师加入学前教师队伍，但高职学历背景的新幼师在初入职场时，会遇到各种压力，找不到合适的定位，遇到很多棘手的问题。幼儿教师在幼儿学习与发展中起着至关重要的作用，幼师培养自我调节情绪及释放压力的能力有助于保持良好的工作状态，科学地实施教育，建立良好的师幼互动。本文以高职学历背景的新幼师为分析对象，分析新幼师所遇到的压力来源，并提出相应对策建议。

关键词： 高职；新幼师；职业压力

一、研究背景及意义

新幼师入职前，需要对自己的工作有所了解并且充满信心。但缺乏社会经验的他们，对于目前遇到压力时该有的应对策略没有明确的方向。本文将高职学历背景的新幼师作为主要分析目标，分析新幼师遇到的主要压力及提出相应的对策。分析新幼师的职业压力，有利于新幼师找到自己的定位，增强自身抗压能力，也有利于幼儿园等学前教育机构及高职学前教育专业优化师资培养计划、学生培养计划，使社会改善对幼师及高职学前教育学生的片面性看法，从而给予幼儿的成长与发展更强的推动力。

二、高职学历背景新幼师的压力分析

1. 高职学历幼师的背景介绍

高职学前教育专业为各类托幼园所培养师资，为学前教育机构、早期教育机构、社区社会儿童教育工作者以及相关领域的教育、管理及服务岗位提供力量。主要学习学前教育专业理论课和专业技能课，包括学前教育原理、学前儿童心理发展、学前儿童卫生与保健、幼儿园教育活动设计与指导、幼儿游戏组织与指导等专业理论课；幼儿歌曲弹唱、幼儿园环境创设、手工、幼儿舞蹈创编、现代教育技术等专业技能课。高职学前教育专业培养具有良好的教师素养与职业道德，具有相应的文化基础知识，掌握与时代发展相适应的学前教育先进理念，较为系统的学

① 作者简介：邵依娜（1996年—），女，广西南宁人。现为广东技术师范大学在读教育硕士研究生，主要研究方向为学前教育。
基金项目：广东省教育厅普通高校重点项目乡村振兴战略下粤北地区职业教育精准扶贫实施方案路径与路径研究。项目编号：2020ZDZXI019。

前教育专业理论知识和扎实的专业技能，身心健康，勇于创新，能够在学前教育及相关领域从事保教工作、管理工作，在艺术教育、早期教育等方面具有特长，具备终身学习能力的高素质应用型专业人才。

2. 高职学前教育专业背景的新幼师压力来源

（1）个人方面

幼师作为偏向技能型的综合型人才，需具备弹、唱、跳、画、说等各项职业技能，同时要时刻担任医生、安全员，护理人员等多个身份，对综合能力也有高要求。但高职学生初入职场，会因自己的学历过低而对工作抱有严重的压力，担心自己上课能力及各方面的能力欠缺。并且在之后的工作生活中，涌现出了许多问题，使自己陷入迷茫。因此，会有大部分新教师在实习期或职初期后重回校园深造。

（2）幼儿方面

幼师的职业幸福感大多来源于孩子，但每个幼儿个性不同，行为方式不同，会使幼师遇到不同的问题，对新幼师来说，是一项挑战。对于时常游离在活动之外的孩子，新幼师通常会束手无策。许多新幼师的职业成就感来源于幼儿，压力也同样来源于幼儿。

（3）家长方面

害怕与家长交流是新教师面临的主要问题，每个教师都希望得到家长的理解，家园共育。可当遇到误解，对新幼师来说是不小的打击，家长是新手幼师压力的最主要来源之一。除了家长容易误解孩子在幼儿园所发生的事以外，还有部分家长认为幼师职业十分轻松。因此，幼师所付出的辛苦程度与在家长方所收获的包容和理解度不成正比。

（4）同事方面

新幼师初来乍到，会担心和同事关系处理不好，更担心遇到严厉的园长。部分教师的搭班老师和保育员将不少职责之外的工作内容交给年轻的新教师，而新教师刚从校园步入社会，未适应快节奏的生活状态，因此感到疲乏倦怠。

（5）幼儿园方面

公办园与民办园、示范园与普通园之间虽然对教师要求会有一定的差别，但学前教育行业现状要求幼师这个职业需要具备教研、撰写材料、布置环创等能力。每一所幼儿园对新幼师成长速度及成果都有所要求，也是新幼师的主要压力来源之一。

（6）社会方面

虽然幼儿教育在不断发展，受到国家教育部门的重视。但仍有很多人对幼儿教育不够了解，许多人认为幼师是一个陪孩子玩耍、不存在压力的轻松工作，甚至任何正常人都可以胜任。在很多人看来，幼儿教育远没有中小学教育重要。社会上的误会声音可能使新手幼师对未来职业规划甚至人生规划存在迷茫和质疑。

三、对于高职学历背景的新幼师的压力的解决对策

1. 高职院校重视职前培养

（1）培养职业精神

职前培养是各专业人员职业精神和职业技能养成的关键期。各高职院校需要重视学前教育专业职业精神培养，精准定位职业精神含义，把职业精神写入专业教学标准的人才培养目标中，并落实到课程体系和课外活动中，采用多途径实施职业精神培养。

（2）培养职业技能

幼师作为偏向技能型的人才，除了具备综合能力，还需具备弹、唱、跳、画、说各项技能。因此，高职院校应完善技能培养计划。

2. 实现自我专业成长

（1）明确发展目标并不断学习反思

新幼师是踌躇满志、蓄势待发的，但如果没有制定个人发展目标，将茫然无措。新幼师可通过园所发展目标来制定个人发展目标，可以从个人素质、专业知识、教学教育及身体素质方面进行提升，积极参加各类培训及教研活动，积极参与各项比赛，收获经验的同时提升自己。

（2）平衡工作与生活

幼师的工作特性是工作内容繁重而琐碎，因此容易产生职业倦怠，新幼师可以从合理分配时间着手，调整工作心态，提高做事效率。

（3）了解赞美呵护孩子

作为新幼师，首要工作目标就是独立带班。首先就要了解班上每一个孩子，根据他们不同的个性特点和发展水平进行保教工作，走进他们的家庭。在一日活动的各个环节，教师的细心呵护会使孩子感受到幼儿园的温暖，从而使游离于活动外的孩子也能逐渐适应幼儿园集体生活。面对让新教师束手无策的孩子，比如：分离焦虑症、社会性退缩行为、全面发展迟滞、轻度脑瘫、自闭症倾向的孩子，应当成这是职业生涯开始时一个难得的学习机会，需倾注满腔热情，充满爱心与耐心地去呵护他们。

3. 家长给予支持

（1）从教师角度

教师应真诚对待每一位家长，用多元的家园沟通方式进行家园沟通，给予家长尊重、信任、彼此平等的工作关系，教师与家长应就儿童发展和好的教育实践达成信息共享和合作。

（2）从家长角度

对家长而言，学龄前是儿童社会性、语言、行为等发展的最佳时期，因此，家长应多了解幼师的工作状态，给予更多的理解与包容，配合教师做好家园共育工作。还应不断汲取幼儿教养知识，给孩子成长与发展实施更多科学有效的教育

方法。

4. 做好团队中的自己

（1）从新手幼师角度

新幼师应虚心学习，低调做事，学习与不同性格的教师交往，尊重每一个人，与搭班老师愉快相处。和园领导相处需不卑不亢，自然交往，把握机会，展示自我，做团队中有价值的一员。

（2）从资深幼师角度

对新手幼师应给予更多的关爱和理解，并将自身的经验传授给新人，尊重每一位新人，不利用职权谋方便给新幼师增添更多的压力。让优秀教师的人格魅力、业务能力影响新教师，同时骨干教师分析新教师的特长和优势，制定相应的培养计划，系统跟踪新幼师的现场教育，分析问题原因，并为新幼师提供具体的解决策略或方向。

5. 幼儿园建立合理的教师成长方案

幼儿园需制定师徒结对计划。大学生初入职场成为幼儿教师，需要工作上的导师给予专业的引领，有助于新教师更快成长。新幼师也应学会举一反三，将他人的经验通过观察研究，转化为自身的能力。同时，幼儿园应规划好教研制度，各岗各位分工明确，开展各类教职工解压活动，增强团队凝聚力，以园所角度制定新幼师成长计划，使新人们得到更多学习的机会。根据新幼师的日常综合表现有针对性地进行有效指导和帮助，减轻新幼师的精神压力，并提升其专业能力。幼儿园可以把提高教师情绪情感管理能力列入日常园本培训内容，给教师提供心理健康方面的讲座及指导，关注教师心理发展。

6. 让社会更了解幼教行业

幼师是对3—6岁幼儿实施教育的专业人员，幼师所提供的社会服务是特殊且不可替代的，是一项专业性强的工作。幼师是幼儿成长的支持者、指导者和合作者。因此国家和社会应该更多的重视和关注幼儿园教师的生存状态。在各界进行宣传式教育，让各界人士走进幼教、理解幼教。幼教行业也可以与社会各行各业进行合作，使社会更重视幼儿教育，更体谅幼儿教师。呼吁社会在关注幼儿的同时，一定不能忽视为孩子们奉献一生的老师。

结束语

通过了解高职学历背景的新幼师的职业压力，针对这些压力进行分析，提出了解压对策。虽然文章所分析的内容有限，方法也较单一，但可以为新手幼师、园所及社会提供一些参考意见，为今后幼教行业发展，幼师自我成长发展提出合理化建议。

高职学前教育师范生 TPACK 的调查研究

王霞[①]

摘要：高职学前教育师范生 TPACK 是高职学前教育师范生整合技术的学科教学法知识，有重要的理论和现实意义与政策意义。为了解高职学前教育师范生 TPACK 的基本情况，笔者采用自编的高职学前教育师范生 TPACK 的调查问卷对 100 名在校高职学前教育师范生进行调查。调查发现：高职学前教育师范生的总体 TPACK 知识掌握较好，但技术知识仍然较为薄弱；高职学前教育师范生 TPACK 存在理论和实践两方面问题。深入分析影响高职学前教育师范生 TPACK 的因素。提出多方面的改进措施，以期促进高职学前教育师范生 TPACK 的发展。

关键字：TPACK；学科教学法知识；高职学前教育师范生

一、核心概念界定

整合技术的学科教学知识（TPACK）

TPACK（整合技术的学科教学法知识）是一种新型知识，它由密歇根州立大学的 Mishra 和 Koehler 于 2005 年首次提出。它是在 Schulman PCK 框架的理论基础上扩展的一种新型知识，是舒尔曼主题知识（PCK）概念中增加的技术知识。他们认为，教师开发 TPACK 对于有效利用技术进行教学至关重要。Koehler 指出 TPACK 是知识的上下文形式，只有在教学过程中应用技术才需要 TPACK。为了使教师在教学中实现技术和学科内容的有效结合，除了基本的技术知识，学科知识和教学知识外，教师还应具有通过将这三个要素整合而形成的复合要素。

二、高职学前教育师范生 TPACK 的研究意义

1. 理论意义

研究从高职学前教育师范生 TPACK 的现实情况出发，发现了高职学前教育师范生 TPACK 存在的问题，并探讨了学前教育信息化教学能力。从 TPACK 的理论角度分析了学校教育师范生，为高职学前教育师范生在技术—教学法—学科知识整合利用方面提供了一定的理论指导。

[①] 王霞（1997 —），女，四川内江人，广东技术师范大学教育科学与技术学院 2021 级硕士研究生，专业方向为学前教育。

基金项目：广东省教育厅普通高校重点项目乡村振兴战略下粤北地区职业教育精准扶贫实施方案路径与路径研究。项目编号：2020ZDZXI019。

2. 现实意义

通过对高职学前教育师范生 TPACK 的研究现状中发现高职学前教育师范生在对于信息技术应用能力的掌握所存在的问题，分析影响高职学前教育师范生 TPACK 发展的影响因素，并针对现状和问题提出相应的对策建议。

3. 政策意义

在 2012 年颁布的《教育信息化十年发展规划（2011—2020 年）》中指出："在促进教师专业发展的过程中，有必要注意信息技术的逐步整合和教学。"可以看出国家政策对教育信息化的重视，同时如何提高高职学前教育师范生掌握技术的能力，如何在教学活动中善加利用技术已成为我国教育信息化发展中的现实问题。因此 TPACK 应运而生，它把技术合理整合到教学中，形成促进教育发展而产生的技术，有效创新教学方法，促进教学效率，也落实了国家关于教育信息化的发展规划。

三、高职学前教育师范生 TPACK 存在的问题

1. 理论方面

（1）高职学前教育师范生对技术知识的重视程度不高

对技术的掌握程度将对其 TPACK 产生一定的影响。上述研究发现，技术知识始终是高职学前教育师范生严重的缺陷。原因无非是高职学前教育师范生对技术知识并不重视，在应试教育的环境中，认为理论知识的掌握才是最重要的，足以掌握基本的 PPT 就行了，对其他教育技术并没有学习的热情。

教育技术课程通常以必修课的形式在高等师范学校开设，包括计算机基础，信息检索和现代教育技术等课程。但是，大多数高职学前教育师范生注重理论和实践技能的掌握，很少实践和应用教育信息技术课程。这也反映出，高职学前教育师范生很少关注技术课程。

缺乏技术知识会直接导致高职学前教育师范生 TPACK 能力低下，高职学前教育师范生对技术知识的学习只停留在信息技术教室，很少在实际的教学环境中使用，自己实践的能力也有待提高。例如，在"现代教育技术"课程中，高职学前教育师范生将学习一些简单的教育技术，如 Flash 动画制作等，但高职学前教育师范生很少掌握该技术，更很少在实际教学中使用它。根本原因是，高职学前教育师范生对教育技术课程的重视不高，对现代教育技术的实际操作练习很少，并且掌握程度很低。

（2）高职学前教育师范生在第二课堂的融合程度较低

叶晓红在《高职学前教育师范生 TPACK 现状调查和教学改革建议》中明确了第二课堂的定义："认为高职学前教育师范生 TPACK 第二课堂是根据不同年级高职学前教育师范生领域内容知识掌握的特点，侧重培养系统化教学设计的能力，即引导进行信息技术知识—领域内容知识—教学法知识的有机融合。"高职学前教育师范生在第二课堂的融合程度较低，尤其是涉及 TPK、TCK、PCK 维度上的

知识整合，需要将技术知识、教学法知识和学科知识有效融合，但根据调查数据显示高职学前教育师范生在 TPK、TCK 维度上的得分较低，尤其是 TPK 这一维度是各个维度中得分最低的。究其原因，高职学前教育师范生把语言、社会、科学、艺术、健康五大领域学科知识和教学法知识看作学习的重点，对技术知识的学习很少，更无法做到技术知识—教学法知识—学科知识的融合。

2. 实践方面

（1）高职学前教育师范生的教育实践效果有待提升

在平时的高职学前教育师范生的教育实践中，并未很好的利用教育实践机会，实践效果也有待提高，没有多样化的教育实践形式比较单一，主要形式为教育实习，教育见习和微格教学，所以师范生很难对自己学习的知识进行迁移。而且学校所拥有的微型格教学设备有限，学生得到的训练次数少，需要额外申请课时量，增加实践的时间，这必然影响师范生对技术知识—学科知识—教学法知识的有效整合，阻碍了高职学前教育师范生 TPACK 的发展。

教育实习和教育见习是将理论知识应用于教育和教学的重要形式，但目前，这种形式还存在许多问题，使得教育实践效果不好，高校都是最后一个学期进行集中教育实习，通过这种教育模式，师范生将具有相对扎实的理论，但没有针对性的培训实践，很难将师范生学到的理论知识完全内化为教学技能，并且教育见习也没有受到师范生的重视。这样一来，没有通过理论与实践相结合的方式来培养师范生的教育实践能力，实习的效果也不能得到保证。

李倩在《学前教育本科生 TPACK 问题及对策》中提道："微格教学也是一种重要的教育实践方式，甚至实践效果优于教育实习，可见微格教学的重要作用。"但在实际的情况下，微格教学的情况还是存在现实问题。通过调查数据显示，有近乎 40% 的师范生并没有参加微课教学的课程，更不会使用微格教学设备。而参加微课教学的师范生很少在进行微格教学时，要以 TPACK 理论为指导进行教学。除此之外，由于存在某些高校的财务问题，师范生获得的微格教学的课时量减少，无法真正通过实践来帮助师范生将知识内化。

（2）高职学前教育师范生 TPACK 产—学—研合作不紧密

产业、高校和研究机构是相互合作以充分利用各自优势的培养模式，学校以及教育和研究机构，形成了一个强大的先进系统，该系统将研究，开发和生产集成在一起，具有较强的综合性。因此，加强高职学前教育师范生 TPACK 产—学—研合作，引导师范生利用技术手段进行思考，可以进行产学研合作，有效提高师范生的 TPACK。

但是，在针对学前教育的 TPACK 培养中，产业界、学术界和研究机构之间的合作并不紧密。学校是培养高职学前教育师范生 TPACK 的首要场所，但这种培训仅在知识水平上，而不是对高职学前教育师范生内化培训。信息技术在教学智能中的应用尚未与专业紧密集成，没有从研究的实际情况出发。因此，高职学前教育师范生在涉及相关技术知识时面临较大的障碍，这严重影响了高职学前教育师范生的 TPACK 的发展。行业、学校和科研机构在学前教育领域存在差距，无法实现融合，TPACK 的发展上高职学前教育师范生不能取得重大突破。因此，关注师范生的信息技术课程整合能力，引导师范生考虑使用技术手段，可以开展产学研合作。

四、高职学前教育师范生 TPACK 发展的对策建议

1. 理论方面

（1）加强技术知识的学习，重视教育技术类课程的开展

现代教育技术类课程是为高职学前教育师范生开设的重要课程，通过学习该课程，不仅仅是学习技术知识，而且更重要的，培养了综合技术的教学法知识。因此应加深高职学前教育师范生在技术知识上的学习时间和内容以及加深练习操作的强度，使高职学前教育师范生能够更好地将技术运用于教学过程中，同时应鼓励高职学前教育师范生具备信息技术化的意识，应始终将这一理念融入教育技术类课程的学习中，并强调技术知识的学习。此外，应引导学生在日常生活中接触更多的技术软件，并将其运用在教学领域中，创新更多的教学方法。

（2）大力推进第二课堂，促进 PCK、TPK 和 TCK 的融合

要实现技术知识—教学法知识—学科知识的三者的融合，必须要加强课程之间的内部的有效联系，所以要推进大力第二课堂，为高职学前教育师范生 TPACK 的整体发展奠定坚实的基础，使高职学前教育师范生做到技术知识、教学法知识和学科知识的融会贯通。

因此，在未来的高职学前教育师范生培养过程中，应充分开展第二课堂，形成更多的混合学习的模式。例如："同课异构"活动，搭建实训平台，观摩专家课程等活动模式，可以以此来提升高职学前教育师范生对专业的深入认识，不断促进 PCK、TCK 和 TPK 的融合，以此来提升高职学前教育师范生的 TPACK。

2. 实践方面

（1）突出教育实践课程在师范生 TPACK 中的重要性

教育实践是提升高职学前教育师范生 TPACK 的一种重要途径，在调查中发现，具有教育实习经验的师范生在 TPACK 知识框架各个维度中均显著高于没有实习经验的师范生。参加过微格教学课程的师范生，在 TK、PK、CK、PCK、TPACK 维度中也优于没有参与过微格教学的师范生。因此，在师范生的培养过程中，必须充分重视教育实践的作用，并利用 TPACK 理论框架来帮助师范生将理论与实践相结合，除了集中的教育实习课程也应突出每个学期教育见习课程的重要性，保证高职学前教育师范生的教育见习、实习，将理论与实践相结合。

微格教学对提高高职学前教育师范生 TPACK 也非常重要，通过这样一种教学形式使教师的课堂教学水平有了快速的提高。因此，在高职学前教育师范生的微格教学实际操作中，要注重培养自身的技术操作能力，有意识的以 TPACK 理论作为思想指导；其次高职学前教育师范生应多向学校申请微格教室的使用课时量，

多进行实践操作，将所学知识进行迁移内化，不断提升。

（2）加强产学研在高职学前教育师范生 TPACK 中的合作

如今，产学研合作在高校兴起，学前教育专业也应引进这样的模式，通过产业、学校和研究机构多项合作进行有机结合，加强 TPACK 理论与实际教育的结合。从当下幼儿产业中的实际情况出发，引导学前师范生对 TPACK 更加深刻的认识，从现实的教育环境出发，提升高职学前教育师范生的综合能力。同时，科研机构还应根据行业和学校的实际情况不断改进和更新 TPACK 的理念，以便更好地在实践中运用。通过开展产学研合作活动，师范生可以了解学前教育的实际情况和专业职位的需求，从而可以更好地了解"互联网"时代应该掌握哪些技术知识，如何更好地整合技术—学科—教学法知识，整体提高自己的 TPACK。

粤西北地区职业教育
"双师型"教师培养路径研究

吴宇光①

摘要：以培养"双师型"教师促进职业教育的发展，构建通过培养双师型教师来服务精准扶贫的路径。贫困的根源是教育，而普通教育对于粤西北地区脱贫来说见效慢，而粤西北地区青年壮年因为教育资源有限有很大的一部分在高中毕业因无法支付学费等种种原因就已经出来工作甚至有一些在初中就已经退学早早出社会补贴家庭。培养"双师型"教师可以使粤西北地区的劳动力在短短的周期就能学习一门技术从而精准脱贫。本文通过提出粤西北地区培养双师型教师出现的问题，并提出对应的方法，帮助粤西北地区职业教育的发展，从而提升粤西北地区社会生产主体（适龄劳动力）的自主"造血"能力，改善粤西北地区的经济。

关键词："双师型"教师；粤西北地区；精准扶贫；职业教育

---

① 吴宇光（1997—），男，广东广州人，广东技术师范大学教育科学与技术学院 2021级硕士研究生，专业方向为教育学（职业技术教育学）。
基金项目：广东省教育厅普通高校重点项目乡村振兴战略下粤北地区职业教育精准扶贫实施方案路径与路径研究 项目编号：2020ZDZXI019。

引言

党的十八大以来，习近平同志对扶贫工作作出一系列重要论述，创造性地提出精准扶贫精准脱贫基本方略。要让粤西北地区脱贫，不只能有物质上的帮助，也要"扶智"。任何教育都具有扶贫的功能而职业教育在精准扶贫中具有独特的优势，可以用较小的教育投入在短时间内获得较好的扶贫效果。加大职业教育的发展对于教师队伍也有了新的要求。

一、"双师型"教师培养在粤西北地区的现状

1. 在我国的粤西北地区职业教育的办学基础薄弱，实训设备和实训基地的缺乏以及严重缺少："双师型"教师，专任教师比例占教职工总数不足，实训教师人数不够，因此在粤西北地区缺乏"双师型"教师使得农村职业教育现有的办学基础能力不能满足贫困人口依靠技术技能脱贫的需要。

2. 为粤西北地区培养的"双师型"教师与该区域的产业契合度不够高，当地劳动力学习的职业技能没有用武之地，贫困人口就近就业的需求脱节。

3. "双师型"教师成就感较低。因为职业教育招收的学生的成绩和普通教育的对比普遍偏低，有的学生在学习的时候不够认真或者在学习的过程中比较缓慢，导致教师在教导的过程中缺乏成就感。而相对于其他普通教育岗位的教师"双师型"教师地位较低，获得的工资比较少，从而导师动力不足。

二、在粤西北地区培养"双师型"教师的必要性

1. 就是为当地的经济建设服务，排除环境的因素外，发展经济免不了要培养高素质的人才培养"双师型"教师是发展当地经济的重要因素之一。培养出来的教师质量直接影响着当地劳动人技能素质。

2. 为提高劳动力素质服务，粤西北地区很多的都是留守儿童还有老人，由于因为当地地区多半严峻，年轻人都走出家乡一是解决劳动力过剩的问题；二是为了学习外面的经验回来服务当地的经济建设。出去的年轻人的素质高低决定了他们出去之后学习技能的快慢，提升经济的快慢或者说建设家乡使得自己家庭脱贫从而一家脱贫辐射到一村脱贫。而提升他们素质的关键还是培养更多的"双师型"教师从而发展职业教育。

3. 是在粤西北地区培养职业人才的要求：职业教育在粤西北地区的目标是培养适合某一岗位工作需要，拥有一定的技能和德智体美劳的技术型人才，这就需要教师拥有合格的政治思想和专业的知识。

三、在粤西北地区培养"双师型"教师存在的问题

1. 在粤西北地区由于当地的经济不好，职业教育起步比较晚"双师型"教师严重缺乏，导致很难给当地劳动力提升职业素养。

2. "双师型"教师培养的经费短缺。粤西北地区由于经费短缺，没有更多的资源给职业教育，更没有多的经费投入给"双师型"教师。导致了双师型教师发

展缓慢，进而导致职业教育发展缓慢。教育的缓慢导致了经济发展缓慢，进而进入了死循环。

3. 教师队伍的不稳定，由于粤西北地区经济的落后导致教师在粤西北地区收入普遍不高，很难吸引高学历高素质人才到当地，当地培养出来的"双师型"教师容易被发达地区的高校挖走或者他们想去更高的平台发展导致他们不愿意留下来。

4. 粤西北地区的职业教师队伍其实很多不是科班出身，很多都是普通教育转过来的教师，工科类职业教师数量过少而普通教育对于职业教育的规律和教学方法以及针对的学生不够熟悉，教导的东西学生在外面工作未必适用。

5. 由于粤西北地区的环境大多数比较偏僻，交通没有中心地区发达，教师缺少出去外面进修的机会，职业教育的教学方法和教师的知识跟不上时代的发展，往往导致教学手段和教学的知识滞后，教出来的学生跟不上新时代经济的发展。

四、在粤西北地区培养"双师型"教师的措施

1. 政府要大力支持，政府要在职业教育的发展上投入更多的经费特别要重视"双师型"教师的培养。在制度上鼓励师范院校开展"双师型"教师的培养，给培养"双师型"教师的院校给予更多的政策扶持。

2. 在高等院校中开设的"双师型"教师专业从每年优秀的高中毕业生中招录，可以加大对报考该专业的优秀高中毕业生给予学费上或者生活上的补助，吸引更多的毕业生报考。毕业后定向的去贫困的地区工作两三年。

3. 完善教师继续教育的培养体系，为高校培养"双师型"教师提供条件

（1）加强教师的分析，对于教师的质量、数量、专业进行分析，了解教师在学校的定位和教师自身的素质，分析教师个体的特长、擅长的知识、身心素质。发现其不足之处和优势之处然后对其指定培训内容和培训的目的和形式。

（2）多种方式去培养"双师型"教师，学校要根据自身的条件和实际加强对"双师型"教师的培养，多与企业合作，提供适合"双师型"教师实践的场所，不仅仅在知识方面教导，还要给动手实践的机会。在假期的时候可以让他们去企业里面实习，多多动手实践。了解本专业的行情、行业的信息、了解企业，了解该行业需要怎样的职业技术人才。将来对于自己的学生有针对性地进行教导。

（3）建立健全的激励制度，提高专业教师提高自身素质的积极性，"双师型"教师需要知识的不间断更新，技术在更新的同时教师的专业知识也要不断地更新。学校应该给动力"双师型"教师不断地提高自己的专业素养。从待遇上要增加"双师型"教师的课时费用，根据实际情况提高其效益奖；在同等的条件下可以优先的考虑评级和评优；给予"双师型"教师更多的出去校外培训的机会。

（4）在校外引进人才，许多的企业在竞争中经济效益不高，在这一些企业中我们可以找出高学历的愿意从事教育行业和进入高校教学的技能人才，他们有较强的专业基础知识和较强的职业技能对企业和行业比较了解，对他们进行教育学和心理学的培训就是一个不错的"双师型"教师。

（5）加强高校与高校之间的联系，粤西北地区由于有的地方比较的不发达交通不便利，当地的教师与外界的交流不够多，想要学习先进的教学方法或者学习先进的知识的机会比较少，为了让他们更加好的走出去，可以提供更多的机会让他们去教学实力更加好的高校学习和参观，学习这些院校先进的教学方法和手段，严谨的办学理念，科学的管理方法，积极的科研态度，开拓教师的眼界。

（6）粤西北地区贫困地区很多学生去读职业学校都是去的是广州深圳等广东发达地区的院校比较多，广州职业教育发展比粤西北地区好，有着众多的职业技术学校，离开家乡去广州读书的毕业生等毕业之后这些学生一般会留在广州等院校所在的地方发展。职业教育的发展离不开师资的培养，在粤西北地区培养大量的优秀的"双师型"教师，从而提高当地职业院校的教学质量，让社会明白在粤西北地区职业院校也能有优秀的师资，可以满足学生们想学一门技术的心愿。除了要培养足够的"双师型"教师外，当政府加大了对粤西北地区教育资金的倾斜，当场所和老师等条件配备之后就可以在粤西北。

五、办好职业教育从而促进粤西北地区发展

1. 提高粤西北地区脱贫信心

提高脱贫信心是新时代精准扶贫对农村职业教育提出的新要求，充分利用粤西北贫困地区的优势，为贫困家庭子女提供接受职业教育机会的同时，也要加强对他们的思想教育，充分调动他们的积极性和创造性，增强他们脱贫致富的信心。在粤西北地区贫困地区分传统农民和新成长劳动力两大群体，他们的思想观念和生存能力与时代脱节无法引领贫困人口实现内生性脱贫。在粤西北农村的职业教育要进行技能和精神上的扶贫，树立脱贫信心是根本性脱贫的必然要求。在传统农民中大多数都是妇女、长期务农的农民，有劳动能力的残疾人和返乡农民工，他们的心理大多都是自卑等封闭的心理，针对这一人群的职业教育可以营造出积极向上的气氛，开展文化活动逐渐转变他们的思想，使他们自觉的提升自己的人力资本从而脱贫，另外新成长劳动力群体正在成长为建设农村的主力军，主要是指当地的初中和高中毕业生，他们受到学业失败和父母辈的压力双重影响存在这脱贫能力和脱贫信心不足，扩展其受教育机会，有利于其整个家庭脱贫信念的产生。

2. 办好职业教育的同时促进农村贫困人口公民素养的提升，粤西北贫困地区因为经济原因限制了当地公民素质的提升，他们在从事农业生产的同时无法做到兼顾个人素质的发展，然而较低的公民素质也限制了当地的产业转型和发展。对全部人民进行素质教育显然是不太可能的。在粤西北地区进行职业教育不仅仅能教职业技能还能够潜移默化的进行素质教育转变其负面的思想注重社会的政治思想、职业道德、行为规范的传递以及政治意识、政治信仰的培养，不断提升贫困人口的思想境界和文明程度。农村的素质教育形式得不到人们的认可和欢迎，而职业教育可以使他们学到一门技术能够帮助他们看得见的创造财富，在粤西北地区可以充分利用这一优势使更多的人受到潜移默化的素质教育。

3. 促进农村贫困人口人力资本的增值：人们在工业社会生存发展离不开技术

能力，随着一次一次的工业革命很多的岗位都被机器替代，但是工人依然是社会发展不可或缺的力量，职业教育的价值也是因此体现。在粤西北地区很多贫困人口没机会接触到全新的生产技术和理念的机会，缺乏与时代相契合的理论知识，并且没有将先进技术知识运用于实践的能力，因此随着社会的发展逐渐被社会给淘汰。对此必须要对当地的农民进行高质量的职业技术教育帮助贫困人口实现知识的更新、人力资本的增值。农村的职业技术教育可以与当地的生产相结合，帮助他们更加科学的开展生产提高生产效率。促进贫困人口实践性知识的获取，改善贫困人口自身原有的技术知识结构，提高技术水平，增加人力资本存量，即使在不同的岗位也能利用技术资本通过劳动变为外在的财富。

精准扶贫视野下农村幼儿教师队伍建设研究

谢雅君①

摘要： 目前，农村幼儿教师流动性大，职业认同感不强，专业素质较低，师资队伍结构不合理等的问题制约着学前教育的健康向上的发展。为解决上述问题，需要进一步加大政策支持力度，改善教师待遇，提高教师准入制度，关心教师入职适应期，帮助教师制定职业发展规划，加大培训力度，提高教师专业素质，同时要提高社会对幼儿教师的正确认识，从而进一步推动农村学前教育的发展。

关键词： 幼儿教师；精准扶贫

引言

扶贫必扶智，治贫先治愚，习近平总书记曾提出"把贫困地区孩子培养出来，这才是根本的扶贫之策"，教育是阻断贫困代际传递的有效途径，而学前教育则是基础教育开始的奠基石。在党的十八大以来，我国学前教育得到了飞速的发展，但是农村地区的学前教育的发展依旧是我国基础教育发展的薄弱环节，还存着城乡发展不平衡、师资队伍建设落后等的问题。科教兴国，百年大计，要兴国需先

---

① 谢雅君（1998—），女，广东梅州人，广东技术师范大学教育科学与技术学院2021级硕士研究生，专业方向为学前教育。

基金项目：广东省教育厅普通高校重点项目乡村振兴战略下粤北地区职业教育精准扶贫实施方案路径与路径研究项目编号：2020ZDZXI019。

强师，要想实现农村学前教育高质量的发展，就必须加强农村地区幼儿教师队伍的建设，然而当前农村幼儿园教师流动性较大，教师总体素质不高，师幼比不平衡等问题严重制约了我国农村学前教育的发展。

一、农村幼儿教师队伍建设存在的问题以及原因分析

1. 存在的问题

（1）农村幼儿教师流动性较大，教师队伍缺乏稳定性

在许多农村地方不断出现新老师"留不下"，老教师也不断流失的现象，导致教师队伍的稳定性较差，这不仅不利于幼儿园的长久稳定的发展，而且也不利于幼儿全面健康的成长。

（2）教师的职业认同感不强，社会认可度低

选择某一职业，离不开自身对该职业的信念，许多新教师在入职前，满腔热血希望自己能学以致用，因材施教，但是教学的压力、家长的不理解以及各种小事，让其产生了较大的心理落差，从而后悔、妥协，得出我不合适做幼儿老师，想要辞职的心也越来越坚定。

以及目前幼儿教师的社会认可度在经济落后的农村地区还比较低，许多家长认为幼儿教师就是带着幼儿玩游戏的，没有什么技术可言，不尊重幼儿教师，不配合、不理解教师的工作，甚至觉得老师对幼儿的教导是在多管闲事，这些让教师对学前教育行业丧失信心。

（3）农村学前教育师资队伍结构不合理，教师总体素质不高

农村的幼儿教师队伍中大部分的教师都为女性，男性教师占比少之又少甚至没有，而且在教师队伍年龄结构不合理，缺乏骨干教师，大多数教师无职称且教学经验不足，目前幼儿教师中只有少部分教师是本科及以上学历毕业，绝大多数教师为专科学历，甚至有些民办幼儿园中存在高中毕业的教师，以及在农村地区还存在幼儿教师无证上岗的现象，缺乏相应的技能、知识的系统培训，幼儿教师总体素质不高，教育的观念比较滞后，不能准确把握《幼儿教育指导纲要（试行）》和《3—6岁儿童学习与发展指南》的内容，以游戏作为幼儿的主要活动，促进幼儿德智体美劳全面的发展，以及在幼儿园小学化的现象比较明显。

（4）师幼比例失衡，教师超负荷工作

《2020年全国教育事业发展统计公报》中公布全国在园幼儿人数是4818.26万人，但幼儿园专任教师仅291.34万人，教职工519.82万人，从这个数据可见在我国师幼配比是不平衡的，那在农村地区更是如此，十几个幼儿配一个教师，这无疑加大了教师的工作负担，而在加大工作量的同时其他福利待遇无法跟上，这也让教师逐渐对幼儿教育行业失去热情和信心。

2. 导致其现象的主要原因

（1）大部分教师无编制，且同工不同酬，薪资报酬低

在农村地区，大部分的教师都是编外教师，工资以及福利待遇相对于编内教

师有较大的差距，甚至是编内教师工资的一半不到，对于新教师以及要承担家庭压力的老教师来说，这些薪资往往是捉襟见肘。并且编内编外教师的工作任务是相同的，但是福利待遇却不相同，这也会导致编外教师产生心理落差，在同工不同酬并且无法保证生活的基础上，这些编外教师并会涌向大城市寻找更高薪的幼儿园，或者转行去别的行业，从而加剧了农村地区教师的流动。

（2）工作内容繁琐，工作压力大。

作为一名幼儿园教师，不仅要满足幼儿一日生活中的吃喝等需求，而且要完成教学任务、幼儿园工作任务等等，并且课后要与家长及时沟通，进行教学反思，准备比赛。每一个幼儿教师在来自家长高期待以及日常工作繁琐的压力下，容易产生逃避退缩，倦怠的心理，从而不想从事这个行业，想要转行。

（3）职称评聘困难

作为幼儿教师需要弹、唱、跳、画样样精通，需要学习各种专业知识，需要具备动手操作能力、组织协调能力等等，但是这种高标准高要求的教师却缺少相应的晋升途径，在农村幼儿园中未评职称的教师比例逐年增加，教师社会地位低，薪资低等因素，导致部分教师觉得幼儿教师不如中小学教师前途光明，不愿意从事幼教行业。

（4）社会环境影响

我国对学前教育的重视较晚，在此之前，社会对学前教育的投入也较少，大多数人将幼儿教师看作是"高级的保姆"，并且在此之前幼教的从业门槛较低，不管你有无文化，有没有受过专业培训都可以从事，这也导致家长以及许多社会人员对幼教这一行业的轻视，不理解幼儿教师的工作，甚至恶语相向，不懂幼儿教师的重要作用。

除此之外，加之传统性别文化观念影响，男性从事幼儿教育会被人看低，大众普遍认为幼教是女性从事的，并且作为男幼师面临更大的家庭压力，但是幼师薪资较低，这也使得许多男性不愿意从事幼教行业。

（5）幼儿教师准入制度不完善

因为教师流动性加大，幼儿园人手不充足，在幼儿教师准入制度不完善的情况下，一些民办幼儿园会降低用人标准，使得那些学历没有达到要求或是未受过专业培训的人员，没有教师资格证的人员进入幼儿园任教，出现无证上岗的现象。

（6）培训机会少，培训内容针对性不强

随着国家开始重视学前教育以来，对幼儿园教师培训投入不断增多，培训机会明显增加。但农村幼儿园教师的培训的机会依旧较少，且培训频率较低，且考虑到人员流动性问题，大部分参与培训的都是公办园教师，而民办园教师以及合同制教师则很少有机会参加培训。培训的内容大多数都是幼儿教育知识以及技能培训，较少活动组织与实施、沟通合作能力、课程开发的培训，且忽略了不同地区的差异，并没有因地制宜，针对当前地区的经济状况、园所的教学资源等情况，导致许多培训内容并不能在实际应用。

二、对策

1. 加大政策支持力度，改善教师待遇，吸引人才加入

在现阶段农村幼儿教师的付出与薪资待遇水平是不成正比的，是不合理的，我国要不断完善相应的法律法规，政府也要加大对农村学前教育的投入，同时在此基础上鼓励社会力量积极参与推动农村学前教育的发展，从而实现幼儿教师福利待遇的提高，除此之外，政府要及时增编补编，结合实际情况对民办园给予一定的经费补贴，为教师建立合理的评聘标准以及晋升途径，对编外教师以及合同制教师也要实现"同工同酬"，并且可以依据实际情况有针对性地对农村地区政策倾斜，减少因为区域经济发展不平衡对教师收入的影响，根据实际情况进行特殊的补贴，吸引更多的优秀人才到农村地区任教，提高农村师资队伍的质量。除此之外，对全园的教师可以根据教师的工龄、职称等对教师进行相应的补助，解决幼儿教师的后顾之忧，从而保证教师队伍的相对稳定。

2. 提高教师准入制度

幼儿教师对幼儿起到言传身教的作用，要从源头上把关好，提高幼儿教师的准入门槛，提高教师的学历要求，要求从事幼教行业的人员必须持有教师资格证，通过笔试面试的方式选拔优秀的人才进入幼教行业，提高整体教师队伍的素质，提升幼儿教师的社会认可度，从而吸引更多的优秀人才加入。

3. 关心教师入职适应期，提高教师幸福感

新老师的入职适应期是从学生身份到教师身份的一个转变过渡时期，在这个时期，突然同时面对领导的任务，繁重的工作，以及班内幼儿的突发状况等等，使得教师感受到较大的压力，同时繁重的工作与较低薪资的也形成鲜明的对比，让新入职的教师无法适应，许多教师便会感到迷茫，产生放弃辞职的念头。所以在新老师入职适应期间，幼儿园要尽快帮助教师适应幼儿园的工作，可以建立师徒制，通过老教师去带动新教师，解决新教师在工作上遇到的一些问题，营造团结互助的工作氛围，同时帮助新教师建立与家长之间良好的沟通关系，取得家长的信任以及支持，提升新教师的归属感，消除工作中产生的焦虑。

4. 制定职业发展规划，树立远大教育信仰

个人的成长除了需要外界力量的帮助，还需要自身的主观能动性，作为一名幼儿教师，一定要树立正确的职业价值观以及为自己制定职业发展规划。农村幼儿教师要立足于实际情况下，正确地看待自己的职业，增强自己的职业认同感，积极地全面评价自己在工作中的优劣势，不断进行反思、创新，积极参加培训，全面提升自己的专业知识以及专业能力，学会在于孩子的相处中体会从业的快乐以及幼教的意义，懂得幼儿园的工作并不是日复一日地简单重复，逐渐树立职业自豪感，在工作中收获开心和幸福。

5．提高社会对幼儿教师的正确认识

目前，我国幼儿教师的社会地位依旧较低，特别是在经济落后的农村地区，对幼教这个职业还存在较大的误解。这些误解对幼儿教师的专业发展产生了巨大的影响，不仅导致幼儿教师经济得不到保障，也使得幼儿教师在大环境下的影响下职业认同感降低，产生职业倦怠，所以我们要积极的宣传引导，让社会意识到学前期的重要性，认识到幼儿教师的重要性，提高幼儿教师的职业声望、经济地位、社会地位，加强农村地区对幼儿教师工作的支持和理解，让幼儿教师真正感受到被尊重，满足幼儿教师爱与尊重的需要，切实关心每一位幼儿教师的成长和身心健康。

6．加大培训力度，提高教师专业素质

幼儿教师肩负着培养祖国未来的重任，教师的素质高低影响着学前教育事业质量的高低，国家要根据农村幼儿园的情况，进行一定的资金投入，对农村的幼儿教师开展培养，幼儿园也应该有计划的，根据幼儿教师的实际情况，从教师最需要的方面开始，安排多种多样形式的培养，如外出到示范园观摩参观、聆听专家讲座、参加研讨会等等，也可以利用网络，选择高质量的幼教资源平台，通过线上培训提升自己，同时要保证每一个幼儿教师都有机会参加培训，幼儿教师也要对培训内容和结果及时进行反馈，提高培训的效果。此外，还可以发动有条件有能力的幼儿园进行一对一的帮扶，指导农村地区的幼儿园开展工作，通过一对一的连结，更快速更高效的帮助农村教师提升教学水平，提高教学质量，丰富自身的专业理论以及技能。

三、结束语

虽然随着国家对学前教育的重视程度不断提高，我国有关幼儿教师的相关政策也取得较大的进步，但是仍然没有从根本解决农村幼儿教师所面临的困境。完善农村幼儿教师队伍的建设，进一步推动精准扶贫，需要国家、社会、幼儿园的齐心协力，通过在农村打造一支有素质有能力的高水平的幼儿教师队伍，推动农村幼儿教育事业的发展。

精准扶贫下广东民办高职院校
高质量师资队伍建设的策略研究

叶美余①

摘要：职业教育是精准扶贫的重要途径，是国家教育事业的重要组成部分，是促进经济、社会发展和劳动就业的重要途径。职业教育与精准扶贫相结合，既是精准扶贫实施的重要路径，也是职业教育独特功能与优势的彰显。若想落实精准扶贫政策，培养一大批即具有理论知识又有较强实践能力的高级技术应用型人才去实现脱贫，那么提高高职教学质量，培养服务于适合社会经济发展的高素质的高职师资队伍是关键。

关键词：职业教育；精准扶贫；高质量师资队伍建设

引言

职业教育作为扶贫开发系统的重要组成部分，在阻断贫困代际传递、提升人力资本素质、提高贫困者的可行能力方面具有全局性、基础性、先导性、根本性、可持续性等独特价值。职业教育与精准扶贫相结合，既是精准扶贫实施的重要路径，也是职业教育独特功能与优势的彰显。它在新时代里被提出，反映了"国家对职业教育的新认识，肯定了职业教育精准扶贫的效能，赋予了职业教育新使命，也体现了职业教育发展的新趋势"。2021年是"十四五"的开局之年，十四五规划建议明确了"建设高质量教育体系"的政策导向，提出了"加大人力资本投入，增强职业技术教育适应性"的重点要求。由此可见，职业教育迎来了新的挑战和机遇，更加切合新时代国家发展的要求。而在职业教育快速发展的时期，高职院校的师资队伍建设存在着一些问题，阻碍职业教育的发展，于是继续找出解决的对策，以便更好地推进广东高职院校的发展。

---

① 叶美余（1997—），女，广西北海人，广东技术师范大学教育科学与技术学院2021级硕士研究生，专业方向为职业技术教育学。

项目基金：广东省教育厅普通高校重点项目乡村振兴战略下粤北地区职业教育精准扶贫实施方案路径与路径研究 项目编号：2020ZDZXI019。

一、职业教育与精准扶贫的关系

1. 精准扶贫

（1）精准扶贫的含义

根据梳理分析 2013—2016 年间习近平总书记论述精准扶贫思想的大事记，能清晰了解到习近平总书记对精准扶贫的重视及其形成和发展脉络。根据大事记，可以将精准扶贫思想的发展历程划分为三个重要的阶段，第一，2013 年提出、初步形成时期；第二，2014—2015 年推进、发展和完善时期；第三，2016 年全面实践时期。三个阶段中，习近平总书记不断将精准扶贫工作的核心、关键点"精准"指出来，在此基础上，我国官方对精准扶贫做了论断，精准扶贫是"对贫困户和贫困村精准识别、精准帮扶、精准管理和精准考核。"由此可见，相对于我国传统的扶贫模式,精准扶贫要求扶贫的目标要更为明确、扶贫规划和措施要更为具体，更加有针对性。

（2）精准扶贫思想的外延

精准扶贫思想的外延，主要包括普遍性和特殊性、整体性和局部性、个体性和国家性、历史性和现实性、客观性和能动性、经济性和社会性、短期性和长期性等几对辩证统一的关系。在此文中，要具体讲的是精准扶贫思想外延中的普遍性和特殊性。扶贫工作有其普遍存在的共性，但贫困问题又有其特殊性，比如不同地区存在不同的发展问题，不同的职校存在问题的也不同，因此我们要把握住共性，再根据具体问题具体分析，处理好普遍性和特殊性的问题。这样才能够找到广东地区高职院校存在的共同问题，并提出相应的解决对策。

2. 职业教育精准扶贫的概念

目前，学界关于"职业教育精准扶贫"概念的论述，主要有三种：第一从职业教育的功能和效果来界定，认为"职业教育精准扶贫就是让贫困家庭具有劳动能力的成员掌握'一技之长'，能够实现顺利就业、稳定就业和体面劳动，达到'教育（培训）一人，就业一个，脱贫一家'的效果。同时，也能够促进贫困家庭劳动力融入工业化、城镇化、农业现代化进程之中，是保障贫困家庭脱贫、切断贫困代际传递的有效办法。"第二从提升人的素质和能力来定义，认为"职业教育精准扶贫就是通过职业教育和培训来有目的、有计划、有针对性地提升贫困人口的文化素质和职业能力以促进其脱贫致富。"第三在"精准扶贫"概念的基础上，指出"职业教育精准扶贫是指针对不同贫困区域或不同贫困人口状况，运用科学有效的程序对扶贫对乡实施精确识别、精确帮扶、精确管理的职业教育治贫方式"。从这三个主要概念可以看出职业教育是精准脱贫的重要途径，如果能够提高职业教育的质量、加快职业教育的发展，那么就能够更好地推动精准扶贫，二者之间相辅相成。而要想提高职业教育的质量，最微观层面的就是加强师资队伍的建设，因为教师是立教之本、兴教之源,加强师资队伍的建设也是最直观的最能推动各高职院校发展的方法。

二、广东地区民办高职院校师资队伍存在的问题

1. 高职院校师资队伍建设

（1）《中国教育百科全书中》中将教师队伍建设定义为教师队伍的充实、提高和发展壮大。师资队伍建设还可以是指学校为了保证达到培养合格人才的目的，依据国家的法律法规，并根据学校的办学宗旨和培养目标的要求，组建与之相适应的教师团队，从而保证教学工作得以顺利开展。学校师资队伍的建设需要从师资数量、师资结构以及师资素质三个方面进行建设。师资队伍的建设要想达到建设的效果，一方面要求学校必须营造一个良好的建设氛围，诸如要端正办学的动机、完善办学的条件以及制定激励制度等等；另一方面，还要求教育主管部门必须将学校的师资队伍建设水平作为一个重要的衡量指标，将之纳入学校综合办学水平的考核，从而引起学校的高度重视。除此之外，还需要国家政策的指导，比如以实现精准扶贫为目标而去加强师资队伍的建设。

（2）高职院校的师资队伍包括四类教师，分别为专任教师、校内兼课教师、校外兼职教师和校外兼课教师。本文对这四类教师均有涉及。

2. 师资队伍建设中存在的问题

（1）民办高职专任教师不足：由于高校扩招和广东省对高职教育的重视，二十一世纪以来，广东省高职教育发展迅速。但随着高职院校办学规模逐年扩张、学生数逐年递增，民办高职所面临的问题是学校教师数量少，而学生数量多，集体的教学中很难顾及每一个学生，无法达到因材施教的效果。

（2）专任教师内部结构不合理：包括学历结构、专业技术资格证书获取等级结构和专业技术职务结构三个方面。具体表现为高学历的专任教师比例明显不足；专任教师已获取的专业技术资格证书以中级和初级专业资格证书为主，高级证书获取率较低；就专任教师的专业技术职务结构而言，民办高职教师中大部分都是具有中级及中级以下的专业技术职务，具有高级专业技术职务的教师比例较低。这三个方面没有做好，就不利于高职院校学科和专业建设的发展。

（3）"双师素质"专任教师比例偏低：出现民办和公办教师资源分布不平衡不充分现象。由于高职院校的职业性，"双师素质"专任教师是高职院校师资队伍的中坚力量，民办高职中"双师素质"专任教师还存在数量不足。这样即不利于学生政治意识的发展，也不利于学生将学习的理论与实践相结合。

（4）师资培训相对落后：部分年龄大的教师培训意识不足，没有认识到培训的必要性。在培训形式上，省内培训和校本培训是主要的培训方式，省外培训和国际培训较少。在培训内容上，以理论培训为主，忽视实际操作技能培训，不利于教师"双师素质"培养。在培训时间上，以短期的项目培训为主，缺乏培训的连续性和整体规划，难以达到预期培训效果。培训落后会造成教师认识的不够，因此需要加强教师的培训。

三、加强民办高职师资建设推进精准扶贫

1. 充分发挥政府宏观调控的作用

政府可以积极参与高职院校师资培养工作，促进高职教育师资的专业化与职业化，努力提高职教师资的培养数量；给民办高职院校倾斜更多的实惠政策，吸引更多的人才。在政府的引导下，专任师资数量多了，才能够更好引导和培养学生，才能够更好地发挥人数的力量，一一的去落实精准扶贫策略，更好的帮助学生学好技术，早日运用自己的技术去过好自己的生活。

2. 明确民办高职教师任职资格标准

我国的《国家中长期教育改革和发展规划纲要 (2010-2020 年)》明确提出"要完善符合职业教育特点的教师资格标准和专业技术职务 (职称) 评聘方法"，但我国高等职业教育教师并没有专门的任职资格标准，基本与高等学校教师资格一致，侧重于学历要求。根据国家发展需要，我国高职教师的聘用标准应突出"双师"特色。那么我们国家一方面需要注重高职院校教师的学历准入标准，引进高层次的优秀人才，丰富师资队伍结构，促进学院师资结构的完善。另一方面，要把聘用标准的重心放在实践工作经验的要求上，注重对企业能工巧匠的引进，除基本的学历证和学位证外，应该把相关的专业技术资格证书获取等级和专业技术职务等级纳入考核范围。做到既要重视师资的学历标准，也要重视教师的实践经验、专业能力与综合素质。只有这样，我们的师资队伍才能有足够的实践经验传授给学生，做到真正的"授人以渔"。

3. 加强"双师素质"教师的培养

2014 年的《决定》中明确提出：要提高人才培养质量，必须建设"双师型"教师队伍，健全教师专业技术职务（职称）评聘办法，探索在职业学校设置正高级教师职务（职称）。不同的学校对教师"双师型"素质的认定标准不同，有许多民办高职为了达到考核评估指标，不得不降低标准，但这样做就算数量达到了，质量也不过关。严格来说，只有具有中级以上职业技术资格，并取得教师资格，获得中级以上教师系列职称，且专门从事职业教育教学工作的人员，才能认定为"双师型"教师。所以就算是最低标准也应该参照这样来评估，否则"双师型"教师质量无法去真正落实精准扶贫的政策要求。

4. 完善民办高职师资培训

第一要加强思想政治工作的培训，要建设一支高素质、专业化的思政课教师队伍。让有信仰的人讲信仰，是当好思政课教师的第一标准。思政课教师要坚定理想信念，并且引导学生也要有坚定的理想信念，听党话跟党走，这样才能更加落实精准扶贫的政策。扶贫不仅要扶智，更要扶"志"，有了坚定的理想信念才能实现伟大的脱贫目标。第二要建设校企联合师资培养培训基地。即不仅要落实学校里职前职后的培训，也加强和企业联系中的培训。高职可以去企业学习最新的技术成果，加强"双师型"素质培养；而企业可以利用高职院校师资和仪器设

备以及教学环境开展职工培训、技术交流和产品开发，实现校企双赢。完善了师资的培训，一方面可以坚定学生的政治立场，另一方面可以增强学生的专业技能，真正做到精准扶贫要求的即扶"志"又扶"智"，一举两得。

综上所述，这就是笔者想要探讨的加强广东地区民办高职院校师资队伍建设以推介职业教育进行精准扶贫的策略研究。这三者之间是相辅相成且必不可少的。

职业教育在乡村旅游精准扶贫的作用与对策

郑雅婷^①

摘要：自建国到改革开放再到全面建成小康社会的脱贫攻坚进程中，农村地区是精准扶贫的主战场，如何发展农村地区的经济，带动产业扶贫进而实现农村人口全面脱贫是脱贫攻坚的重要难题。在乡村产业扶贫中，旅游产业是一大主力军，其对乡村经济发展发挥着重要的作用。本文通过对职业教育概念功能的分析，从而探索职业教育在乡村旅游精准扶贫中存在的问题，从职业教育的视角出发对乡村旅游精准扶贫提出建议。

关键词：职业教育；乡村旅游；精准扶贫

引言

2013 年习近平总书记创造性地提出"精准扶贫"的思想，使得我国脱贫攻坚有了具体的要求与方式，加快脱贫攻坚的进程。在党中央的正确领导下，我国在 2020 年以实现全面脱贫，据国家统计局 2020 年 1 月份发布的数据显示，自十八大以来，"全国农村贫困人口累计减少超过 9000 万人。截至 2019 年末，全国农村贫困人口从 2012 年末的 9899 万人减少至 551 万人，累计减少 9348 万人；贫困发生率从 2012 年的 10.2% 下降至 0.6%，累计下降 9.6 个百分点。"[1] 在乡村旅游持续发挥作用的过程中，我国如期完成了新时代脱贫攻坚目标任务，现行标准下农村贫困人口全部脱贫，贫困县全部摘帽。在精准扶贫政策下，乡村旅游是

① 郑雅婷（1999 —），女，广东惠州，广东技术师范大学教育科学与技术学院 2021 级硕士研究生，专业方向为教育学（职业技术教育学）。

项目基金：广东省教育厅普通高校重点项目乡村振兴战略下粤北地区职业教育精准扶贫实施方案路径与路径研究项目编号：2020ZDZXI019。

乡村振兴的一大主力军，而培养相应的人才是乡村后脱贫时代防止返贫的关键，也是目前乡村可持续发展的短板。由于乡村地区教育文化水平普遍不高，缺乏旅游培训技能，服务意识淡薄，教育扶贫即旅游职业教育势必成为农村可持续性乡村旅游发展的核心理念。

一、职业教育精准扶贫

1. 职业教育精准扶贫概念

黄炎培先生在对职业教育目的的阐述中表明："谋个性之发展，为个人谋生之准备；为个人服务社会之准备；为国家及世界增进生产力之准备。"这段话既概括了职业教育的功能也传达了职业教育的作用。90年代以来，"职业教育"与"扶贫"开始融合，在我国的扶贫返贫工作进程中，职业教育日益发挥着重要的作用，其本质是教育扶贫，正所谓"授人以鱼不如授人以渔"，职业教育通过教育以及其他各种手段来帮助贫困人口直接获得就业技能，进而增加收入，脱离贫困。习近平总书记指出，一个贫困家庭的孩子如果能接受职业教育，掌握一技之长，能就业，这一户脱贫就有希望了。可见，职业教育在脱贫工作中的不可或缺的地位。

饶丽等人认为教育扶贫是指，"针对贫困地区教育和受教育人口进行投入和资助服务，使他们掌握一定的知识技能，提高他们的文化素质和技术水平，从而促进当地的经济文化等方面的发展"。而职业教育扶贫，就是"通过为贫困地区人民提供适合的办学模式和施教方式，以此来帮助他们摆脱贫困"。谢德新和陶红认为职业教育精准扶贫是指"针对不同贫困区域或不同贫困人口状况，运用科学有效的程序对扶贫对象实施精确识别、精确帮扶、精确管理的职业教育治贫方式[3]"。因此，精准扶贫体现了我国脱贫攻坚时期的重要要求，在后脱贫时代，防止农村地区返贫，需要更加突出职业教育精准扶贫。

2. 职业教育精准扶贫的功能

（1）个体与国家

教育能促进人的主体意识、个体特征的发展以及人的个体价值的实现。对于个体来说，贫困地区的孩子进行职业教育，既可以为个体以后的人生提供明确的发展方向，个人不再仅仅拥有代际传递的劳作技能，还能获得某一专业方向的职业技能。对家庭而言，家庭某个成员通过职业教育获得就业技能，那么家庭经济就有收入来源，全家脱贫指日可待。对国家而言，星星之火可以燎原，个人成为一个小家，小家聚集成大家。解决每一家庭的贫困，为国家实现全面小康进而建成现代化强国打下坚实的基础。

（2）社会与经济

职业教育对于社会而言，其包含着"职业"与"教育"，社会进程中，职业教育为社会产业与行业输送"造血"功能的人才。社会是由各个职业的人才所组成，职业教育在为社会持续培养职业人才，提升社会的整体文化水平过程中发挥着不可替代的作用。在经济方面，职业教育不同于普通教育，职业教育是就业的直接体现，社会就业人数多意味着经济向好发展。职业教育为企业持续输送行业人才，提高企业的核心竞争力，促进企业的人才可持续发展，进而促进全国经济的发展。

（3）精神与物质

目前农村地区仍然有不良风气的存在，精神方面，落后观念根深蒂固，从根本上是教育的缺失。职业教育可以通过发挥教育的功能，改变农村人口陈旧的观念，从精神上提高农村贫困人口的思想观念。在物质方面上，职业教育培养的技能人才，直接为家庭提供收入来源的支撑。职业教育可以使家庭有了收入来源，这也为家庭物质获取提供了一条捷径。

3. 职业教育乡村旅游精准扶贫意义

自20世纪80年代中期以来，我国政府先后出台一系列脱贫扶贫的相关政策，我国反贫困事业取得巨大成功。2015年6月，国务院扶贫办、教育部、人力资源和社会保障部印发《关于加强雨露计划支持农村贫困家庭新成长劳动力接受职业教育的意见》，指出"引导和支持农村贫困家庭新成长劳动力接受职业教育，是培养技能型人才、促进稳定就业、实现脱贫致富的治本之举。"2016年12月，教育部等六部门印发《教育脱贫攻坚"十三五"规划》，强调"加大职业技能提升计划和贫困户教育培训工程实施力度，引导企业扶贫与职业教育相结合，鼓励职业院校面向建档立卡等贫困家庭开展多种形式的职业教育和培训。"2017年1月，国务院印发《国家教育事业发展"十三五"规划》要求"加大职业教育脱贫力度"，强调要"加快发展职业教育，因地制宜，分类推进，让贫困地区每个劳动者都有机会接受适应就业创业需求的职业教育和培训"。2019年初，国务院印发的《国家职业教育改革实施方案》中提出，要使中国的职业教育成为具有国际竞争力的人才培养高地。2020年的全国"两会"期间，民革中央向全国政协十三届三次会议提交了《关于建立"后2020"时期稳定脱贫长效机制的提案》，提出精准扶贫政策应设立过渡期，不应"断崖式"退出。

以上政策可以看出，国家对于通过职业教育来对农村进行精准扶贫的力度之大，决心之坚。近年来，有不少学者对职业教育精准扶贫进行过深入研究，如谢德新对职业教育精准扶贫的概念与功能的阐述。瞿晓理总结了我国职业教育扶贫的历史演进与扶贫经验等。因此，在理论上，职业教育精准扶贫的研究可以职业教育精准扶贫为研究乡村旅游的可持续发展提供思路。在实践上，职业教育乡村旅游精准扶贫能最直接的反映在农村地区脱贫与防返贫的实践上。

二、乡村旅游精准扶贫现状分析

作为新兴产业的旅游业，最早是由现代旅游业之父托马斯.库克第一次组团旅游开始的。渐渐地，旅游产业所带来的巨大经济效益使得各个国家都非常重视自身旅游业的发展，甚至成为某些国家的支柱产业。20世纪80年代开始，人们将旅游与扶贫结合起来，通过旅游消费促进某个旅游目的地的经济发展这种方式来消除贫困，帮扶贫困地区。

艾媒报告咨询中心发布的《2020年中国乡村旅游发展现状及旅游用户分析报告》指出，"2020年1-8月，中国休闲农业与乡村旅游接待人数达12.07亿人，休闲农业与乡村旅游收入达到5925亿元。2019年中国居民人均可支配收入30733.00元，同比增长8.9%。2019年，中国城乡居民旅游消费持续攀升。城镇居民旅游消费达4.75万亿元，乡村居民旅游消费为0.97万亿元，旅游成为中国人民的必需品"。这些数据表明，乡村旅游能够通过发展乡村经济，带动乡村贫困人口进行就业，增加乡村贫困人口的收入，推动乡村经济持续发展，使得乡村贫困人口脱贫致富。

三、职业教育乡村旅游精准扶贫问题分析

1. 社会认可度不高

尽管职业教育相较于改革开放之前更容易被人们所识别，然而，在农村地区，有绝大多数人对职业教育依然存在偏见。农村地区多数认为只有普通教育出来的孩子才能有出息。他们秉持职业教育是无用论，贬低职业教育。这种观念在每一个农村地区特别是老一辈人里根深蒂固。因此，一些农村地区不愿意使得自家孩子进行职业教育，宁愿代际传递的学习基础劳作能力，使得贫困也代际传递，或者容易出现返贫现象。在旅游职业教育上更是如此，一些家长认为旅游服务业低人一等，不愿意让孩子进行旅游职业教育。而一些旅游职业教育出来的学生大多数不愿意从事旅游行业，我国旅游行业人才市场近几年持续出现供不应求的现状。

2. 人才培养针对性不强

精准扶贫贵在精准，即扶贫对象精准，家庭贫困状况精准，资源精准。在职业教育培养乡村旅游人才的过程中，出现人才与资源不匹配的状况。乡村旅游包含多个方面，如民族特色旅游、生态环境旅游以及文化旅游等等。而在职业教育与乡村旅游匹配上，人才培养不够精准，大多数院校教授的仅仅只是混杂的知识，没有进行精准选择对象与培养方式。这就容易造成旅游职业教育后的人才与当地的旅游资源匹配度不高，不能很好地发展当地的乡村旅游。

3. 职业教育对乡村旅游扶贫模式单一

目前职业教育在乡村旅游这个层面上仅仅只是为乡村输送人力资源方面的人才。职业教育在乡村旅游的实践功能上还待进一步探究。如职业教育应结合乡村旅游的资源及市场合理设置培养模式与方案，促进乡村旅游扶贫产品的开发，加强职业教育与乡村旅游精准扶贫的融合。

四、职业教育对乡村精准扶贫措施

1. 增强职业教育的社会认同

当前国家对职业教育的大力发展达到了前所未有的重视，职业教育迎来了前所未有的大好机遇，不仅使得职业教育有着良好的发展前景同时也对职业教育做出了更严格的要求。发展职业教育的观念正在逐步渗透在乡村地区，但还远远不够，

各个地区政府还应该大力倡导职业教育，增强农村地区对职业教育的认同感。

2．创新职业教育人才培养模式

发展乡村旅游，推进农村精准扶贫关键靠人。职业教育特别是旅游职业教育是培养乡村旅游人才的直接手段。然而，在培养乡村旅游的人才的进程中，仅仅通过培养年轻的职业教育人才的模式未免有点单调。乡村旅游依靠与地区的旅游资源，当地农民、村干部等也应该大力培养旅游职业技能。在精准上，通过不同的招生模式，如定向招生，针对某一地区的旅游资源与人才状况，定向的培养农村地区人才，针对农村的旅游资源进行职业教育培训等。

3．加强职业教育与乡村旅游精准扶贫的融合

在通过乡村旅游来进行精准扶贫的过程中，职业教育和精准扶贫是两个相互独立的要素，职业教育在整个环节中发挥主要作用，在培养职业人才，提高社会服务意识以及乡村文化遗产的传播及保护来促进精准脱贫起着重要作用。精准脱贫的工作又能为职业教育添砖加瓦，在实践中丰富职业教育的功能与作用，实现职业教育与乡村旅游的联合对接。在实现乡村旅游振兴乡村经济的过程中，职业教育与乡村精准扶贫相互融合可以使得乡村旅游可持续发展，为乡村精准扶贫以及防止返贫发挥持续性"造血"功能。

为乡村振兴战略提供全方位
职业教育服务的路径探索研究

赵媛媛

（广东农工商职业技术学院 广东 广州 510507）

摘要： 乡村振兴作为脱贫攻坚战的"后半场"，是上升到国家层面的发展战略，是党中央高度重视、全力支持、坚定推动的发展战略。党的十九大对乡村振兴做出全面战略部署，还在2019年《国家职业教育改革实施方案》中对职业教育服务乡村振兴的目标、方向、路径进行了全面部署。广东省农工商职业技术学院作为实施乡村振兴战略走在全国前列的广东省的重点职业院校之一，在这方面开展了积极丰富的探索与实践，本文结合广东省乡村振兴战略的实施重点和主要任务，对学院的服务路径、方式、方向等进行分析，在查找不足的基础上提出优化措施。

关键词： 职业教育；服务；乡村振兴；路径；探索

一、服务乡村振兴战略的存在问题

目前，学院在乡村振兴战略实施以来已开展了一系列的分析研究、改革创新工作，充分发挥了涉农职业院校的责任意识和主动意识，取得了一定的成果并培养出一批适应乡村振兴战略实施的专业技术人才，但在改革深度、融合进度方面还存在一些具体问题。

1. 教育改革进程相对滞后

（1）人才培养目标调整不快。从目前学院的专业设置和在校生数量来看，直接或间接为乡村振兴服务的比例相对较小，除了作物生产与经营管理、农产品加工与质量检测等几个专业外，大多数专业人才培养的目标和服务方向都是现代制造业和服务业。虽然这是由于人才市场供需关系、产业行业发展空间、学生就业竞争态势等多方面的综合因素造成，但是在党和国家提出乡村振兴战略后，学院在教育改革、人才培养方面做出的调整力度和措施并未实现同步甚至超前。

（2）专业师资培养速度较慢。职业教育服务乡村振兴各种路径的达成，专业的师资队伍是基础，更是关键。在这方面学院开展了一些外部招募和内部培养，但实际效果和培养成果与乡村振兴的产业要求和人才需求仍有一定的差距。一方面，是对乡村振兴战略的相关政策形势特别是广东省乡村战略实施的规划、布局、目标等重点内容能进行深入了解、深入分析的专业人员较少，造成学院结合政策形势与规划布局开展教学改革的客观依据和分析论据不足，在这方面形成了连锁反应；另一方面，是对乡村振兴战略产业布局和区域发展的高层次规划咨询人才较少，特别是对广东省现代农业发展和一二三产业融合等领域的专业人才相对匮乏，因此在与相关行业部门、地区政府开展深层次的产业布局、资源配置和区域统筹等方面的合作共建上，未能积极发挥自身优势。

（3）学生流动形式未与乡村振兴紧密挂钩。首先，学院在学生"一进一出"的方向性和流动性方面还未与乡村振兴进行有效的对接和融合，呈现出比较传统、相对狭窄的特点。比如学生的来源并未因乡村振兴战略的实施和广东省农业农村规划布局的调整进行积极的改变，比如在与重点区域进行合作招生，定向培养某些特殊产业人才、技能人才等方面，还是采用比较传统的形式进行招生宣传和生源获取；其次，在学生毕业后的流向方面，绝大多数还是在城市内的制造业、服务业等行业中，进入乡村振兴一线或者以农村农业为自主创业途径的少之又少，这也就造成了学院在乡村振兴相关产业、行业和区域中的培养针对性不强、连续性不好等问题。

2. 与农垦体系融合不够深入

（1）对广东农垦发展研究不深。广东农科集团是广东省乡村振兴的重要战场，也是各项产业政策制定和产业布局调整的"试验田"，对广东省乡村振兴的全面实施有重要的发展借鉴和产业支撑作用。学院与广东农垦集团一脉相承，但在与农垦集团的发展融合与系统研究方面并未显示出足够的主动性和积极性。比如，广东农垦集团历经多年发展取得了丰硕的发展成绩，特别在优势产业布局和集团化专业运作方面积累了丰富的经验，全省乡村振兴战略实施方案中的很多产业布局和区域产业分布都是建立在农垦集团产业布局基础之上，对此开展系统研究和专项研究具有很强的现实意义和发展意义。

（2）相关专业调整适应不足。广东农垦集团覆盖的产业、区域非常广泛，在涉及职业技术人才特长、农村劳动力技能要求方面具有非常丰富的研究价值、实验价值，更提供了丰沛的实践空间和实验平台。学院作为"乡村振兴人才培养优质校"和"示范性职业教育集团（联盟）培育单位"，应在这方面具有积极的探索态度和强烈的实验精神，但就目前取得的成果来看却相对单一，主要集中在热带作物的种植方面，虽然这是广东农垦集团的产业重点，但是从整个全省乡村振兴的产业特征和区域统筹方面来看，可供利用的资源和载体却不仅仅如此。

二、服务乡村振兴的路径探索与提升措施

1. 与广东省实施乡村振兴工作部署紧密对接

（1）紧密对接"三项工程"。实施"粤菜师傅""广东技工""南粤家政"三项工程是广东省委省政府落实习近平总书记考察广东讲话和推进乡村振兴的重要举措。经过三年多的系统建设，这逐渐成为我省培训农民技能、促进农民就业创业的关键平台，也是职业教育服务乡村振兴的有效路径。分析这三项工程，学院在目前的参与度、融合度方面与其他院校相比具有较大的差距，虽然有专业设置、培养方向、师资基础方面的客观因素，但有些专业经过一定程度的调整完全可以进入"三项工程"特别是"广东技工"的范畴。从目前情况来看，"三项工程"建设不仅是我省实施乡村振兴的主要平台，而且已经形成了品牌、营造了氛围，在招生、就业、服务、共建等方面建立了宽泛的渠道和有机的联系，特别是其他院校直接到乡村、农民身边开展培训、技能指导的形式非常值得学院借鉴和学习。

（2）紧紧围绕"产业振兴"。乡村振兴的核心在产业振兴，乡村振兴的关键是提高农业劳动生产率。省委省政府已在这方面进行了一系列的部署，特别是逐步建立现代农业产业园和农业现代化示范园等举措，无不释放出推动产业振兴的信号。而以产业振兴为核心的部署推进，给予了像学院这样的涉农职业院校大量的机遇和广泛的空间，只要能积极主动的进行对接、加强融合，对自身教育体制改革以及服务乡村振兴的能力提升就会有很大的促进作用。比如，从今年起我省将组建由"党政机关＋企事业单位＋科研力量"共同参与的驻镇帮扶工作队，全面推进驻镇帮镇扶村工作，这就是学院可以利用的政策之一。通过加入驻镇帮扶工作队，学院不仅可以直接参与乡村振兴的劳动力培训、技能人才培养、产业帮扶指导等工作，而且在展示学院职业技能实力的同时可以加强第一手信息数据的掌握和获得，并且可以与不同层面的部门、单位开展乡村振兴实际工作的交流，从中吸取教学改革、人才培养等方面的建议，进一步促进学院服务乡村振兴的路径拓宽。

2. 与广东农垦开展更深层次的合作共建

（1）实施全方位梳理。学院应组织专门机构对党的十九大以来，广东农垦在实施乡村振兴方面取得的成绩、总结的经验、采取的措施等等进行全面的调查研究和分析梳理，一方面提炼出在产业振兴、人才培养、技能提升等方面的切入点和融合点，通过院校的科研力量和教学改革提出更具针对性和专业度的意见、建议，帮助农垦集团更加深入的推进乡村振兴战略实施，提高学院在省内的影响力和服务乡村振兴的硬实力；另一方面，充分征询广东农垦各专业集团、农场等单位在乡村振兴战略实施过程中对于人力资源特别是劳动力培训、专项人才培养方面的意见和建议，邀请他们共同参与学院的专业设置、人才培养、镇村服务等方面的调整计划以及培训、培养计划的制订，从而以需求导向和问题导向出发，提高学院在服务乡村振兴战略实施方面改革措施的落地和进度。

（2）开展多专业合作。我省是全国乡村振兴战略实施的试验田和排头兵，产业振兴和融合的效果与经验将会在更广阔的空间推广、利用。学院作为"乡村振兴人才培养优质校"，在职业教育服务乡村振兴战略实施方面也具有同样的机遇和责任。因此，学院要充分发挥热带作物种植等专业与广东农垦相关单位的合作经验，在其他例如营销、旅游、电商等多个可与乡村振兴对接的专业开展深度合作，借助广东农垦成熟的产业链条和实践空间，输送师资到一线进行培训、培养方面的直接运作，积累最直观的经验和素材，提高专业调整和人才培养的进程；另外，也应加快确定、建立各相关专业的实践基地和人才输送渠道，为响应乡村振兴战略的实施并开展直接的人才输送和培养打牢基础。

第八章
"十四五"期间广东高职院校
高水平国际化办学能力研究

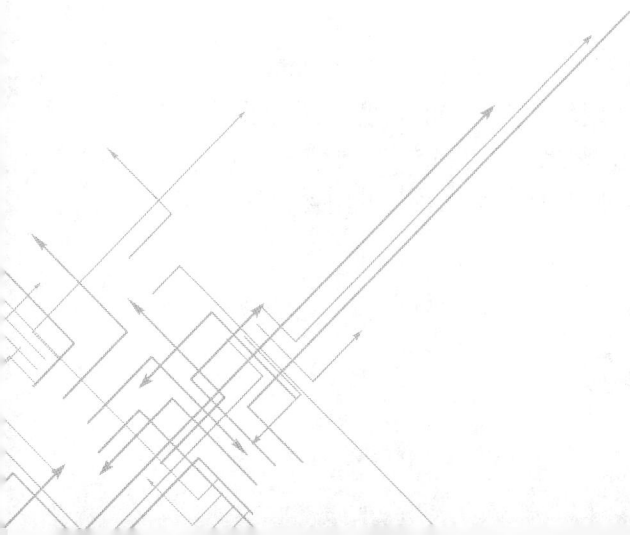

高职院校国际班学生特点和教学对策研究

陶泽邦 [①]

（广州华立科技职业学院　广东　广州　510000）

摘要：高职院校国际班学生和普通的高职院校学生、本科院校国际班学生有所不同，他们有自己的群体特点。对于他们的教学，要在针对他们的群体特点的基础上采取相应的措施，才能促进该群体的良性、健康的发展，更好地为我国培养国际复合职业技术人才。本文以广州华立科技职业学院国际班学生为研究对象，分析其群体特点，创新教学模式，提出具体的教学对策。

关键词：高职院校；国际班；特点；教学对策

一、广州华立科技职业学院国际班学生的情况介绍

广州华立科技职业学院经过广东省教育厅批准，自 2013 年开始与英国北安普顿大学合作开展国际班，主要有国际商务（国际经济与贸易）"3+1"项目，即国内读 3 年，国外读 1 年，拿国内专科毕业证和国外本科毕业证。

学院该项目每年招生计划人数 30 人，实际最后录取并入读的学生并不多。其中，2013 级实际录取并入读共 15 人，男生 11 人，女生 4 人；2014 级共 8 人，男生 6 人，女生 2 人；2015 级共 17 人，男生 14 人，女生 3 人。

学生生源主体以珠三角地区占绝大部分，主要为广州、佛山、东莞等。以 2015 级为例，共 17 人，其中生源广州 6 人，佛山 2 人，东莞 2 人，惠州 2 人，珠海、中山、江门、汕头、茂名各 1 人。学生家庭经济情况均比较好，父母对子女成才的欲望比较强烈。

二、高职国际班学生群体特点分析

1. 高职国际班学生人数少

国际班学生人数少的主要原因包括学费贵，国内学费人民币 25000 元 / 年，国外学费 10700 英镑 / 年，还有其他各种费用。学生未来的发展目标为出国留学深造，英语要求高，需要达到雅思成绩 6.0，单项不低于 5.5。对于普通工薪家庭的经济状况和普通的高职学生成绩水平，这些都是一些比较高的门槛，导致国际班学生人数不多。

---

① 作者简介：陶泽邦（1983—），男，广东广州人，副教授，研究方向：经济贸易、经济管理。

2. 高职国际班的学生性格张扬、活跃外向

这些学生好学好动，学习能力强，动手能力强，只要能激发他们的兴趣，他们有非常强烈的表现欲望和探索欲望。但他们有学习惰性，凡事三分钟热度，难以沉下心钻研理论知识、善于学习却不善于自学，知识面广泛但知识不扎实、不系统，需要教师进行引导、梳理、系统化。

3. 高职国际班学生知识面广

国际班学生家庭经济状况普遍比较好，很早就拥有电脑和学会上网，有钱有时间去参与各种旅游和活动，周围环境接触的人物和事情都比较高端，接触新鲜事物比较多比较早，因此相对一般的学生见多识广，阅历相对丰富。

三、传统教学方式的不适应高职国际班学生

首先，传统的教学方式主要是讲授式教学，是应对学生人数多的一种教学方式。自从高校扩招之后，现在的高职院校课堂人数逐年增多，从一开始的 30 多人一个班，发展到 50 多人一个班。后来又发展为两个班合班上课，甚至三个班合班上课。普通的教室已经不适合用，要用大教室，甚至是阶梯教室。

其次，传统的教学方式是以教师为中心进行授课。教师在讲台上进行知识点的讲授，以教师为中心不停地说，满堂灌知识，至于学生是否能听进去，很难说。至于学生在讲台下面是否做其他事情，教师很难去每一个学生都能具体管理到位，能管理好前面三排同学已经算不错。而那么多学生，肯定有不同学习程度的学生，教师就更难兼顾到学习比较好和学习比较差的学生，只能用中等程度的课程难度进行授课，课堂上稍微能回答一两个好学学生的提问，和一两个学生有互动和交流已经非常不错了。

再次，传统的教学方式更难有师生之情的深切交流。50 到 150 多人的一个班集体，做过老师都知道，单是课前点个名，清晰地、完整地把所有名都点一遍，让学生们有个存在感，都已经花去了 15 分钟。不要说把所有同学的名字记住，能把所有同学的样貌记住，已经很了不起了。实际上整个班级，教师可能只是能记住坐在前面三排的同学，记住比较积极的同学，记住班长、学习委员或者纪律委员。而师生之情的建立，不单是授课，还有深入的交流，有教师对学生的个性风格的把握掌控，有学生对教师个人魅力的佩服等等而形成。

四、高职国际班学生的教学对策

1. 以课前学习代替课前预习

传统的教学模式要求学生是课前要做预习的。通常的做法是教师在课程结束前要求学生在课后预习下一节课的内容。这个要求往往只是口头的，非硬性的要求。绝大部分学生实质上只当成了"耳边风"，只听不做。而老师在下一节课如何知道学生有没有提前预习呢？通过布置预习任务的时候同时布置问题，并在下一节课的时候提问。当真正到了下一节课的时候，老师一提问，下面一片沉默。老师

点名回答，那被点到的学生就回答"不会""没预习"，或者临时做没准备的回答，或者就支支吾吾，然后老师为了大家都不难堪就让学生坐下了。

针对高职国际班的学生，我们把传统的课前预习改为课前学习。这里的改变，不单是字眼的改变，更是内涵的改变。传统的课前预习只是要求对下一节课的内容进行大概的了解，并不能做到真正深入的了解。而学生也往往觉得老师下一节课会具体去讲授，所以没有非常深入地预先学习。而我们的课前学习，在课程结束之前，明确提出下一节课课前学习的具体内容、参考书籍、参考理论和观点，明确提出下节课要求回答的内容概要、课程重点难点、课程拟讨论的要点疑点。除开明确提出具体的要求，我们还明确告知：以书面形式在下节课上课前提交作业报告，班级内部雷同率不能超过 10%，同时下节课的会进行点名回答问题，上述所有教学任务均会对学生进行评分，并告知具体的评分标准。

2. 以课堂研讨代替课堂学习

针对高职国际班的学生，我们把传统的课堂学习改为课堂研讨。课堂研讨，也就意味着我们在课堂上不是做全面的、初步的课堂学习，这个全面的、初步的课堂学习我们已经在上述第一步的"课前学习"中已经做了，而且把学生的被动学习化为了主动自学。而课堂研讨要做的是检验学生通过"课前学习"阶段对本节课知识内容、主要观点理论、重点难点的掌握程度，进行评定打分。另外，教师重点通过引导，利用师生之间、研讨小组之间、研讨小组内部的对话、互动、提问、追问、辩论等方式，深入学习课程的要点疑点。

通过这种创新的教学模式，针对的是学生的班级人数规模少，教师有能力、有时间、有精力照顾到每一个学生。针对的是学生的知识面广泛，学习能力强，但知识不扎实、不系统，需要教师进行引导、梳理、系统化。虽然在研讨成果方面也有评分，但研讨的过程因为有教师在场，所以学生研讨的主动性和深入性更多在于教师的引导，针对学生爱张扬、好表现、希望得到肯定和鼓励的特点，激发学生的课程兴趣、表现欲望和探索欲望。整个过程，通过教师的激发、引导、掌控，让学生达到动眼、动口、动耳、动脑、动手的效果，让学生对课程的要点疑点做第二遍的学习，也是深入地、有针对性的学习。

3. 以课后研究代替课后复习

基本上，按照传统的教学模式，到课程结尾的时候，教师要么就直接结束课程了，下节课又开始一个新的课程内容。要么就是开始布置课后作业作为复习，至于下节课所回收的大部分作业到底是学生自己做的、是抄书的、还是抄同学的，无从追究，少部分同学可能不交、迟交。要么就是在下节课开始阶段进行一下内容回顾，就权当是复习了。

创新教学模式，以课堂研讨中尚未解决的兴趣点、有待继续讨论的疑点为基础，要求学生在课后继续自主深入研究下去，并在下一节课程提交课前学习作业报告的同时提交上一节课的深入研究报告，要求学生回答研究过程做了那些事情、寻求了那些帮助、采取了那些方法、得到了那种研究结论。这种课后研究的做法，除开需要交研究报告，还更多在于课堂中教师对学生求知欲和探索欲的激发，促使学生主动进行课后的深入研究。

这种教学模式，针对的是学生的跟风、模仿、惯性、观察的特点。教师第一、第二阶段严格要求，引导学习、激发兴趣。第三阶段也仍然如此，有始有终，有头有尾，而且每次课程都如此。让学生通过观察，受到教师的影响，让学生通过模仿，互相受影响，从而让学生深入研究成为一种惯性。而且到这一个阶段，课程的学习已经慢慢演变为课程的研究，学习的程度产生了质的变化，上升到了一个新阶段。

"一带一路"背景下广东高职院校
国际化办学策略研究

侯立志①
（广东科贸职业学院）

摘要：高职院校国际化办学是高职院校发展的必然趋势。广东省高等职业教育走在全国前列，为我国高等职业教育的发展起到了示范作用。本文以国家及广东省公布的职业教育报告及政策性文件为数据来源，分析了广东省高职院校国际化办学中存在的问题，并提出了相应的解决对策，为广东省职业院校高水平国际化办学，推动大湾区建设提供了参考。

关键词："一带一路"；广东高职院校；国际化；策略

一、简介

高职院校国际化办学是一个"既老又新"的话题。说其"老"是因为在 2014 年出台的《现代职业教育体系建设规划（2014—2020 年）》中就明确指出了"要学习国际先进成熟的人才培养标准、专业课程、教材体系等，最终实现从'跟跑'到'领跑'的超越"。可见，从国家层面上，对高等职业教育国际化的高瞻远瞩布局早已经开始。不仅如此，在《国家高等职业教育发展规划（2011—2015 年）》中更是明确指出："加强国际交流与合作是高等职业教育适应经济全球化要求和

---

① 作者简介：侯立志，1983 年 8 月生，男，吉林省人，广东科贸职业学院教师，讲师，博士，研究方向为：英语文学、高职院校教育教学与改革等。

国家'走出去'发展战略需要的必然选择，对提升我国高等职业教育国际知名度和国际化水平具有重要意义。"《高等职业教育创新发展行动计划（2015—2018年）》中也指出，高职院校要"加强与信誉良好的国际组织、跨国企业以及职业教育发达国家开展交流与合作．探索中外合作办学的新途径、新模式。"由此可见，推动高职院校国际化办学是高等职业教育发展的必然趋势，也是当今高等职业院校高质量发展的必由之路。说其"新"是因为在践行高职院校高水平国际化的道路上，广东省绝大多数高职院校尚处于尝试、探索阶段，甚至于有些高职院校尚未开始探索，更谈不上形成任何国际化办学模式。

二、广东高职院校国际化办学现状及其存在的问题

广东省高等职业教育处于全国领先水平，但国际化办学能力仍亟待提高。

1. 现状

根据《广东省高等职业教育质量年度报告（2021）》，截至2020年底，广东共有87所独立设置高职院校，全日制高职在校生规模为117.8万人，位居全国第一。从培养人数规模上来看，广东高职院校的发展走在全国高职院校发展的前列。《广东省十四五规划纲要》中更是明确指出，到2025年，"全省高职院校发展到90所左右"，要"高标准建设广东省职业教育城"。可见，在未来的发展中，广东省高等职业教育还要向前更进一步，深远发展。但在广东省高等职业教育红火发展，蒸蒸日上的今天，从《广东省高等职业教育质量年度报告（2021）》附表5国际交流中的统计数据来看，截至2020年，广东省高等职业教育中，开发并被国（境）外采用的专业教学标准数共72个，国（境）外办学点数量仅为17个，其余几项也并未见明显优势。可见，高等职业教育国际化办学的问题仍然需要进一步考量和发展，国际化办学的规模和层次仍有待提高。

2. 存在的问题

广东省高等职业教育国际化办学存在的主要问题有以下几个方面：

（1）对高等职业教育国际化办学的认知程度不够。从目前一些高职院校的顶层设计来看，相当多的广东高职院校对于高等职业教育国际化办学的认知仍然停留在"夏令营""暑期班"等短期互访交流项目上，或者还停留在"国际班"合作拿学位的形式上，并未形成真正的融合"走出去，请进来"的产教融合、中外汇通之路，还没有走出一条深化高职教育，符合广东省"十四五"规划方向，服务大湾区建设的国际化办学的特色之路。

（2）国际化人才缺乏。从目前广东高等职业教育师资来看，国际化人才大量缺乏。虽然近年来高广东等职业教育师资的高学历比例有所提高，但与整体国际化需求相比，仍存在较大差距。有些广东高职院校试图从"人才国际化"的角度出发来解决问题，想要通过人才"走出去"的方式来培养人才的国际化视野，但现实情况往往差强人意。出去交流考察人员或者是仅停留在看的层面，或者是由于语言或项目的原因只做短暂停留，未能真正深入了解等等，诸多原因汇聚，最

终使得"人才国际化"并未得到真正有效的践行，往往只是最终形成了一份报告，或者签署了"备忘录"，但真正的有建设性的建议没有形成，国际化的实质性推动未能进一步有效开展。

（3）没有形成一套完整的高等职业教育高水平国际化办学模式。从目前已有的国际化办学现实情况看，广东高职院校国际化办学仍然存在办学思路单一、国际化认识片面化以及国际化办学片段化等问题，碎片化、间断化的合作办学模式并未突破传统的办学思路和模式，也未能为广东省高等职业教育，乃至全国的高等职业教育国际化办学提供完整的思路和借鉴。

三、广东高职院校国际化办学策略

1. 抓住"一带一路"机遇，将广东高职院校国际化办学提高到各高职院校顶层设计层面

国家的"一带一路"政策不仅践行了"人类命运共同体"的伟大思想和理念，更是为经济和教育等诸多方面带来了发展的契机。各职业院校应抓紧机遇，跟随"一带一路"政策指引，以《广东省"十四五"发展规划》为纲，将国际化办学提高到院校发展的顶层设计政策层面，不应流于只是单纯设置一个"国际处"等机构，或只是在某些文件中存在"国际化"字样，应在提高到顶层设计政策后，真抓实干，稳步推进，真正践行下去，不仅要找到一条符合学校发展的国际化办学特色之路，也要为广东，乃至全国的高职院校国际化办学提供可借鉴的经验。

2. 打造一批了解广东省高职院校职业教育发展的现状及趋势、具有国际化视野和能力的专业师资队伍

《广东省"十四五"发展规划》第十六章第四节中明确指出，要"建设高素质专业化创新型教师队伍"。同时，《纲要》中还指示"要深化产教融合"，"健全终身教育体系"。专业化人才是高等职业教育高水平国际化办学的开拓者，广东省各高职院校应抓住契机，以任务式"外派学习"、针对性"专家引进"等方式"走出去、请进来"，以"服务大湾区建设"为目标，以《纲要》为方向指引，放眼国际，以国际市场为导向，打造出一批合格的国际化师资队伍。

3. 打破校际壁垒，优势互助，携手面向国际化

根据《广东省高等职业教育质量年度报告（2021）》附表四广东省高职院校开设前十专业布点数中的数据显示，广东省各高职院校之间，有诸多相同或相近专业，如68所高职院校开设了会计专业，62所高职院校开设了商务英语和市场营销专业，60所高职院校开设了电子商务专业……

从广东各高职院校发展布局及就业形势来看，院校间的相同专业之间的"竞争"关系多于"合作"关系。然而，在国际化办学的大环境下，为应对国际化环境的挑战，各高职院校应打破校际壁垒，在单一高职院校无法走出国际化办学道路的情况下，在单一院校师资力量不足的情况下，可以几所学校合作，优势互助，联手走出广东高职院校国际化办学的新道路。当然，除了高职院校之间互助合作外，也可以

广开思路，打造广东"高职＋本科"院校合作模式，"高职＋国际企业"合作模式等，还可以再进一步，打造国内外多元合作模式，比如"国内高职院校＋国外高职院校""国内高职院校＋国外名校""国内高职院校＋国外企业"等等一系列的多维度合作方式，打开高职院校高水平国际化办学的新局面。

4. 以点带面，强化优势专业率先国际化

高水平国际化办学是一个过程，不可能一蹴而就，应当以广东省高职院校中的优势专业为突破点，在优势专业先行国际化的基础上，以点带面，以优势专业带动院校，以院校拉动区域，以区域推动全省的高等教育高水平国际化办学。2019年2月中共中央、国务院印发《粤港澳大湾区发展规划纲要》，要求粤港澳大湾区构建具有国际竞争力的现代产业体系，包含：先进制造业、战略性新兴产业、现代服务业、海洋经济产业。可以以此四个产业方向为突破点，实现广东省高职院校高水平国际化办学。

高职国际市场营销课程双语教学改革与实践

胡翌丹　许伟明　耿江涛

（广州涉外经济职业技术学院　广东　广州　510540

华南师范大学　广东　广州　510631）

摘要：推行双语教学是实施教育国际化战略、提高专业竞争优势的需要。国际市场营销作为商务英语和其他应用外语小语种专业培养外向型高技能商贸人才的核心课程，开展双语教学势在必行。通过分析该课程采用双语教学后存在的实际问题，再从师资队伍建设、教学进程安排，以及对分课堂教学模式等方面阐述了实施双语教学的有效途径和问题解决对策，并对教学效果进行了调查分析，为进一步在学者网平台推广双语教学打下坚实基础。

关键词：高职教学研究；国际市场营销；双语教学；对分课堂；学者网

一、引言

国务院发布《国家职业教育改革实施方案》，将职业教育的重要性，提高到了"没有职业教育现代化就没有教育现代化"的地位。这是新的机遇，更是新的挑战。高等职业教育国际化已成为世界高等职业教育发展的重要趋势。特别是"一带一路"

建设的实施,这就要求各高等职业院校必须响应时代关切,培养适应现代企业和行业发展趋势的人才。教育部也明确指出:实施双语教学是我国高等教育适应经济全球化趋势,培养具有国际合作意识、国际交流与竞争能力的外向型人才的重要途径。教育部《关于进一步深化本科教学改革全面提高教学质量的若干意见》,对双语教学提出了更高的要求,力图通过双语教学示范课程的建设,推动我国本科高校双语教学的质量。

广州涉外经济职业技术学院为应对全球一体化的形势,进一步与国际接轨并集中反映国际市场营销的最新进展,发挥"涉外"特色优势及强化双语教学的特色模式,在涉外相关专业开展和普及各类课程的双语教学极为必要和紧迫。这不但是学生"走出去"的必要基础,更是学生快速引进吸收国外先进技术、在"互联网+"及智能时代迅速掌握各项先进技能的重要手段。广州涉外经济职业技术学院作为一所以培养具有外语、外经、外贸专门知识的高素质、高技能人才的高职院校,为满足人才培养的需要及适应市场需求,在全校开展了涉外类专业课程的双语教学,对高职院校开展双语教学进行了有益的探索,在双语教学的目标、教材体系的构建及教学模式方面取得了较好的效果。而《国际市场营销》课程作为应用外语、商务英语和跨境电商等专业最为核心的专业基础课程,采用双语教学更是势在必行。

二、高职实施双语教学存在的问题分析

通过对现有文献的归纳和总结,国内学者普遍认为我国高校(主要是本科高校)开展双语教学存在教学观念落后、教学目的不明确、教学管理不规范、课程体系缺乏系统性、双语师资严重缺乏、学生英语基础薄弱、学生心理具有抵触情绪、双语教材匮乏、中英文比例不好确定、教学模式不成熟、教学方法陈旧、双语氛围不浓厚、缺乏双语实践环境、评价体系单一等很多问题。

应该指出,上述当前在我国高校本科双语教学存在的问题,在高职院校开展双语教学后更加突出。特别是在民办高职院校实施双语教学,师资问题尤为突出。民办高职师资力量薄弱,双语教学师资更为紧缺。教师是教学的核心,如上所述,目前从事国际市场营销双语教学、具有硕士学位的教师所学专业一般是非英语专业的经济学类专业,要求他们熟练运用英语进行教学的难度很大。如果从英语专业选择教师进行该课程的双语授课,由于国际市场营销专业知识的欠缺,特别是实务操作经验的欠缺,使其承担该课程的教学和实训任务也很困难,容易因教师自身水平的限制改变了课程的教学目标,所以师资问题成为阻碍该课程顺利开展双语教学的"瓶颈"。

三、双语教学有效途径和问题解决对策

针对上述双语教学存在的问题,借鉴在计算机课程双语教学中取得的经验和方法,从目前《国际市场营销》课程实行双语教学的实践出发,从专业建设的角度,探索本课程实施双语教学的有效路径,从双语教学师资建设、中英文对照的教材

与课件、递进式的教学进程安排,以及采用对分课堂教学模式等四个方面,在学校强调"涉外"特色推行双语教学的大背景下,解决上述瓶颈问题。

1. 组织双语教学团队以构建多元化双语师资队伍

为了提高《国际市场营销》课程双语教学质量,组织了双语教学团队,成立了市场营销双语教研项目组,集中外国语学院商务英语、应用韩语、商务日语等多个外语专业拥有企业工作经验和从事一线双语教学的教师,发挥各自的优势,构建了多元化的双语师资队伍。项目组的教师大部分具有从事国际营销和进出口贸易的实际工作经验,相互配合各自发挥专业的优势,一方面积极投身双语教学实践,定期组织双语教学观摩、双语教学研讨等活动,统一教学目标教学课件和教学进度,有效保证了课程双语教学成效;另一方面积极开展双语教学研究,申报的《基于大数据平台的应用外语专业"市场营销"课程双语教学实践研究》研究项目,获得广东省教育厅2020年度普通高校特色创新类项目(人文社科)的立项。

2. 采用中英对照教材课件满足学生专业学习需要

双语教材的遴选是双语教学中极为重要的环节,直接关系到双语教学的成败。目前,将英文原版教材作为国际市场营销双语教学教材,在国内基本达成共识。学界普遍认为,"原汁原味"的英语表达方式和学科知识,有助于教师和学生实现双语教学的"三合一"目标(即学科目标、语言目标、思维目标)。

然而,面对高职学生总体英语基础差的具体情况,使用英文原版教材显然不切实际。为此采用了陈秀梅等主编的《国际市场营销(双语版)》,该教材是"双高"职业高校省级精品课程教材,采用中英双语对照的形式,以培养国际市场营销的职业能力为核心,以整个国际营销过程为逻辑主线,以英语为主要的语言工具,以虚拟公司为切入点,结合大量真实、鲜活的案例和实践项目训练,采用"教、学、做、考"一体化教学模式。教材涵盖国际市场营销的基本概念、国际市场营销环境分析、营销调研、市场细分及营销组合策略制定等内容。不仅注重学生专业营销知识和能力等基本技能的训练,也能同时提高学生的英语综合运用能力,体现双语课程的优越性。通过学习学生不但能掌握国际市场营销基本的理论和方法,并能运用所学知识分析问题、解决问题,符合高职适用型、技能型、复合型人才的培养目标。课程教学团队在实际教学中通过制作和完善双语教学课件等各类教学资源,满足学生不同的英语水平的需要。

3. 采用循序渐进教学进程适应高职学生英语水平

依据学情分析,必须要充分认识到大部分高职学生的英语水平低、听力能力差、词汇量低、阅读英文教材速度慢等特点,特别是部分学生入大学后渐趋懈怠,其实际英语水平逐步下降,这给双语教学带来直接的负面影响。这就要求采用分阶段循序渐进的教学进程安排,从专业词汇术语导入到交叉渗透逐渐深入。

四、双语教学改革教学成效的调查分析

为掌握双语教学实施路径和问题对策的有效性,通过持续对实施双语教学改

革后的授课班级进行全覆盖的问卷调查，可得出以下结论：

1. 双语教学师资队伍的构成需要多元化

在双语教学师资的来源上，有41%的学生认为最好由掌握市场营销专业知识的英语教师进行双语授课。说明学生对授课教师的英语水平要求很高，希望双语教学提高自身英语水平上能有更为专业的表达。因此后期在构建教学团队时考虑了多元化需求，增加了专业英语教师的比重，并通过双语教学研讨等活动提升这些英语教师的国际市场营销专业知识，并通过共同的教学目标和教学课件，有效保证课程双语教学成效。

2. 双语教学的教材与课件要中英文对照

在双语教学的教材使用上，高达60%的学生认为最好使用中英文对照编写的教材，超过其他选项学生人数的一倍以上。这说明学生对自身的英语水平有清楚的了解，不希望因英语水平的限制影响专业基础课程的学习。这同样表现在教学课件的提供上，有36%的学生认为课件全部内容中英文对照，因此双语教学团队应该逐步完善各类教学资源，课程的理论部分做到全部内容中英文对照，而实训部分的具体单证则按实际的业务需要以全英文方式进行，增强学生对实际工作的适应力。

3. 循序渐进增加外语比重必须适应学生

在课堂上使用英文的比重的最合适范围这一问题上，多达72%的学生认为合适的占比是30—55%，这说明我们在采用分阶段循序渐进的教学进程安排上符合了学生的预期，满足了学生的要求，同时也达到了课程双语教学的目标。

广东省高职院校高水平国际化发展战略研究

杨立波 [①]

（广东科技学院）

摘要：《粤港澳大湾区发展规划纲要》的颁布为我省高等教育高水平国际化发展带来了新的契机，因此我省的高职院校应抓住机遇面对挑战，进一步促进高等教育国际化的高水平发展，为粤港澳大湾区的建设培养更多的国际化人才，实现国际化人才培养和湾区建设相互促进的目的。本文是在"十四五"规划的开年和粤港澳大湾区建设的背景下，对我省高职院校高水平国际化发展的现状和存在问题展开研究，并结合国情、省情，从政府、高职院校、教师、学生等多个方面提出我省高职院校高水平国际化发展的战略目标、路径和对策。

关键词：高职院校；高水平；国际化发展；战略研究

一、广东省高职院校高水平国际化发展的必要性和紧迫性

我省高职教育国际化与经济全球化和粤港澳大湾区建设的背景密不可分。经济的全球化要求人才的全球化，人才的全球化需要教育的全球化，因此，世界各国之间的教育交流活动日益频繁，我国的职业教育，主要是与美国、澳大利亚、德国、加拿大、法国、日本等发达国家的交流互访，由于"中国制造 2025"与德国工业 4.0 对接，我国制造业的职业教育更多的是与德国职业教育展开深度合作。随着我国在 2010 年成为世界第二大经济体，有更多的国家愿意与我国开展商业合作。我省高职院校应积极落实国务院《关于加快发展现代职业教育的决定》文件精神，需要进一步推进中外合作项目实施。我省高职院校应积极参与制定职业教育国际标准，积极参与国际先进专业标准和课程体系的建设，通过积极参加世界技能大赛，扩大我省高职院校的国际影响力。

二、广东省高职院校高水平国际化发展的现状分析

广东省大部分高职院校均在积极开展国际化办学，实施了形式多样的国际交流与合作，主要有合作办学、访问交流、聘请外籍教师、学生赴海外留学等，普遍把人才培养目标定为，培养适应广东省经济和社会发展需要的复合型、应用型、具有国际视野的技术技能人才，培养双文凭、跨国界、跨文化具有国际视野的高

---

① 作者简介：杨立波，出生年份：1981 年 2 月生，民族：汉族，性别：男，籍贯：黑龙江省木兰县广东科技学院，副教授，专业学位：控制领域工程硕士学位，研究方向：高职教育研究、应用型本科教育研究。

级专门人才作为办学目标。

在我省 85 所高职院校中，教育国际化活动的管理机构，主要有三种类型，一是设置独立的国际化办事机构，以集中管理学校的国际化办学事务。二是以二级学院来管理教育国际化的高职院校，二级学院既是教学实体又是管理机构。三是将教育国际化业务管理放在了党政办公室。目前广东省高职院校目前设立国际化办学管理机构的学校所占比例仍然较少。

三、广东省高职院校高水平国际化发展中存在的问题

1. 高职院校教育理念国际化

从当前我省高职院校实施的国际化活动总体来看，其高水平国际化发展并不充分，其根本原因在于教育国际化理念还比较薄弱，反映到实际中，无论学生境外实习实训、参加夏令营、交换生，还是教师赴海外研修访学、学术交流，或者是参与中外合作办学项目，都有严格的名额限制，只有少数学生甚至极少数优秀骨干教师可以参与。

2. 高职院校课程国际化

通过深入分析我省 85 所高职院校的 2020 年质量年度报告和官方网站信息，可以看到，我省高职院校已经有一些积极探索开展国际交流与合作，也取得了较好的合作成效。但是大多数高职院校的教育国际化还处在浅层次，教育课程的国际化更是极少数，部分高职院校开展对外交流与合作还只是停留在短期考察和互访等低层面上，85 所高职院校中只有 30 所开展了中外合作办学项目，比例仅35%，深层次国际合作还是少数。少数高职院校只是为国外院校提供优质生源，具有较强的单向特征。

3. 高职院校校园文化多元化

塑造多元化的校园文化，能够有效的促进学生之间多元文化之间的交流与学习，促进学生思维的活跃、看问题的多视角、创新能力的自然养成。我省高职院校的校园文化多元化建设方面还存在较大的差距，多元化人文环境的建设，将促进人才培养国际化质量的提高。

4. 高职院校师资国际化

随着粤港澳大湾区战略的实施，使得我省优质高职院校具有了走出去办学的强烈愿望。走出去办学需要高水平国际化师资，因此教育主管部门和高职院校应大量派遣优秀教师出国开展专业培训，而不仅仅是将外国专家、外国教师引进开展短期培训和交流。

四、广东高职院校高水平国际化发展战略目标

1. 创建合作共享的湾区国际化高职教育新格局

积极举办粤港澳三地联合举办大学生竞赛、学术夏令营、跨境交流项目等活动，深化我省与港澳师生的交流和学习。利用慕课等互联网形式共享课程资源、图书

馆资源等，加强科研合作与开发，共享科技研究成果，进而提升我省高职院校科技创新水平，深化我省与港澳高职院校学术与科研合作，将我省打造成为面向国际化的、开放包容的、富有活力的高职院校强省。

2. 打造开放包容的国际高职教育示范区

主动学习和借鉴先进的教育国际化理念和经验，建立一支高素质高水平的国际化师资队伍，为高等教育国际化发展提供基础保障。做好顶层设计，引导有高职院校主动对接粤港澳大湾区建设和我省经济社会发展的需要。进一步开拓教育国际交流与创新合作形式，优化高等教育结构布局，从而将我省打造成国际教育示范区，推动我省高职教育发展成为世界顶级高职教育示范区。

3. 努力建设高职创新驱动国际中心

创建具有全球影响力的国际科技创新中心是粤港澳大湾区建设的一个重要战略目标，要主动适应粤港澳大湾区战略需求，促进一流高职院校建设，增强高职院校的创新能力，推进高职院校之间、高职院校与企业之间的深度合作，促进成果转化，将我省建设成为一个高职创新驱动国际中心。

五、广东高职院校国际化发展战略的实施路径及对策

1. 完善顶层设计

首先，在目标设置上，省政府应该为高职教育国际化制定中长期发展规划，针对不同发展阶段设置具体的高职教育国际化目标，使高职教育国际化进程更具有目标性。其次，在规划内容上，在广东"十四五"规划中，将高等教育国际化纳入规划的重点内容，明确新时代下高等教育国际化的发展目标，制定战略实施方案，从而有效指导高校建设和发展国际化教育的具体实践。

2. 全面深入开展国际化实践活动

（1）积极拓展高职院校国际合作渠道

我省高职院校要积极开拓中外合作办学项目，努力打造一批高质量、高水平的合作办学项目，形成一系列中外合作办学的品牌专业和示范课程、示范机构。积极引进国际上的优质师资和知名院校，优化高职教育结构格局，提升高职院校国际化水平。

（2）依托粤港澳高校联盟促进三地高职院校协同发展

充分发挥粤港澳高校联盟的作用，整合粤港澳三地高职院校的优质资源，借用慕课等互联网形式实现粤港澳高校联盟成员校之间优质课程资源和图书馆资源的共享，积极促进联盟成员校间的学分互认制度建设，使各成员院校之间教师和学生能够自由交换和学习。深化广东与港澳高职院校的学术与科研合作，将我省打造成为面向国际化的、开放包容的、富有活力的高职院校强省。

3. 吸引市场资本助推高职院校国际化发展

（1）积极吸引市场资本支持高职院校国际化发展

高职院校可以充分利用活跃的人才、技术、资本等市场经济要素，开设校办企业，通过经营企业获得收入，从而补充学校办学经费，发挥市场对高职院校的支持和调节作用，增强高职院校国际化的办学实力。

（2）联合国际企业加强产教融合

旧金山大湾区大学通过与企业之间的科研合作，推动科研成果转化，促进区域内高校和企业的协同发展，形成了世界创新高地—硅谷，引领世界科技产业的发展。粤港澳三地要深化科研创新合作，建设国际科技创新中心。这就需要加强高职院校与企业的合作，推动产教融合一体化发展，促进人才培养和成果转化。

（3）构建高职院校国际化教育的第三方评价体系

目前我省内还没有一个权威的高职院校国际化评估系统，各高职院校的国际化教育评估工作主要是通过自我评价或是通过网络自发评议的方式进行的。第三方评估可以避免政府评估可能导致的行政力量过度介入的问题。第三方组织既要考虑原有高等教育国际化的主要评价指标，又要增设适合粤港澳大湾区战略背景的国际化评价指标，以此来指导我省新一轮高职院校高水平的国际化发展。

广东省高职教育国际化高质量发展路径探索

于珊珊 李 乐[1]

（广东碧桂园职业学院 广东 清远 511510）

摘要："一带一路"倡议的提出为高职教育的外向型合作提供了全新契机，基于广东省高职教育国际化发展的现状基础，以及对现阶段广东省高职院校参与

① 作者简介：于珊珊（1982年5月—），女，黑龙江人，广东碧桂园职业学院连锁经营与管理教学部负责人，副教授，经济学硕士。研究方向为连锁经营管理、市场营销、跨境电商等；李乐（1984年11月—），女，黑龙江人，广东碧桂园职业学院连锁经营与管理教学部教师，讲师，管理学硕士。研究方向为企业管理、市场营销、区域经济等。
基金项目：2021年广东省教育科学规划课题（高等教育专项）《数字经济背景下高职院校新商科人才职业核心能力进阶式培养研究》。

"一带一路"建设面临的问题分析，广东省高职院校应从教学资源的有效配置、多渠道合作方式、提升高职教育知名度、突破国际教育体制限制及政策支持等方面探索发展策略和实施路径，旨在能为提升广东省高职院校国际化发展品牌实力，促进广东省高职教育提质增效提供方向引领。

关键词： 国际化；一带一路；高质量发展；高职教育

一、广东高职教育国际化发展基础现状

1. 低端国际化发展，降低教学资源效率

纵览广东省高职院校的国际化发展战略各有不同。实力等级较高职院校多凭借其雄厚的师资和国家级骨干示范院校所能获取的政治科研资源，以直接与"一带一路"沿线国家、教育组织或地方院校合作办学为抓手，输出教学标准、课程标准、技术标准，互派留学生，借助境内外合作办学优势推荐就业等，大幅提升其"国际影响力表"中的各项评分。综合实力等级较弱的高职院校着眼于省内借助"一带一路"政策输出的企业，通过加强与企业的合作关系，打造双师培养平台，协同科研资源，调整学校专业，配合输出企业实现国际化。除以上两大类高职院校外，大多数高职院校面临国际化发展趋势，暂时无法制定出清晰的定位与方向，将自身有限的资源用于超短期的交换生和访学项目，降低了原有国际教育资源的利用效率，陷入低水平"消耗"的恶性循环。由此，与"一带一路"倡议中的国际化教师队伍发展需要相比，广东省高职院校"国际化"教师队伍的打造，仍需在明确办学发展理念的基础上，不断提升教师国际化教学发展能力。

2. 国际化合作尚浅，合作目的尚未明确

广东省高职院校国际化水平显著提升，但同时也发现，众多高职院校在国际化发展方面各自为战，相互间协力合作薄弱，双边多边教育合作不够，可持续发展扩展力差。在校企合作方面，很多高职都通过携手企业走出去实现国际化，但真正能够互助合作的仍属少数，除去骨干、示范、优质高职院校科研教学实力强劲、基础资源丰厚，能够在借助跨国企业力量的同时为企业提供人才和科研支撑，双方处于平等互助的地位之外，多数院校单纯借助企业通道，派遣数量不多的实习生到境外实习。高职院校区域性、行业性校际联盟与教育涉外行业组织开展协作的更是寥寥无几。在师生互学互访方面，众多高职院校不论是留学人数还是教师访学、在境外团体或国际机构中担任专职或兼职工作的人数等，都较上一年获得了较大增长。虽然广东省高职院校师生遍布"一带一路"诸多国家，但目前国际交流目的有失偏颇，有些高职院校的交流学校频繁更改，交流协议随意签订，甚至出现地理区域与文化圈层错位的现象。此外，有些高职院校一味追求"国际影响表"中评分的增长，为了国际化评分而输出，未对合作目标区域和国家进行深入研究，就开展国际互访互学。总之，广东省目前高职院校与"一带一路"沿线国家之间缺乏深度合作，未形成体系化的双边或多边教育合作机制。

3. 国际化教育品牌缺乏，教育知名度相对薄弱

天津渤海职业技术学院率先打造的"鲁班工坊"教育品牌已将中国职业标准带到了世界各地，是中国职业教育国际交流合作的新名片。与"鲁班工坊"相比，广东省省、市、院国际化教育品牌相对缺乏，品牌影响力相对薄弱。随着高职院校在"一带一路"沿线国家的不断拓展，更多的中国"鲁班工坊"相继诞生。2016年湖南省提出培养高职院校的"芙蓉学者"，孕育"芙蓉工匠"，打造省一级国际品牌，促进"芙蓉工匠"走出去。广西与缅甸工商联、缅甸纺织协会合作构建四方联动机制，发挥职业院校、政府、行业协会、跨国企业的综合作用，助推"衣路工坊"项目走出国门。然而，广东省目前职业教育国际化品牌暂时薄弱，现有的几个也仅处于"提出"阶段。

三、"一带一路"视阈下广东高职教育国际化发展路径

1. 提升国际化合作教育质量，实现教学资源有效配置

系统设计探索与"一带一路"建设相配套的职业院校国际化发展的新模式，能够有效提升国际化合作教育质量，实训教育资源配置效率。

一是聚焦"一带一路"企业，探索国际产教融合教育新产品。产教融合是广东省高职院校改革发展的主线，"一带一路"国际化建设中应以目标国的经济社会与产业发展需求为切入点，通过探索"一带一路"企业需求为核心的短期培训，开展校企联合举办的学历教育，在"走出去"企业的落地国招收本土学生等途径，找准产教融合国际合作教育的切入点，探寻共同利益，联合培养我省国际化发展急需匹配的高职人才。二是联合制定国际化教学标准，推进合作教育提质增效。我省职业院校一直高度重视和大力推进教学标准建设，建立了覆盖重点行业领域、具有国际先进水平的职业教育标准体系。推广教学标准的国际化，以标准引领和提高人才培养的总体质量，实现"一带一路"沿线国家高职教育合作的增质增效。三是构建国际化合作课程，夯实国际化教育合作平台。

2. 深化国际教育合作，明确多渠道合作方式

我省高职院校要想深化与"一带一路"沿线国家的国际化合作教育，应积极联手政府、行业企业、同盟院校、境外组织等多主体多渠道合作方式，协作互助、共谋国际化发展之路。一是加强政府对高职院校的协同助力。我省高职院校应积极拓展与省、市各级政府协同推动高职教育国际化发展的路径，通过政策支持为高职院校"一带一路"国际化发展提供强大助力。二是联结行业企业形成合作共同体。我省高职院校应努力探索联结大型跨国企业和国家骨干、示范、优质高职院校，在开展"一带一路"教育国际化输出过程中，形成合作共同体，实现利益共赢。三是探索建立高职院校联盟，发挥联盟规模效应。高职教育联盟是具有共同利益诉求和建设目标的高职院校，经共商共议建立规则、合作领域、准入准则的联盟体。

3. 树立国际教育品牌，提升高职教育知名度

高职教育走出去的本质是其所蕴含的文化要素的输出。高职教育品牌作为文化要素的外显形式，需要多层次多方面的表达，将我省教育文化因素融汇到输出的高职教育中，将形成我省高职教育国际化的特有标识。以区域文化与高职教育相结合形成的品牌，是高职教育国际化发展对我省文化输出的补充和丰富，不同高职院校应从自身优势入手，结合不同行业领域、不同行政地域特色，将其凝练成区域教育品牌，使区域、院校的品牌与国际教育品牌形成众星捧月之势，从而更好地宣传我省高职教育文化品牌，为提升国际化教育品牌的影响力与可持续发展力，我省高职院校还应精心组建互通互助的教育品牌管理体系，稳步推进国际教育合作有效有序开展。高职教育的进一步国际化需要凝聚更多共识，在教育品牌建设、品牌控制管理方面作出更多努力，打造由行业领域、行政地域、院校联盟等多维度品牌组成的生态系统，以适应不同国际环境的发展需求，建立从国家到省市再到院校的同缘高职品牌体系，增强高职教育国际生存力和国际影响力。

4. 发挥民办教育作用，突破国际教育体制限制

为突破"一带一路"沿线国家的教育体制差异化限制，我省除应积极寻求与沿线国家政府、企业、教育组织的合作外，还应将国外以及目标国企业对人才的需求作为自身国外办学的供给起点，提升目标国政府和教育组织的受益度和信任度，多方共建国际合作平台，分享我省职教发展模式与经验，扩大广东省高职教育的影响力。此外，还应加强与民间社会组织的协同合作，探索多元化的国际教育模式。随着"一带一路"倡议伴生的各国鼓励性政策的出台，社会力量参与境外办学项目逐渐受到热捧。为此，我省高职院校可借助混合体制模式，与社会力量、民间资本携手，既解决高职院校参与"一带一路"建设过程中财政、人才有限的问题，也可为社会力量民间资本在国外投资办学提供介入渠道，实现突破国际教育体制壁垒的限制，共促国际教育共生发展。